現代アジアの女性たち
——グローバル化社会を生きる

福原裕二　編
吉村慎太郎

飯塚央子　　中尾治子
宇野昌樹　　錦田愛子
金仙熙　　　貫井万里
栗原浩英　　布川弘
黒田賢治　　福原裕二
近藤高史　　藤本透子
徐幼恩　　　丸山英樹
関恒樹　　　南出和余
宗野ふもと　森田豊子
辰己佳寿子　　　　著

●目次

序論　5

第1章　ドイツに暮らすトルコ女性の自立の現状と課題 ———— 15

第2章　あるレバノン家族から垣間見えるアラブの女性像 ———— 37

第3章　パレスチナ女性の語りに見る抵抗運動
　　　　──ナショナリズム運動との関わり ———— 57

第4章　1979年革命後のイラン女性と社会変化
　　　　──2013年成立の家族保護法をめぐって ———— 75

第5章　UAE 女性と私たち
　　　　──グローバル化と新たな支配構造の生成をめぐって ———— 101

第6章　現代ウズベキスタンの女性たち
　　　　──仕事と豊かさの視点から ———— 117

第7章　カザフスタンの体制移行を生きる女性たち
　　　　──草原の村の結婚と子育てを中心に ———— 135

第8章　居場所づくりを始めたネパールの女性たち
　　　　──農村から都市・海外へ……そして我が家へ ———— 155

第9章　インドにおける女性の地位向上のための闘い
　　　　──「アーディヴァーシー」の社会を例に ———— 175

第 **10** 章　ヴェールを脱いでみたけれど
　　　　　——バングラデシュ開発と経済発展の中の女性たち ——— 195

第 **11** 章　ドイモイと社会主義体制の中のベトナム人女性たち
　　　　　——— 215

第 **12** 章　後退する国家を生きる女性たち
　　　　　——フィリピンの海外雇用と条件付き現金給付の事例から ——— 235

第 **13** 章　「上からの」中国フェミニズムと女性たち
　　　　　——————— 253

第 **14** 章　台湾の国際結婚におけるカンボジア人女性
　　　　　——「買ってきた嫁」から「媳婦」へ ——————— 275

第 **15** 章　朝鮮民主主義人民共和国（北朝鮮）女性の「理想」と「現実」
　　　　　——— 295

第 **16** 章　現代韓国社会における「女性問題」
　　　　　——————————— 325

第 **17** 章　現代日本の女性に課せられたくびき
　　　　　——夫婦介護の現場から ——————— 347

あとがき　369

序論

日本の女性差別の一端と本書の刊行の趣旨

　2014年6月の東京都議会において、ある女性議員が妊娠・出産をめぐる都の支援体制について質問をしていた最中、明らかにセクシュアルハラスメントとみなされる野次が浴びせられるという事件が発生した。そうした野次を飛ばした男性議員1名は後に特定され、謝罪を余儀なくされた。また、政府閣僚や自民党指導部もかかる発言を相次いで糾弾し、いまだセクハラ野次を飛ばした議員全員が判明したわけではないが、ともあれこれによって、問題は一時終息したように見える。とはいえ、議場に居合わせたその他議員の中に、かかる野次に同調する笑いが多数あったことは、問題の根深さを感じざるを得ない。

　日本では、1985年の女性差別撤廃条約の批准後、国籍法の改正や男女雇用機会均等法の制定のほか、1999年には男女共同参画社会基本法もすでに定められ、それに伴う組織や制度改革も重ねられてきた。にもかかわらず、こうした法制度改革をあざ笑うかのような同様の事件は、日系企業絡みのセクハラ事件という形で海外でも発生している。それらはいずれも、経済界、教育界、そして広く社会にまで巣くう女性に対する偏見・差別意識に発したものであることを示しており、それゆえに今後もかかる事件は必ずや再発するといっても過言でない。

　2013年10月に世界経済フォーラムから発表された「グローバル・ジェンダー・ギャップ・レポート」(The Global Gender Gap Report)において、日本が136カ国中、105位という不名誉なランクにあることにも、その深刻さはうかがえる。おそらく（経済）先進国であるとの驕りから、多くの日本人は「経済活動の参加と機会、教育度、健康と生存、政策決定への参画」を指標に算出されたこのランキングとの関わりで、フィリピン（第5位）、カザフスタン（第32位）、ラオス（第60位）、タイ（60位）、中国（第69位）、ベトナム（第73位）、バングラデシュ（第75位）、インドネシア（第95位）、インド（第101位）などのアジア20カ国が日本よりも上位を占めていることに不信の念を抱くかもしれない。また、「指標が問題だ」として居直る人もいるかもしれない。だが、女性差別・偏見度における日本の発展

途上の現実を率直に認め、それを是正する方向での法制度改革だけでなく、意識変革についても着実に努力を重ねることが、今回の事件で海外メディアより「国際社会の一員ではない」と厳しく批判された日本のあり様を少しでも是正する第一歩となるに相違ない。さもなければ、「喉元過ぎれば熱さ忘れる」ごとく、今回のようなセクハラ言動はこれからも繰り返されると言わざるを得ない。

ところで、情報革命と称されるコミュニケーション技術の進展・多様化と、国境を超えた経済のグローバル化は周知のごとく、今日の世界では目を見張るばかりに進んでいる。その一方で世界は決して安定的方向へと向かっているとは言い難く、政治と国際関係における混沌とした状況は誰しも否定できない。こうした先行き不透明な現代という時代にあって、社会の側でも市民一人一人がこれまでの強圧的な国家の側の論理や政策、それを補強してきた社会的価値観と国際的な仕組みが生み出してきた諸矛盾に直面する中で、抗議の声を上げ、自らの人間としての生き方を改めて問い直している。

そうした「下からの」グローバリゼーション化とも表現可能な現状において、さまざまな制約を受けつつも、女性たちは着実に市民としての自己の役割を敏感に察知し、それぞれの場と条件下において活発な活動を展開し、自らの立場を変革しつつある。これまで家族や家庭、そして社会という「しがらみ」の中で生きざるを得ないとの理解に立った「旧」女性観なるものの残滓をいまだに見出すことができるにせよ、それはもはや今日では国際的に通用しないことも明らかであろう。そして、こうした旧態依然の女性観の転換を迫る事態は、将来いっそう加速していくと考えられる。

『現代アジアの女性たち―グローバル化社会を生きる』と題する本書は、以上の認識に立ちながら、現代アジアの女性たちの政治、社会、経済など、種々の生活実践の場での変化と躍動や多様性、また国や地域によって異なる諸課題を多角的に検討しようとすることを主たる狙いとしている。

とはいえ、東西、そして南北にわたって広大な空間（面積的には、約4,458万平方キロメートル）に、世界の総人口の約60％をも占める39億人以上が居住する、48カ国から構成されているアジア諸国をここで網羅的に扱うことはできない。それゆえ、東アジア、東南アジア、南アジア、中央アジア、西アジアというように、便宜的に地理的に区分した場合、それぞれの地域から数カ国を選び出し、そこでの

上記の趣旨に沿った分析を加える手法に依った。そうであれ、宗教、経済、階層、コミュニティ環境などの違いを考えれば、扱う国や地域の女性たちを平均化して検討することなど、とうていできるものではない。このように、さまざまな事例があることを念頭に置きながらも、現代のアジアの女性たちに関わる研究の必要性は言うまでもなく大きく、今後いっそうその学問的重要性は増すに違いない。

　もちろん、これまで広い意味での「伝統」との関わりで歴史的な女性解放・覚醒論的な運動史の研究は多数著されている。そうした研究状況との差別化を図る意味で、本書では1970年代末から現在へと至る約30年間を研究対象の期間として想定した。それは、たとえば今日の中国を語る場合には「改革開放」政策の導入、インドの場合にはその前年の国民会議派政権の地滑り的敗北（第6回総選挙）と左翼戦線州政府の成立、イランの場合には1979年革命などといった、第二次大戦後のアジアの国家と社会の秩序に明確な形でひとつの地殻変動が発生し、それが冷戦の終焉とソ連邦の崩壊という、ドラスティックな国家・国際の枠組みの変容（90年代）という事態を経て、現代の混迷へと連動していると考えられるからである。だが、取り上げる国とそこでの女性の躍動のあり様によって、またそれに伴う主たるテーマ性に応じて、必ずしも上記の70年代末を起点とするということにさほど拘ったわけではない。むしろ各執筆者に現代に生きる女性たちへの分析の切り口と共に、対象とする主たる時代の起点などは一任した。

各章の概要

　本書は日本から始まり、その後東アジアから東南アジア、南アジア、そして中央アジア諸国を経て西アジア諸国へと至るという通常のパターンとは逆に、しばしば日本と比較されるものの、地理的に最も遠いトルコを筆頭に、以後徐々に日本へと接近するという形での章構成となっている。ここで検討する女性問題とは、地理的遠近とそれにともなう文化的類似性を超えた女性たちの生き方、彼女たちを取り囲む問題の現れ方を見ても極めて多様である。そうであれば、何らかの共通軸のもとに分類し、章立てを練ることも考えられたが、先述のごとく、各章はその国や地域に住む女性たちの一断面を抽出・検討しているに過ぎないことも否めない。そうした点を含めた総合的判断のうえで、あえてかかる順序での章立てを試みることとした。それが妥当であるかどうかは、読者の叱正を仰ぎたいと考える。

さて、このようなに現代アジアの女性たちの躍動する姿を生き生きと描写するために、一種独特な論考配置とした本書の第 1 章は、欧州に移住したトルコ人女性が、受入れ社会をはじめとするグローバルな圧力を受けつつ、母国トルコ文化の影響と親族から期待される役割の狭間で、どのように自立しているかを幅広い教育上の観点から取り上げている。まず、欧州に移住したトルコ移民の歴史的背景と、移住により移民となる過程での意味の変化をまとめ、そのうえで移民としてのトルコ人女性たちがいかなる環境下で生活しているかを明らかにしつつ、公的な制度だけによる支援の限界が示されている。そして、事例的に見られる教育成果を整理し、欧州受入れ社会への参画が、トルコ移民女性にとってもいかなる意味を有しているかが検討されている。

　次いで第 2 章では、アラブ世界の中でも最も「欧米社会」に近いと見られているレバノンの女性たちの現在を、ある家族を通して考察している。戦争の暴力性に留意しながら、婚姻に係わる身分法や家族制度のもとで彼女たちがいかなる立場に置かれているのかを、現地で行ったインタビューをもとに検証している。そして、身分法に内在する男女間差別、家族内の人間関係の中に認められる家父長制の残滓を検討した後、経済のグローバル化の中でレバノンでも近年増加傾向にある東南アジアやアフリカ出身の女性家事労働者への差別意識が、この国での女性差別を助長する原因となっている点が抽出されている。

　続く第 3 章は、パレスチナ社会に生きる女性の役割に関して、筆者がパレスチナ自治区（ヨルダン側西岸地区）で 2004 年夏に行なった聞き取り調査をもとにまとめた論考である。特に、1987 年末に始まった第一次インティファーダ以降の時期に焦点が当てられているが、同時に年配女性からは、1948 年のイスラエル建国をめぐる戦争の際に、どのような経験を有し、その後の離散が彼女らのアイデンティティにどのような影響を与えたのかについても聞き取りをもとに考察されている。女性の政治運動の組織化と占領との闘いが女性たち個人の生活にいかに織り込まれていったのか、彼女たちは占領による抑圧という政治的現実に、どう向き合ってきたのか、本章はこれらの点を注視した分析となっている。

　「下からの」グローバル化の動向を意識しつつ、より国民国家内部の政策展開に即してイラン女性の動向を捉えようとした論考が第 4 章である。イランでは、1979 年革命前から家族に係る法律は、イスラーム法規定を重視する見解と、世俗

的な立場から女性の自立や解放を目指す動きとの間で揺れ動いてきた。特に、近年では女性の高学歴化や就労、若者全体の高い失業率などが影響し、離婚率や未婚率の上昇など、家族の形が変化しつつある。そうした中で、家族問題への対応に迫られた政府は、高額な婚資への課税や、イスラーム法に基づく男性の複婚や一時婚を許容する条項も含む家族保護法案を提案したが、それは政治的立場や生活環境の違いを超えた国内外のイラン人女性たちの反対運動に直面した。本章はかかる経緯を踏まえ、2013年2月にイラン国会で家族保護法が成立した経緯を軸に、革命後のイラン女性を取り巻く環境変化と彼女たちの抵抗運動に検討を加えている。

　アラブ首長国連邦を事例に、経済のグローバル化とジェンダーをめぐる構造的再配置について考察しているのが第5章である。経済のグローバル化を推進してきたネオリベラリズムは、移民の女性化に代表されるように、ローカルなジェンダー規範を相対化することで女性にとって「解放性」をもつと期待されてきた。一方で、ネオリベラリズムの展開は多元的であり、地域的な差異があることも知られてきた。そこで、アラブ首長国連邦おけるネオリベラリズムの展開と女性たちへの作用に加え、経済のグローバル化を通じた女性というカテゴリー内部の権力の再配置と、女性というカテゴリーとしての再統合の展開が検討されている。

　以上の西アジアの諸事例の後に、1991年のソ連解体を契機として、社会経済構造が大きく変容したことが知られているウズベキスタンとカザフスタンという中央アジアの2カ国が取り上げられる。まずウズベキスタンの女性を考察対象としているのが第6章である。この国での伝統的な男女観の再評価と市場経済への移行が、家庭における女性の役割の強調と、経済苦境の中で女性も生計を支えなければならない状況をもたらしたことに関連し、これまでの先行研究では、しばしば女性が家庭と労働市場において二重に周縁化された存在であると捉えられてきた。しかし、本論では長期のフィールドワークを通じて、女性が日々行う「家の仕事」と経済活動、それらをめぐる語りに着目し、女性自身の視点から、働くことの意味を再検討する。その結果、多くの女性たちは女性らしさや物質的な豊かさの実現を原動力に、働くことでソ連解体以後の社会経済の変化に対処し、苦境を乗り越えようとしていることが明らかにされ、既存の研究とは異なった観点が提供されている。

　次に第7章では、カザフスタンの女性たちが急激な体制変動の中をいかに生きてきたのかを、結婚と子育てに着目して検討している。女性は社会主義に基づく近代

化政策の主要な対象とされ、カザフスタン独立後には逆に伝統を体現する存在として賞揚されてきた。しかし実際には、カザフ女性たちは保守的だから伝統的なのではなく、経済混乱のなかで教育により新たな生活を切り拓こうとする一方で、構造的に男性優位な結婚の形態を承知しながらも自分の意思を通そうとし、子育てをめぐっても規範を変容させようと努め、結婚と子育てをめぐる葛藤から新たな規範としてイスラームにひとつの選択肢を求めている。カザフ女性たちが、近代化を経験してきたからこそ伝統やイスラームを意識的に位置づけ直し、現代の社会経済変化を生きる力としていることが描かれている。

急激な体制変動を経ながらも、女性としての役割の自己再編に努力する女性たちに焦点を当てたこれら２編に続いて、国民国家内部の特殊な状況にさらされながら、自立的な自己活動の確立と展開に着目した南アジアの女性たちが取り上げられている。まず第8章は、ヒマラヤ山岳地域出身の二人のネパール人女性たちが、移動しながら主体化していく過程を考察している。ひとりは、子育てを終えた女性が都市（カトマンズ）から故郷の村に戻り、地域活動（寺院建設）に生きがいを見出した事例であり、もうひとりは、子育て世代の女性が海外（クウェート）から都市（カトマンズ）に戻り、不妊治療を経て子供の出産とともに家族内の地位を揺るぎないものとした事例である。彼女たちは、いわゆる「Ｕターン」と「Ｊターン」という道を辿っている。そこでの「ターン」とは物理的な瞬間として捉えられがちであるが、注目すべきは、遍歴の経験のある時点から、彼女たちが「居場所探し」から「居場所づくり」へと内面的な転換を遂げていることにある。女性のたゆまぬ努力こそが居場所の確保と保持を可能にしているのである。

第9章は、憲法上は男女平等を保障しているものの、実際は女性が社会的意思決定の場から除外されている場合が多いインドを検討対象としている。特に、そこで取り上げられているのは、「アーディヴァーシー」と呼ばれる先住民集団内の女性たちである。水利用をはじめとする彼女らの置かれた状況と、彼女らが取り組んでいるコミュニティ内での男女間平等やコミュニティの主張実現のための多くの州での様々な活動に検討が加えられている。そして、彼女らを支えていくうえで、単純に先進国の視点で女性に関する指標の改善を目指すだけでは彼女たちの境遇の改善に直結しないことが指摘されている。

第10章で取り上げるのは、1971年の独立以降、社会経済開発の取り組みが積

極的に行われ、それゆえに「開発の実験場」とも言われてきたバングラデシュの女性についてである。対象化されることで、彼女たちは「ヴェールを脱いで」社会に出たものの、寄せられる期待は相変わらず「家庭人」としての女性像に起因し、家庭と社会での仕事を一手に担うことで忙しくなるばかりである。社会を動かすのは相変わらず大半の男性と一部の女性に過ぎず、ヴェールを脱いだことで新たな暴力に直面する女性も少なくない。他方、農村女性たちに目を転じれば、1990年代以降の教育普及によって学校に通い出した女性たちは、着実に教育経験を獲得しつつある。男性たちの都市出稼ぎ状況も手伝って、情報網や家庭での意思決定に徐々に変化が生まれつつある。こうした変化と現状を踏まえつつ、社会で増え続けるさまざまな機会を吸収し、外の世界に自己を位置づけていく女性の姿が展望されている。

続く2編の論考は、東南アジアを考察対象に据えているが、いずれも国家の政策過程の中での女性たちの現況を考察するものとなっている。まず第11章は、1986年にドイモイとよばれる改革が開始されてから28年が経過し、社会主義の内容は大きな変貌を遂げたものの、依然として共産党の一党体制が続いているベトナムの女性たちに焦点を当てた論考である。ベトナム政府の女性政策について、数字だけを見れば、国会議員に占める女性の比率は日本よりもはるかに高く、ベトナム共産党も数値目標に基づき女性幹部の登用を進めてきている。そうした点で、総じてベトナムでは政府も党も女性政策の推進に熱心であるかのような印象を与えるが、この章では、これらの点を一党体制との関連において分析し、ベトナムにおける女性政策が一党制の存続という枠を前提に、共産党の権力掌握の正統性と不可分であることを明らかにしている。

また、第12章では、近年受益者への「能力付与」を目指す社会開発のもとで、国内の貧困削減という重要課題の克服を目指すフィリピンの女性たちを検討している。そこでは、国家の代わりにさまざまな非国家的アクター、特に民間ビジネスセクターやNGO、草の根住民組織、さらにはコミュニティや家族などの活性化が目指されている。そこに国家の後退という現実も認められる。本章では、そのような国家による社会政策において、女性たちがどのような形で動員されているのか、またそのことが女性たち自身に対して持つ意味とは何なのかといった点を、雇用対策の主要な柱といえる海外雇用政策と、貧困削減政策としての条件付き現金給付に着目しながら考察されている。

さて、以上のような西アジアから中央アジア、そして南アジアから東南アジアへと至る国家・地域における多様な女性たちの姿を描写する12編の事例に続いて、次に日本を含む東アジアの女性たちの今日的様相が考察・展望される。まず第13章では、1978年の第11期3中全会での改革開放路線の決定以後、近代化に向けて、西側の文物の流入が認められるようになった中国の女性たちが検討されている。この国では、中華人民共和国の建国以来、中国共産党が男女平等を掲げてきたが、この国の女性も都市化の波の影響を受け、明らかに従来の女性社会とは異なる様相を示しつつ現在に至っている。この章では、現在まで継承される伝統的中国女性の像を捉えたうえで、改革開放政策の導入によって、拡大しつつある格差女性社会を、中国共産党の政策との連動という観点から読み解いていく。そのため、まず中国のトップレディを具体的に例示し、こうして注目される女性の活躍が中国全土でいかに少数であるかを、就業状況や人口移動といった中国側の統計から提示する。そのうえで、男女平等概念、フェミニズム論の推移をとらえ、現在の中国女性が抱える問題に対し、中国が「上からの」解決を目指していることを明らかにしている。

　次に、1990年代以降、東南アジア諸国出身の女性との国際結婚が急増し、数多くの結婚移民の流入とともに、さまざまな社会問題が浮上している台湾を事例にしているのが、第14章である。ここでは、台湾というホスト社会において「買ってきた嫁」とされたカンボジア女性がいかなる生存戦略を駆使し、「妻」という地位を獲得したかという過程を考察しながら、「グローバル化する家族」の物語の進行や、親の介護・子育てを中心としたアジアからの女性移民への依存といった現在進行中の経験が、日本を含む他のアジア諸国においても重要な示唆を与えるものとして理解されている。

　さらに、国内外に居住する女性たちを考察の対象に加えることで、北朝鮮女性たちの多様な姿を紹介し、それら女性たちの「理想」と「現実」のズレを浮き彫りにすることを主たる狙いとしているのが第15章である。北朝鮮女性は、時代ごとに要請される国家的事業に翻弄されながらも、政権が求める「理想」の女性に長く自らを重ね合わせてきた。しかし、国家の経済危機とこれに伴う食糧難という生死に関わる巨大な「現実」を前に、家族のために非合法な経済活動という自立的な行動を起こし始めた女性も多い。こうした従来の居住地や越境後の別天地で、「北朝鮮」女性や北朝鮮「女性」としてではない別の理想の生活を追求しているという、四者

四様の北朝鮮女性の姿が浮き彫りにされている。

　これに続く第16章では、2012年の大統領選挙で女性大統領の当選が国内外の注目を浴びることとなった韓国が取り上げられている。女性大統領の登場により、あらゆる分野で活躍する女性たちの増加や女性の権利の向上も確かに指摘できる。しかし他方で、「アルファ・ガール」や「ゴールド・ミス」、「女風」という言葉が流行していることに見られるように、女性嫌悪が広がりつつあることも、韓国社会の現実である。「女性問題」が複雑かつ難解であることは、男女というジェンダー間の葛藤のみならず、「名誉男性」化した女性と、それに反する女性とのジェンダー内葛藤、また看過されやすい「男―男葛藤」など、重層的な構造がそこに認められるからである。そうした構造から抜け出し、新しいパラダイムへの転換が必要であることがこの章では提起されている。

　そして本書の最終章となる第17章では、イエを維持・再生産するために、社会的労働と出産・家事・育児を担いつつ、社会的地位の向上を極度に抑えられてきた日本の女性たちの中で、近年特に社会的に期待され、その結果悲劇的な状況を生み出している介護問題を取り上げている。その点で、これまでの章とはかなり性格の異なる内容となっている本章では、特に裁判記録に依拠しつつ、男性の女性に対する暴力という性格をも孕んだ夫婦間の介護殺人事件の実態を明らかにし、介護の現場で女性に課せられる「くびき（軛）」とも言える規範の役割と意味が考察されている。

　以上、各章の概要を掻い摘んで述べてきた。それらからも分かるように、これら17にも及ぶ国や地域に暮らす女性たちが直面する課題とそれらに果敢に挑戦し続ける生き方は、ここではほんの一端を検討しているに過ぎないとはいえ、想像を絶するほどに多様である。たとえば、第1章で扱ったトルコ人女性はドイツを、また第14章のカンボジア女性の場合には台湾を、それぞれの生活の場にしている点で、同じ「異郷生活者」とひと括りにすることはできても、彼女たちの抱えた価値観や文化、ホスト社会の側での受入れ対応、それに影響を与える政策や価値観などが影響を及ぼす結果、多大な違いがそこには認められる、また、レバノン（第2章）、パレスチナ（第3章）、そしてUAE（第5章）といったアラブ諸国の事例にしても、また旧ソ連から独立した中央アジア2カ国（第6～7章）、さらにベトナム（第11

章)、中国(第13章)、そして北朝鮮(第15章)といった共産主義的一党支配の場合であれ、分析の対象や切り口が異なるというだけでは済まされない現実環境に大きな隔たりがあることは否めない。とはいえ、濃淡があるにせよ、グローバル化現象が彼女らの生活スタイルや人生設計に大きな影響を与え、そこでの課題と対応を複雑化させる要因として機能している共通性も認められる。また、冒頭の東京都議会での事件に見られたような、いずれも男性中心社会から加えられる絶えざる中傷・誹謗、差別・迫害の歴史、そして今でさえ繰り返し姿を変えつつ残存する、男女平等とは裏腹の巧妙かつ狡猾な現実があるとともに、女性たちがそれぞれの条件下で、時に大胆かつ柔軟に格闘し、また時に従属を余儀なくされている姿を共通して見出すことができる。

　政府の上からの政策、男性中心の社会的制度や価値観の桎梏、またここで着目しているグローバル化という地球規模での構造的な変化や画一化の方向性にも翻弄されながら、女性たち自身の主体的な活動は今後も決して止むことはないに違いない。こうしたアジアの女性たちの今日的な姿を浮き彫りにし、そして女性に対する偏見や差別意識からいまだ抜けきれない日本社会が将来的な展望を切り開くことに、本書が少しでも役立つことができればと考えている。

第1章

ドイツに暮らすトルコ女性の自立の現状と課題

丸山　英樹

はじめに

　遠い昔、トルコ人は移動することを厭わない人たちだったが、いつしか定住が一般的になり、行動範囲も周辺の地域に限られるようになった。20世紀に入ると移動手段が多様化し、意思を持って移動する人たちが増えた。近年、国民国家の枠では説明しにくい多文化社会が拡大し、移動がさらに安価で可能となり、かつてないほど人々は情報通信網にアクセスできるようになった。そして行政機関はすべての人と情報の動きを把握

アムステルダムのケバブ屋（著者撮影）

できなくなってきた。かつてオスマン帝国は2度にわたってウィーンを包囲したが、今日となっては、欧州の都市部ではどこでもケバブ屋を目にすることができるように、トルコ人は実質的に欧州へ広く入り込むことに成功したという笑い話もある。

　では、現在なぜ多くのトルコ人が欧州諸国に住んでいるのだろう。それは、第2次世界大戦後の経済復興過程において労働者が少なくなった時、欧州が域外からトルコ人労働者としてトルコ人を呼び込んだことに、トルコ側が積極的に応じたこと

が主たる理由である。詳細は後述するが、当時のトルコ共和国は経済的・政治的に不安定で、過剰な労働力を国内では吸収できないでいた。たとえばドイツとは国家間で公式に協定（雇用双務協定）を結んだ。1970年代に入ると受入れが見直されたが、そのまま滞在を選んだトルコ人も多かった。現在、第1、第2世代に続き、第3、第4世代のトルコ移民たちが欧州に住んでいる。

　欧州社会は今日まで、彼ら移民の労働市場へのアクセス保障、母国に残された家族の呼び寄せや滞在許可の取得の促進、被選挙権まで含む政治参加の保障、国籍の取得など制度整備を行ってきた。また、母語を維持する教育や多言語・多文化主義による学校教育も認め、社会における差別的扱いや発言を強く禁止してきた。今日これらの施策を指標化し、どの国がどこまで移民に対して充実した環境を提供しているかを示す国際的な試みも見られる。

　しかし、こうした受入れ社会における制度は形式的なものになる危険もある。経済成長が鈍化し、従来どおりの社会保障が維持できないという予測が一般的になると、移民を受け入れる社会の不満が、移民やその政策に向けられるようになった。たとえば、働かない移民たちは公的補助金を浪費しているといった考えが出てきた。同時に、移民たちは滞在する社会で実質的にうまくやっていないと言われるようになった。そこでは、受入れ社会は移民のための制度を整備したのだから、あとは彼らが社会に順応するのが当たり前だという認識が暗黙に共有されている。

　移民たちは、欧州の労働者たちが避けた厳しい条件の仕事に従事し、経済成長を陰ながら支えたという自負があった。だが、1973年のエネルギー危機、冷戦終焉後の東欧諸国から労働者の流入により、彼らは失業した。そして、2001年の米国で発生した破壊事件（9.11）の後、移民の中でもイスラーム教徒（ムスリム）は、差別の対象として広く捉えられるようになった。特にヴェールを被るムスリム女性は、正義感と嫌悪感の対象となった。つまり一方で、欧州における過去の女性運動の成功経験と、「イスラームは男尊女卑の宗教だ」という誤解のもとに、女性解放を求める動きへとつながった。他方で、ヴェールやブルカはイスラームのシンボルとして見なされ、極めて稀であるが、街の通りで女性のスカーフを引き剥がすなどの過激な行為につながった。

　本章では、移民の受入れに関わる制度整備については、あまり扱わない[1]。だが、まずトルコ移民の背景となる移住の意味とその変化を整理しておく。次に、欧州の

受入れ社会において、移民として扱われるトルコ女性たちがどういう環境下で生活しているかを概念的に示し、公的な制度だけでは彼女たちを支えることにはならない点を指摘する。そして、制度による形式的な支援だけでなく、実質的な支援の形をベルリンで展開されている事業を例として紹介する。ここでは、女性移民たち本人が主体性をもって社会参加するとはどういうことかを示す。最後に、ムスリムと教育についてまとめる。多くの場で学校と同意で使われることが多いが、教育とは本来は幅広いものであることを記す。

1. トルコからの移住

　欧州へのムスリムたちの移住にはそれぞれのストーリーがある。ここでは欧州諸国に広く滞在するトルコ系移民について、彼らのドイツ移住の歴史を振り返ってみよう。それは、出稼ぎの時代（1960～70年代）、呼び寄せの時代と定住および保守化（1980～90年代）、移民の社会問題化（1990年代後半以降）と三つの時期に区分できる。ただし、トルコ移民の中でも最初の頃はほとんどが男性だけであったこと、呼び寄せの時代からトルコ女性が増えたことに気をつけたい。

（1）経済状況と移住（1960～70年代）

　出稼ぎの時代において、ドイツにトルコからの出稼ぎ労働者が増加したのは、第2次大戦後の経済復興による労働者不足、特に経済規模が拡大した頃、両国の間で1961年に雇用双務協定を交わし、安い労働力をドイツが「輸入」した頃である。送り出す当時のトルコも国内の経済不況・政情不安にあえいでおり、増え続ける余剰労働人口を吸収させるためにも、トルコ共和国第一次国家開発計画（1963～67年）で記されたとおり、国外への出稼ぎを奨励した。重工業が発展していたドイツでは、労働者としてやってきた彼らを駅や空港で歓迎の式典でもって迎えた。この出稼ぎ第一陣となったトルコ系移民の特徴は、当時の義務教育を終えた、または技術学校を終えた主に働き盛りの男性層で、都市部の出身者が多かった。本来ならば彼らはトルコの発展を支えるべき層でもあった。だが、ドイツで用意された仕事内容は、単純労働であったり、危険な仕事、または工場の工員であった。
　このときの労働者は、ドイツ社会からは労働力を提供してくれるお客様的一時労

働者「ガストアルバイター（Gastarbeiter）」と呼ばれ、彼ら自身も出稼ぎとしての一時滞在のつもりであった。当時、トルコリラのスーパーインフレが続き、ドイツマルクの貨幣価値が大きかったため、帰国し故郷に錦を飾るようになった彼らは「ドイツもん（Almancı）」と呼ばれ、トルコ国内では嫉妬の対象となった。たとえば、高級車を購入したり、トルコの地方で家やアパートを購入したり、TVなどの電化製品をトルコへ持ち帰った。そこで、イスタンブルなどの国内都市へ出稼ぎをするよりドイツへ直接渡った方が稼ぎが良いという認識がトルコの各地方部にも広がった。1964年には出稼ぎ者の半分が大都市出身であったが、74年にその比率は約3分の1になり、受けた教育や技術の熟練度合いも移民間で差が見られた［野中 1993: 36］。

　受入れ政策の大きな転換点は、1973年に発生した石油危機であった。その危機によって経済停滞を迎えた欧州諸国は、EC（当時）加盟国以外からの新規労働者の受入れを停止した。ドイツも例外ではなく、ケルン・フォード自動車工場で大規模な外国人労働者のストライキが発生したこともあり、増え続けていた労働者の受入れを同年11月23日に停止した。ただし欧州諸国では基本的人権として家族がともに暮らすことを認めていたため、出稼ぎ労働者たちによる、ドイツへの家族の呼び寄せが始まった。その結果、一時的な出稼ぎであった彼らの移民としての定住化が進むことになり、これまで経済・労働問題が主であったが、その家族や子どもたちに関する課題、すなわち社会・教育問題も大きくなった。

　この時期に出稼ぎに来た者の多くは、トルコ人の中でもイスラームを再優先することのない、世俗的な者たちであった。1923年の建国以来、母国トルコは世俗主義を貫いており、彼らはイスラームをそれほど意識していなかったが、後述するように次第にイスラーム実践を重視するようになる。また、1979年にイランではイスラーム革命が起こり、米国大使館が占拠され、その宗教が危険であるという認識が西側諸国では広がり始めていたのも、後の受入れ社会における強い反応の遠因となった。

（2）呼び寄せの時代と定住・保守化（1980〜90年代）

　さて、1980年代になると、世界的な動向にあわせてトルコでもイスラーム復興の動きが見られた。トルコ国内では政治的緊張の中、イスラーム系政党が大規模な

集会を行ったことを受け、1983年に世俗主義を維持するためのクーデタが発生した。イスラーム保守層の一部は、このクーデタで国外へ逃げた。そして、この時期以降、ドイツで宗教活動を始めたイスラーム指導者たちが、後のイスラーム実践と指導において重要な役割を担うことになる。

家族を呼び寄せ、同居するようになった移民の男性（父親や兄）の多くは、街の通りに女性の裸体がポスターとして貼られていたり、性産業が合法的に展開されているなど、ドイツの生活環境が彼らの家族、特に妻と娘にとって望ましくないことを危惧していた。そのため、イスラームの教えに反することを自ら避け、家族の者にもトルコの地方での常識に従って生活するように求める者が増えた。

他方で、移民の中でも大都市出身者や女性たちは、ドイツの自由な環境について地方出身者ほど否定的な態度を持っていなかった。だが、言葉の問題によって生じる一方的に不利な労働条件、移民を人間と認めないような周囲から受ける言動など日常的な差別経験の蓄積によって、彼らもトルコ移民同士で結束する必要性に駆られていった。この当時の労働条件の過酷さは、トルコ人に変装して最底辺で働いたジャーナリスト、ヴァルラフ［1985］が記しており、人間扱いされていない状況ではイスラームによる相互扶助の教えが、それまで信仰の厚くなかったムスリム個人の中でも正当化されるのに十分であったことが想像できる。

そして1989年にはベルリンの壁が崩れ、翌90年に統一ドイツが生まれた。それ以降、東欧からドイツの労働市場へ労働者が流入した。旧東ドイツの経済状況が深刻であったため、ドイツは不況に陥った。旧東側からの労働者は資本主義経済や競争に不慣れで、しかし彼ら自身はドイツ人であるという認識のもと、外国人労働者がドイツ人から仕事を奪っているという考えを強めた。その結果、ネオナチなどの外国人の排斥運動へとつながった。それまで旧西ドイツ経済に貢献してきたという自負が少なからずあった移民たちは、不満を高めた。

「リトル・イスタンブル」と呼ばれるベルリンの一角
（著者撮影）

第1章　ドイツに暮らすトルコ女性の自立の現状と課題——19

（3）社会問題化（1990年代後半以降）

　1990年代に入ると、イスラーム全体に対する敵対意識が強くなり、欧米を中心にイスラーム嫌悪[2]が拡大した。トルコ移民たちが所属する団体は多様で、かつては世俗主義的団体もイスラーム系団体も同じぐらいの規模であったが、1990年代には後者の方が勢力を上回るようになった。これは、移民がイスラームを求める傾向が強まったことを意味する。

　イスラーム嫌悪が決定的に強くなったのは、2001年に発生した米国での9.11事件以降である。欧州では、2004年にマドリードでの列車爆破事件、2005年にロンドン多発テロ、フランス全土で生じた暴動、ムハンマド風刺画への反応、ドイツでの転向ムスリムによるテロ未遂等に関連してである。たとえば、欧州人種差別・外国人排斥監視センター（European Monitoring Centre on Racism and Xenophobia）が2006年5月に発刊した移民の受けた被害に関する報告書では、ドイツにおける200万人以上のトルコ移民を対象に調査がなされ、23％が就職で差別を受けたほか、私生活あるいは公共の場で（19％）、商業上（15％）、制度上（13％）、買い物や食事の時（11％）にそれぞれ日常的な差別を感じていた。これに対して、移民の中でトルコ系に次いで大きな集団であるイタリア系移民の場合は、就職以外では10％を下回っていた。

　同時に、移民側も自己防衛のようにイスラームのもとに結束する傾向が見られ、イスラーム法に従って刑が処されるべきだという報告や、駆け落ちしたカップルのうち家族の威厳を守るため女性側を身内が殺害する「名誉殺人」も発生した。たとえば、2005年2月7日トルコ（クルド）系の若い女性に、その弟が「名誉殺人」を実行したため、過熱した報道は第3世代の移民でも統合は困難であると述べた。トルコ本国でも2002年の国政選挙で圧勝した親イスラーム政党が、トルコ史

母国と同様の子どもの割礼儀式に纏う衣装（著者撮影）

上初の単独政権を担うようになって、名誉殺人は増えたとされる。しかしこれは、むしろ伝統的社会慣習によるところが大きいが、一般的にはムスリムの宗教的風習であると受入れ社会は見なしがちである。

このように、受入れ社会の多数派はイスラームが過激で攻撃的であるというイメージを強く持ち、これまでの移民への排他的な態度に加えてイスラーム嫌悪が強まった。その一方で、ムスリム移民側はより結束し、イスラーム回帰の動機づけとなるという循環が成立していると言える。

2. 欧州社会で幸せな新生活……のはずが

欧州社会への統合が求められるトルコ移民の中で、最も遠い位置づけとなるのが移住したトルコ女性である。なぜならば、男性は仕事や外出先で受入れ社会との接点を持ちやすく、子どもは学校関係で接点を持つことができる。地方から直接に移住した女性は、外出も少なく、ドイツ語もままならない状態で身近な関係者とだけ接点を持ち、本音を語る相手は母国に残っていることも多い。そのため、受入れ社会への統合を進めようとするドイツの行政にとって、彼女たちの状況を把握することが困難なことが多い。

社会的弱者に位置づけられる女性にとって、その社会参加を妨げる要因は一般的に、社会における不利な状況と母親や女性としての強い役割期待が挙げられる［Stromquist 1995］。これはトルコ女性移民でも同様であるが、彼女たちには次の三つからなる圧力または役割期待が見られる。第1に、グローバルな影響である。イスラーム嫌悪が強まる中、社会の多数派にとってムスリム女性はスカーフなどにより可視化され、イスラームのシンボルとして捉えられている。第2に、トルコ移民コミュニティ内において、イスラームの規範による期待がある。第3に、家庭の中では、家族から女性や母親の役割を求められ、自らは高度なドイツ語を解しないため、外部へのアクセスが制限されている。それらは時に自分たちの力が遠く及ばないため、彼女たちに無力感を与える結果となっている。

（1）グローバルな影響

イスラームが過激で攻撃的であるというイメージが持たれがちな近年、全身を覆

って隠すブルカ、または髪の毛を見せないように額から顎までを覆うトゥルバンなどのスカーフは、可視化されたイスラームのシンボルとなり［Çınar 2005］、テロ行為とも関連して突発的な嫌悪感がぶつけられる対象となりやすい［見原 2009: 10］。たとえば、制度上も男性の顎髭は禁止されていない[3]にもかかわらず、今日ではムスリム女性はスカーフを着用したままではベルリンをはじめ多くの州で公立学校の教員になることはできなくなった。

　また他方で、ムスリム女性は抑圧された存在であり、西洋の女性が歴史的に経験したように、彼女たちを解放することが受入れ社会の義務であるという立場も存在する。だが、スカーフ着用の意味には、受動的・選択的・宣言したアイデンティティという3つが指摘されている［Peek 2005］ように、自らの意思で着用している場合も多い。そのため、スカーフを着用するか否かのみを扱うのは、表面的な議論へ偏る危険性をはらむ。そして、そのような言説環境のもとでは、発言力を持たず、日常の宗教実践に重きを置く者は、比較的同質性の高い出自集団への帰属意識をより強めることになる。

（2）コミュニティ内の状況

　では、その同質的な集団であるトルコ移民コミュニティ内ではどうなのか。家族を呼び寄せた出稼ぎ男性移民の多くは、ドイツの「開放的な」生活環境が彼らの家族、特に妻と娘にとって望ましくないと不安を抱える。自身の高齢化による保守化傾向も加わり、イスラームの教えに反することを自ら避け、家族の者にもトルコの常識に従って生活するように求めるようになった。ドイツに拠点を持つ欧州トルコ移民の大きなイスラーム

村のカフェ（著者撮影）

団体の中には、トルコ人アイデンティティを前面に押し出すトルコ政府公認のもの

や、よりイスラーム色を強く出すものがある。

確かにイスラームを拠り所とし、ムスリム移民が国籍を越えて集まる様子は宗教共同体（ウンマ）で精神的に支えられていると言える一方で［Ozkan,2011］、ドイツでの生活には適さないままモスクなどの場でイスラームが説かれることもあるという批判もなされる[4]。だが、ドイツに適した内容でも、たとえば男女の平等より、違いを認めて支えあうことが重要であるといった規範[5]を問われると、女性移民にはそれを否定することは難しく、集団内で規範圧力がかかる。

ベルリンにある「私のトルコ」（著者撮影）

（3）家族・親族の状況

そして家庭内および個人レベルでは、特に夫や父親が失業や強い差別を経験するなどドイツ社会において困難な状況下にある場合、トルコ人男性としての役割や自尊心を維持するために妻や娘に対してより保守的になることがある［Ewing 2008］。婚姻のためにドイツへ来たトルコ人女性は言葉もその社会の基礎知識も持たず、得られる情報はまず身内の者からとなり、外出を認められないことになると、居場所は非常に限られてしまう。しかし、女性が中心と

トルコとの通話定額をうたう広告（著者撮影）

なっている茶話会等の活動は「安全」とされ［Timmerman 2008］、家庭以外では唯一の居場所となることもある。

3. 居場所を見つけ、自分を見出す

　前節で見たように、社会および家族から重層的な影響を受けるトルコ女性移民たちは、自分たちのために限られた環境下で何ができるのだろうか。行政側は移民たちをドイツ社会に統合したいと考えている中で、どういう方法が移民たちに支持されるのだろうか。本節ではベルリン・ノイケルン区で展開される社会福祉事業に着目し、その活動実績と機能する仕組みを見ていく。

（1）「地域の母」事業

　「地域の母（独語 Stadtteilmütter；土語 Örnek Anne。以下、「母」と呼ぶ）」事業は、ノイケルン区で移民女性の社会参加を促進することを目的に、青少年局が主にNGO「Diakonie」へ委託する社会福祉事業である。事業の第1目標は移民家庭の教育と福祉の改善で、保護者として必要なドイツ社会の生活に関する知識を深め、ドイツ語能力をより高めることを目指している。たとえば、入学の際に保護者が書類を作成し、子どもの就学義務を理解するために必要なドイツ語レベルがある。二つ目の目標は、移民が就職、または何らかの社会活動へ参加するなど、ドイツ社会において新しい生活ができるよう、保護者である女性移民の潜在的能力を高めることである。この二つのために、事業は講義と実習のコースを提供する。そして、その研修を受けた女性移民は「母」となり、他のトルコ女性移民の家庭を訪問し、学んだ内容について他の移民へ伝える。

　ノイケルン区において公共事業へつなげられたヒントは、複数のトルコ移民女性たちが他のトルコ女性移民らに幼稚園へ子どもを送ることを、私的な茶話会等で勧めていたことにあった。そこでは、ドイツ社会の基礎情報や学校制度等、多様な個別のニーズに対する情報交換がなされていた。そのため2004年1月には、トルコ系移民も多く関わる「Diakonie」が立ち上げた保護者対象の取り組み「異文化保護者センター」を原型とし、1990年代に見られたオランダのMeeuw基金による事業を参考モデルに、「母」事業が考案された。

　事業は2005年に最も成功した福祉活動として表彰もされ、都市開発、職業センター、青少年局の間で協力体制ができた後は、ノイケルン北側においてモデル事業

が始められた。このパイロット段階は2006年から2008年まで継続され、研修5コースが2006年9月から設置された。現在は2年ごとに事業を継続することになっている。2009年1月19日には新たな協力体制と予算も確保でき、区全体へ拡大することになった。

「母」になるための明確な条件はないが、活動対象とする女性層の関係から30〜60歳代の母親であることが求められる。彼女たちは青少年局または活動中の「母」を通じてコーディネーターに研修の受講を申し込む。「母」候補者は6カ月の間に、週に2度ほどの合計30時間の研修コースを受けた後、個別に10分ほどのプレゼンテーションを成功させれば「母」の資格を取ることができる。研修における1回の講義は3時間ほどで、20名ほどの研修では小グループに分かれてディスカッション形式で行われる。全研修時間のうち20％以上の欠席があれば落第となる。研修修了までに10〜20％の女性が、子どもの世話や夫からの反対などを理由に辞める場合もある。「母」に任命された後の任期は最大3年である。

「地域の母」たち（ノイケルン区提供）

研修の教材は、地区コーディネーターが中心となり、参加する母親自身によって決められている。研修内容は、ドイツ社会の規則や学校の仕組みなどを基本とするが、家庭訪問の際に話題にする10のトピック（幼稚園と学校制度、バイリンガル教育、子どもの人権、保健衛生の向上、成長期と

多言語教材（著者撮影）

第1章　ドイツに暮らすトルコ女性の自立の現状と課題——25

性認識、自動車とバイクの技能、メディア、健全な栄養、薬物防止、子どもの事故防止）は必ず教材パックを用いて学習する。その教材パックは、パンフレットや書籍、チャートで構成されており、「母」が実際の訪問先のニーズに応じて用いるものである。ただし、一つのトピックに必ずその教材を用いなくてはいけないという規則もなく、柔軟に対応することが求められる。すべての教材は、ドイツ語の他、トルコ語、アラブ語、ロシア語、ポーランド語、フランス語等「母」が用いる各言語で作成されている。

（2）共感と共有を生む活動

　それでは「母」の実際の活動と成果を見ていこう。「母」の主な業務は各家庭を訪問し、対話を通して移民家庭の社会参加を促すことである。具体的には、午前10時にその家庭の母親を訪ね、研修で扱った10のトピックのうち一つまたは複数を状況に応じて話題にし、その家庭の抱える課題や相談に対応する。訪問先の家庭を決める方法には、リーフレットや事務所、モスクなどを通したものがあるが、最も多いのは「母」に口コミで直接舞い込んでくる情報である。情報が寄せられた家庭を「母」はアポイントを取り、時には突然に訪問し、女性移民の母語で話を始める。たとえば、ある女性は全く外出をせず子どもの学校関係の処理はすべて父親が行っていた。だが、「母」による別の家庭訪問の際に口コミで情報提供されたことで、存在が知られ、訪問対象に加えられた。ただし、この最初の段階では10のトピックを扱わず、世間話だけで終わることも少なくない。

　「母」たちが対象とするのは、社会から隔離された、シングルマザーも含む女性移民・母親である。訪問する家庭数は平均2軒で、訪問1回あたり2時間の対話業務をこなす。1回の訪問で18ユーロ、月に10回訪問が平均的で、180ユーロの収入を「母」は得る。基本的に訪問は平日に行われ、稀に週末に連絡が入ることもあるが、その場合でも負担感は小さいとのことであった。訪問された家庭の満足度は非常に高い。事業についての詳細な評価内容は未公開であるが、2008年になされた外部評価の結果概要によると、社会的な認知度が高まったこと、小学校へのアクセスが保証されたこと、対象地域を広げたことが挙げられた。ノイケルン全域で実施されるようになると、活動は「スカーフ部隊」といって新聞で頻繁に掲載された。また、同事業は他の場所でも導入され始めていることから、良い評価を受け

ていると言えよう。2011年5月現在、アウクスブルク、ベルリン（クロイツベルク、シュテグリッツ、ミッテ）、ボン、ラーティンゲンが導入している。なお、これまで「母」が訪問した家庭の数は表1の通りである。

表1 「地域の母」が訪問した家族数

2007	2008	2009	2010	2011	2012	2013	2014*
501	956	1,394	1,017	726	1,166	1,199	229
計 1,457		計 2,411		計 1,892				

＊2014年2月末現在
【出典】2011/5/23 および 2014/3/14 の聞き取り調査から著者作成

　実施体制としては、大学で社会科学を専攻した経歴を持つ地区コーディネーターが「母」たちを統括し、教材開発や研修を担当する。その地区コーディネーターの上に地域間を統括し、外部資源や行政機関との調整を担う受託したNGO所属の主任コーディネーターが存在する。2011年ではトルコ系以外も含む実働の「母」が63名、地区コーディネーターが4名、主任が1名であった。新人の「母」には地区コーディネーターが随伴するが、対応できると判断されれば単独となる。「母」たちは区役所内にある事務所で毎週の会合を持ち、継続的な意見交換を行う。家庭訪問以外の活動には、学校や幼稚園での保護者カフェ、週末に開催される「母親の朝食」、地域の公民館等で「母」への参加の呼びかけがある。保護者カフェを開催する「母」本人は約20年前に婚姻のために地方都市から来て戸惑ったが、「母」になってから自分に自信を持つようになったという。

　現在、事業の最大の課題は事業に直接対応する法律がないため、3年の「母」任期が終わると公的に活動はできなくなることである。ただし、地区コーディネーター等優秀な人材が一般企業へ転職することもあり、「母」は社会参加のきっかけとされ、移民女性のキャリアパスとしても奨励されている。

（3）新世代の女性たち

　ドイツにおいて移民を背景に持つ連邦議員のうち、2013年末には初めて入閣の話が出た。社会民主党の女性議員であるアイダン・オズオウズ副党首を移民・難民・統合担当大臣として入閣させると発表したのである[6]。長年、多くの移民女子の

職業目標は学校の教員であったが、今日では医学や薬学、そして政治に直接参加するようになった。ドイツ市民権を持つ第3、4世代の移民たちからは、すでに地方選挙では何人もの議員が輩出されている。このことから、ドイツ社会における移民の意思表示は制度の上でも今まで以上に影響力を持ち始めている。このことは、「母」たちをはじめ、トルコ女性移民を勇気づけている。

他方、「中東でも民主国家は成立可能だ」という欧米のイメージに反して、2014年になって母国トルコではソーシャルネットワークなどのインターネット上の情報発信に規制が入る時が増えた[7]。それに対して若い世代は強く反発しており、それに着目した海外のメディアによって無名の若者がオピニオンリーダーのようになる現象も発生している。これは国境を越えてドイツのトルコ系移民にも影響を与え、逆にトルコ移民からトルコ国内の市民へも影響を及ぼす場面も見られ、それぞれが自分の意見に自信を持つようになっている。このようなグローバル化の影響は今後さらに増えるであろうし、ソーシャルネットワークは人々を共感という側面からつなげていっている。

ただし、ベルリンに住むトルコ系の若者はさらに現実的に将来を見据えている。親世代の扱われ方を目の当たりにしてきた彼らは、前述のようにスカーフを意思表示として着用し、進学や就職のためトランスナショナルな移動を当然のこととして捉えている。著者が5年以上断続的にインタビューしてきた移民の中で、スカーフを着用した若い女性に「将来、自分のしたいことのために、スカーフを取れと言われたら、どうするか」と個別に尋ねてみると、状況に応じて脱着すると答えた。つまり、自分の将来のためには、戦略的にイメージを操作することを考えているのである。

第3世代の若い移民女性
(著者撮影:本文とは直接関係ありません)

「母」になる前のトルコ女性移民たちは、他人から求められた役割期待に応えよ

うとして、または自分の力の及ぶ範囲を過小に考えていた。だが、孤立していると思っていた女性たちは、他の同様の状況にある女性を見て、共感を持ち、自分たちの居場所を作った。若い世代も単純にアイデンティティ喪失をしたわけではなく、インターネットからの情報などで自分の居場所を相対化させるようになった。そうした居場所を見つけたことで、自分たちの強みを確認し、自信を持つようになったのである。次節ではそれらを教育の側面から見てみよう。

4. ムスリムと「教育」

前節で見た事例は、教育の観点からどのような意味があるのだろうか。ここでいう教育とは、学校が提供する教育だけでなく、ムスリムの求める内容と人間形成[8]を指す。ムスリム移民の生活において程度の差こそあれ、一般的に問題となるのは、食事のほか、男女の関係、女子・女性の服装、そして教育内容である。そこで本節では、まずムスリムにとっての教育について確認した後、上記の事例として取り上げた事業が教育としていかなる意味があるのかを説明したい。

(1) ムスリム移民の抱える課題

ムスリムにとって、現世とは来世のために課された課題の連続であり、来世こそが本物の人生である。現世で死ぬときには最後の審判を受け、行ってきた善行と悪行が精密に秤にかけられ、その結果により天国または地獄へ送られると信じられている。そのため、ムスリムは神をおそれ、感謝し、現世における生き方を正す努力をしている。そして、教育の源泉はイスラームの聖典「クルアーン」（日本では一般に「コーラン」として知られる）である。その原義は「読まれる（誦まれる）もの」で、アッラーからの言葉を記したとされている。

クルアーンが書かれている言語であるアラビア語では、教育とは元来、知識、発達・成熟、身体的および社会的に健全な成長といった意味で捉えられ、しかし同時に、学校教育、教授、訓練、指導、躾という言葉の区別はない（Halstead 2004: 519-522）。知識とは、神自身の特質であり、すべて神から与えられるものであるとムスリムは捉える。そして知識について特徴的なのは、知識は行動に移してこそ初めて生きるという認識であり、知っていても実践しない場合は、その知識は役に立たな

いものとされる。たとえば、実践が求められる五行のうち喜捨は、自発的な任意の金銭や物資の寄付行為になり、その運用として貧者などに優先的に配分される。

　ムスリムの求める教育は教科の知識でなく、イスラームの枠内とはいえ学校の教育以外およびその期間後も続く生涯学習と全人教育的視点を持つ。そして神の前の平等と社会的弱者に対する支援を奨励することから、所属する社会や共同体との関係性も重視し、相互扶助の発想を教義に持つ。そのため、イスラーム教育において保護者が求める教育内容は、原則としてムスリムとしての成長を目指したものである。ムスリムの親は一般的に、その子どもに対する教育に熱心であるが、それは宗教上の義務であると捉えているためである。また近年のグローバル化による多様な情報の流入がイスラーム規範の遵守を妨げるとの危機意識を持った保護者は、道徳的な大人に育ってほしいと願っている。たとえば、公立学校へ通う英国在住のムスリムの子どもも放課後に宗教について学ぶためにモスクや個別の教室に通っている［Parker-Jenkins,1995: 11-14］。ある人類学者［Boyle, 2007］によると、クルアーンの内容は、生涯をかけて理解し実行していくものであるから、まず記憶することが重視され、親もそれを求め、学習者にとっては神の言葉を具現化するプロセスとなり、結果的に公教育が不足する場合の代替教育を提供しているという。また、記憶することだけでは学習は完結せず、記憶した内容は人生の指針となり、生涯をかけて実践していくことに意義があるとする。

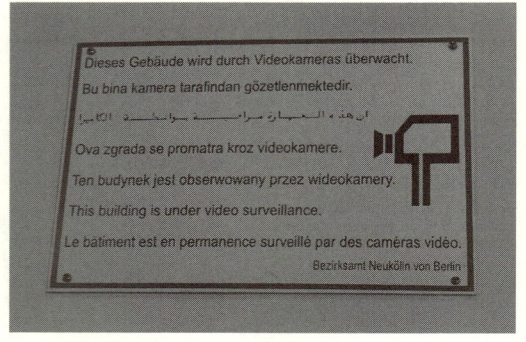

区役所の多言語表記（著者撮影）

（2）教育からみた女性たちのエンパワメント

　つまり、教育とは学校だけで完結するものでなく、さらに学校で学ぶことでさえ、学習者の周辺環境、自分の関心、周囲の期待などによって影響を受けるのである。それらの経験を通して人は学習を重ねていき、総体として人間が形成されていく。

　欧州ではムスリム移民は異なるイスラーム団体・宗派に所属し、世俗化の度合いも欧州へ来た背景も異なることがよく知られている［Daun & Arjmand 2005］が、

上記の「母」事業においては、トルコ女性移民の環境と教育の機能をまとめると、表2のようになる。彼女たちから見た社会的距離の最も大きい外の世界はドイツ社会という所属先である。そこからの圧力要因にはイスラーム嫌悪などの彼女たちに対する排他的影響が挙げられる。次の距離に位置づくのはトルコ移民社会で、イスラーム規範やトルコ文化の影響がある。最も社会的に近い位置にある所属先は、家庭や親族との関係になる。そこでは出身地の伝統や習慣が彼女たちに影響する。

表2　トルコ人女性移民の環境と人間形成の機能

	所属先	圧力要因	人間形成
外	ドイツ社会	イスラーム嫌悪	社会生活の知識蓄積とドイツ語技能の蓄積
↕	トルコ移民社会	イスラーム規範	ネットワーク化と規範の相対化
内	家庭・親族	伝統・習慣	アイデンティティ再構成とエンパワメント

【出典】著者作成

前述の事例で見たとおり、「母」事業を通してトルコ女性移民の人間形成は進む。特に、テーマ設定と教材開発は学習者である彼女たち自身が定めてきた。そして、表2に示した三つのレベルにおいて、「母」事業の活動は、まずドイツ社会へのアクセスを保証するため、「母」を通じて知識の伝達のほか、「母」自身のドイツ語技能の習得を促進している。移民社会におけるイスラーム教義についても、「母」研修における他のムスリム移民との意見交換により、自らの理解と立場を相対化できる場となっている。そして家族や親族からの期待や圧力については、「母」自身のアイデンティティが再構築され、力づけられているのである。

アイスクリームを買うムスリム女性たち（著者撮影）

おわりに

　本章では、トルコ移民の移住の意味とその変化、ドイツにおけるトルコ女性移民たちの抱える環境、自らが居場所を作り参加するベルリンの福祉事業、そして教育による力づけ（エンパワメント）を見てきた。資源を持たない女性移民を「社会的弱者」として保護すべきと考える立場もあろう。確かに必要な制度や機会の保証は重要であるが、彼女たち自身によるエンパワメントはさらに重要である。受入れ社会が社会保障や法整備によって移民たちに自己責任を要求するのに対して、トルコ移民たちは相互扶助の考え方を持つ。両者のすれ違いを克服するため、女性移民たちは孤立しかねない同郷の女性たちを自らの伝統をもとに、接点を持つ工夫をし、受入れ社会での居場所を作っていった。

　トルコ女性移民の一部は学校教育という近代教育を、多くのドイツ女性と同じ水準まで受けなかったかもしれない。同時に、村など出身地の伝統・習慣を継承する方が、人生の上では意味のある教育だったかもしれない。その狭間で戸惑いを持ったままの女性移民は、自分の気持ちを正当化する場がすぐに見当たらなかった。ドイツの行政からも、移民社会からも、そして親族からも「社会的弱者」と位置づけられた女性たちは、自分の無力さを痛感していたかもしれない。

　だが、同じような悩みを抱えた女性たちが、茶話会のように気軽に、母語で相談できる場を得ることができ、しかも定期的に訪問してくれる同じトルコ女性移民がいるとなれば、まずは安心できた。訪問する側のトルコ移民も自分が他人の役に立っているということを実感し、自信を持つようになった。このような女性移民たちが、互いを支える非公式なネットワークを構築できたのは、行政のトルコ文化に対する理解と実施母体となる NGO に対する公的支援があったためである。

　他方、移民たちの故郷トルコ共和国では、親イスラーム政党が単独政権を担うようになった 2002 年以降、それまでの多様な努力の甲斐もあり、一般市民も経済発展の恩恵をより感じ、2014 年 3 月 30 日の地方選挙においても親イスラーム政党を圧倒的に支持している[9]。トルコ都市部においてもスカーフ着用などイスラーム実践を重視する者が増えた中、保護者の希望により宗教指導者養成学校への女子の進学も増加傾向にある[10]。

本稿では十分に扱えなかったが、多様な情報にさらされている若い世代はより柔軟にイスラームを捉えていることから、世俗主義か否かだけを選択しているわけではない。逆にトルコ人の間における価値観の世代間格差などが今後はより顕在化するだろう。たとえば、女性の自立が離婚という形で表現される時、ドイツではそれなりの支援体制があるが、トルコにおいては社会的圧力も含め、女性のみが追い込まれる状況もありうる。その点でドイツの事例はトルコ国内の女性たちの自立のためにも意味があるに違いない。

注

1）移民統合政策指標（MIPEX）を含め、制度整備については、丸山英樹「欧州における移民の社会統合と教育政策—『移民統合政策指標』と『移民の子の統合』報告書から見るドイツとスウェーデン」（『国立教育政策研究所紀要』第138集、2009年3月）、223-238頁を参照。

2）「英国ムスリム・イスラモフォビア委員会」が1997年に刊行した報告書で使われ、欧米国で広く使われるようになった。イスラーム嫌悪とは排除、差別、暴力、偏見からなるとし、イスラームに対して閉ざされた・開かれた視点を描写することで、イスラームが内的発展や多様性、対話のない一枚岩のものであるという前提に反論し、ムスリム社会と社会全体にとってイスラーム嫌悪が作り出す本質的な危機に注意を引きつけることを目的としていた。また別の研究（Barry van Driel, *Confronting Islamophobia in Educational Practice*, Trentham Books, 2004）では、この嫌悪には不合理な不信感、イスラーム・ムスリムに対する恐怖・拒絶があると定義している。そして単なる外国人嫌いといった、不信や恐怖、憎悪の態度のみでなく、それらによって形成される制度化された嫌悪として、ムスリムとそれ以外の者の間に社会的な不平等を制度的に反映し、再生産するような法律や慣習が生み出されることが大きな問題であるとする。

3）これまでトルコでは公立学校におけるスカーフ着用は教員と子どもの両者とも認められていない他、男性にはイスラーム主義のシンボルとされる顎髭も認めていなかった。

4）ドイツで影響力を持つIslamischen Föderation Berlin代表Burhan Kesici氏は、トルコと関係の強い団体やイスラームを最優先させる団体はドイツの現状や文脈に疎く、必ずしも適切な指導ができていないと指摘している。（2008年

10月23日の聞き取り）
5）男女の違いを認める点について、服部美奈『インドネシアの近代女子教育―イスラーム改革運動のなかの女性』勁草書房、2001年を参照。
6）http://www.hurriyet.com.tr/dunya/25364590.asp
7）たとえば、これまで繰り返しあったが、トルコのエルドアン首相は自らの汚職疑惑が地方選挙に悪影響を与えないよう、2014年3月にTwitterを遮断させた。しかし、ユーザーは抜け道を探し、同時にTwitter社も技術的に支援した。
8）教育は、陶冶、教化、形成からなる。陶冶は学校教育を指すことが多く、教室や教科書などが定められ、さまざまな規則に則った教育が展開される。教化には当初から設置されている媒体が存在し、たとえば博物館などの社会教育が含まれる。形成には、教育の客体となる学習者が人生の幅広い文脈において無意図的に身につけ、各自が成長する過程も含める。本事例では、陶冶よりも、自分たちで作成した教材を用いること、多様な場面で学習が発生していることから、教化と形成が主な教育活動といえる。
9）ただし、選挙の不正も指摘され、例えば投票用紙が見えないなど投票場の停電の様子などがインターネットに流された。
10）世俗主義派政権時代の1997年に義務教育期間の延長の際、中等段階の宗教指導者養成学校を閉鎖したが、2012年には義務教育12年（4・4・4）制の導入とともに実質的にその学校を復活させた。これにより今日、教育内容における宗教保守は強化されたと言える。

参考文献

ヴァルラフ, G.『最底辺』（マサコ・シェーンエック訳）岩波書店、1985=1987年。
内藤正典『ヨーロッパとイスラーム』岩波新書、2004年。
野中恵子『ドイツの中のトルコ：移民社会の証言』柘植書房、1993年。
丸山英樹「トルコ移民のノンフォーマル教育による社会参加とエンパワメント」（『比較教育学研究』第44号、2012年）、3-23頁。
見原礼子『オランダとベルギーのイスラーム教育』明石書店、2009年。
Boyle, H. N., Memorization and Learning in Islamic Schools, in W. Kadi and V. Billeh (eds.), *Islam and Education: Myths and Truths*, University of Chicago Press, 2007, pp.172-189.
Brettel, C.B., & Hollifield, J.F., *Migration Theory: Taking across Disciplines*, 2nd ed,

Routledge, 2008.

Çınar, A., *Modernity, Islam and Secularism in Turkey: Bodies, Places, and Time*, University of Minnesota Press, 2005.

Daun, H. & Arjmand, R., Education in Europe and Muslim Demands for Competetive and Moral Education, *International Review of Education*, 51(5/6), 2005, pp.403-426.

Ewing, K.P., *Stolen Honor: Stigmatizing Muslim Men in Berlin*, Stanford University Press, 2008.

Halstead, J.M., An Islamic Concept of Education, *Comparative Education*, 40(4), 2004, pp.517-530.

Ozkan, M., Transnational Islam, Immigrant NGOs and Poverty Alleviation: the Case of the IGMG, *Journal of International Development*, 24, 2011. DOI:10.1002/jid.1766.

Parker-Jenkins, M., *Children of Islam: A Teacher's Guide to Meeting the Needs of Muslim Pupils*, Trentham Books, London, 1995.

Peek, L., Becoming Muslim: The Development of a Religious Identity, *Sociology of Religion*, 66(3), 2005, pp.215-242.

Ramberg, Ingrid, Islamophobia and Its Consequences on Young People, *Seminar Report*, Council of Europe, 2004.

Stromquist, N.P., The Theoretical and Practical Bases for Empowerment, in Medel-Afionuevo, C., *Women, Education and Empowerment*, UIE, Hamburg, 1995, pp.13-22.

Timmerman, C., Gender Dynamics in the Context of Turkish Marriage Migration: The Case of Belgium, in R. Erzan & K. Kirişci (eds.), *Turkish Immigrants in the European Union: Determinants of Immigration and Integration*, Routledge, New York, 2008, pp.121-139.

第2章 あるレバノン家族から垣間見えるアラブの女性像

宇野　昌樹

はじめに

　中東世界に初めて足を踏み入れた1977年以降、私は数多くのフィールドワークをシリア、レバノンを中心に行ってきた。そのフィールドワークを通して得られた現地の人々との出会いと交流は、私に驚きや気付き、新たな疑問などを次々に与えてくれた。とりわけ、親しくなり、家族の内情まで知ることができた時、今まで自分自身が分かったような気になっていたアラブ世界が表面的なものでしかなかったことに気付かされた。日本から知ることのできるアラブ世界と現地の街角で体験できるアラブ世界、さらに家の中から見るアラブ世界は、あたかも入れ子のように社会を形成している。特に三つの入れ子のうち、初めの二つの世界で現在主役を担っているのは男性たちである。では、家の中ではどうだろうか。もちろん、そこは大多数の女性たちが多くの時間を過ごす場所である。果たして、そこでの主役は彼女たちだろうか。

　日本でアラブ世界の女性というと、男性に従属する存在としてイメージされることが多いが、実際の彼女たちは、賢くしたたかでさえある。多くの場合、歴史は男性目線で著されているが、本稿はそれとは異なる。女性の目線から現代のアラブ世界を描いてみようという試みである。

　本稿は、1977年から1981年までの長期滞在で得たシリアの家族との長きにわたる交流がベースになっている[1]。また、この10年来レバノンでの調査では、あるドゥルーズ派（この宗派については後述）の家族のところに寝泊まりすることが常で、その家族を通して、女性たちの日常を身近に見てきた。それゆえ、私のこれまでの現地での経験と、そのドゥルーズ派家族との交流を通して見聞きし感じてき

たことを踏まえて、女性たちの今について素描できればと思っている。

　しかしながら、これはあくまでも一つの家族、そしてその中に生きる特定の女性たちの姿であり、これがアラブの家族、そしてアラブの女性の一般的な姿だとはとうてい言えない。とはいえ、あるレバノン家族やその中の女性たちを論じ、この家族、そして女性たちをアラブ世界、特にレバノンにおける家族や女性たちの中に位置づけることで、レバノン女性の全体像が少しでも浮き彫りにできるのではないかと考えている。

　また、本論に入る前に、確認しておかなければならないことがある。それは、イスラーム女性というと多くの読者が共通に抱くイメージ、例えばベールや一夫多妻制などから、女性の社会的地位が低いと決めつけていることと関わっている。つまり、既に出来上がっている先入観でムスリム女性を見ることについて、あるアラブの女性は次のように指摘している。「西洋の人びとは、中東の女性のイメージが一つであるかのように教え込まれており、中東の女性は抑圧され、隔離され、ベールを着用させられ、敵対すべき宗教のいいなりになっている犠牲者と見なしていることはよく知られている通りである」[2]。

　これに関連して、日本でのイスラームへの偏見や無知について、文化人類学者として活躍した片倉もとこはその理由を大きく三つ挙げている。一つ目は、「明治以降の西洋志向がまずあげられる。明治政府の『脱亜入欧』政策は、すべてにおいて西洋のほうが上等で、西洋以外の地域からは何も学ぶべきものはない、遅れた文化文明が存在するだけだという思い込みを、日本人全体のものにした」。二つ目は、「マスコミなどで報道されるイスラームに関する情報が、めったに起こらないような非日常的なものにかたよっているということである」。三つ目は、「イスラームについては＜豚を食べてはいけない＞＜多妻がゆるされ女性の地位は低い＞といったことを聞きかじり、イスラームを知っているような気になっている傾向がある。こうしたことはどちらかと言えばどうでもいいことで、イスラーム全体から言えば、枝葉にあたることである。……（これらを）イスラームであるように考えるのは、枝葉末節の拡大解釈にほかならない」[3]。このようにして得られた対イスラーム・イメージはなかなか払拭できない。そのことを十分に考慮し、アラブの女性像を論じなければならない。

　またもう一点確認したいことは、アラブ世界の多様性についてである。「西洋で

はしばしば中東・北アフリカの女性たちはみなベールを着用し、また着用すべきであるとされており、この地域の女性たちはみな名誉殺人[4]やFGM（女性性器切除）、身体的暴力、夫婦間レイプ、職場での社会的差別などへの屈従を強いられていると考えられているが、これらの抑圧の程度は、この地域の女性たちの間でも決して一様ではなく、また同じような深刻さで経験されているわけではないことは、十分強調しておくべき極めて重要なことである」[5]。こうしたことを指摘するサルヒーは、続けて「中東・北アフリカの女性たちがこの地域の多数派の宗教イスラームを信仰していることによって統一され、しばしばイスラーム家族法のもとで生活している一方で、実は変化に富んだ多様性が、地域ごと国家ごとにとどまらず、一国家のなかでもそうした多様性がみられることを明らかにすることである」旨記している[6]。これらのことに十分配慮する必要があろう。

　さて、本章では、レバノンに暮らすドゥルーズ派家族の例を見ながら、特に次の三つの点から論じていく。一つは、戦争（レバノン内戦など）が女性の置かれている状況にどのような影響をもたらしたのかという点である。二つ目は、身分法などの法律や名誉殺人といった慣習についてである。そして最後に、アジア地域やアフリカなどから家事労働者としてレバノンにやって来る女性たちの、レバノン女性に与える影響に関してである。

　まず、レバノンは国民国家成立後、幾度も戦争を経験し、戦争が女性の社会進出を可能にした側面が指摘されている。これまでの歴史が示すように、男たちが主に戦争に駆り出され、女たちがこれを補佐する。そして、戦争によって多くの男たちが犠牲になり、その後を女たちが担うため、女性の置かれている状況にも、戦争は大きな影響を与える。確かに戦争は究極の暴力であり、その視点から考えると、戦争という暴力が人間、特にこれを中心的に担ってきた男たちに与えている影響は計り知れない。この点にも焦点を当てて副産物として生み出されている家庭内暴力についても言及したい。

　次に、身分法や名誉殺人についてであるが、身分法は彼らが所属する宗教・宗派集団によって状況が異なるというこの地域に共通する特徴があり、ここで扱うドゥルーズ派女性たちが身分上、どのような状況に置かれているのか素描したい。また、名誉殺人は家族の中の女性の位置を象徴する「慣習」であるが、ドゥルーズ派社会での現状に触れながら、身分法の問題とあわせて、家父長的な側面についても論じ

たい。

　そして最後に、アジア地域、特にフィリピン、ネパール、バングラデシュ、あるいはエチオピアからやって来て、家事や育児労働を目的に、近年数多くの女性たちがレバノンで働く姿を目にするが、これらの女性たちに焦点を当て、彼女らの雇用主であるレバノンの女性について考えてみたい。

1. レバノンにおける家族と女性

　中東・アラブ世界の個人に関わることで、日本と大きく異なるところは、その人の身分法が所属する宗教・宗派や性別によって異なる点であろう。たとえば、スンナ派ムスリムの男性は、スンナ派の身分法[7]の下での婚姻が認められ、4人の女性まで婚姻関係を結ぶことや啓典の民[8]であれば異教徒とも婚姻することが許される。しかし、同派の女性は、その身分法の制約下で婚姻は一人の男性に限られ、またムスリム以外の男性との婚姻は認められていない。そして、キリスト教徒もその事情は基本的には同じであり、それぞれが所属する宗派の身分法に従い、初めて婚姻が成立する。しかも、それぞれの宗教・宗派コミュニティは非常に保守的で、それぞれのコミュニティ内部で婚姻関係が成立するのが大半である。それゆえ、ムスリム男性がキリスト教徒やユダヤ教徒の女性と結婚することは、身分法上は可能であるが、非常にまれなケースであるといえる。

　ここで論じるレバノンは、「イスラーム教徒が圧倒的多数を占める中東地域において非イスラーム教徒の住民を多く抱える数少ないくに（原文のまま）である。多様な宗教・宗派の権利を尊重するため17（1990年の憲法改正以降は18）の公認宗派を設定」[9]しており、従って18の異なる身分法が存在することになる。このような複数の宗教・宗派コミュニティを抱える国は、中東・アラブ世界ではシリア、イラク、ヨルダンなどで、したがってレバノンは決して特異な国ではない。ただ、レバノンがアラブ世界のなかでもやや特異な国といえるとすれば、この国が1945年に独立して以降、歴代政府が国の「欧米化」を強力に進め、以来内戦の始まる1975年までの間、首都ベイルートはアラブ世界の金融の中心となり、「中東のパリ」と称されるほどの経済発展を遂げたことである。その後内戦を経験し、国の経済、社会が破綻するが、それでもその「欧化」の空気は維持され、現在に至っ

ている。町中を歩く女性の姿は、アラブ諸国のどの町を歩く女性よりもイタリアやフランスの女性たちに近くおしゃれで洗練されている。そして、多くのレバノン人は、この空気から自国がアラブ諸国のなかでも「最も進んでいる国」とのイメージを強く抱いているといっても間違いない。しかし、実際はどうなのだろうか。

　ここで簡単に私見を述べておきたい。レバノンは、前述したように18の公認宗教・宗派を抱え、それぞれが独自の身分法のもとで、独自の社会を築いている。そして、それぞれの宗教・宗派社会はその維持が重要な課題としてあり、そのために閉鎖的で保守的な制度や慣習が生み出されてきた面は否めない。それゆえ、外面は華やかで進歩的な感じがするが、家の内部では家長（祖父や父親）がおおかたの権限を握り、他方女性たちは伝統的な慣習に縛られるという状況が宗教・宗派の違いを越えて存在しているように思う。この点に関しては、フランスの民族学者のティヨンも地中海社会の親族構造に起因する特徴として詳しく述べている[10]。

　本稿で取り上げるレバノン一家が所属しているイスラームの一派ドゥルーズ派もこの18の公認宗教・宗派の一つであるが、この宗派はその誕生からしばらくして布教活動を止め、他の宗教・宗派の人びととは距離を置いてきた。加えて、彼らがイスラーム一般の教えからの逸脱とみなされる輪廻転生観を信じていることなどを理由に異端視されてきたこともあって、外界とは隔絶した独自のコミュニティを形成してきた。しかし、彼らの身分法は、細かな点でスンナ派と異なるとはいえ、類似する点も多い。それは、彼らの身分法が前述した四つの正統法学派の一つ、ハナフィー派に準拠しているからである。ここで簡単に、結婚、離婚に関する法規に関し、スンナ派とドゥルーズ派の大きく異なるところを列挙しておこう。第一に、シャリーア（イスラーム法）では夫が4人の妻まで娶ることが許されているが、ドゥルーズ派はこれを禁じ、一夫一婦制を厳守している。第二に、オスマン法に従えば、結婚が可能な最低年齢は男12歳、女9歳としているが、ドゥルーズ派では男16歳、女15歳としている。第三に、一般にイスラーム世界では一度離婚した相手との再婚は、煩雑な手続きはあるものの可能であるが、ドゥルーズ派ではそれは許されていない[11]。これらの違いがどこに由来するのかは分からないが、ただ最初に挙げた一夫一婦制の採用に関しては、恐らく分派した際にその母体であったイスマーイール派や多数派のスンナ派などとの違いを明確にする必要があったためではないかと推察される。また、スンナ派と同様に、ドゥルーズ派男性は異教徒の女性との

婚姻を認められているが、ドゥルーズ派女性は認められていない。ただし、男性が宗教・宗派の異なる女性と結婚する際に、女性の方が男性の宗教・宗派へ改宗する場合がほとんどである。一方、女性が宗教・宗派の異なる男性と結婚することは、先に述べたように認められていないが、女性の方が男性の宗教・宗派に改宗したうえで結婚することは可能である。しかし、多くの場合家族や親族から反対され、それでも結婚したい場合には、彼女が属しているコミュニティに留まることは許されない。また、まれなケースではあるが、彼女の父親や兄弟、あるいは親族から危害を加えられ、殺害されることもある。これが名誉殺人である。その起源については、「紀元前1752年のバビロニアのハンムラビ法典や紀元前3000年のアッシリア帝国の法典がその起源」[12]とされている。そして、この名誉殺人は、ドゥルーズ派コミュニティ内でも時に発生する。

2. あるレバノン家族のこと

　この一家（家族の概要については、「インタビュー資料」を参照）は、レバノンの首都ベイルートの南東17kmほど、この町を見下ろす山間に広がる町アレイに暮らしている。この町は、ベイルート＝ダマスカス・ハイウェイが通る交通の要衝として発達したところで、住民の多くをキリスト教マロン派教徒やイスラーム・ドゥルーズ派教徒が占め、レバノン内戦時は両宗派の民兵が熾烈な闘いを繰り広げたところでもある。

　この家の家長は数年前にこの世を去り、現在はその妻A（1930年生まれ）を頂点に、彼らの子どもたち3人とその家族が地上3階地下1階の建物で生活している。長男b（1958年生まれ）の家族は建物の3階に住み、彼はアレイ市内の公立中学・高等学校の化学の教師で、その妻B（1970年生まれ）も私立の中学・高等学校で生物の教師をしている共稼ぎ一家である。ただ、結婚したのが遅く、11歳の女の子を頭に3人の子どもがいる。長女C（1958年生まれ）は1階で母親と暮らし、旧ソ連の国費留学生として医学を学び、卒業後帰国して病院勤めの後に開業して現在に至っている。一度は婚約したがうまくいかず、独身でいる。次男d（1961年生まれ）の家族は建物の2階に居を構え、彼は大学で建築を学び、その後設計事務所で仕事を始めたが、10年ほど前に始めた車の塗装会社が軌道に乗り、今は設計

事務所から独立して個人で設計の仕事をしながら、妻D（1967年生まれ）と共に塗装会社の仕事を切り盛りしている。彼らには昨年秋に大学に入学した長男と高校2年の次男がいる。そして、彼らと同居せず、ベイルート市内で暮らす末娘E（1967年生まれ）が一人いる。彼女はレバノン内戦の影響から高校在学中に親類のいる隣国シリアに一時避難し、バカロレア（大学入学資格）を取得後にレバノンに戻り、レバノンの大学卒業後に国立レバノン銀行に就職し現在に至っている。15年ほど前に結婚し男子を出産したが、その後離婚して現在は一人暮らしをしている。なお、建物の地下1階部分は賃貸アパートにし、その賃貸料は母親Aの生活費に充てている。

さて、この一家だが、兄弟姉妹が集まって一つの建物に住む居住形態は、地方都市や町村部では珍しくはない。私が初めてこの家を訪れたのは1977年のことで、いまだ1階部分と地階の一部があるだけで、その1階部分に家族6人が生活していた。父親は当時50歳ほどで、電力公社に勤める公務員であり、もともと安い給料のうえに、75年に始まった内戦が彼らの生活を直撃していたことをよく覚えている。それから30数年、少しずつ建物の増築が行われ、現在の形になったのは、長男が結婚した12年ほど前のことである。子どもたちは皆大学を卒業し、教師、医師、塗装会社の経営者、そして公務員と今でこそ安定した職に就いてはいるが、これまでの道のりは決して平坦なものではなかった。その要因は、外的なものと内的なものの両方があるが、ここでまずその外的要因について見ておきたい。

3. 戦乱と女性たち

1975年に勃発したレバノン内戦は、レバノンという小さな国家に計り知れないダメージを与えた。死者は少なくとも10万人、国外へ逃れた人は約80万人に達し、家を追われた国内避難民の数は50万人と言われる[13]。家族の暮らす首都ベイルートを見下ろす町アレイは、住民の多くが互いに敵対するドゥルーズ派とマロン派であったこともあり、町中で戦闘があり、また首都を見下ろせる絶景地、つまり戦略的に重要な地点であったことから、ロケット弾の標的にもなった。それゆえ、戦闘が最も激しかった内戦開始後の数年間、家族は母親Aの出身地であるシリア南部に位置するドゥルーズ派の集住地域スウェイダーに度々疎開していた。また、その

母親の長兄も同じアレイで生活していたが、1978年のある日、自宅の庭にいるところをロケットが着弾し死去している。

　この内戦は「19世紀中葉に起源を持ち、1943年独立時の国民協約（大統領職をはじめ政府の主要ポストや国会議席数を宗派ごとに傾斜配分する不文律）によって規定されたところの宗派体制の矛盾が主要因」[14]であり、それぞれの宗教・宗派の民兵集団が入り乱れて戦闘を繰り広げた。内戦は1989年にサウジアラビアの仲介でターイフ合意が成立し、翌90年にシリア軍が合意を拒否していたアウン派を制圧したことにより終結する。しかし、隣国イスラエルが1978年と1982年に次いで1993年にレバノン南部に侵攻、このイスラエルによるレバノン侵攻は1996年、そして2006年と繰り返され、過去5回に及ぶ戦乱は、内戦同様ここに暮らす人々にさまざまな影響を与えてきた。

　その影響下で、皮肉にもこの内戦が女性たちの社会進出にプラスに働いたと指摘される。その主な理由の一つは、「内戦によって家庭外で働く女性が増えたという事実に基づいて、男性が内戦に参加したり出稼ぎで不在だったりすることに加え、内戦下の経済悪化によって、女性の経済的関与が増大した」[15]というものである。その点を指摘するリナ・ハーティブは、それを肯定的に考えつつも、「家庭外で働くことが自動的に自由をもたらすわけではない。女性にとっての負担の一つは、仕事することと女性の役割に対する認識の変化とが一緒になっていないということである」[16]旨述べている。そして、「……全般的に見れば戦争（内戦）は女性としての女性の地位を周縁化させただけだった。内戦は社会秩序を崩壊させ、これまで以上に家族や伝統に固執するという結果を招いた」[17]としながら、内戦が女性たちの地位や自由にとって結局マイナスに作用したのではないかと結論付けている。

　また、戦争が人間の人間に対する最大の暴力であり、その暴力は表向き家の外で行われることが多いが、目に見えないところ、例えば家の中にも持ち込まれることも多く、いわゆる家庭内暴力を副産物として生み出していることを忘れてはなるまい。実際、この種の暴力についてはフィールドワーク中にもしばしば耳にしており、インタビューでも幾つかの事例を聴取している。しかも、レバノンでは前述したように内戦終結後も隣国イスラエルから3回にわたって軍事侵攻を受け、現在はシリア内戦の余波を受けて、シリア難民の流入に加え、爆発事件などが起こり、政治、社会情勢がますます不安定化している。このような社会情勢の不安定化が社会的弱

者である、子ども、高齢者、そして女性たちに深刻な影響を与えていくことが懸念される。

なお、次女Eとのインタビューの中で、彼女が興味深い話しをしていた。それは、異なる宗教・宗派間の対立は、一方で住民間に激しい憎悪を増幅させたが、他方で対立を乗り越え宗教・宗派間の相互理解を進める動きも起こり、異なる宗教・宗派間の婚姻が増加しつつある現象も起こっているというのである。後述するが、彼女自身が異なる宗派の男性と結婚しており、また周辺にも彼女と同じように異なる宗教・宗派間で婚姻が結ばれている例が幾つもあるからだろう。このような通婚が今後も広く行われれば、レバノン社会の大きな変化を意味し、レバノンの政治、社会的な特徴としてある宗派主義の変革につながる可能性もある。

4. 次女の結婚問題

中東での女性の婚姻に関する制約や慣習については先に述べたが、ここで名誉殺人の例を一つ挙げておこう。この話はシリア南部、ドゥルーズ派の住民が多く住むスウェイダーでフィールドワークの最中に聞いたもので、1980年代中頃のことである。あるドゥルーズ派の娘がやはりドゥルーズ派青年に恋をした。娘はその青年と結婚したいと両親に打ち明ける。しかし両親は、結婚は親が決めるものとして娘の願いを聞き入れない。娘はそれでも彼と結婚したく、彼と駆け落ちすることになる。これを知った父親は、親の許しもなく結婚することは、家の名を汚すことであり、断じて許せないとして、年若い息子、つまり彼女の弟を「刺客」として娘のいるところへ送り殺害させた。なぜ年若い息子を「刺客」にしたかというと、殺人罪が問われない年齢との理由であったように記憶している。これは複数の人から聞いている話なので、実際にあったことだと思う。確かに、この種の名誉殺人はレバノンやその近隣諸国の慣行で知られている[18]が、これらはあくまでも特殊なケースであり、女性に対する暴力の一つと考える必要もあろう。

レバノンのドゥルーズ派家族のところでも、16年ほど前に一家が大騒ぎになる婚姻にまつわる「事件」が発生している。その発端は、次女Eが友人として付き合っていたシーア派の青年との結婚を希望したことから始まる。次女は当時31歳、結婚適齢期はとうに過ぎ、両親としては早く結婚して欲しいと願っていた頃でもある。

相手は新聞社の記者として働き、生活力もあり、結婚相手として申し分のない人物であった。しかし、彼女の父親がこの結婚に強く反対した。彼女は、父親から反対されることは予期していたものの、その反応の凄まじさに恐怖を感じたという。そして、その反対理由はただ一つ、彼がドゥルーズ派ではないことであった。
　しかし、彼女を最も驚かせたのは、長兄ｂの対応であった。長兄は、若い頃から政治に強い関心を持ち、彼自身レバノン共産党のシンパを自称していたほどで、ものの考え方はいろいろな面で「進歩的」であった。その彼が、シーア派青年との結婚は「家」を汚すと言って反対したのである。しかも、「結婚するのであれば家から出て行け、そして今後家に戻ってくることは許さない」とも言ったという。この脅し文句は暴力以外の何ものでもない。しかも、その内容はアラブの伝統的な「家父長制」のもとでの「家」意識が全面に出ていて、言葉による名誉殺人にも等しいと言える。
　結局、次女は家を出て結婚するが、その結婚式も、次女が改宗を「拒んだ」ことからレバノンでは挙げられず、彼の親類が暮らすドイツへ行って婚姻手続きをしている。そして、この結婚をめぐる「悲劇」はこれで終わらず、もう一つの困難が待ち受けていた。それは、結婚した翌年に長男を出産するが、それからしばらくして、彼から「もう一人妻を娶りたい」と言い出されたのである。彼はシーア派であり、身分法上４人まで妻を娶ることができる。しかし、次女はこれを認めず、結局離婚した。そして、頻繁に起こる問題であるが、子どもの扱い方をめぐって対立して裁判になる。彼はそのもう一人の妻と「再婚」し、息子の親権を得て同居しているが、離婚した次女は月に一度息子と暮らす権利を得て、現在に至っている。
　次女をめぐる家や夫とのさまざまな問題だが、明らかに女性が不利な立場に置かれていることが分かる。また男たちの家や妻に対する保守的な思考や態度も際立っている。しかしながら、これらの問題は程度の差こそあれ、日本でも起こっているに相違ない。特に、「我こそ進歩的な人間なり」と自称する男が、こと妻に対しては手のひらを返したように横柄な態度を取る、そのような姿を直接眼にすることがある。他人事として済ましてはならない問題であろう。
　そして、家族の中での男女の地位という点で日本と比較すると、もう一つ面白い点が見えてくる。日本では伝統的に祖父、父、長男という順に、まず男性、次に年長者の順に地位が高く、母や娘たちの地位は男たちの下に位置してきたように思う。

しかし、アラブ世界では、娘たちが弱い立場であるのとは対照的に、同じ女性である母親の地位がしっかりと築かれている。つまり、単純に女だから、男だからと言えない面がアラブ世界ではあるのではないだろうか。

5. メイドと家族、そして女性たち

これまであるレバノン家族の人たちを通して、女性たちが置かれている状況について見てきたが、最後にこの家族のところでメイドとして4年ほど働いているFの存在が家族にもたらしている意味について考えてみたい。

日本でも一昔前まで、一部の裕福な家庭ではお手伝いさん、あるいは家政婦さんと呼ばれる女性が家長の妻に代わって家事をする姿が散見された。このような家政婦（メイド）さん、いわゆる家事労働者は、私が一時期留学していたフランスのパリでも、特に共稼ぎの家庭ではよく見られ、多くの建物の最上階には幾つもの小部屋が連なり、概観が美しく化粧されていることもあってパリの町の風物詩にもなっているが、これらはもともとこのようなメイドさんたちの「住まい」として設けられたものである。この「住まい」は、多くが広さ3、4畳ほどで、劣悪な住環境に置かれていたことを物語っている。そして、今ここの住人の多くは、高い家賃の払えない学生や移民労働者が占めている。

中東・アラブ世界では、特に産油国の多い湾岸諸国を中心に、家事や育児の手伝いに外国人、特にフィリピンやタイなど東南アジア諸国からメイドとして雇う習慣が以前からあった。レバノンでは、「内戦が勃発する前には、家事や育児の労働を担っていたのは、クルド人、エジプト人、シリア人、あるいは貧しい村出身のレバノン人であったが、その後の経済のグローバル化に伴って、より安い労働力であるアジアやアフリカの出稼ぎ女性に引き継がれた」[19]という。中東・アラブ世界を長年調査してきて、経済のグローバル化が人（労働力）の移動を促し、貧しい国の女性たちが数多くシリアやレバノンなどへやって来ている光景をこの眼で見てきている。

実際、彼女たちメイドがレバノン女性の担ってきた家事・育児労働を肩代わりし、その結果レバノン女性がこれらの労働から少なからず解放され、社会進出をより容易にするという変化をもたらしたという面はあるだろう。しかし、このような恩恵

を受けている女性はむろん限られており、また、何よりも、彼女たち家事労働者を雇っている家族の側が被雇用側の女性たちを軽視し、場合によっては蔑視するという新たな差別を生み出しているという負の側面もあるのではないかと考えている。

　私が世話になっているレバノン家族（次男の家）にも 4 年ほど前から一人のバングラデシュ出身の女性が家事労働の手伝いで雇われ仕事をしている。このメイド F のある一日の仕事を簡単に記しておこう。朝 6 時頃起床、私を含め 5 人分の朝食の準備を始める。朝食の準備が終わり次第洗濯を始め、その後は寝室 3 部屋、居間、食堂の掃除が続く。午後は、これまで少しずつ片付けている保存食の料理と瓶への詰め込み作業をし、さらに長男 b の子どもたちの面倒を見たのち、夕食の準備に取りかかる。そして、家族が夕食を済ませるのを待って、片付けをして 1 日の仕事が終わるのは夜の 9 時頃だった。彼女の月収は 175 米ドル。休みは週 1 日与えられているとはいえ、その賃金の低さには驚かされる。私は、この賃金について雇い主である次男に質問したことがあるが、彼は「相場は 150 米ドル、これに経験をプラスして支払っているので、決して悪い待遇ではない」との返答であった。メイドを雇うには、通常斡旋業者が仲介し、雇用契約の手続きなども彼らが行っている。また、「国籍、学歴、英語能力、さらに送り出し国の政策によっても、給料は差別化されている。一番高いのがフィリピン人で月額 300 米ドル、一番安いのはエチオピア人で 150 米ドルだ」[20]。つまり、契約時の月給が 150 米ドルで、それが相場であり、それ以上支払っている、というのが彼の言い分なのであろう。しかし、彼が経営する自動車塗装会社の従業員の月給は約 500 米ドルとのことなので、メイドの給与は明らかに低いと言える。

　杉田は、この家事労働に関して、近年欧米でもこれまで無償とされてきた家事労働の経済付加価値が見直されてきているとしたうえで、「レバノンの場合、貧困国からメイドが出稼ぎに来る限り、家事労働の経済価値や本来女性の自立と表裏一体である家事分担が、正面から向き合われることはないだろう」[21]と述べ、女性にとっての負の側面を指摘している。これは重要な指摘であるが、さらに私は、彼女らメイドを重労働かつ低賃金という厳しい労働環境に置くことにより、彼女らの存在を軽視し、蔑視の対象にすることに危惧している。それは、雇う側の女性が雇われている側のメイドを蔑視する、つまり差別の拡大再生産が行われるだけではなく、それがメイドの仕事、つまり家事労働自体を軽視し、蔑視することにつながることは

容易に想像できるからである。女性の社会進出に伴う地位向上のプロセスに欠かせない家事分担は、歪んだ形で解消され、女性の地位向上は棚上げされたままになっている。換言すれば、このメイド問題は、本来必要な男女（夫婦）間での家事・育児分担を困難にすることにより男女間の差別を温存すると同時に、差別されている女性達がより立場の弱いメイドたちを差別することで、差別が拡大再生産されるという深刻な問題を生み出すことだ。

おわりに

　これまでドゥルーズ派の家族を例に、女性たちが置かれている状況について述べてきた。そのなかで、宗教・宗派集団単位の身分法に制約された婚姻制度とそのもとでの女性の不利な位置が明らかになった。また、宗教・宗派の違いを越えて、地中海地域の社会に広く根付いてきた伝統的な家父長制度が未だに強く残っていることも見えてきた。その極端な例が「名誉殺人」であるが、この種の暴力が形を変えて父と娘の間や兄弟姉妹の間、そして夫婦の間で起こっていることも垣間見ることができた。さらに、戦乱が女性の地位向上につながる一方で、家庭内に暴力の連鎖を生み出す可能性もあることが分かった。そして、家事・育児労働を担う外国人女性労働者（メイド）の存在は、彼女たちを雇用する側の女性たちに対して社会進出を促す効果はあるものの、他方で女性に対する差別を助長し、家庭内における女性の地位の向上に決してプラスにならない側面が明示できたと思う。

　しかし、これらのことは、その様態や強弱の違いはあるものの、我々の身の回りでも起こっていることではないだろうか。父親が大きな権限も持った家庭はいくらでも目にするし、夫の妻に対する家庭内暴力もいまだに絶えることがない。また、日本の歓楽街で働くアジア系の女性たちへの差別が、アジア系の女性たち一般への差別を助長してきたことは、アラブ諸国におけるアジア系のメイドの女性たちへの差別の助長に通底しているとは言えないだろうか。それは、グローバル化の波に乗って、国境を越えた差別を生み出す結果になった。

　加えて、この家族の生活の中に日本の家族との共通項が数多いということに気付かれた読者もおられると思う。日本では、経済と同時に社会においてもグローバル化が進み、都市と地方の村落での人々の暮らしには大きな違いがなくなり、一定程

度の均質化が進んでいる。結婚についての考え方も、都市部と村落部での違いはそれほど残っていない。私自身、もともと関東で育ったが、現在暮らしている地方都市で、そうした違いを感じたことはない。それと比較して、ここで論じてきたレバノンの都市に暮らす人々と村落に暮らす人とは、ものの考え方から人間関係に至るまで多くのことで異なっていることを付言しておかなければならない。とはいえ、レバノンにおいてもグローバル化の波は地方へ押し寄せており、近い将来日本と同じような均質化が進むことだろう。

　レバノンでは今も隣国イスラエルとは臨戦状態にあり、いつなんどき戦闘が起こっても不思議ではない。そして、もう一つの隣国シリアでは内戦が続き、シリア難民のレバノン国内へのさらなる流入などにより、社会不安は確実に増している。このような政治的、社会的緊張状態は人心に厭世観を募らせ、それぞれの家庭でも不安や不満が充満していく。そして、このような状況の変化は、常に弱者である子ども、高齢者、そして女性たちにより大きな犠牲を強いる。それだけではない。戦争が暴力である限り、そこでは力がものを言う社会を作り出す。日本でも軍事力強化の必要性が現政権によって訴えられているが、そうなれば、力の弱い者、つまり多くの女性や子どもがより一層弱い立場を強いられることになろう。

注

1) 結婚や離婚などの制度、その実態については宇野昌樹『イスラーム・ドルーズ派—イスラーム少数派からみた中東社会』第三書館、1996年、97-123頁を参照。
2) ザヒア・スマイール・サルヒー「序論」（鷹木恵子訳、ザヒア・スマイール・サルヒー編著『中東・北アフリカにおけるジェンダー：イスラーム社会のダイナミズムと多様性』明石書店、2013年）、10頁。
3) 片倉もとこ「日本社会とイスラームをめぐって」（片倉もとこ、梅村　坦、清水芳見編、『イスラーム世界』岩波書店、2004年）、5-8頁。
4) 女性の婚前・婚外の性的交渉を当該女性のみならず、家族全体の不名誉とみなし、父や兄弟、夫などが家族の名誉を護るためにその女性を殺害する慣習のこと（ザヒア・スマイール・サルヒー編著、「用語解説」、386頁）。
5) サルヒー、前掲論文、p.11.
6) サルヒー、前掲論文、pp.11-12.

7） ハナフィー派、マーリク派、シャーフィイー派、ハンバル派の四つがスンナ派の正統法学派で、それぞれ若干の相違がある。
8） 神が預言者を介して下した啓示をあらわした聖書を持つ民のことで、おおむねユダヤ教徒やキリスト教徒を指す。
9） 末近浩太『イスラーム主義と中東政治』名古屋大学出版会、2013年、11頁
なお、18の公認宗教・宗派は以下の通り。
イスラーム教徒／スンナ派、シーア派（12イマーム派）、アラウィ派、ドゥルーズ派、イスマーイール派
キリスト教徒／ギリシア正教徒、ギリシア・カトリック、シリア正教徒、シリア・カトリック、アルメニア正教徒、アルメニア・カトリック、マロン派、ネストリウス派、カルディア・カトリック、ローマ・カトリック、プロテスタント（福音派）、コプト教徒
ユダヤ教徒
10） ジェルメーヌ・ティヨン『イトコたちの共和国—地中海社会の親族関係と女性の抑圧』宮治美江子訳、みすず書房、2012年、237-252頁。
11） 拙著、前掲書、115-116頁。
12） Intisar J. Azzam, *Gender & Religion – Druze Women*, Druze Heritage Foundation, London, 2007, p.185.
13） William Harris, *Lebanon – A History 600-2011*, Oxford University Press, Oxford, 2012, p.235.
14） 黒木英充「レバノン内戦」（日本イスラム協会他監修『新イスラム事典』平凡社、2002年）、525-526頁。
15） リナ・ハーティブ「レバノンにおけるジェンダー、市民権、政治的行為体」（大川真由子訳、ザヒア・スマイール・サルヒー編著『中東・北アフリカにおけるジェンダー：イスラーム社会のダイナミズムと多様性』明石書店、2013年）、316頁。
16） ハーティブ、前掲論文、317頁。
17） ハーティブ、前掲論文、319-320頁。Hala Maksound, The Case of Lebanon, in Suha Sabbagh(ed.) *Arab Women:Between Defance and Restraint*, Olive Branch Press, 1996, pp.89-94 からの引用。
18） サルヒー、前掲論文、12頁。
19） 杉田聖子「出稼ぎメイド」（黒木英充編著『シリア・レバノンを知るための64章』明石書店）、2013年、361頁。

20）杉田、前掲論文、362頁。
21）杉田、前掲論文、366頁。

インタビュー関連資料：家族の登場人物たち

母親Aを年齢上頂点として、長男家族（5人家族で、夫婦と長女、長男、次女）、長女（独身）、次男家族（4人家族で、夫婦と長男、次男）、そして頻繁に自宅と実家を行き来する次女（離婚しており、息子が一人）の総勢12人の家族。Aの夫は2009年に他界している。そして、この家族に加えて、バングラデシュ人の家政婦が一人いる。

A　母親
出生年：1930年（84歳）
家庭環境：父親は元々レバノンのアレイ出身。この地域がレバノン、シリアの二つの国家として独立する前、レバノンからシリア南部の町スウェイダーへ移り住み、そこでやはりドゥルーズ派出身の母親となる女性と結婚し、Aはこの夫婦の次女として生まれる。彼女の上には3人の兄と姉が一人、下にはやはり3人の弟がいて、8人兄弟の大家族の中で育つ。
結婚：シリア南部の町スウェイダーで生まれ育ち、高校まで進学する。そして、高校卒業後、親類の紹介で、父親の出身地でもあるアレイに暮らす男性と結婚、2男2女を産み育てる。
子どもとの関わり：教育熱心。日頃の服装や生活から伝統を重んじる一方、子どもたちにはそれを強要せず、主体性を重んじる。
夫婦関係：常に夫を立てて、我慢することも多かったと聞く。

a　父親
出生年：1926年（5年前に死去、当時83歳）
地元の高校を卒業後、電力公社に就職し、定年まで勤める。その間、1958年と1975～90年の二度の内戦を経験したこともあり、極度の厭世観を抱き、また男女関係や結婚については保守的な考えを持っていた。

長男夫婦

b　長男
出生年：1955 年（59 歳）
学歴：レバノン大学卒業
職業：アレイの中・高等学校で化学を教える
内戦勃発当時、レバノン共産党のシンパを自称し、戦闘にも参戦した経歴を持つ。政治には強い関心を持ち、進歩的な立場を取るが、他方で家、家族、男女関係に対しては非常に保守的な考えを持つ。

B　長男の妻
出生年：1970 年（44 歳）
出身家族：ドゥルーズ派の旧家の出身。非常に保守的な家庭のなかで育つ。
職歴：大学卒業後、私立の中・高等高校で生物を教えて現在に至る。

C　長女
出生年：1958 年（56 歳）
学歴：高校まではアレイ、バカロリア取得後、旧ソ連の国費留学生として医学部に入学し、同医学部を卒業。
職歴：帰国後、医師免許を取得し、病院勤務を経て医院を開業。
一度医師と婚約しているが破談となり、今日に至る。医師という職業がハードルとなって結婚を難しくしたとの話しあり。進歩的な考えを持っている。

次男夫婦
d　次男
出生年：1961 年（53 歳）
学歴：レバノン・アラブ大学卒
職業：建築士（自営業）であるが、車の塗装会社をアレイ市内で始め、現在は妻と共に切り盛りしている。
兄弟姉妹のなかでは最も商売気質があり、常に商売のことを考えているが、内戦時は進歩社会主義党の戦闘員として戦闘に加わった経験もある。

D　次男の妻
出生年：1967 年（47 歳）

第 2 章　あるレバノン家族から垣間見えるアラブの女性像──53

家族関係：レバノン中部山岳部のマトゥン出身。親族のなかには米国に移住した者も多く、宗教上の伝統には疎く、開放的なものの考え方を持つ。
学歴：出身地の高校を卒業
職歴：設計事務所に勤務し、その時にdに出会い結婚。現在は、dが始めた車の塗装会社の事務仕事を一手にこなす。

E　次女
年齢：1967年（47歳）
学歴：内戦の影響で、高校在学中に一時避難地のシリアの高校に通い、現地でバカロリアを取得し、アレイに戻ってレバノンの大学に進学し卒業する。
職歴：国立レバノン銀行に1990年に就職、現在に至る。
内戦中（大学在学中でもあった）、進歩社会主義党支持の武装組織と行動を共にした経験があり、宗派主義的な考えには拒否反応を示す。現地のイスラーム・シーア派のジャーナリストと恋愛関係になり、レバノン国内では結婚が認められないことから（宗派が異なる故に婚姻が認められない。ただし、いずれかが改宗した場合には認められる。）、彼の親類が暮らすドイツへ出国して結婚する。男子を出産するが後に離婚。

F　次男の家族のところで働くバングラデシュ人メイド（ダッカ出身）
年齢：40歳
最終学歴：9年間学校で学ぶ。
家族構成：19歳になる娘（大学生）と7歳になる息子がおり、彼女の両親の元で暮らす。夫とは死別。兄弟は、姉一人、妹が二人いる。
労働歴（メイド歴）：ドバイでヨルダン人家族のもとで3年半メイドとして働く。その後、ヨルダン人家族が本国へ戻り、レバノンの現在の家族のもとへ。現在3年半が経過、昨年秋3ヶ月の休暇をもらいバングラデシュの家族のもとへ一時帰国する。この家との契約が終われば、契約の更新はせず、ベイルートでより良い条件でメイドとして働きたいと語る。
収入：175ドル（因に、次男dが経営する自動車塗装会社の従業員の月給は約500ドル）
労働環境：一番に起き、家事労働を始め、掃除、洗濯、そして朝食の準備をし、午後は夕食の支度に始まり、時には家事以外の仕事を頼まれることもあるとのこ

と。決まった休日は無く、ほとんど仕事のしっぱなしの日常だと不満を訴えていた。この話を聞いた翌日は、実は次男の妻の妹の娘の婚約式が予定されていて、家族の皆と妻の実家のあるマトゥンへ仕事の手伝いで行くことになっている旨語っていた。

第3章
パレスチナ女性の語りに見る抵抗運動
──ナショナリズム運動との関わり

錦田　愛子

はじめに

　本稿で扱うのは、パレスチナ社会における抵抗運動とナショナリズムに対する女性の関わり方の再評価である。

　パレスチナにおいて、イスラエルとの間で続く土地と権利をめぐる争いは、男性を中心とする視点から論じられてきた。とりわけ1970年代までの武装闘争を中心とした抵抗運動の時期は、活動の中心を男性が担ってきたとされ、PFLP（パレスチナ人民解放戦線）のゲリラ闘士ライラ・ハーレドなど少数の事例を除けば、女性の活躍についての言及は相対的に少ない。パレスチナを代表する政治組織であるPLO（パレスチナ解放機構）の幹部や執行部に含まれる女性の割合も限られたものだった。

　女性の存在が注目を浴びにくい背景には、パレスチナ社会に根強い家父長制的な価値観の影響が指摘される。パレスチナ人コミュニティにおいて、女性のジェンダー役割はもっぱら、家庭を守り、若くして結婚して子どもを産み、育てることとみなされがちだからだ。ユダヤ人との人口比競争という側面をもつパレスチナとイスラエルの紛争では、そうした子育て自体がひとつの闘争の形態とみなされることもあった。

　こうした流れに一定の振動が与えられたとすれば、それは第一次インティファーダ[1]）によってだと言えるだろう。1987年にヨルダン川西岸地区およびガザ地区（以下、占領地と表記）で始まった、民衆による対イスラエル蜂起は、幅広い年齢層の男女を巻き込んで展開された。抵抗運動はその場限りでの投石に終わらず、占領地全体で計画されたデモやストライキなどを含んだ新しい形態へと発展していった。

運動過程では、イスラエル兵から身体を張って子どもを守る母親の姿など、女性の参加が注目を集めた。そして女性が運動で一定の役割を果たしたことは、その後の占領地における女性の地位や、パレスチナ社会の価値観そのものにも変化を及ぼすことが期待された。

　第一次インティファーダの後、PLO が代表するパレスチナ側とイスラエルとの間では、1993 年のオスロ合意を転機とする直接和平交渉が始まった。国際援助や投資が増えて、市民社会の活性化がうたわれる中、女性の役割は拡大するかに見えた。しかしこの平穏な期間は、長くは続かなかった。延長された交渉の期限が切れた 2000 年、占領地では第二次インティファーダが始まり、パレスチナとイスラエルは再び直接衝突の時代へと突入していったからである。二度目のインティファーダは主に武装闘争として展開し、そこでの女性の役割はさらに軽視されていくことになった。

　抵抗運動への参加は、女性の地位に何らかの影響を与えたのだろうか。パレスチナの政治過程の中で、女性はどのような経験をし、どんな役割を果たしてきたのか。本稿ではこれらの点について検討を加えていく。特に留意するのは、女性の役割を女性自身の視点から捉えることである。すなわち、男女の隔離を前提とし、それぞれ異なる内容での運動参加が強調される抵抗運動において、実際に各々のジェンダー的役割は峻別されるのか。また男性または女性に限定される抵抗運動の経験や、ナショナリズムの認識のあり方というのは存在するのかといった点について、事例を通して明らかにしていく。抵抗運動を語る文脈においては、多くの場合、投石やデモなどイスラエル軍との直接対峙が「男性的な手段」とされ、伝統とされる刺繍製品の生産・販売・流通に関わることや、政治犯として長期収容された夫に代わって生活費を稼ぎ、子どもを育てることなどが、「女性的な抵抗」の姿とされてきた。これに対して本稿では占領下での女性の経験と意識を、さまざまな側面から読み解くことで、パレスチナ人女性の占領と抵抗への関わりを明らかにしていきたい。また女性の視点から抵抗運動はどのように評価されるのか、彼女ら自身のパレスチナ・ナショナリズムを踏まえて検討を加えていきたい。

1. 先行研究と方法論

　社会における女性の位置づけは、男女格差という観点からさまざまに評価されてきた。まずはこうした評価の基準から、パレスチナ女性の事例研究がどう位置づけられるのかを確認しておきたい。UNDP（国連開発計画）は GII（Gender Inequality Index、ジェンダー不平等指数）という指標を用いて国際比較を行い、これらを客観的基準として提示している。また世界経済フォーラムも GGGI（Global Gender Gap Index、ジェンダー・ギャップ指数）を用いて評価してきた。しかしパレスチナはいまだ国家として独立していないため、このどちらの指標によっても評価の対象とされていない[2]。そのため国際基準による数値的な評価を見ることは困難である。

　とはいえ、これらの指数が何を基準として評価をしているかを見ることは、女性の地位がいかに評価され得るのかという点を考察するうえで参考になる。UNDP は「個人の女性が、政治・経済といったフォーマルな場面での参画の度合いを高め、立場を向上」させることが女性のエンパワーメントの目的と捉え、かつて GEM（Gender Empowerment Measuring、ジェンダー・エンパワーメント指数）と呼ばれる指標を用いていた。しかしその評価基準は、「社会・文化面」といったインフォーマルな側面を軽視していると批判を浴びていた［冨田 2010: 98］。これに対してUNDP は、女性の健康や教育水準などを評価項目に加えた新たな指標 GII を 2010年から導入している。また、国連統計などを参考に算出される 4 分野の基準（経済、教育、健康、政治）をもとに評価される GGGI は、UNDP の基準に比べて、国の開発レベルの違いの影響を受けにくいとされている[3]。

　これらの国際基準からは、女性の位置づけや評価において、フォーマルな政治活動への参画が最初の指標として検討されていることが分かる。しかしそれらの指標は不十分とされ、多面的な分野での評価に変化してきた。その背景には国の開発レベルによる女性進出の程度の違いも指摘されている。こうした点からパレスチナを見るなら、後の事例が示すように、紛争や政治への女性の関わりが強く、日常的であることが指摘されるだろう。ただしこれらは国際基準が示すように、量的データにより指標化されたものではない。本稿ではその実態を、定性的に明らかにしてい

く。

　女性のフォーマルな政治参加を評価するうえでは、選挙権・被選挙権の付与といった制度的側面がひとつの基準となる。この点に関して、パレスチナの女性は比較的恵まれた環境にあったと言えよう。第一次インティファーダの終息後、自治政府が設立されたパレスチナでは、初めての国政選挙が実施されることになった。その選挙に際してパレスチナの女性には初めから選挙法において平等な参政権が認められていたからだ。ただしこれはパレスチナ自治政府の設立がきわめて最近であったことや、国際的な関心を集める中での選挙法の制定であったことを考えると当然とも言える。また自治政府の選挙は、2005年に第2回大統領選挙、2006年に第2回立法評議会選挙が行われた後、国政選挙としては本稿執筆の時点まで実施されていない。回数を重ねてきた他の選挙と比べて、わずか2回の選挙を政治参加の基準として評価するのは、十分とは言えない。

　そこで本稿では、選挙という公式に制度化された政治参加プロセスではなく、冒頭で触れたようなインティファーダの運動や、日常における占領との関わりなど、イスラエルとパレスチナの間の政治的紛争全般への関与について取り上げることとする。

　パレスチナの女性の政治との関わりは、歴史的に早い時期までさかのぼり、1920年代の英国委任統治期から既に指摘されている［Fleischmann 2003］。女性たちはオスマン帝国期から慈善団体や、アラブ女性連盟（Arab Women's Union）などを組織して活動した。だがこれらの活動は、常にパレスチナ全体の民族解放闘争の後背に回されることになった。ここには「ジェンダー化されたナショナリズム」の問題が指摘される。この問題についてフライシュマンは次のように述べている。

　　歴史的に長期化したナショナリズムの闘争において、ナショナリズムはほとんど常にジェンダーの平等をめぐる闘争よりも優先され、後者は独立まで延期されてきた［Fleischmann 2003: 6］。

　同様の問題は、パレスチナ難民の語りを長年にわたり収集・記録して来たサーイグも指摘する。興味深いのは、彼女が論文の冒頭で引用するエピソードである。第三世界の女性が置かれた状況に対する関心が高まった1970年代末には、パレスチ

ナ女性の存在も注目を集め、コペンハーゲンの国際会議に招かれた。しかし、会議の席上で報告の機会を得たパレスチナ統一女性同盟（GUPW: General Union of Palestinian Women）の派遣団たちは、女性は他のパレスチナ人と同様に占領で苦しんでいる、との報告に終始し、女性の置かれた状況や教育水準、雇用などの問題について語る機会を逸してしまったのである。彼女たちは「女性の権利よりも民族的闘争を優先」しており、そうすることが当然とのナショナル・コンセンサスに疑いを抱いていなかったからである［Sayigh1981: 3-4］。

これはパレスチナのナショナルな言説が常に男性に支配されてきたことと関係がある。他の多くの国の場合と同様、パレスチナの場合も、歴史は男性によって語られてきたからだ［Sayigh1998: 42-43］。女性はその同じ語りを、マスターナラティブとして覚え、くり返すことを求められてきた。国際会議でのGUPW派遣団の報告は、その結果を体現したものと言えるだろう。歴史語りにおいてジェンダーは特別な役割を果たすことはなく、女性はパレスチナ全体のナショナルな運動の一部を構成するに過ぎないと捉えられた。

しかしこうした見方は、パレスチナ内部での政治変動により転機を迎える。全土的な新しい運動として組織化されたインティファーダは、パレスチナ社会における女性の役割に見直しを迫る機会となったからだ。インティファーダが変え得る女性の役割について、1990年代には期待の高まりがみられた［Kawar1996］。だが実際には、スカーフ着用への圧力など逆行する現象も指摘され、評価は定まっていない［古居1996: 184-194］。

パレスチナ社会の女性をめぐるこうした変化の可能性について検討するため、以下では筆者が行なったいくつかの聞き取り調査の事例をとりあげて論じる。調査は2004年の夏にアラビア語または英語で行なわれた。やや古い時期の記録とはなるが、当時はまだ第二次インティファーダが終息する前であり、イスラエル側からの厳しい抑圧や侵攻の状況を反映した緊張感があった。そのため敢えて、最近の事例とは交えずに記述することとした。なお事例の内容は約10年前の記録とはなるが、本文中では現在形で記した。

2. ラーマッラーでの女性の生き様

パレスチナにおける女性の政治運動に注目するうえで、まずは女性団体を率いる二人の女性の例から見ていこう。

(1) リマ・タラジ（**女性団体 GUPW 代表**）

リマ・タラジは、ラーマッラーの事務所で PLO（パレスチナ解放機構）傘下の女性団体、パレスチナ統一女性同盟（GUPW）の代表を務める。組織はパレスチナ女性の解放を進めることが目的で、趣旨に賛同する 18 歳以上の女性は誰でも加入できるという。実の妹は現在、エルサレムに住むが、かつては YWCA ヨルダン支部の代表であった。姉妹をあげての運動家の家系である。GUPW はイスラエルの占領下では公に活動を展開できなかったが、オスロ合意による PLO とイスラエルの相互承認の後は、活動を拡大して会員数も増えていた。他のアラブ諸国の女性同盟とも組織的な繋がりがあるといい、事務所の壁には当時パレスチナへの連帯運動で命を落として注目を集めていた、レイチェル・コーリーのポスターが飾られていた[4]。

組織の活動上の問題として、リマは西岸地区内での事務所間の連絡の困難さを挙げた。GUPW は西岸地区に 10 カ所、ガザ地区に 7 カ所の事務所をもつが、相互の間で物理的な往来ができず、重要な決定をするのにも電話やファックスに頼るしかない状況だという。とりわけイスラエル軍の「侵攻」があった過去 3 年（2001～03 年を指すと思われる）の間は、移動が困難であった。そこには 2000 年に始まった第二次インティファーダを受けての移動規制の問題が影響していたと考えられる。「ナーブルスに行くのは無理だし、ベツレヘムやヘブロンに行くのも非常に消耗する旅となる。エルサレムやガザに行くには〔イスラエル軍から〕許可をとる必要がある」と、彼女はその状況について述べている[5]。

彼女は GUPW の他にもピアニストとして、エドワード・サイード音楽院の活動に参加していた[6]。この音楽院は、パレスチナを代表する知識人のサイードが 2003 年に没する前に、親友であるイスラエル人の音楽家ダニエル・バレンボイムと共に設立したもので、難民キャンプの子どもたちに無償で音楽を教えるなどの活

動を行っていた。さらに 2005 年に予定される大統領選挙と地方議会選挙の選挙委員会にも属しており、有権者リストの作成などに関わっていた。このように彼女の活動は、必ずしも女性団体の代表としてのものにとどまらず、パレスチナを代表するナショナルなプロジェクトに複数同時に参加していた。言い換えれば彼女の女性団体への所属は、パレスチナを代表する知識人による、それら複数のナショナルな運動への関わりのひとつと数えることもできる。

ラーマッラー市とエルサレム市を隔てる軍事検問所

(2003 年 8 月、筆者撮影)

(2) ファリーダ・アマド（**女性団体インアーシュ・アル＝ウスラ会長**）

　占領地内では老舗の女性団体であるインアーシュ・アル＝ウスラを代表するファリーダは、リマに比べてそれほど多くの組織に関わるわけではない。だが組織の代表として、より細部に至るまで運営に関わっている様子がうかがわれた。組織の活動内容について、ファリーダは複数の項目に分けて説明した。まず一つ目に教育部門では、7 種類の職業訓練コースがあり、その年は 175 人の女子学生が卒業したという。またパレスチナの文化や伝統の保存、幼稚園・保育園といった活動も同じ部門で挙げられた。二つ目に人道的支援で、イスラエルによる占領で家屋を破壊されたり、親が投獄されたりした子どもたちへの支援などを行っている。また女子早婚を避けるための教育プログラムや、大学生への奨学金供与、大規模な攻撃があった際の食糧や医薬品などの緊急援助なども挙げられた。三つ目は、収入創出部門である。これはインアーシュの各地に広がる組織的ネットワークを生かした活動で、

複数の女性を責任者に選び、数カ所でバザーなど企画を催して収入を求めていた。ファリーダ自身はこうした活動を説明するにあたり、「女性は表立って石を投げて戦うようなことはないが、お金がなくても持ち出しでインアーシュの活動を続ける、といったことで戦うことができる」と述べている[7]。彼女のこうした発言からは、活動が女性の自立を促す目的のほかに、占領下での生活の互助や、ナショナルな文化の保全、対イスラエル抵抗運動を支えるといった目的もそこに含んでいることがうかがわれる。

　ファリーダは組織の活動の話に続いて、家族をめぐる困難についても触れた。彼女の夫は医者だが、仕事で他国へ行くたびに、エリコの国境で夜を明かさねばならないという。「彼ら〔イスラエル政府〕は我々をテロリストと呼ぶけれど、我々は他の普通の人たちと同じように暮らしたいだけ」と言う彼女自身、すぐ隣町のエルサレムに病気の姉が住むのに、会いに行くこともできないという。エルサレムに入るには、イスラエルの許可が必要だからだ。やや興奮気味の口調で、彼女は筆者に強調してみせた。「これは宗教戦争ではない。1948年〔のイスラエル建国〕前から始まった、土地をめぐる争いで、我々はイスラエルによる占領という帝国主義と闘っているだけなの」。

　こうした話からは、女性団体での活動を続ける彼女のインセンティブの中に、占領との戦いという認識があること、それらを組織レベルでも個人レベルでも追求しようとする様子が感じられる。

　個人の生活に、占領との戦いが織り込まれている場面について、次に1948年の占領時の記憶をもつ年長の女性の例を取り上げてみよう。

（3）ウィダード・シャハーデ（パレスチナ人の人権弁護士ラジャ・シャハーデの母親）

　1948年にイスラエルが建国されたとき、ウィダードはヤーファーの家に家族とともに住んでいた。父は教育のある人で、兄弟も同じ大学に通い、土地や財産もあり豊かな暮らしを送っていた。しかし戦闘が始まり、逃げねばならなくなり、彼女の家族は「家や土地、家具、すべてをとられて木々の間を逃げた」。家を出るときの様子を彼女は覚えている。父親は、誰もいない家に向かって別れを告げ、その理由を聞くと彼女にこう答えた。「おそらく自分はここに戻ってくることは、もうな

いだろうから」。その父は、家を出てベイルートへ逃れてから10カ月後にこの世を去った。「私たちはすべてを失った」と彼女は繰り返す。土地を奪われ、何の補償も得られなかった苦しみが、「1948年以前は共存できた」のを「今では〔状況が〕違うので」困難にしてしまった。

　彼女はまた、突然夫を失っている。帰宅途中に自宅前でナイフで刺され、犯人は捕まっていないという。だがウィダード自身は「イスラエルが殺した」と思っている。イスラエル側から連絡があり、「犯人は捕まらない。警察は助けにならないだろう」と告げられたからだ。「夫は平和を望む人だったから、奴らに殺されたの」、「平和に暮らしたいのに、周りは悪い人ばかり」と彼女は嘆いた[8]。

　ウィダードにとっての日常とは、「ナクバ」[9]によって離散し、父と夫を相次いで失いながら、家族とともに避難し子どもを育てるその過程であった。それはまた、日常を通底する占領との戦いと重なるものでもあった。戦いを通して育て上げた彼女の息子は著名な弁護士になり、国際法や難民の権利についても本を書いている。娘は結婚してヨルダンに住んでいるが、エルサレム出身の夫の親族との来には問題を抱えている。先に触れたイスラエルによる移動規制のためだ。3世代にわたり離散を強いられた家族の生き様には、日常における占領との戦いが映し出されている。

　同様に離散を強いられた苦痛を語るのは、現在アメリカに住むライラの例である。

（4）ライラ・カッスィース（自治政府の戦略計画相ナビール・カッスィースの妹）

　ライラはラーマッラーで生まれて高校まで過ごしたが、奨学金を得てドイツの大学で学び医者になった。普段はアメリカに住み、夏には2年おきにパレスチナの実家に戻ってくる。第一次インティファーダのときはパレスチナにいたが、禁足令や銃撃が多く、店がよく閉まっていたことを除けば、特に悪い思い出は残っていないという。アメリカでも特に差別を受けた記憶はない。それよりも彼女にとって苦痛なのは、アメリカとパレスチナでの周辺社会の違いだ。「ボール遊びで転んで怪我をしても、ここなら誰かが駆け寄ってきて介抱してくれる。だけど〔アメリカではそうはいかない〕。人々は、訴えられるのを恐れて助けてくれない。そもそも誰も気にかけたりしない」。人々の間には何の繋がりもなく、家族すら分断されている。皆が自分のためだけに生きているようなアメリカ社会に、ライラは辟易しているよ

うだった。「ここ〔パレスチナ〕には家族のつながりや、友情が強く存在している。自分がひとりだなんて感じないの」。それでも彼女は、職場がアメリカにあるため、パレスチナには休暇でしか戻ってこない。退職後に移住する可能性は否定しないものの、現時点で移ることは考えにくい様子だった。

これに対して、昨日聞いたニュースとして、イスラエルへのフランス系ユダヤ人の集団移住が話題となると、ライラは急に興奮した様子を見せた。「こんなのフェアじゃないわ」。彼らがいとも簡単に入国を果たす様子を見ながら、彼女は「大きな苦痛」を感じたという。その背景には、彼女自身の甥がパレスチナへ戻ってくるときに入国で苦労し、数カ月ごとにビザを更新せねばならなかった経験がある。甥は HSBC 銀行の重役を務めるが、パレスチナを 1967 年戦争の後に離れたため、滞在が困難になっているという[10]。

ライラの話からは、パレスチナに対する強い郷愁と文化的愛着を感じつつも、実際の移住を現実的な選択として困難に感じている様子、またイスラエル側が人の移動に課す法的規制や制度的障害に対して、理不尽を感じている様子もうかがわれた。幸いにしてアメリカでは差別を受けることもなく、個人としては成功し安定した生活を送っていても、パレスチナからの離散を余儀なくされたことで、ライラは拭い難い喪失感を感じているようでもある。

故郷への帰属意識は、パレスチナ人のアイデンティティのなかでどれほどの位置を占めるのか。それを守るためにどのような取り組みがなされ、どのような苦労が感じられているのか、次に示すタニヤとヴェラの事例を通して考察してみたい。

(5) タニヤ・タマーリーとヴェラ・タマーリー姉妹(ビールゼイト大学教員)

ヴェラ・タマーリーはビールゼイト大学の美術史の教授で、パレスチナの伝統衣装や装身具を集め、展示や電子アーカイブ化などを進めている。タニヤは彼女の姉で、夫は元ビールゼイト大学学長のハンナ・ナーセルである。彼女らには画家のウラジミールという兄弟がおり、いとこで政治学者のサリーム・タマーリーと並び、知識人の家系で知られている。

大学内の一室で会うと、ヴェラはまず、現在進めている展示の説明から話を始めた。「〔この企画で重要なのは、文化を〕保存する、ということなの」。遺産として残された小さな物を集めて保全することが必要だ、と彼女は述べた。また文化財保

全のため法を整備する努力も必要だという。傍らでタニヤは「若い世代が文化的アイデンティティを強く持てるよう、アカデミックな手法で促している」と言い添えた。「過去と関わることにより、現在とのつながりをどう醸成するかが重要なの」とヴェラは筆者に語った。

パレスチナの伝統衣装については、ヨルダン在住のパレスチナ女性ウィダード・カアワールの収集事業が有名だが、彼女らはウィダードの本などを使い、学生の教育を進めている[11]。ふたりは衣装の専門家ではないが、タニヤの方はかつて、女性団体インアーシュ・アル゠ウスラで活発に働いていたことがあるのだという。「アンマーンでウィダードに会って、記録することの必要性を感じたの。1948年当時の村の構造は完全に壊されてしまっているし、母から娘に〔伝統刺繍を〕受け継ぐ過程も中断されている」。そこで保全を思いついたのだとタニヤは語った。

タニヤ・タマーリーとヴェラ・タマーリー姉妹

（2004年7月、筆者撮影）

タニヤがアンマーンに滞在したのには、実は理由がある。夫のハンナがイスラエルにより1974年に政治的理由で国外追放され、約20年間、隣国のヨルダンに住まざるをえなかったからである。その間も、子どもを連れて年に数回はパレスチナに帰っていたという。タニヤは当時の記憶をたどるように語った。「パレスチナとの縁を切らないため、はじめはアンマーンに住む従兄弟の家に身を寄せた。私たちの文化では、家を買うことは、そこに永住することを意味するから。でも5年が経ってついに家を買ったの。悲痛な決断だった」。このとき、夫は「アメリカ人をごらん、

第3章　パレスチナ女性の語りに見る抵抗運動──67

彼らのように家を売ったり買ったりしようじゃないか」と提案したのだという。ヨルダンとパレスチナの間の移動は、さらに苦痛を伴うものだった。国境で8時間以上、飲まず食わずで待たされ、はだしで汚れた床を歩かされた。着衣をすべて脱がされて下着までチェックされ、山のように積んである中から自分のものを拾って身に着けていく。「基本的に侮辱〔することが目的〕だったの」と話すタニヤは思わず涙ぐみ、言葉をつまらせた。

　タニヤは色白で金髪だったため、外国人のようにも見え、特別扱いしてもらえることもあったという。はじめは周囲のやっかみを気にして否定していたものの、疲れ果てると、これを利用したりもした。「4人も子どもを連れて移動するのは、大変だったから」とタニヤは言い訳し、こうした極限的状況では、人は自尊心を失うこともあるのだと述べた[12]。

　ヴェラとタニヤの話からは、占領下での人権抑圧の生々しい姿が浮かび上がる。またその中で、パレスチナに対する帰属を維持するために、家を買うのに逡巡し、苦痛に耐えながら移動を続ける様子が語られていた。若い世代の間で過去との繋がりを育てよう、という試みは、こうした体験に基づく発想と考えられる。また彼女たちは、ヨルダンに住むウィダードという他のパレスチナ人女性からの影響も強く受けていた。彼女が進める伝統衣装の収集という活動は、3人の女性の間で共鳴が起きたことが示すように、パレスチナでも女性を中心に進められている。ナショナル・シンボルとしての伝統刺繍は、むしろ女性の手により守られていることが、ここからはうかがわれる。

　同様に、女性の役割を強調する事例としては、次のナディアの例が挙げられる。彼女は20代半ばでパレスチナを離れた後、数十年間海外で生活してきたが、帰還してからの変化を女性の役割の拡大との関係で捉えている。

（6）ナディア・アウェイダ（夫がPLO幹部、自治政府の大使）

　エルサレム生まれのナディアは、24歳でPLO幹部の夫と結婚し、インドやイギリスなどを転々として生活していた。夫が病気になりエルサレムへ戻ろうとしたが、イスラエルにより拒否されラーマッラーに家を買った。夫は1年半ほどで亡くなった。27年ぶりに戻ったラーマッラーを、ナディアは「驚くほど変わった」と見ている。

「今は女性が皆、8割は働き、経済的に自立してきたから、夫も認めざるを得ない。加えてインティファーダの影響も大きいと思う」。「いい方向で本当に変化していて、私は驚いているの」、「女性は活力を得ている（empowered）」とナディアは語った。その理由として彼女は、イスラエルが設置する検問所の通過など、女性の方が移動しやすいため、仕事をしやすい、と説明した。「まだ不十分で、不公平ではあるけれど」、今ではパレスチナのすべての組織で幹部に女性がいる、と彼女は述べた。

　一方で、パレスチナでの生活について、彼女は強い不安も感じているようであった。パレスチナとこれまで住んだ他の国を比べてどう思うか、との筆者の質問に対して、ナディアは「ここで一番困るのは、法も秩序もないということ」と語る。安全を感じられず、警察を呼んでも問題は解決しない。「ここに住むのはまるでジャングルに住んでいるかのよう。逞しくあらねばならないの」と、彼女は力説してみせた。それを感じた事件として、彼女が話したのは深夜のイスラエル軍による家宅捜索のことである。夫がまだ入院している頃、深夜の2時に6人のイスラエル軍の兵士が押しかけ「扉を開けろ」と叫んだ。ナディアが開けたくない、と答えると、兵士は銃を彼女の顔につきつけ、再度同じことを叫んだという。ナディアは「これまでは夫が自治政府の外交官だったので、夫といる限り問題はなかったけれど、亡くしてからは自分自身が強くなる必要を感じる」という。「この国〔パレスチナ〕からは、ときどきお休みが必要なのよ」と彼女は言い、ときおりアメリカにいる子どものところへ行くのだと話した[13]。

　彼女は長い間パレスチナを離れており、その前後を比較して話しているため、社会の変化の様子が描写されており興味深い。むろん、それは元外交官夫人としての一側面のみを示すものだとしても、そこにはインティファーダをめぐる議論で頻繁に取り上げられてきた、女性の役割拡大という問題への見解が示されている。ナディアの目から見た女性の活躍は、経済活動への進出であり、組織内での立場の変化であり、また家族を守るうえでの個人としての強さの現れでもあった。そこには、占領の定着とパレスチナ全体に及ぶ経済状況の悪化との、表裏一体の関係をうかがうこともできるだろう。

　このようにインティファーダの影響を肯定的に捉える見方が存在する一方で、これと反対に非常に否定的に捉える立場も存在する。次に取り上げるヤーセラは、自身が経験した第二次インティファーダについて、非常に辛らつな批判を加えていた。

彼女はどのような立場から、インティファーダを評価しているのか、次に見ていきたい。

（7）ヤーセラ・ザラティモ（夫がパレスチナの有名な菓子店経営者）
　アメリカで学位を取った後、長年にわたりサウジアラビアで教鞭を取っていたヤーセラは、オスロ合意の後パレスチナに帰ってきた。「自分の国に貢献し、同国の人たちのために働くために」戻ったのだという。それまでは政治に関心をもつことはなかったが、帰ってからは「汚い政治を学んだ」という。「ここでは全ての機関、どんな人もが政治に関わる（plays politics）」ので、学ばざるを得なかったのだという。二人の子どもはそれぞれワシントンとロンドンに住むが、子どもを訪ねたり彼らが帰省したりするたびに、道中で彼女は耐え難い苦しみを味わうという。彼女自身は、エルサレムの身分証明書（エルサレム ID）[14]を没収されそうになるため、容易に国外へ出られず、訪ねて来た娘はイスラエルの空港で、執拗に検査をされたうえ、搭乗口までついて来られたという。「まるで犯罪者のような扱いを受けるの」と憤慨しながら述べた後、ヤーセラはインティファーダの話に移った。「こう言うのは残念だけど、我々はこの馬鹿げたインティファーダのせいで被害をこうむっているの」。言葉に気をつける様子を見せながら、ヤーセラは語気を強めた。「石を投げている人を見たら、彼らは殺されるのを覚悟でやっていると予想できる。でも穏健な自分のような人たちは無関係。なぜ被害を受けないといけないの」と憤るヤーセラは、自分たちは殺されるのとは別の方法で被害を受けているのだと言う。
　エルサレム ID の保持者として、ヤーセラは比較的自由に移動することができ、かつては個人的にユダヤ人と友好関係も築いていたという。「いつもテル・アビブに行き、店や取引先との個人的な関係は良好だった。なかにはとても頼りになる人もいた」。しかし、パレスチナ側からの自爆攻撃が始まってから、彼らは考えを変えたという。「武器を使い始めてから、問題が起きたの。ここ3～4年のことよ。〔第二次〕インティファーダもその初期は素晴らしかったのに」。第一次インティファーダの頃は、彼女はパレスチナにいなかったが、「そちらの方がずっと充実していた」。「第一次と第二次は〔性質が〕違う」と彼女は他の人たちから聞いていた[15]。
　インティファーダに対するこのような感想は、彼女がもともとアメリカで自由な環境で育ち、パレスチナへの帰還後、占領をまざまざと体験する立場に置かれたこ

とも関係しているだろう。またオスロ合意の後の時期に、ユダヤ側との良好な関係を経験していたことも影響していると考えられる。第二次インティファーダはこうした関係や生活の基礎を壊してしまう出来事であった。それらのことから彼女は、インティファーダは女性の地位向上を導いたのではなく、むしろ直接参加しない者に対しても「被害」を及ぼした事件と評価している。その問題点として、彼女は特に明確に、武器の使用を挙げている。

おわりに

　以上、取り上げた七つの事例には、占領地に生きる女性たちのさまざまな葛藤の姿が映し出されている。どの事例からも読み取れるのは、彼女たちが日常の生活の場において、占領による抑圧という政治的現実に対峙させられているということだ。とりわけ、国境を越える移動や、離散先での生活、日常における安全確保という場面では、その重圧が顕著に実感されている。イスラエルとパレスチナの間の政治紛争は、こうした日常のさまざまな場面で立ち現れ、そこを生き抜くことで女性たちは、アラビア語で「スムード（堅忍不抜）」とも表現される政治にいやおうなく巻き込まれてきた。

　それではこうした抵抗運動に対して、女性はどのように関わってきたのか。事例からは、女性団体としての互助活動や、ナショナル・シンボルである伝統刺繍の保全、パレスチナ・アイデンティティを醸成する教育活動への参与などを指摘することができる。またこのほかに、妻として追放された夫を支えたり、母として子どもを育てたり、といった側面もある。これらは男性中心的なパレスチナの歴史語りの文脈では、冒頭に触れた「女性的な抵抗」の手段と分類されるものに重なる面も多い。しかし個々の事例を詳しく見ると、女性はむしろ、より多くの場面で移動の規制や離散、深夜の家宅捜索といった男女に共通の経験をしており、上記のような活動はそうした占領との戦いという認識に基づいていることがうかがわれる。すなわち、抵抗運動への参加は占領という政治紛争の共通の経験に基づき、ジェンダー的役割とはあまり関係なく意識し実践されているものと考えられる。それでも組織や活動の形態が女性団体や刺繍などの領域に分けられるのは、むしろパレスチナ社会に根強い男女の活動空間を分ける習慣の影響や、日常における性別役割をこなすこ

とそのものが抵抗運動の一部をなしてきたからだろう。とはいえ抵抗運動への参加は、女性に一定の重要な社会的地位を与えている。

　抵抗運動の中で、インティファーダをめぐる評価は分かれている。本稿で取り上げた事例では、インティファーダを通して女性の役割が拡大したと見る者もあれば、インティファーダが逆に一般の多くの人々に被害をもたらすと考える者もいた。インティファーダがジェンダーとの関係で、評価が定まらないことは既に触れた。それはこの運動が、パレスチナ社会のジェンダーに決定的な影響力を及ぼさなかったためだろう。むしろ興味深いのは、インティファーダに対する批判が、ジェンダーとは無関係の視点からされていることだ。占領地で第一次インティファーダを経験した他の女性も、「特に悪い思い出はない」と淡々とした感想を述べている。これらの指摘は、女性とインティファーダの関わりを、ジェンダーとは別の枠組みでとらえる必要性を示唆しているともいえる。

　本稿ではパレスチナにおける女性の抵抗運動への関わりについて、事例を挙げてきた。男性を中心とした歴史語りでは、こうした女性の視点は見過ごされがちである。日常化した占領と政治紛争を背景として見ると、女性の活動にもジェンダー以外の視点で分析が必要となる場面が指摘される。ここで取り上げた女性たちの語りを通して、彼女たち自身が考える抵抗運動とは何か、何らかの手がかりを示すことができたとすれば幸甚である。

注

1) 「インティファーダ」とはアラビア語で揺り動かすこと、転じて民衆蜂起を指す。パレスチナでは1987年以降盛り上がった占領地内での対イスラエル抵抗運動を「第一次」インティファーダと呼び、2000年以降にイスラエルの右派政治家アリエル・シャロンの「神殿の丘」訪問を受けて始まった抵抗運動を「第二次」インティファーダと呼ぶ。

2) イスラエルに関する評価は存在し、GIIで16位（187カ国中）、GGGIで53位（136カ国中）と比較的高い順位に位置する。参考値として、パレスチナ自治区と歴史的にも繋がりが強く、比較的近い社会や文化を共有すると考えられるヨルダンは、GIIで100位、GGGIで119位である。ただしヨルダン社会には、より保守的傾向が強いと指摘されるベドウィン系が含まれるため、パレスチ

ナとの近似性がどこまで反映されているかは明確でない。（2012年のGII（https://data.undp.org/dataset/Table-4-Gender-Inequality-Index/pq34-nwq7）、2013年のGGGI（http://reports.weforum.org/global-gender-gap-report-2013/）ともに2014年5月5日最終閲覧）。
3）公益財団法人「日本女性学習財団」のウェブサイトによる解説を参照。（http://www.jawe2011.jp/cgi/keyword/keyword.cgi?num=n000148&mode=detail&catlist=1&onlist=1&shlist=1　2014年5月6日最終閲覧）。
4）GUPWではナショナリズムの闘争に身を投じる女性の姿をイメージしたポスターを多数作成している。銃を背負い伝統衣装に身を包んだ女性の絵などのポスターのアーカイブは、以下から参照。（http://www.palestineposterproject.org/poster/mother-and-fighter）
5）2004年8月2日、ラーマッラー市内での筆者の聞き取り調査。
6）「エドワード・サイード音楽院（Edward Said National Conservatory）」は、組織上はビールゼイト大学に属する形をとる。http://ncm.birzeit.edu/ 参照。
7）2004年8月2日、ラーマッラー市内での筆者の聞き取り調査。
8）2004年7月29日、ラーマッラー市内での筆者の聞き取り調査。
9）1948年にイスラエルが建国されると同時に、元の居住地を追われて難民となった体験を、パレスチナ人はアラビア語で「ナクバ（Nakba）」と呼ぶ。この語は特に離散から60年を過ぎた頃から国際的にキャンペーンなどで用いられるようになり、一般に知名度を高めた。
10）2004年7月29日、ラーマッラー市内での筆者の聞き取り調査。
11）ウィダード・カアワールはベツレヘムで幼少期を過ごしたパレスチナ人で、結婚してヨルダンへ移住した後、伝統衣装の収集を始めた。衣装の提供者からの聞き取り調査に基づく彼女のコレクションは世界的に有名で、彼女が関わった衣装関連の著作も多い。一例としては以下を参照［Skinner2007; Kawar2011］。
12）2004年7月31日、ビールゼイト大学での筆者の聞き取り調査。
13）2004年8月1日、ラーマッラー市内での筆者の聞き取り調査。
14）エルサレムIDとは、ユダヤ人以外のエルサレム住民に対してイスラエル政府が発行する身分証明書で、主にパレスチナ自治区に住むパレスチナ人と区別するために用いられる。占領をめぐる身分証明書類の詳細については［錦田2010］を参照。

第3章　パレスチナ女性の語りに見る抵抗運動――73

15）2004 年 8 月 4 日、ラーマッラー市内での筆者の聞き取り調査。

参考文献

冨田晶子「女性の政治的エンパワーメント測定に関する一考察」『国際政治』「ジェンダーの国際政治」特集号、161 巻、2010 年、97 − 109 頁。

錦田愛子『ディアスポラのパレスチナ人 ―「故郷（ワタン）」とナショナル・アイデンティティ』有信堂高文社、2010 年。

古居みずえ『インティファーダの女たち：パレスチナ被占領地を行く』彩流社、1996 年。

Fleischmann, Ellen L. *The Nation and its "New" Women: the Palestinian Women's Movement 1920-1948.* Berkeley, Los Angeles and London: University of California Press, 2003.

Kawar, Amal *Daughters of Palestine: Leading Women of the Palestinian National Movement.* New York: State University of New York Press, 1996.

Kawar, Widad *Threads of Identity: Preserving Palestinian Costume and Heritage.* Nicosia: Rimal Publications, 2011.

Sabbagh, Suha ed. *Palestinian Women of Gaza and the West Bank.* Bloomington and Indianapolis: Indiana University Press, 1998.

Sayigh, Rosemary "Encounters with Palestinian Women under Occupation" in *Journal of Palestine Studies,* Vol. 10, No.4, Issue No.40, pp.3-27, 1981.

― "Palestinian Camp Women as Tellers of History" in *Journal of Palestine Studies,* Vol. 27, No. 2, issue No. 106, pp.42-58, 1998.

Skinner, Margarita (in association with Widad Kamel Kawar) *Palestinian Embroidery Motifs: A Treasury of Stitches 1850-1950.* London: Melisende Publishing, 2007.

第4章
1979年革命後のイラン女性と社会変化
──2013年成立家族保護法をめぐって

貫井　万里　　森田　豊子

はじめに

　2013年2月19日に7年にわたる審議を経て「家族保護法」がイラン国会で成立した。家族保護法とは、女性の人生に深く係わる結婚や離婚、子どもの監護などを規定する法律である。革命前に西洋近代化を目指したパフラヴィー朝の国王はイスラーム法を色濃く残す民法上の男性の複婚や一方的離婚の権利を大幅に制限する形で、家族保護法を制定した。しかし、1979年のイラン革命後に成立したイラン・イスラーム共和国は、この法律の運用を停止した。他方、イスラーム政権は女性の社会進出を促進したため、女性の就学率が上昇し、自己実現や家計を支えるために仕事に就く女性たちが増加した。近年、イランでも日本と同様に晩婚化や離婚率の上昇により、家族の形態は急速に変化しつつある。家族の形や女性のライフスタイルの変化に対し、伝統的な家族関係を尊重しようとする人々の意識や政府の施策は充分に対応しているとは言い難く、進学・婚姻・就職・離婚・介護・国外移住など人生の折々で、女性は家庭生活との両立をめぐって、厳しい決断を迫られる機会も増えている。

　革命から30年以上経過したイランで、しかも、女性の厳格なヴェール着用や世俗的な欧米文化の流入の阻止を掲げた保守強硬派のマフムード・アフマディーネジャード大統領の政府のもとで、なぜ「家族保護法」が新たに制定されることになったのか。それに対してイランの女性たちはどのような反応をしたのだろうか。

　本稿では、まずイラン映画『別離』（2011年、アスガル・ファルハーディー監督）を題材に、現代イランの家庭を描写し、その後、イランの家族関係を規定する法律の歴史的変化を概観する。そのうえで、2013年に成立した家族保護法について検

討する。そして、2007年以降に展開されるイランの女性運動を紹介し、最後に意識調査の結果の一部をもとに家族保護法成立後の諸問題について考察を深めていきたい。

1. 映画『別離』に見る現代イランの家族像

アカデミー賞外国語映画賞を含め、2011年に世界の映画祭で90冠以上を受賞したイラン映画『別離』は、中年の夫婦が裁判所で離婚を申し立てている場面から始まる。英語教師のスィーミーンは、イスラーム体制下での娘の将来を心配して国外移住を望んでいる。苦労のすえ、1年半かけてようやく査証を獲得した段階になって、夫のナーデルが国外移住を渋るようになったことに、スィーミーンは不満を持ち、離婚をも辞さない覚悟である。他方、ナーデルは、銀行員として安定した暮らしを捨てて、海外で一から始めることに気が進まない様子である。彼は「年老いてアルツハイマーになった父親を残して、イランを出られない」と訴える。「夫はいい人だけど、海外移住のために夫と離婚をしたい」というスィーミーンの言い分に、裁判官は「離婚をするほどの深刻な理由でもない」と二人に再考を促す。

まずはここで、イスラーム体制を見限って国外移住をする人々や、老人介護と信仰の問題など、この映画で取り上げられた現代イランの家族が抱える問題の背景を説明しよう。

イラン革命後、急速なイスラーム化政策や、1980年から始まるイラン・イラク戦争により、海外移住を希望する人々が増加するようになっていった。1979年3月7日に、革命指導者ルーホッラー・ホメイニー師が外国人も含めたイラン在住の全女性にヴェールの着用を義務付ける声明を発表した。翌日、「国際女性デー」に合わせて数十万に上る女性たちが、ヴェールの強制着用に反対して街頭でデモ行進を展開した[1]。革命運動の中で、反国王のシンボルとしてヴェールを着用して抗議運動に参加した女性もいたが、女性たちの多くは必ずしもヴェールの強制着用を望んでいたわけではなかった。しかし、1983年成立の刑法で、ヴェール着用令の違反者は、74回のむち打ちの刑に処せられることが明文化され、当局の厳格な取り締まりによって反対運動は次第に鎮静化していった[2]。

1979年3月29日には、政府は全てのビーチ、スポーツ施設での男女隔離を宣

言し、小中高校に加え、医療機関や公共交通機関など公共空間での男女隔離の原則が社会全体を覆うようになっていった。イスラームの聖典「コーラン」には、婚姻制度および性的倫理を守り、健全な家族関係を維持するために、親族ではない男女の不要な同席を制限しようとする男女隔離の原則が規定されている。イスラーム世界においては、地域や宗派によってその解釈は異なるが、革命後のイラン・イスラーム体制は、女性に選挙権を付与し、社会参加を促す一方で、ヴェールの不着用や結婚前の男女交際を、公共の秩序を乱す行為として禁止し、違反者は逮捕されることとなった。1990年代後半から改革派のモハンマド・ハータミー大統領（在任1997～2005年）が、自由化政策を推進すると、女性の服装や男女交際に対する当局の取り締まりは次第に緩和され、近年、特に都市ではスカーフから大胆に髪の毛を覗かせる女性や密かにデートを楽しむ若い男女も増えている（写真1）。他方、当局の政策とは関係なく、自らのイスラーム的な倫理観に基づき、厳格にヴェールを着用し続けている女性たちも存在する。

写真1　カーシャーンのフィーン庭園で写真を撮り合う若い男女

　革命直前、反国王運動の激化する中、国王一族や政府高官など上流階級の多くが逮捕や処刑を恐れて海外に亡命し始めていた。革命後には、権力闘争で敗れた政治グループのメンバー、そしてユダヤ教徒やアルメニア系キリスト教徒など宗教的少数派も弾圧を恐れて多数出国した。1979年のアメリカ大使館占拠事件によって、アメリカとイランが国交断絶すると、イラン人が欧米諸国へ入国するための査証の取得が非常に困難になった。それでも、1980年から8年にわたるイラン・イラク戦争が始まると、イランの中上流階級の人々は、革命前に海外移住した親族や友人を頼って続々と出国するようになった。

1978年から1979年の間に、約33万人のイラン人がアメリカに移住したとされる[3]。2010年時点で、海外に住むイラン系人口は700万人に上り、最大のコミュニティーはアメリカにあり、270万人のイラン系アメリカ人がいる。続いて85.7万人のトルコ、56.5万人のアラブ首長国連邦、26.8万人のインド、15.8万人のイギリスが海外在住イラン系人口の多い上位5ヵ国を占める[4]。先の映画『別離』は、革命から30年を経てもなお続くイランの高学歴者の海外移住という「頭脳流出」の問題が、夫婦の離婚の原因にもなりうることを示唆している。

　さて、離婚調停中に、家を出たスィーミーンに代わって、ナーデルの父親の介護のために雇われたのが、ラージーイェである。彼女は、失業中の夫ホッジャトに代わって家計を支えるため、テヘラン南部の貧しい地区から、毎日、バスで2時間かけて北部の中上流階級の住む地区に出勤する。敬虔なムスリム女性ラージーイェは、ナーデルの家で働き始めてすぐに自らの宗教心が試される事態に直面する。失禁した痴呆症の老人の体を、介護するために触れてもよいのか……。宗教的に合法か違法かを、ラージーイェがイスラーム法学の専門家に慌てて電話で問い合わせるシーンがある。

　イスラームにおいては、豚肉、人間の排泄物や嘔吐物、血液、死体などは不浄とされる。しかも、男女隔離が厳格なイランにおいて、親族ではない男性の肉体や排泄物に直接触れ、介護をすることは、精神的にも社会的にも強い忌避感を伴う。現在、イラン人の平均寿命が70歳まで延び[5]、介護を必要とする高齢者が年々増加している。それにもかかわらず、イランでは、高齢者介護は基本的に家族、特に女性の役割とする社会通念があり、介護施設の整備が遅れている[6]。他方、働く女性が増える中、介護を担うしくみの不在という現実の問題に対し、政府も社会も受け入れの体制と意識が十分に整っていないことを、映画『別離』は浮き彫りにしている。

　この映画を見ている観客の多くは、一つの国に、一つの都市に、イデオロギー、生活、人生観、服装まで、全く異なる人々が多様に生きていることに驚かされるだろう。ラージーイェ夫妻は、ゴミゴミとして埃っぽいバーザール近くにある、居間兼寝室と台所の二間程度しかない小さな家に住んでいる。他方、街路樹の繁る山の手のマンションにあるナーデルとスィーミーンの家には、大きなリビング・ルームや家族それぞれの部屋に、ピアノや衛星テレビのアンテナ、マウンテンバイク、コンピューターやオーディオ機器などの電化製品が溢れていて、一家が世俗的で西洋

文化の影響を受けた家庭であることを暗示している。その差は、チャードルと呼ばれる黒いヴェールで全身を覆っているラージーイェの姿と、赤く染めた前髪をスカーフから出し、トレンチコートを身にまとったスィーミーンの服装からも明らかである。

革命後の政権は、「腐敗堕落した欧米文化」の排除を目的に欧米の映画や音楽を禁止した。しかし、1990 年代以降、政府の検閲の目をかいくぐって、欧米文化に日常的に接する層が出現した。彼らは、休暇にイラン南部のリゾート地のキーシュ島やアラブ首長国連邦のドバイでショッピングや観光を楽しみ、インターネットや違法とみなされる衛星テレビで外国映画や音楽を視聴するようなグローバルな文化の影響を受けた人々である。他方、イスラームに深く帰依し、伝統的な世界観の中で昔ながらの生活を維持し続けようとしている人々も存在する。二極化しつつあるように見える社会階層の垣根を越えて、昨今、主婦や若者に大人気のテレビ番組が、『チャングムの誓い』や『朱蒙』などの韓国ドラマであり、オスマン帝国のスレイマン大帝の後宮を描いたトルコのメロドラマ『華麗なる世紀』などである[7]。嫁姑バトルや大奥もの、試練にけなげに耐えるヒロインと彼女を助ける「イケメン」の競演は、生活環境を問わず、女性たちの鬱憤をはらし、涙を誘う格好のテーマなのだろう。

再び、映画『別離』の話題に戻ると、離婚調停中に別居を決めたナーデルとスィーミーン夫婦の間の亀裂をさらに深めるある事件が起きる。4 カ月半の身重のラージーイェの流産である。イスラーム法では、胎児は受精後 120 日目以降、人間とみなされる。そのため、ラージーイェと口論し、手荒くドアの外へ追い出したナーデルは「殺人犯」として起訴される。流産の真相をめぐって、映画は二組の夫婦の価値観とその娘たちの幸せを揺さぶり、人間としての尊厳や倫理を観客に問うている。

2. 家族関連法の歴史的変遷

イランの家族関係を規定する近代的な法律が整備されたのは、1920 年代から 1930 年代にかけてのことである。パフラヴィー朝初代国王レザー・シャー（在位 1925 〜 1941 年）は、西欧列強と 19 世以降に締結した不平等条約を解消し、近

代国家の体裁を整えるために、法の整備を進めた。レザー・シャーと議会から全権を委任されたアリー・アクバル・ダーヴァル法相（在任 1927 ～ 1932 年）は、民法制定のためにイスラーム法学者と世俗的な知識人からなる特別委員会を招集し、短期間で法案の作成にこぎつけた。ダーヴァルを筆頭とする近代派官僚は、人間そして男女の平等に基づく西欧の法律の大胆な導入を目指したが、イスラーム法学者の反対により、結婚や離婚、親子関係、相続、後見など家族に係る規定は伝統的なシーア派法学に基づく規定が採用された。

　民法は、夫の一方的な離婚権や複婚、そして親権などでの男性優位を保証しているとの批判はあるものの、女性の権利と義務が美しいペルシア語で簡潔に明記されているとの評価も根強い[8]。そのため、イラン民法は、その後の修正を加えながらも、今日でもなお、イランにおいて家族関係を規定する最も重要な法的根拠となっている。1931 年には、民法で規定された婚姻や離婚の実際の手続き方法を定めた婚姻法が制定された。

　パフラヴィー朝第二代国王モハンマド・レザー・パフラヴィー（在位 1941 ～ 1979 年）は、1960 年代に「白色革命」と呼ばれる上からの近代化政策を断行した。その一環として、国王は、宗教界の反対を押し切って、民法を補完する特別法として 1967 年に家族保護法を制定した。1967 年に導入され、1975 年に改正された家族保護法は、離婚の際、裁判所から「和解不能証明書」を必ず受領することを義務付けたため、夫からの一方的で恣意的な離婚を防止することを可能にした。また、同法において、妻からの離婚請求を容易にする条項が追加された。複婚に関しても、1967 年の家族保護法は裁判所の許可を、1975 年の改正法には、さらに最初の妻の同意を要件とした[9]。また、1975 年の家族保護法は婚姻最低年齢を男性 20 歳以上、女性 18 歳以上に引き上げた[10]。この法律は、女性の権利を拡大した画期的な法律として、当時、教育を受けた都市の中上流階級の女性たちに歓迎された[11]。

　革命前から、ホメイニー師をはじめとする一部のイスラーム法学者は、西欧の女性解放や個人主義的なイデオロギーの影響を受けた同法によってイスラームの宗教の根幹にある家族の絆が揺らぐことを懸念し、強く反対していた[12]。イラン革命直後の 1979 年 2 月 26 日、ホメイニー師の命令で家族保護法が停止措置を受けた[13]。そのため、家庭内の争いは、既存の民法、婚姻法、離婚法などによって裁

かれるようになった。しかし、それらの法律で明記されていない点について家族保護法を参照する裁判官もいたため、裁判官によって判決結果が相違するなど混乱状態が続いた。

　イスラームにおいて結婚は、「信仰の半ば」と言われ、社会の基礎をなすものとして重視され、婚姻契約の解消を意味する離婚は、あまり歓迎されない。しかし、不幸な結婚を強いることの不利益を考慮し、離婚は禁じられてはおらず、契約当事者である夫婦の意向により破棄できる。一般的な離婚は「タラーク」と呼ばれ、夫が妻に対し、一方的に離婚宣言をすることで妻との離婚が成立する。妻が離婚を望み、夫も同意する場合の離婚は「フルウ」と、夫婦双方とも離婚を望む場合は「ムバーラート」と呼ばれる。フルウとムバーラート離婚の場合、夫は、妻に婚資の一部または全額の支払いを免除される[14]。婚資とは、結婚に際して夫が妻に支払う現金、物品、不動産のことである[15]。イスラーム法に基づく結婚は、婚資を支払うことによって、婚姻契約が成立すると考えられている。婚資の種類、額、支払方法などは、イスラーム法において細かく規定されているが、実際の運用においては地域、時代によって多様である。婚資を支払う場合、婚姻契約時に支払う方法もあるが、分割して前払いと後払いに設定されることもある。イランでは一般的に後払い、つまり、死別や離婚の際に支払われることが多く、離婚の防止機能に加え、離婚後の女性の生活保障の機能を果たしている[16]。

　1979年の家族保護法の停止措置により、男性はいかなる理由でも離婚請求が可能となったのに対し、女性から離婚を要求できる権利は夫が性的不能か精神疾患の場合など著しく制限されるようになった。家族保護法では、全ての離婚に関して裁判所からの承認が必要とされたが、革命後は、夫婦のどちらか一方が同意しない場合のみ、裁判で争われた。夫婦が離婚に同意する場合は、協議によって離婚が成立することになった。また、婚姻最低年齢は民法の規定に合わせて、男性は15歳以上、女性は当初は9歳、後の法改正で女性は13歳以上に引き上げられ、一人の男性が妻の許可なしに4人までの妻と結婚することが可能となった。このように女性の結婚や離婚に関わる権利が革命前と比べて後退したため、女性たちの間で不満が高まった。

　しかし、女性たちの根強い抗議活動の結果、女性の権利は、イラン・イスラーム共和国の法律の枠内で次第に拡大する傾向にある。1982年以降、婚姻契約書に、

夫が最初の妻の同意なしに新たに妻を娶った場合や、夫が妻の命にかかわる暴力を振るった場合など 12 項目を、女性からの離婚請求を可能にする条件として、あらかじめ記入することができるようになった。さらに、1992 年に改正された離婚法は、裁判所の証明のない離婚登録を禁止し、夫の一方的な離婚を防止する機能を持つようになった。1997 年には、家庭裁判所の設置が法制化され、すべての家庭裁判所に女性法律家を顧問として配置することが義務化された[17]。

さらに、妻の財産権を保障する法律も次々と制定された。離婚が妻側からの請求や妻の過失によるものでない場合、1984 年に成立した法律では、妻は結婚期間中に夫が蓄えた財産の半分を請求することが可能になった。1992 年の離婚に関する改正法によって裁判所は、男性に対して結婚期間中の女性の家事労働への対価を支払うよう命じることができるようになった。そして、1997 年には、民法 1082 条で婚資のインフレ換算を適用する補足条項が設けられた[18]。これらの法律に基づいて下された裁判所の決定に夫が従わない場合、禁固刑などの厳しい処罰が科される。こうした改革は、ある意味、国際的にも先駆的な措置と言えよう。

2002 年に民法が一部改正され、妻から離婚請求可能な条件として、夫によるドメスティック・バイオレンスや、夫が伝染病罹患者や麻薬中毒者であることなどが加えられ、裁判離婚の条件が緩和された[19]。離婚の際に大きな問題となる養育権に関しても母親の権利が拡大される傾向にあり、女性たちがさらに不幸な婚姻から解放される道を開きつつある[20]。その結果、イランにおける離婚カップルは、2000 年の約 5 万組から 2010 年には約 15 万組と 3 倍に達し[21]、他方、2010 年に結婚適齢期を迎えた若者 120 万人のうち 20 万人が未婚とされる[22]。イランでも、日本と同様に、離婚率の上昇と婚姻率の低下が社会問題となっている。

その背景には、革命後、イスラーム政権が教育の普及政策と男女隔離政策を推進したことと深く関係していると考えられる。その結果、これまで進学や就業を許されていなかった敬虔なムスリム家庭で暮らす女性や農村の女性たちの進学、社会進出が促され、彼女たちに社会的上昇の機会を提供してきた。そして、1998 年には、女子の大学進学率が男子の進学率を上回るに至った。宗教的な保守派の間では、「イスラームこそ解決であって、イスラームにおいて女性は十分守られており、問題などは存在しない」[23] として女性の問題をあえて語らないセイイェド・ユーセフ・マダニー＝タブリーズィー師のような立場や「ムスリム女性の最も重要な仕事は母

となることであり、社会活動や学究活動は家庭生活の妨げになってはいけない」と、男女の役割分担を強調するジャヴァーディー・アーモリー師のようなイスラーム法学者の見解が大きな存在感を示してきた[24]。それに対し、革命後のイスラーム政権は「女性は家庭でも社会でも活躍するべき」とする見解を後押しし、ムスリム女性が安心して社会で活躍できるよう社会全体のイスラーム化の実現に努めた[25]。

3. アフマディーネジャード政府と新家族保護法案の登場

　女性の権利を擁護する法案作成のアイデアは、第6期国会（2000～2004年）の超党派派閥「女性グループ」で議論されていた。同グループの主導によって、2003年8月に一部留保つきながら、国会で国連の「女子差別撤廃条約」の批准が承認された。しかし、保守派が多数を占める監督者評議会によって、この条約は「イスラーム法及び憲法に反する」として否決された。その後、同条約の批准の如何は、公益判別評議会の手にゆだねられたが、現在もなお、最終的な判断は示されていない[26]。こうした中、2006年から女性の権利の向上を求める「100万人署名運動」が開始したことに加え、2000年以降、離婚率の上昇や晩婚化などの現実の家族問題への対応を迫られたことにより、政府側が新「家族保護法案」の策定に踏み切ったものと考えられる。

　マフムード・ハーシェミー・シャーフルーディー司法権長の在任期間（1999～2009年）中の2007年7月に、民間の専門家も含めた司法権特別委員会で新たな家族保護法が作成され、アフマディーネジャード（在任2005～2013年）政府の承認を経て国会に提出された。この法案が審議されたのは、保守派が多数を占める第7期（2004～2008年）と第8期（2008～2012年）および第9期国会（2012～2016年）のことである[27]。家族保護法案提出の目的として、2012年1月23日に司法権によって公表された同法案の前文には、女性と子どもの権利の向上、家族に関する法律の矛盾点や欠点の克服、家族に関する裁判の専門化と迅速化、裁判手続きの簡略化が挙げられている[28]。

　司法権長スポークスマンのバフマン・ケシャーヴァルズによれば、この法案が女性たちの大きな反発を招いたのは、アフマディーネジャード政府が「司法権の意図に反して家族保護法案を改悪した」ためであった。司法権提出の法案に内閣が変更

を加えたことは、国会でも問題視され、論議が長引く原因となった[29]。

特に批判の焦点となったのは、「婚資への課税」、「複婚の条件の緩和」、「一時婚の登録」に関する条項であった。夫婦によって、クルアーン（「コーラン」）1冊だけを婚資と設定するような場合もあれば、「愛の証」と称して一生かけても支払えない額に設定する場合もある。イランでは、婚資を金貨[30]で設定することも多く、近年、妻のイラン暦での誕生年[31]、つまり1300枚以上の金貨を設定することが一部で流行している（写真2）。多額の金貨を婚資に設定し、離婚時に婚資の支払いができない場合、元の夫は容赦なく収監されるため、刑務所が婚資を支払えない男性で溢れ、社会問題化していた。

写真2　イランの金貨

2007年に提出された家族保護法案の第25条では、「通例以上に高額で非常識な」婚資を課税の対象とすると規定されていた[32]。それに対して、弁護士のゲラーチュルルー氏は「婚資は離婚の際に受け取ることが一般的であるために、離婚しておらず、婚資の支払いがまだ発生していない夫婦まで、納税の義務が生ずる」という問題点を指摘している[33]。

また、婚資への課税がもたらす問題は、女性が離婚時に受け取る額が減るだけでなく男性にも負担を与え、これから結婚しようとする男女双方が不利益を被るという点もある。イランで結婚した場合、家財道具は女性側の家族が準備するが、新居や車などの費用は男性側の負担となる。若者の失業率[34]が22.9%にも及ぶイランでは、ただでさえ結婚できない若者の増加が問題視されているところに、婚資への課税によって、ますます結婚が遠のくという見方がある。一般に、婚資の額は、女性の容姿や家柄だけでなく、学歴や経済力が高くなるほど高額になることが多い。イラン革命後の女性の高学歴化や就業などの理由によって、婚資の額は、年々インフレ傾向にある。それを抑制するための課税は、かえって政府の掲げる「若者の結婚支援」[35]という目的とは相反する結果を生むとして批判が集まった。

次に、家族保護法案で問題視された点は、夫が二人目の妻を娶る条件についてである。2007年に提出された家族保護法案第23条では、結婚している男性は、「経済的に二人目の妻を娶る余裕があることや複数の妻を公平に扱える能力がある」ことが確認され、裁判所が承認した場合、二人目の妻との結婚が可能になった[36]。それは、「男性が複数の妻を娶る場合、妻たちを公平に扱わなければならない」とするイスラーム法の解釈を根拠としており、同条項には革命前の家族保護法で保障された「複婚の際の最初の妻からの許可」という要件は言及されていない。

　このことに対して、夫が妻に隠れて愛人をつくるような不貞行為ではなく、公に婚姻契約を結んで妻にすることは、社会の性的な秩序と女性の権利擁護の観点から肯定されるべきであるという意見が一部で唱えられている[37]。他方、そもそも二人以上の妻を公平に扱える男性が存在すること自体が非現実的な話であり、複婚について法律で言及すること自体が間違っているとの議論もある[38]。

　さらに、司法権から提出された家族保護法案の原案では、婚姻登録に関する第22条本文には、一時婚は何ら言及されていなかったものの、補則に一時婚の妻が妊娠した場合、婚姻登録が必要であると書かれていた[39]。しかし、内閣から国会に提出された家族保護法案において、この補則が「一時婚の登録は法務大臣の承認する手続法に従う」[40]と一時婚へのハードルを低くさせるようなあいまいな表現に変更された。

　一時婚とは、男性と女性が婚姻関係の期限を決めて婚姻契約を結ぶもので、数時間から99年まで自由に期限を定めることができる。スンナ派では一時婚は認められておらず、シーア派に特有の婚姻形態である[41]。女性が初婚の場合、一時婚に際して父親の許可を必要とするが、再婚の場合には女性は父親の許可なしに一時婚の契約をすることができる。このような一時婚は売買春の温床となりかねないことから、これまでも批判の対象となってきた。イラン革命前の家族保護法は、この一時婚の制度について一言も触れられていない。それは「敢えて触れないことで、この制度の消滅を図る動きがあった」との見解があるからだ[42]。かつて近代化を推進した国王や世俗的なエリート層にとって、まさに一時婚は「近代的なイランのイメージ」を阻害する存在に他ならず、自然消滅、少なくとも、外国人の目に触れない場所に隠蔽しておこうとの意図が働いたことが考えられる。

　しかし、この制度は、革命後にイスラーム法に基づき、公的に許容される婚姻形

態と位置づけられるようになった。一時婚は、結婚の難しい若者たちにとって必要であり、また積極的に利用すべき制度であるとの議論が現れるようになった。それは、フラストレーションのたまった若者による性犯罪を未然に防ぎ、社会秩序を保つための効果的な制度として、政府によって推奨された[43]。一時婚の婚姻契約はイスラーム法学者などが仲介者となって行われることもあるが、一般には当事者二人の間だけで交わされることが多い[44]。婚姻登録をしなければ妻や家族に知られることなく、証拠も残らずに婚姻契約を結ぶことができる。民法は子どもの後見人として基本的には父親あるいは父方の祖父と規定しているために、父親が不在の子どもは社会的に多くの問題に直面する。イランで出生時に発行される身分証明書にも父親の名前を記入する欄があり、父親の認知を受けていない子どもは、社会的にも制度的にも差別にさらされやすい。果たして、家族保護法に一時婚を記載すべきかどうか、その登録を義務づけるべきかどうかが議論の焦点となった。

4. 家族保護法案と女性運動

2007年に家族保護法案が提出されると、イラン国内外で大きな反響を巻き起こした。イラン国内では、女性雑誌などにおいて家族保護法案を批判する記事が数多く登場した。また、女性運動家たちの集会では、専門家から意見を聴取したり、討論会が開催されたりした。2008年8月31日には100名以上の女性たちが国会を訪れ、国会議員らに抗議声明を手渡した。その中には、ハメダーンやエスファハーン、ガズヴィーンなど地方から駆けつけた女性の法律専門家やスポーツ関係者、アーティスト、学生、教師、労働者、主婦、宗教集会の開催者、子どもの権利擁護の活動家、平和活動家らも混ざっており、彼女たちは国会の本会議終了後、専門委員会による会議開催前に、地元の国会議員多数と面会し、自分たちの懸念や怒りを伝えるという行動に出た[45]。さらに、同日、ノーベル平和賞受賞者シーリーン・エバーディーや女流詩人スィーミーン・ベフバハーニー[46]など有名人が、国会司法委員会に反対意見を直訴するなど抗議運動は大きな盛り上がりをみせた。

家族保護法案に反対する女性たちの運動で特筆すべき点は、それがイラン国内外の女性たちを互いに結びつけただけではなく、イラン国内における保守的な女性たちと革新的な女性たちが政治信条を超えて協力し合う関係の構築に寄与したことで

あった。イランの女性運動にはさまざまな立場があるが、大別すると、海外に在住する世俗的な女性活動家、イラン国内で活動する保守派と改革派の三つが挙げられる。在住年数や立場によって、バリエーションはあるものの、国外に暮らす女性活動家の多くは、あくまでも西欧的かつ世俗的な価値観に基づいてイランを批判的に見る立場から、イラン女性の人権について国内在住の女性たちより、ラディカルに語る傾向にある。これまで、イラン国外の女性運動家と国内の女性運動家の間には、距離的にも思想的にも隔たりがあったが、近年のIT環境の発達やグローバリゼーションの進展にともなって、共同して活動をすることも可能になってきた。

「100万人署名運動」[47]は、イラン国内ではじめられたインターネットを通じた署名活動に、イラン国外の女性運動家たちが協力し、活動が世界的に拡大した好例である。家族保護法案の提出から遡ること1年前、2006年6月12日の「イラン女性独立の日」に、テヘランのハフト・ティール広場で女性の権利拡大のためのデモを行っていた女性たちが当局によって拘束されるという事件が起きた。当局の対応に抗議して始まった「100万人署名運動」には、シーリーン・エバーディーや映画監督のラフシャーン・バニーエッテマードのように革命前から活躍していた世代だけではなく、運動の発起人の一人であるノウシン・アフマディー・ホラーサーニーのように革命期に青少年時代を過ごした世代や、学生運動のリーダーでもあるバハーレ・ヘダーヤトのように革命後に生まれた女子学生たちも参加した。さらには、アメリカ系イラン人で、カリフォルニア州立大学大学院生のエシャー・モーメニーも「100万人署名運動」に関わって、2008年10月にイランで逮捕された[48]。

公的な場での活動が禁止されたため、署名集めや会合は、ある時は個人の家で、ある時はメンバーが手弁当で地方都市に巡回するなど、イラン国内で地道な活動が続けられた[49]。他方、当局による活動の制限が、イラン国内外の女性運動家同士のインターネットを通じたネットワーク形成をより一層促す結果となった。そして、それが「100万人署名運動」の参加者の多くにとって、さらに家族保護法反対運動へ参加する一つの弾みとなったと考えられる。

イラン国内の女性運動は、現政権により忠実な考え方を持つ保守派の女性たちと、現体制の枠組み内での変革を望む改革派に属する女性たちに分けることができる。実際に、家族保護法をめぐる運動の中で、『ホグーゲ・ザナーン（女性の権利）』という雑誌を立ち上げた、元国会議員のゲラーミーザーデガーン氏によると、「保守

派は保守派のやり方で、改革派は改革派のやり方で、家族保護法案への反対運動を展開した」という[50]。S. ヴァキールは、すでに「100万人の署名活動」のために宗教都市マシュハドからテヘランにやってきた中産階級の宗教的な家庭出身の若い女性の参加について指摘している[51]。すなわち、2006年以降、イランの女性運動は一部の都市在住のエリート女性だけではなく、地方にも広がりを見せるようになっていた。そして、イラン国外の女性たちやイラン国内の改革派の女性たちがインターネットなどのITを利用しての家族保護法の反対運動を展開する一方で、保守派の女性たちも独自のネットワークを利用し、集会や講演会を開催して政府に対する反対運動を拡大させた。

　女性たちが世論を盛り上げ、保守派と改革派双方の国会議員に働きかけた結果、政府提案の家族保護法案は、2008年9月に、いったん国会司法委員会に差し戻されることになった。しかし、2009年の6月に、アフマディーネジャード大統領の再選に異議を唱えて、改革派候補のミールホセイン・ムーサヴィー元首相やマフディー・キャッルビー元国会議長の支持者が中心となり、イラン国内で大規模な抗議運動が起きた。ムーサヴィー候補のシンボルカラーの色にちなんで「緑の運動」と呼ばれるこの運動に参加した人々を当局が徹底的に弾圧したため、改革派に近い女性運動も少なからず影響を受けた。逮捕者の中には、弁護士のナスリーン・ソトゥーデやラフサンジャーニー元大統領の娘ファーエゼ・ハーシェミーなど女性運動家も多数含まれた。また、シーリーン・エバーディーは、当局を批判したことにより、運営する人権団体事務所の閉鎖に追い込まれ、イギリスへの亡命を余儀なくされた。「100万人署名運動」に参加して逮捕されたバハーレ・ヘダーヤトは、イラン国内最大の学生団体で2009年に非合法化された「統一強化事務所」のリーダーでもあった。ヘダーヤトは、2009年12月30日に「緑の運動」に参加して逮捕された人々の釈放を求める集会に参加したために再度逮捕され、裁判の結果、10年の禁固刑となり、現在も収監中である[52]。

　国会での家族保護法案の審議が本格化したのは、「緑の運動」がほぼ終息した2010年になってからのことであった。その後、国会での2年に及ぶ議論の末に、家族保護法は2012年3月5日に国会を通過した。国会で成立した全法案は、イラン・イスラーム共和国憲法に基づき、監督者評議会でイスラーム法に適っているかどうかの審査を受ける。家族保護法も監督者評議会による審査の結果、国会に差し戻し、

再審議と再提出という過程を経て、2013年2月19日に正式に成立した。

　この新しい家族保護法では、先ほど問題になった「婚資への課税」および「二人目の妻を娶る際の条件の緩和」が記された条項は削除された。ただし、第22条において、婚資は金貨110枚を上限とすることが定められた[53]。これは婚姻契約時に婚資を金貨110枚以上に設定しても構わないが、婚資の未払いを理由に刑罰が生じるのは金貨110枚以下の場合に制限されることを意味している。また、婚姻契約の条項は、第20条に規定されているが、ここには、二人目の妻を娶る条件については一切触れられていない。単に婚姻契約を行う場合には、結婚登録所での登録が必要であるという規定に修正された。（写真3）

　さらに、一時婚については「妻が妊娠した場合、夫婦が同意した場合、もしくは婚約時の条件として登録が挙げられている場合には、婚姻登録が必要であるとする」という内容に修正され（第21条）[54]、一時婚で婚姻契約を結んだ女性に対する一定の権利擁護が図られた。

写真3　婚姻・離婚登録所の内部

5. 新家族保護法への反応

　2013年9月13日に、筆者はイランの外務省や司法省、国会付属研究センターで働く女性たちと、テヘランで懇談する機会を得た。家族保護法の条文の内容や国会での審議の様子についての質問の後、紅茶とお菓子を片手に、女性同士の雑談で盛り上がった。話題は離婚訴訟でのカップルの骨肉の争いや婚資が払えず、収監されてしまった哀れな男性たちについてなどである。たとえば、現在、家族保護法の施行細則策定に携わっているという司法省の女性専門家によれば、昨今のイラン女性の中には、高額な婚資を要求するだけではなく、離婚後の財産分与についても賢

第4章　1979年革命後のイラン女性と社会変化——89

くしたたかな人が多いという。ある女性は、離婚調停中の夫が密かに財産を処分しようとしている動きを察知し、夫が気づく前に土地の権利書や銀行通帳などを入手し、裁判に備えたそうだ。離婚訴訟で負けない女性だけではなく、黒いチャードルを颯爽と身にまとい、高い専門知識を武器に、男性と肩を並べて第一線で働く彼女たちも一様にたくましく誇りにあふれているように見えた。

　専門家は当然のごとく家族保護法に精通していたが、一般の人々はこの法律をどのように感じているのだろうか。2013年9月から2014年2月にかけて、スノーボール・サンプリング方式を用いてイラン人40名（男性8名、女性32名）に、テヘランで質問票を記入してもらった。その内の13名に対しては、対面式のインタビュー調査を実施した[55]。調査の結果、家族保護法に関して、2008年の反対運動や婚資をめぐる議論について知っている人は多くいるものの、2013年に同法が正式に成立したことについてはあまり知られていないことが浮かび上がった。

　一般の人々を対象にした調査でも、やはり大きな話題になったのは、婚資についてである。既婚者に婚資について尋ねたところ、「コーランが1冊」という回答もあれば、「金貨5枚」、「金貨300枚」という人もあり、「1000万リヤール」という具体的に金額を定めているケースもあった。個人によってこれほど多様な婚資の形があり、中には、インタビューの途中で近年ますます値上がりする婚資の額について批判する人もいた。テヘラン大学の近くで法律関係の書店を営む女性店主は、「婚資が払えないから収監するという行為は本末転倒であり、非生産的である。婚資を払えない夫を刑務所に入れるのではなく、社会で労働させて、きっちり婚資を支払わせるべきだ」と堂々と持論を展開した[56]。

　110枚の金貨を婚資の上限とする新規定について質問したところ、婚資が少なくなることで離婚後の女性たちの生活基盤が不安定なものになるという批判意見があった。その一方で「過度な」額の婚資に一定の制限を加えることに対して、男性のみならず、女性の間でもある程度の共感が示されていることは印象的であった。

　未婚の女性の中には、「高額な婚資よりも、妻からの離婚請求の権利や、教育を受ける権利、自由に旅行をしたり、仕事をしたりする権利が欲しい」という意見があった。婚資は、結婚後の女性の不安定な将来に備えた一種の保険としての機能を果たしてきたが、近年、女性の就業率が高まっていることに加え、近い将来、国家が離婚後の女性の生活を保障する政策を実施するようになれば、やがて消滅する可

能性もあるとの議論もある[57]。日本では、離婚した夫婦の8割が子どもの親権者を母親と定めているが、養育費の取り決めをしている夫婦は37.7％に過ぎず、実際に支払いを受けている母親は19.7％しかいないという[58]。このような状況は、生活保護やひとり親家庭への扶助制度などがあるとはいえ、子どもの貧困化の要因となっている。他方、イランでは、婚資や扶養料の不払いは法律で厳罰に処されるものの、離婚後の妻と子を支える国家の福祉制度が十分に整備されていない。さらに、妻側から離婚を請求した場合には、妻は婚資ももらえない。そのため、職を持たない女性、実家に頼れない女性は、たとえDVに苦しんでいたとしてもなかなか離婚に踏み切れない。

　離婚経験のある会社員Aさんは、離婚後、6年近く経つが、毎月、元妻に養育費を支払っているのでお金のやりくりが厳しいと訴えた[59]。Aさんは、イラン南部のリゾート地、キーシュ島で大学生活を送っていた時、働いていたチョコレート屋に元妻が訪れたことで、映画のような遠距離恋愛の末、彼女と結婚したという。しかし、結婚後、子どもの養育方法や妻の父親との折り合いが悪いことを原因に喧嘩が絶えなくなり、妻の要求で離婚に至った。彼は「不動産業を営む妻の父親は、拝金主義的で利に敏く、法律にも詳しかったために、普通以上に、妻に有利な条件で財産分与に加え、婚資と養育費の支払いが課されてしまった」と嘆いていた。その彼ですら、「夫の一方的離婚権は不平等であり、女性にも離婚権を与えるべきである」と語っている。若い世代の中には、伝統的に男性優位な権利を保守し、利用しようという意識とは違った、男女平等意識を持つイラン人男性が現れつつあるのかもしれない。

　では、家族生活に今後深く影響する家族保護法について、一般の人々は、どのようにして知る機会を持つことができるのだろうか。イランの書店では、家族に関する法律がまとめて書かれているポケット版の本がたくさん売られている。今回の法律の成立に伴って新しい家族保護法だけを掲載した小冊子は、2万5千リヤール程度（2014年現在で約100円）の廉価で本屋で簡単に入手することができる。さらに、家族に関する問題が起きた時に、人々は家庭裁判所にもすぐに相談に行くことができる。

　2014年2月にテヘラン市内中心部のヴァナック広場にある家庭裁判所を訪れたところ、人々が裁判や相談に訪れている様子を観察することができた。家庭裁判所

に隣接した別の建物内には、個人が家庭の悩みを相談する場所があった。その建物の一室には、5〜6つの机が並べられ、それぞれの机に1人ずつ相談者が座っている。相談を受ける人たちは男性も女性もおり、そこで家族に関する実際の手続きについての相談を行ったうえで、実際の手続きに入る。こうした事情を背景に2013年成立の家族保護法では、家庭裁判所に隣接して、新たに「家族相談センター」が設置されることとなったので、人々が家庭の悩みを気軽に相談できる機会はさらに広がる見通しである。

家族問題を相談する場所は、司法関係機関に留まらず、テヘラン北部タジュリーシュ広場にあるイマームザーデ・サーレフ廟や宗教都市ゴムのマースーメ廟など、人気の高いシーア派参詣地にも設置されている（写真4）。タジュリーシュには富裕層が多く住み、広場の近くのショッピングモールは、若者たちの人気スポットである（写真5）。イマームザーデ・サーレフ廟の女性礼拝コーナーで行われていた結婚や離婚問題に関する説教に耳を傾けていたのは、敬虔なムスリム女性だけではなく、派手な化粧をして、前髪を高く盛った流行のヘアスタイルの今時の女子高生も見られた。

写真4　ナタンズに近いバードルート村のイマームザーデ（アガー・アリー・アッバース廟）で祈る女性たち

写真5　タジュリーシュ広場にあるアクセサリーショップで買い物を楽しむ女性たち

おわりに

　イランの女性たちは、イラン・イスラーム共和国体制下で、イスラーム法や伝統によって「虐げられているだけの存在」ではなく、自分たちの権利拡大に向けて、日々、たくましく挑戦し続けている。映画『別離』で描かれているように、イランにおいては、グローバリゼーションによって国外の情報にアクセスできるイランの中上流階級の人々が、世界の人々と文化や意識を共有しつつある一方で、そうしたグローバル化した世界とは異なる価値観、場所で生きている人々もいる。

　そのようなかけ離れた世界で生きる女性たちを結びつける課題が、家族や福祉の問題である。家族保護法は、まさに伝統やイスラーム的な価値観に基づく家族像の擁護を目指す政府の思惑と、権利拡大を試みる女性たちの主張がぶつかりあう問題であった。政府の意図とは裏腹に、同法をきっかけに、国内外のイラン女性たちがイデオロギーや経済的・地理的格差を超えて協力し合い、一部の男性たちをも巻き込みながらネットワークを形成させていった[60]。成立した家族保護法の内容は、必ずしも女性運動家たちが当初、目指した形で実現することはなかった。しかし、この運動の中で形成されたネットワークは、新たな課題に取り組む資源となりつつある[61]。

　イラン女性たちは、今日もインターネットで、友人の家で、シーア派参詣地で、ショッピングセンター内のカフェで、互いに自分たちの悩みを打ち明けながら、より良く、より幸せに生きる方法を模索しているのだろう。厳しい条件の中でたくましく、したたかに生きるイラン女性の姿は、私たち日本人にも勇気を与えてくれているような気がする。

注

1) 1979 Hundreds of Thousands Iranian Women Protest Mandatory Veil (http://www.freerepublic.com/focus/f-news/1202674/posts, accessed 19 March 2014)。

2) 1983（イラン暦1362）年成立のイラン刑法の第102条の補則において「路

上および公共の場所において、イスラーム法に則らず、ヘジャーブを着用しない女性は、74回のむち打ち刑に処される」と規定された。国会附属研究センター掲載の1983年8月9日成立のイスラーム刑法（Qānūn-e Mojāzāt-e Eslāmī, http://rc.majlis.ir/fa/law/show/90789, accessed 11 April 2014）を参照。1996年の刑法改正によって「むち打ち刑もしくは禁錮刑」という規定に変わった。実際の運用では刑法第22条にある裁判官の権限で、禁固刑およびむち打ち刑を罰金刑に切り替えることが一般的である。留置彩加訳「タジュリーシュ広場で女性の着衣の乱れに抗議するデモ（その2）」2010年4月29日付 Mardomsalari 紙『日本語で読む中東メディア』東京外国語大学（http://www.el.tufs.ac.jp/prmeis/html/pc/News20100517_223509.html, accessed 25 December 2011）。

3）Shirin Hakimzadeh and David Dixon, Spotlight on the Iranian Foreign Born, *Migration Information Source*, Migration Policy Institute, 2006（http://www.migrationpolicy.org/article/spotlight-iranian-foreign-born, accessed 20 March 2014）.

4）Iran Politics Club, Iranian Population Inside and Outside Iran, 2010（http://iranpoliticsclub.net/library/iran-population/, accessed 20 March 2014）.

5）イラン人平均寿命70歳、男性68.84歳、女性71.93歳（http://www.indexmundi.com/iran/life_expectancy_at_birth.html, accessed 28 October 2013）。

6）細谷幸子『イスラームと慈善活動―イランにおける入浴介助ボランティアの語りから』ナカニシヤ出版、2011年。

7）白峰侑子訳「好評、『宮廷女官チャングムの誓い』をめぐって：チャングムが私たちの家にやってきた！」『日本語で読む中東メディア』2007年6月12日付 Iran 紙東京外国語大学（http://www.el.tufs.ac.jp/prmeis/html/pc/News20070615_161013.html, accessed 5 October 2010）などを参照。

8）Naser Yeganeh, Civil Code (Qānūn-e Madanī) of Persia, in *Encyclopædia Iranica*（http://www.iranicaonline.org/articles/civil-code, accessed 10 February 2014）; Baqer Aqeli, 'Ali-Akbar Davar, in *Encyclopædia Iranica*（http://www.iranicaonline.org/articles/davar-ali-akbar, accessed 10 February 2014）.

9）森田豊子（訳）、貫井万里、佐藤秀信、細谷幸子、山﨑和美（註）、爲永憲司（凡例）「イラン家族保護法（1967年成立）」（『イスラーム地域研究ジャーナル』第6

号、2014 年 3 月)、58-64 頁。
10) 貫井万里、森田豊子 (訳・註)、佐藤秀信、細谷幸子、山﨑和美 (註)、爲永憲司 (凡例)「イラン家族保護法案 (2012 年 1 月 23 日司法権公表)」(『イスラーム地域研究ジャーナル』第 5 号、2013 年 3 月)、156 頁、註 9。
11) この法律の作成に携わった女性議員は、同法はまだ不完全であると評価し、さらなる女性の権利拡張を求めていた (Haleh Esfandiari, The Role of Women Members of Parliament 1963-88, *Women in Iran from 1800 to the Islamic Republic*, edited by Lois Beck and Guity Neshat, Urbana and Chicago: University of Illinois Press, 2004, p.151)。
12) Arezoo Osanloo, *The Politics of Women's Rights in Iran*, Princeton, NJ: Princeton University Press, 2009, p.123.
13) 森田豊子「現代イランにおける家族保護法の展開成立、廃止、新法案」(日本政治学会編『ジェンダーと比較政治学』ミネルヴァ書房、2011 年) で使用されている同法の「廃止」は、正確には「停止 (suspend)」である (Osanloo, *op.cit.*, p.123)。
14) 貫井他前掲論文 (2013)、155 頁、註 6。
15) 同上、155-156 頁、註 7。
16) Ḥosein Ṣafārī and Asad al-allāh Amānī, *Mokhtaṣar-e Ḥoqūq-e Khānevādeh*, Tehran: Nashr-e Mīzān, 1392/2014, p.158.
17) Louise Halper, Law and Women's Agency in Post-Revolutionary Iran, Harvard Journal of Law & Gender, No. 28, 2005, p.101.
18) 桜井啓子『現代イラン―神の国の変貌』岩波書店、2001 年、154‐156 頁や Osanloo, *op.cit.*, pp. 125-129 などを参照。
19) Ali Reza Bariklou, The Wife's Right of Divorce on the Basis of the Delegation Condition under Islamic and Iranian Law, *International Journal of Law, Policy and the Family*, Vol. 25 (2), 2011, pp. 185-186; Seyed Mohammad Ghari S Fatemi, Autonomy and Equal Right to Divorce with Specific Reference to Shi'i Fiqh and the Iranian Legal System, *Islam and Christian-Muslim Relations*, Vol. 17 (3), 2006, pp. 289-290.
20) 革命前の家族保護法は、母親も親権を獲得することを可能にしたが、革命後に同法の停止により、親権は自動的に父親に所属し、養育権は、女児 7 歳まで、男児 2 歳まで母親に認可された。1985 年に戦死者の妻へ養育権を承

認する法律が成立し、2002年の法改正で、7歳以上の子供の養育権は、倫理的、財政的、その他の要因に基づき、どちらかの親に委ねることが決定された（桜井啓子　前掲書、154-155頁および Elaheh Koolaee, Women in the Parliament, in *Women, Power and Politics in 21st Century Iran*, edited by Tara Povey and Elaheh Rostami-Povey, Surrey: Ashgate Publishing Limited, 2012, p. 142）。

21）Sa'atī 16 Zouj Ṭalāq Mīgīrand, Khiyānat, Moshkelāt-e Jensī va Tavarrom Mohemmtarīn Dalāyel（http://www.mehrnews.com/TextVersionDetail/2010874, accessed 26 March 2014）.

22）阿部初音訳「夫婦に対する離婚予防教育、義務化の方針」（『日本語で読む中東メディア』2010年10月28日付 Jam-e Jam 紙東京外国語大学 http://www.el.tufs.ac.jp/prmeis/src/read.php?ID=20601, accessed 25 December 2011）。

23）ズィーバー・ミール＝ホセイニー（山岸智子監訳、中西久枝、稲山円、木村洋子、後藤絵美、小林歩、斉藤正道、嶋尾孔仁子、貫井万里訳『イスラームとジェンダー－現代イランの宗教論争』明石書店、2004年）、73頁。

24）Āyatallāh Javādī Āmolī: Dokhtarān-e Dāneshjū az Maqām-e Mādarī Ghāfel Nashavīd, *IRNA*, May 5, 2014（http://www.irna.ir/fa/News/81152256/, accessed 5 June 2014）.

25）Golnar Mehran, Ideology and Education in Iran, Compare, Vol.20, No.1, 1990.

26）Iran Human Rights Documentation Center, Gender Inequality and Discrimination: The Case of Iranian Women, March 8, 2013（http://iranhrdc.org/english/publications/legal-commentary/1000000261-gender-inequality-and-discrimination-the-case-of-iranian-women.html#29, accessed 1 June 2014）; Tadbīr-e Rouhānī Chīst? Irān Posht-e Dar-hā-ye Konvāsiyon-e Raf'e Tab'īz 'aleihe Zanān, BBC Persian News, September 24, 2013（http://www.bbc.co.uk/persian/blogs/2013/09/130924_l44_nazeran_rohani_women.shtml?print=1, accessed 5 June 2014）

27）Ashraf Gerāmīzādegān, Naqdī bar Lāyeheh-ye Ḥemāyat-e Khānevadeh, *Ḥoqūq-e Zanān*, No. 29, Nashrie-ye Ejtemā'ī,1386/2007, pp. 33-36; Koolaee, *op.cit.*, pp. 138-149.

28）貫井他前掲論文（2013）、149頁。

29) アシュラフ・ゲラーミーザーデガーン氏とのインタビュー（2013年10月7日）。Gerāmīzādegān, *op.cit.*, pp. 33-36 及び Sīrūs Taqīpūr, Ta 'adod-e Zoujāt va Māde-ye 23 Lāyeheh-ye Qove-ye Qazayeh, Dādsrā, No. 69, 1387/2008, pp. 51-56. ゲラーミーザーデガーン氏はイランの女性の権利に関する専門家で、15年間『ザネ・ルーズ（今日の女性）』誌において法律関連のページを担当し、さらに、現在では『ホグーゲ・ザナーン』誌の責任者でもある。ハータミー政府下の第6国民議会では法律問題委員会委員も務めた。

30) 金貨は1枚、半枚、4分の1枚などの単位で売買され、金の相場に連動して価格が変動する。イランの核開発疑惑による対イラン経済制裁によって、イランでは近年インフレが進み、為替レートにも影響を与えており、金貨の価格も不安定になっている。2014年3月現在で、金貨1枚は930万リヤールとなっており、それは約370ドルに相当する。2009年のアジア・オセアニア研究センターの調査によれば「女性側の回答によると、婚資金の平均は金貨350枚または1800万トマーンで、男性側の回答によると平均は金貨260枚または1000万トマーン」とされる。綿引香緒里訳「イラン女性の婚資金の平均は金貨260枚から350枚」（『日本語で読む中東メディア』東京外国語大学, http://www.el.tufs.ac.jp/prmeis/html/pc/News20090205_160600.html, accessed 5 June 2014）。

31) イランでは、西暦やイスラーム暦とは異なり、3月の春分の日から新年が始まる暦を使用しており、2014年3月21日からイラン暦の1393年が始まる。

32) ウェブサイト Ḥaqq-e Gostar に掲載された2007年7月23日国会提出の家族保護法案（*Lāyeḥe-ye Qānūn-e Ḥemāyat az Khānevādeh*, http://haghgostar.ir/ShowPost.aspx?id=241, accessed 15 April 2014）を参照。

33) 2008年7月16日に行われた弁護士ゲラーチュルルー氏による講演会の議事録から（ゲラーミーザーデガーン氏提供）。

34) 2014年1月の段階で、イランの失業率は10.3％であり、若者の失業率は、22.9％となっている（http://www.tradingeconomics.com/iran/unemployment-rate, accessed 10 March 2014）。

35) イランでは若者の結婚促進のために結婚相談所を設けており、2005年には「若者の結婚促進法」も制定された。

36) ウェブサイト Ḥaqq-e Gostar に掲載された2007年7月23日国会提出の家族保護法案（*Lāyeḥe-ye Qānūn-e Ḥemāyat az Khānevādeh*, *op.cit*, accessed 15

April 2014）を参照。
37) イランの高名な宗教学者アッラーメ・タバータバーイーは、「永続的な婚姻にはあらゆる人の本能的な性的欲求を満たすことができる訳ではなく、この問題に関し何らかの解決策が必要であることを示す最上の証拠となる」と一時婚を正当化している。モハンマド＝ホセイン・タバータバーイー（森本一夫訳）『シーア派の自画像－歴史・思想・教義』慶應義塾大学出版会、2007年、230頁。
38) アシュラフ・ゲラーミーザーデガーン氏とのインタビュー（2013年10月7日）。
39) 2008年7月16日に行われた弁護士ゲラーチュルルー氏による講演会の議事録から（ゲラーミーザーデガーン氏提供）。
40) ウェブサイト Ḥaqq-e Gostar に掲載された2007年7月23日に国会提出の家族保護法案（*Lāyeḥe-ye Qānūn-e Ḥemāyat az Khānevādeh, op.cit.*, accessed 15 April 2014）を参照。
41) イラン民法第1075条には「時間が区切られている結婚は一時婚である」と定義されている。また、イランにおける一時婚制度について、Shahla Haeri, *Law of Desire; Temporary Marriage in Shi'i Iran*, Syracuse & New York : Syracuse University Press, 1989, pp.49-72 に詳しい。
42) アシュラフ・ゲラーミーザーデガーン氏とのインタビュー（2013年10月7日）。ミール＝ホセイニーもまた、「イラン民法は一時婚を合法的な婚姻形態としているが、1931年の婚姻法とそれ以降の家族関連法では、婚姻契約としての一時婚についてまったく触れられていない」とし、「直接的に禁止することなく、この婚姻形態の消滅あるいは防止をはかった意図が考えられる」と指摘している（Ziba Mir-Hoseini, Family Law iii in Modern Persia, in *Encyclopædia Iranica*, http://www.iranicaonline.org/articles/family-law#iii, accessed 29 March 2014）。
43) ハーエリーによれば、1990年に当時の大統領ラフサンジャーニーが金曜礼拝において女性のセクシャリティーについて語るというイスラーム世界では前代未聞の説教を行い、一時婚を肯定する演説をしたという（Shahla Haeri, Temporary Marriage: An Islamic Discourse on Female Sexuality in Iran, in Mahnaz Afkhami and Erika Friedl eds, *In the Eye of The Storm: Women in Post-Revolutionary Iran*, London and New York: I.B.Tauris, 1994）。
44) Haeri, *Law of Desire*, p.51.
45) 斉藤正道訳「家族保護法、国会司法委員会に審議差し戻しへ：女性活動家ら

の圧力に押される形で」『日本語で読む中東メディア』2008年9月1日付 E'temad-e Melli 紙東京外国語大学（http://www.el.utfs.ac.jp/prmeis/html/pc/News20080913_192054.html, accessed 6 March 2014）

46) シーリーン・エバーディー（竹林卓訳）『私は逃げない―ある女性弁護士のイスラム革命』講談社、2007年。スィーミーン・ベフバハーニーについては、鈴木珠里、前田君江、中村菜穂編訳『現代イラン詩集』（土曜美術社、2009年）及び『すばる』2008年12月号（集英社）に掲載の鈴木珠里氏による詩の翻訳と藤元優子氏によるインタビュー記事を参照。

47) Noushin Ahmadi Khorasani, *Iranian Women's One Million Signatures Campaign for Equality : The Inside Story*, Women's Learning Partnership, 2009; Sanam Vakil, *Women and Politics in the Islamic Republic of Iran: Action and Reaction*, London and New York: Bloomsbury Academic, 2011.

48) エシャー・モーメニーは、カリフォルニア州立大学に提出する修士論文を執筆するために、イランで「100万人署名運動」の参加者のインタビュー映像を撮影したことにより、2008年10月15日に逮捕されたが、その後、保釈金を支払って釈放された（John Lein, Concern for US Women Held in Iran, BBC News, Tehran, October 26, 2008, http://news.bbc.co.uk/2/hi/7691577.stm, accessed 18 April 2014）。

49) Susan Tahmasebi, One Million Signatures Campaign: Answers to Your Most Frequently Asked Questions, 24 February 2008, *Website of One Million Signatures Campaign*（http://www.we-change.org/english/spip.php?article226, accessed on 18 April 2014）.

50) アシュラフ・ゲラーミーザーデガーン氏とのインタビュー（2013年10月7日）。

51) Vakil, *op.cit.*, p.178.

52) 160 Human Rights Defenders Demand Release of Imprisoned Iranian WHRDs, Bahareh Hedayat and Maryam Shafiepour, 17 March 2014, *Website of One Million Signatures Campaign*（http://www.we-change.org/english/spip.php?article985, accessed 18 April 2014）.

53) 国会附属研究センター掲載の家族保護法（*Qānūn-e Ḥemāyat-e Khānevādeh*, http://rc.majlis.ir/fa/law/show/840814, accessed 15 April 2014）を参照。

54) 国会附属研究センター掲載の家族保護法（*Qānūn-e Ḥemāyat-e Khānevādeh*, *op.cit.*, accessed 15 April 2014）を参照。

55) 2013年9月9日から9月16日（貫井）、2013年10月1日から9日（森田）、2014年2月19日から26日（貫井及び森田）の間にテヘラン市内においてインタビュー調査を行った。質問票の内訳は、実際にインタビューをしながら、質問票に記入してもらった13名（男性3名、女性10名）と、質問票のみを筆者が回収した15名（男性3名、女性12名）に加え、テヘラン在住の研究協力者ナスタラーン・レイハイーニー氏（男性1名）およびテヘラン大学世界研究学部日本研究学科のご協力を得て、記入して頂いたケース（男性1名、女性10名）がある。主な質問項目は、(1) 回答者の属性・職業生活、(2) 家族保護法、(3) 結婚、(4) 離婚である。
56) N.A. 氏とのインタビュー（2013年9月16日）。
57) Gerāmīzādegān, *op.cit.*, pp.33-36.
58) 角田由紀子『性と法律』岩波新書、2013年、28頁。
59) A氏とのインタビュー（2014年9月11日）。
60) 第6期国会で、改革派の女性議員であったエラーヘ・クーラーイーによれば、第7期国会の政府に近い一部の保守派の女性議員は、男性の保守派議員以上に保守的で、女性たちを家庭に戻すために、女性の労働時間を短縮する法案を提案した。また、ファーテメ・アリアー議員は、男性の複婚を擁護する発言を行ったために、多くの女性たちからの批判を浴びた（Koolaee, *op.cit.*, p.143）。
61) 具体的には養子にした子どもとの結婚を許可する法律に反対する運動など。Farīdeh Gheirat, Ezdevāj bā Farzandkhāndeh dar T'ārez bā Hadaf-e Qānūngozār, *E'ttemād*, October 6, 2013.

第5章

UAE女性と私たち
―― グローバル化と新たな支配構造の生成をめぐって

黒田　賢治

はじめに

　2006年に公開されたアメリカ映画『バベル』は、日本の俳優が出演していたこともあり、記憶に残っている読者も少なくないだろう。モロッコで起こった一つの事件を通じて交差するヒトとモノを軸に、アメリカ、メキシコ、そして日本を舞台に話は展開する。各々の舞台で登場する人々は、言葉によって隔たれ、離ればなれの土地でお互いのことを知らない。だが、お互いを知らずとも、実際には一発の銃弾というモノを通じて結びつけられている。観客は、当事者には見えない鳥瞰的視点から出来事の因果関係を俯瞰するのである。映画そのものについては賛否両論あるだろうが、筆者は現代社会を読み解いた新たな視座、つまりグローバル化という状況を読み解く視座を提供した作品であると評価している。

　グローバル化は、80年代から世界を一つの社会・経済共同体へと相互連関させていく後期近代のプロジェクトとして展開してきた。そして東西冷戦構造の崩壊を経て、90年代以降ますますその勢いを増していった。それは既存の国民国家の国境が解放されるというような、単純な変化ではなかった。個と全体をめぐる構造的転換が生じたのである。

　西洋近代に端を発し、世界各地で建設された国民国家は、国境内の人々が国民として一つの国家に帰属する状況を生み出した。国民国家が「想像の共同体」と表現されるように、国民とされる人々は直接の関係をもつ必要はなかった。お互いを知らない者同士が、同じ国家に属していると想像するような個人と国家との繋がりこそが、国民国家の形成・維持を可能にしたのである。

　しかしグローバル化によって露見したものは、個と全体との関係に加え、個と個

の繋がりであった。個と個の繋がりは、無自覚のうちに結びつけられ、個と個の関係の変化は、全体に作用する。映画『バベル』は、こうした因果の連鎖を巧みに表現したグローバル世界の一種の寓話であると言える。では、否応なく個と個を結びつけるグローバル化は、本書の主題である女性の生にどのように作用してきたのであろうか。

　グローバル化は、90年代以降のジェンダー研究で扱われてきた主要な問題の一つであり、実のところ目新しいトピックではない。東西冷戦構造の崩壊によって加速するグローバル化について、ジェンダー研究がいち早く取り組んできた背景には、国際労働移動における女性の参入がグローバル化の進展に伴い顕著になったという現象がある。いわゆる「移民の女性化 (feminization of migration)」である。国際的な労働移動において、従来中心的な役割を担っていたのは男性であった。国内の労働市場から国外の労働市場へと男性が参入する一方で、発展途上国を中心に女性たちは伝統的な生業に従事していた。労働移民の女性化により、市場経済に参入し、現金収入によって家計を担う女性が多数出現したことで、伝統的・地域的なジェンダー規範が解体・再編されると考えられた。そこで、グローバル化、特に経済のグローバル化が、ジェンダーの統合と排除とどのように関わっているのかが、これまで検討されてきた。

　本章でも、これまでのジェンダー研究にならいつつ、グローバル資本主義経済の代表的中心地の一つとして発展を遂げてきた中東のアラブ首長国連邦（以下、UAEと略記）を事例に、グローバル化と女性について検討していきたい。

1. 見知らぬ他者の物語から隣人あるいは自身の物語へ

　女性とは、いったい誰のことを指すのだろうか。この問題は、UAEの女性を扱うと宣言している本章にとって、説明を避けて通れない問題である。

　80年代末期にメインストリームのジェンダー研究では、ジュディス・バトラーの『ジェンダー・トラブル』が問題を投げかけた。バトラーは、性をめぐって二つの重要な問題を提起した。一つは、普遍的と思われていた生物学的な性（セックス）の解体であり、もう一つは、それにともなう二元論的な男／女の解体である。

　文化的に構築されてきた性（ジェンダー）に対し、生物学的な性は純粋であり、

普遍的であると思われてきた。しかしバトラーは、性的マイノリティであるクィアを参照しつつ、生物学的な性の分類が文化的性の分類といかに深く結びついているのかを明らかにした。バトラーによれば、女性は――また男性も――単一のカテゴリーはなく、宗教や民族、また階層などによって重層的に展開している。それゆえ男性と女性という二元論的な性理解を解体し、男女間に加えて、女性と女性、男性と男性、さらには中性との関係に着目する必要があるのだという。

つまり、UAEの女性という表現は適切ではなく、UAEの女性もまた実際には宗教や民族、また階層によって重層的に展開している。しかし本章では、ことさらに宗教や民族については紙数を割かない。UAEという中東の一国を事例とするということで、アラブという民族性と結びついた異文化の香りのするエキゾチックな内容を期待されたかもしれない。また、中東社会と歴史的・現代的に深くかかわってきたイスラームとの関係について期待されたかもしれない。もしそれらを期待して本章を読み進めようとしていたのであれば、読者の期待を大きく裏切ることになるであろうし、はっきり言って「つまらない」と思われるだろう。

もちろん同時代的に再解釈された「創られた」民族性や宗教性、さらには地域的な慣習が、女性の行為主体性の獲得と結びついてきた例は数々ある。それゆえ、それらが女性を理解するうえで非常に重要な切り口であることは明白である。それにもかかわらず、筆者が「つまらなさ」にこだわるのには、明確な理由がある。イスラームや地域的な慣習を強調することで、本質主義に陥るとともに、他者の物語として読み取られる危険性を常にはらんでいる。冒頭の『バベル』を例に挙げたように、グローバル化のなかでは見知らぬ他者同士が因果的に関係づけられている。それゆえ、筆者はいかに日本の読者と彼女たちが構造的に結びついているのかということを明らかにすることこそ、UAEの女性との再帰的な関係を構築するうえで有益であると考えている。

こうした筆者の立場は、中東・アラブ女性をめぐる研究にも由来している。中東・アラブの女性についての研究は、欧米の研究者によって1950年代に始まった。それまで研究対象として扱われてこなかった女性が研究対象として見出され、60〜70年代を通じて彼女らについての実証研究の蓄積と批判的再検討が行われた。また80年代半ばに、それらの研究に対する現地の当事者からの批判が登場するとともに、90年代以降フェミニズムなど他の研究との学際的研究が進められてきた。

こうした一連の研究において共通してきたことは、中東・アラブの女性をめぐる本質主義的な理解を克服していくことであり、当事者たちとの間で再帰的な研究が進められてきた。

それゆえ本章でも、遠い異国の物語ではなく隣人、あるいは自身の物語として読者の理解を促すことを目的に、ジェンダー規範の権力性について着目していきたい。そして UAE の女性が、どのような重層的な関係、特に重層的な権力関係のなかで存在しているのかを検討していきたい。だが、その前に「女性」が置かれている状況について理解を深めるうえでも、その社会の概要について描いていきたい。

2. UAE の経済社会と外国人労働者

（1）経済開発と外国人労働者

UAE は 1971 年に英国保護領から独立した新興の湾岸君主国家である。七つに分かれた首長国は相互に独立しており、統治体制としては連邦制を採用している。国としては北海道と同程度の面積をもつものの、居住可能な地域は限られている。UAE 全土の約 8 割は砂漠である。また居住可能な土地のなかでも、ペルシア湾沿岸部では極めて湿度も高く、自然環境としては中東諸国の中でも極めて厳しい環境にあると言えるだろう。だが過酷な自然環境の一方で、20 世紀後半には世界有数の経済大国として発展を遂げてきた。

ご想像どおりかもしれないが、一つは中東のイメージどおり、産油国ならではの石油収入であり、首都が置かれるアブダビ首長国を中心に石油が生産されてきた。石油収入が UAE 経済にとって重要な位置を占めることは言うまでもないものの、UAE が石油収入に依存した経済開発を行ってきたわけではない。まず石油産出が可能な場所は、先に述べたアブダビ首長国に集中し、それ以外の首長国では、産油可能な場所も埋蔵量も限られているからである。そこで非石油産業の育成にも力が注がれてきた。なかでもドバイ首長国の非石油産業の発展は目覚ましく、アブダビ首長国の石油産業とともに UAE 経済の双璧をなしている。

ドバイ首長国型の非石油産業の発展はモデルとして、石油生産が見込めない他の首長国にも影響を及ぼしてきた。そのため近年の UAE 全体の統計では、非石油産

業がGDPに占める割合は、石油産業よりもわずかに勝るという状況が生まれている。UAE独立以前から、ドバイ首長国では非石油産業の育成に精力が注がれてきた。一連の産業育成の中でも、港湾の整備建設と経済特区（フリーゾーン）の設置は大きな成果をもたらした。中東随一の海運・物流の拠点として、ドバイ首長国には90年代以降多数の外国企業が押し寄せることになった。そして経済特区設置による外国企業の誘致という方法は、近年ではシャルジャ首長国など石油資源をもたない他の首長国でも採用されてきた。

　ところで、こうした石油産業と非石油産業がハイブリッドに結びついたUAE経済の担い手は、国民だけではなかった。極めて厳しい自然環境にあるUAEでは、独立時には国籍をもつ国民は20万人に満たなかった。2度のオイルショックを背景とした多額の石油収入を元手にインフラ整備と経済開発が大規模化する70年代後半においても、国民は30万人にも満たなかった（図1参照）。つまり、豊富な開発資金の一方で、労働力不足という問題を抱えていた。そこで外国人労働者を多数受け入れることで、問題の解決が図られてきた経緯がある。

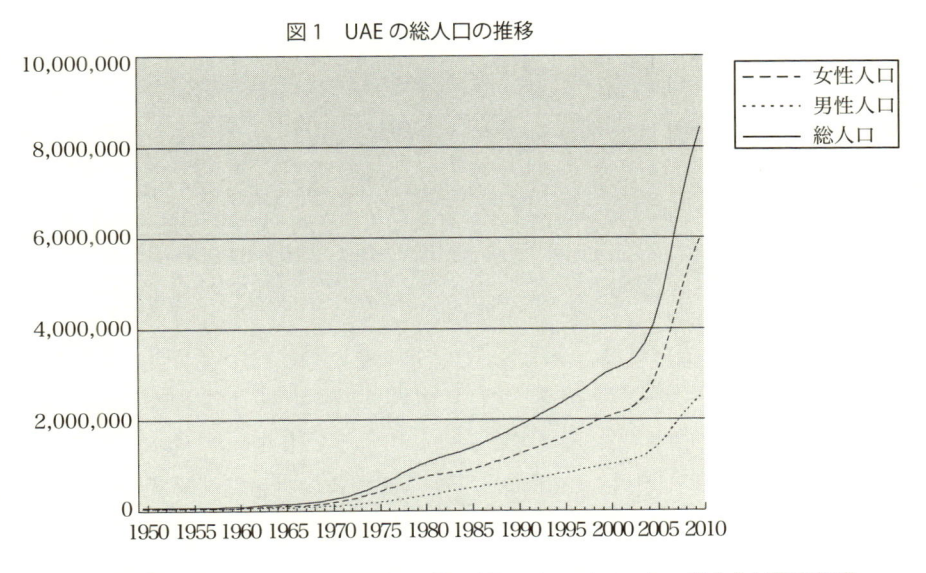

図1　UAEの総人口の推移

【出典】http://esa.un.org/unpd/wpp/Excel-Data/population.htm をもとに筆者作成

外国人労働者は独立以来、徐々に増加した。80年代後半には100万人を超え、90年代後半になると200万人を超えた。さらに2000年代になると一層急激に増加し、2010年までの10年間だけで450万人以上の外国人労働者が押し寄せた（図2参照）。彼らの労働力は、UAEのあらゆる経済社会分野で欠かすことができない。大学教員、企業の管理職、エンジニア、タクシー運転手、清掃員、土木建築現場の建設労働者など、彼らが従事する職については、枚挙にいとまがない。こうした結果、国民が人口構成のうえでマイノリティとなる現象が起こってきた。

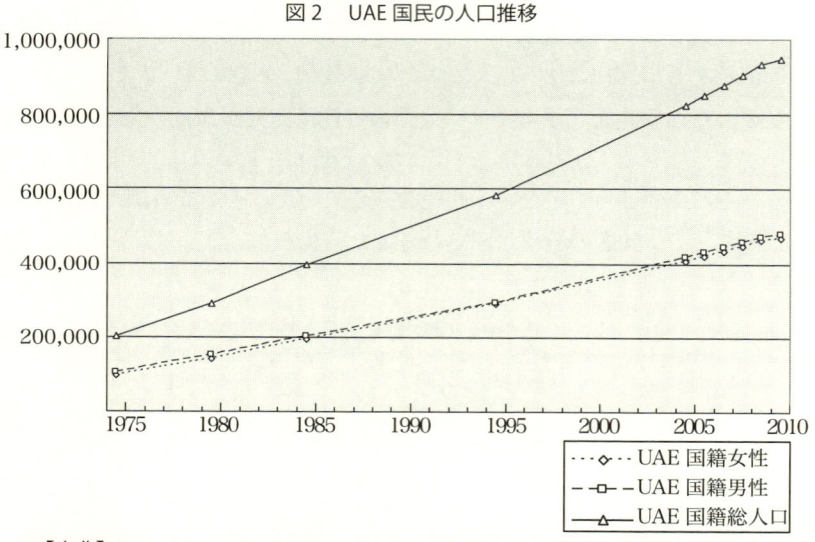

図2　UAE国民の人口推移

【出典】http://www.uaestatistics.gov.ae/ReportPDF/%D8%A7%D9%84%D8%AA%D9%82%D8%AF%D9%8A%D8%B1%D8%A7%D8%AA%20%D8%A7%D9%84%D8%B3%D9%83%D8%A7%D9%86%D9%8A%D8%A9%202006%20-%202010.pdf をもとに筆者作成

　UAEの市街には各国の料理店が立ち並び、それぞれの出身国者が店内をにぎわせる。また地元のスーパーマーケットでは、南アジアや東南アジアの輸入食品や調味料類が棚ごとに陳列されている（写真1）。このように市内を少し歩くだけでも、いかに外国人労働者がUAE社会を構成しているのかは、容易に理解することができる。そのうち最も多いのは、インド出身者であり、次にパキスタン出身者、中国、フィリピン、タイ、および近隣の中東諸国を含めたアジア諸国出身者、西欧諸国出身者と続く。中でもインドやパキスタン出身者は、優に国民を上回るほどの人口規

模となっている。

　ところで、多数の外国人労働者によって支えられるUAE社会には、どのような権力構造が存在してきたのだろうか。

（2）新自由主義からの例外化

　多国籍企業の展開に代表される経済のグローバル化は、一因としてネオリベラリズム（新自由主義）によって支えられてきた。ネオリベラリズムとは、簡単に言えば、国家による市場への介入を制限し、ビジネスに最適な環境を作り上げる政治思想である。その究極的目標は、家庭内を含めあらゆる領域を経済的領域に組み込み、市場の原理によって自由な競合を実現することである。つまり、国家のくびきを逃れた資本を前提に、一つの企業とみなされる社会で、想像力に長けた天才として企業家が神格化され、生活が商品化・市場化される世界の実現である。しかし、近代という概念が多様な理解と多元的な展開を示してきたように、ネオリベラリズムという政治思想は、ローカルなイデオロギーによって翻訳され、多元的な性格を帯びてきた。

写真1　ドバイの地元スーパーに並べられたエスニック品（2014年3月4日　筆者撮影）

　多数の外国人労働者によって支えられるUAEは、国家のくびきを逃れた流動性をもった資本が蓄積する場である。また家事を含めた生活領域も商品化されてきた。それは確かに、ネオリベラルな資本主義経済の典型的な特徴である。だがUAEは、ネオリベラルな規範を完全に体現した社会ではない。むしろネオリベラルの規範は、土着の市場を調整するものとして展開しているに過ぎない。

　ネオリベラルな世界では、労働市場の要請に応じて、人々は自身の能力を切り売りする。そして規範的には、市場は平等な競争を前提としている。だが、UAEの場合には、市場は平等な競争を前提としていない。UAEの労働市場においても、

第5章　UAE女性と私たち——107

外国人労働者は自身の能力を切り売りしながら、仕事を獲得していく。だが、ナショナリティ／エスニシティごとに労働分野は暗黙裡に配分されている。その背景の一つには、雇用会社が安定的な人材供給を図る際に、ナショナリティ／エスニシティをその拠りどころとすることで、雇用体制が固定化されてきたことが挙げられる。固定化された雇用体制により、労働市場における能力の切り売りには制限がかけられることになる。つまり自らが精通する分野ではなく、集団に割り振られた分野の仕事に従事することも余儀なくされるのである。したがって、ネオリベラルな規範は、階層化された国民の社会構造を再生産するUAEのローカルなイデオロギーのもとでのみ許容されるにとどまっている。

　一概にUAE国民と言っても、三つのカテゴリーに大別される。一つは、「純粋」アラブ系であり、もう一つは「純粋」イラン系であり、最後にそれら以外の「第三の国民」である。「純粋」アラブ系とは、バニー・ヤース部族に連なる氏族に属する人々である。各首長国の首長家をはじめ、支配者層を構成している人々である。他方、「純粋」イラン系とは、出自をイラン側の湾岸地域にたどることのできる人々であり、彼らは、貿易業などで重要な役割を担う。つまり政治的には「純粋」アラブ系が、経済的には「純粋」イラン系がエリート層を構成している。そしてこれら二つのカテゴリーに属する人々は、出自を辿ることのできる確かな血統をもつ人々である。

　「第三の国民」は、イラン、南アジア、マダガスカルなどさまざまな地域から独立以前のUAEに移住し、独立後も国籍を付与された人々やその子孫である。そのためエスニシティとしては、第一や第二の国民と同じ、アラブ系やイラン系であったりする場合もある。しかし彼らは確かな「血統」をもたない。それゆえ例外的な重用はあるものの、血統主義的社会の中で、いわゆる「二級市民」であり「外国人」である。それでも、彼らは高福祉の恩恵にあずかれる国民であり、その権利をもたない大多数の外国人労働者とは異なっている。外国人労働者の中には長期的に定住する者もいるとはいえ、通常、彼らに国籍が付与されることはない。

　では、こうしたネオリベラルな規範がローカルに翻訳され、また階層化された社会構造を再生産するUAEにおいて、女性たちはどのような重層的な権力関係の中で存在しているのだろうか。

3. 分断される女性たち

　UAE は統計的にはジェンダー・フリーが進む先進国に位置づけられる。たとえば、国連開発計画（UNDP）が発表していた人間開発報告書では、UAE のジェンダー・エンパワーメント指数（GEM）は 2008 年の報告書で世界第 24 位であった。GEM は国会議員の女性比率、公的機関における幹部職の女性比率、専門・技術職の女性率、男女間の所得格差から導き出されていた。また 2010 年以降、同局では GEM に代わってジェンダー不平等指数（GII）が採用され、その結果第 40 〜 41 位と後退したものの、男女間不平等が比較的少ない先進国に列をなしている。

　アメリカのビジネス雑誌『フォーブス』誌の世界で最も影響力のある女性 100 人に複数年にわたって選ばれたルブナ・カースィミー元通商大臣を代表として、公的機関の幹部として活躍する女性が増えてきた。また近年の UAE では、都市部の家庭を中心に専門・技術職に就くことを志望する女性も増加している。そのため一般的な意味での、女性の社会進出に変化が起こってきていることは事実である。しかし、これらで UAE の女性をめぐる全体的な構造の描写は果たして十分であろうか。少なくとも、先述の統計には、UAE 社会を支える多数の外国人労働者の女性が数えられることがない以上、決して十分とは言えないに違いない。

　外国人労働者も含めた 2010 年の UAE の総人口約 800 万人のうち、およそ 595 万人が女性である（図 1 参照）。そのうち国民女性は、50 万人にも満たない（図 2 参照）。つまり約 550 万人の女性が、統計では除外されているということである。

　外国人労働者の女性は、男性と同様にさまざまな経済社会分野で必要不可欠の存在となっている。そのため UAE もまた「移民の女性化」と深くかかわってきた。服飾店の販売員、飲食店やホテルの従業員、家政婦など彼女たちが就く職種は極めて多様である。さらには、非合法な性労働に従事する者もいる。なかでも人身売買ではなく、合理的選択として性労働に従事する女性たちの存在は、労働市場のグローバル化に伴うジェンダー規範の例として実に興味深い。

　非合法ながら性労働が存在するのは、欲望という名の需要があるためである。その需要を充足させるための供給システムは、エスニシティ／ナショナリティとも結びつき、そして外国人労働者の存在と結びついている。こうした性労働をめぐる需

要と供給の関係に代表されるように、労働市場にはジェンダーの不均衡な関係が存在している。

国際的な人身売買と結びついた性労働が、女性たちの権利を奪い取るというケースは往々にしてある。だがその一方で、職業選択として合理性が作用している場合も少なくない。彼女たちは、必ずしも合法的な労働従事者に比して自由がないとも言えない。むしろ拘束時間が長く自由な時間のない家内労働に比して、拘束時間が短く、高収入を見込めるからである。また国際的な人身売買に対する取り締まりを目的とした女性の移民に対する規制によって就労ヴィザ満期後の合法的な再雇用の先行きが見えないことも、彼女たちの非合法な就業に拍車をかけてきた。

非合法の性労働に従事する女性たちに顕著なように、外国人労働者にとってジェンダー規範は、ネオリベラリズムによってもたらされた合理的選択によって解体されつつある。出身地域の伝統的なジェンダー規範は選択的であり、また同郷者との対面的な関係において時に行使されるにとどまる。それゆえ、これまでのグローバル化をめぐる外国人労働者の女性をめぐっては、ジェンダー研究の議論を踏襲できると言えよう。

一方で、外国人労働者の女性よりも確かに経済的に恵まれている一般の国民の女性の場合はどうだろうか。アバーヤとよばれる全身を覆う黒い伝統的民族衣装の下に、高価な装飾品を身にまとう彼女たちには、確かに経済的な不自由さはない。また家事や育児についても、メイドが彼女たちの手足となり、それらに煩わされることはない。彼女たちにとっての「家事」は、メイドたちに炊事洗濯や育児の指示を与え、監督することに過ぎない。経済的な観点に立てば、何の不自由もない生活を彼女たちは送っていると言えるだろう。だが、それは彼女たちの帰属する階層を再生産し、「男性によって保護される存在」として伝統的なジェンダー規範に従属しながら生を送らざるをえない。

もちろん国民女性のジェンダー規範といえども決して一様ではない。都市部であるのか、地方であるのか、「純粋」な国民であるのか否か、さらには世代によって権力性の度合いは変わる。また女性の社会進出を後押ししようとする政府によって、ジェンダー規範そのものにも変化が生まれてきた。しかしそれでもなお、ローカルなジェンダー規範がもつ権力性は強固に存在しうる。それは、近年高まりを見せてきた女性の高等教育の就学や女性の就業からも明らかである。

近年のUAEの国民の間では、女性の国内の高等教育機関の就学者数は、国民男性を上回るほどに増加している。確かに、高等教育機関における女性の就学者数の増加は、女性が高等教育を受けるということに対する考え方の変化ではある。だが、「道徳」的な観点から、女性が国外で教育を受けることに対する反発もあり、国内の高等教育機関への進学を希望する字義通り「父兄」が多いという事情がある。その一方で、有望な男性を国外の名高い大学に進学させる傾向があるという事情もある。つまり女性の高等教育の就学機会の増加は、ローカルなジェンダー規範が適用される領域が拡張されたに過ぎないということである。それは就業率についても同じである。

　近年では女性の就業率は上昇傾向にあり、湾岸諸国では最も高い42〜43%程度で推移している。だが就業の内訳をみれば、66%は公的機関での就業者であり、民間部門での就業者は少ない。その背景には、公的機関の場合、労働量が民間部門の場合に比べて少ないという理由に加え、男女の隔離も含めた伝統的ジェンダー規範に沿っており、「安全性」が高いというのも理由である。政府は民間企業に対して、「安全性」の高い環境作りをするように要請してきた。したがって、UAEの「伝統的」ジェンダー規範に則る領域が拡大してきたのであって、その規範の権力性が損なわれたとは必ずしも言えないのである。もちろん権力作用にも変化はある。しかしそれは国民内の階層を明確にする作用も加わったという変化である。

　就業者のうち、34%の女性が必ずしも「伝統的」ジェンダー規範に沿っていない民間部門で働くのは、民間部門ならではのメリットがあるためである。伝統的ジェンダー規範からの「解放」である。たとえば多国籍企業では、政府による要請が必要なように、伝統的ジェンダー規範は基本的には遵守されない。そのため、「第三の国民」の若年層の女性にとって、民間部門での就業は魅力的であるようだ。だが、それは彼女たちが国内において「純粋」なエリート層から見れば「外国人」であることに由来している。彼女たちは「外国人」であることを逆手に取り、ジェンダー規範の権力性からの解放を試みてきたということができる。

　このようにUAEには、強固な権力性をもつローカルなジェンダー規範と、自由競争を前提とするネオリベラルな経済領域に出現した、選択的なそれがある。国民のエリート層の間では、ローカルなジェンダー規範が強固な権力として作用する。一方で、外国人労働者は、労働市場の配分に作用するジェンダー規範を除いて、出

身地域の伝統的なジェンダー規範からも解放されている。また「第三の国民」の女性は、ネオリベラルな規範が作用する領域に参入することで、ローカルなジェンダー規範の権力性からの解放を試みてきた。しかし、それは誰が「純粋」な国民であり、誰が「不純」な国民であるのかを峻別する作業に他ならず、社会階層を構造化させるプロセスが進行してきたと言ってもよい。つまり女性たちは、階層によって分断されてきた。では、階層によって分断された女性たちは、いかにして繋がりをもつのだろうか。またネオリベラルな規範は、伝統的ジェンダー規範から解放する「救世主」といえるのだろうか。

4. 女性としての再統合と権力関係の再構造化

　物流の拠点であるドバイは、卑近な言い方をすれば「買い物天国」である。高級品から一般向けまでさまざまな価格帯の多種多様な商品が集まる。映画館やスケートリンク、果ては水族館や屋内スキー場が併設された各所にある大型のショッピングモールを一つとっても、多種多様な商品が集まってい

写真2　ドバイ・モール（2012年9月17日筆者撮影）

ることは理解できる。誰もが知るような世界的な高級ブランドから廉価商品の販売を世界展開するアパレルメーカーまでが、テナントとして店を構えている（写真2）。それらのなかには日本の有名な100円ショップやシンプルデザインを売りとしたメーカーも含まれている。さらに廉価な商品は、市内の卸売店が並ぶ地区や路上で売られている。

　高級ブランドのデザイナーが発案した新作のデザインや色彩は、すぐさまコピーとして大量生産され廉価で販売される。それは、映画『プラダを着た悪魔』でメリル・ストリープ演じる服飾雑誌の編集長が、アン・ハサウェイが演じる衣服に無頓着な新任秘書が着る大量生産品のセーターの色彩の経緯について述べるとおりであ

る。また、ロサンゼルスに拠点を置く韓国系アパレルメーカーもその代表であり、ドバイやアブダビにも支店を構えている。

　日本企業による 100 円均一ショップは――UAE では均一ではなく、5 ～ 8 ディルハムであるが――、ドバイ市内では大型ショッピングモールに、シャルジャ市内ではショッピングセンターに支店を展開している。売り場では国民を見かけることはほとんどない。たいてい売り場で見かけるのは、東南アジアや旧ソ連諸国出身と思しき出稼ぎ女性たちである。彼女たちがコスメティック関連の商品を手にする姿は、高級ブランド店を回る国民の姿と重なるものである。UAE では、一方では欧米で企画・生産された化粧品や衣料が高級品として売られ、国民や観光客によって買われていく。他方、「100 円均一ショップ」や廉価な流行服を扱う店舗では、中国をはじめとするアジア諸国で製造されたモノが陳列され、出稼ぎの外国人労働者を中心とする非 UAE 人によって買われていく。このようにして、ヒトとモノがグローバルに移動し、遠く離れた場所で消費の場が構成される。女性たちは消費を通じて、伝統的なそれとは異なるグローバル資本主義のもとでの新しいジェンダー規範を内面化することになる。それは、国民である女性たちにも、出稼ぎ労働者である女性たちにも等しく及んでいる。しかし、アクセスできるモノの違いによって、女性たちの間にはなお確固たる隔たりが存在しているのである。

　グローバルに流通するモノは、時として意図せざる作用をヒトに及ぼす。道具や装置をはじめとした人工物は、それを設計した、あるいは発明した人の経緯や意図の結果として存在している。ここではキッチンを例に、使用者の身体をどのようなものとして想定して作られているのか、その想定と実際の使用者の身体とのずれがどのような状況を生み出すのかを考えてみたい。

　アメリカやイタリアをはじめ多くの西洋製のキッチンの調理台は 90cm の高さで作られている。90cm という高さは、169.5cm の身長の人にとって理想的な使い勝手の良い、適正な高さである。ヨーロッパ各国の健康調査などの統計によれば、男女を合わせた平均身長は 169cm 前後で推移している（表 1 参照）。それゆえ、90 センチという高さは、ヨーロッパの男女どちらにとっても作業に無理のないように設計されている。だが、たとえば子ども用のキッチンを 90cm の高さにした場合、使用者とモノのあいだには明らかに齟齬が生じる。

　こうしたヒトとモノとが一方向の関係にあることで生じる困難さについては、筆

者も少なからず身に覚えがある。筆者の家では筆者と妻が交代で食事を作るのだが、大柄な筆者にとっては、日本の一般家庭にある 85cm の調理台は、低く不快感を抱くことも少なくなかった。そこで以前、北欧のメーカーの 90cm の調理台を購入すると、非常に快適に調理できるようになった。しかし、今度は妻が調理台に対して不快感をもらすようになってしまい、結局、新たに購入した調理台は筆者しか使わなくなった。

表1　各国別成人男女の平均身長

国名	男性の平均身長	女性の平均身長	国名	男性の平均身長	女性の平均身長
UAE[1]	173.5cm	156.4cm	日本[2]	166.9cm	153.7cm
USA[3]	176.3cm	162.2cm	フランス[4]	175.6cm	162.5cm
フィリピン[5]	161.9cm	150.2cm			

（以下をもとに著者作成）

【出典】
1 Yousef M. Abdulrazzaq, Mohamed A. Moussa and Nicolaas Nagelkerke 2008. "National Growth Charts for the United Arab Emirates." Journal of Epidemiol 18(6), p.302.
2 http://www.e-stat.go.jp/SG1/estat/GL08020103.do?_toGL08020103_&listID=000001108362&requestSender=estat
3 Margaret A. McDowe et al. 2008. "Anthropometric Reference Data for Children and Adults: United States, 2003–2006." National Health Statistics Reports 10, p.15.
4 http://www.ifth.org/innovation-textile/upload/Image/DossierdePresse-IFTH-CNM-5-70ans.pdf
5 2003 年に発表されたフィリピン科学技術省の食品栄養研究所による第 6 回栄養調査の結果に基づく。http://fnri.dost.gov.ph/files/fnri%20files/nns/factsandfigures2003/anthropometric.pdf

　筆者の経験のように、ヒトとモノのあいだに生まれる齟齬は、モノの流通のグローバル化によって増加しているのではないだろうか。ヨーロッパで使い勝手の良さを目的に設計された調理台が、経済のグローバル化によって設計者の意図を離れながら世界中で販売される。実際、ドバイやシャルジャの市内にあるインテリアメーカーを除けば、販売されているキッチンは低くとも 90cm はある。韓国系の家電メーカーが販売し、冷蔵庫も組み込まれているシステムキッチンのなかには、調理台が 100cm 以上を超すものまであった。156.4cm の平均的な UAE 女性が 90cm の調理台を使うことは、明らかに設計者の意図から外れており、彼女たちがそれを使うことで生じる不快感は想像に難くない。もっとも一般的な国民の家庭では、日常的にキッチンを使用するのは、フィリピン人女性を中心とした家政婦たちである。彼女たちには、そのモノはあらかじめ用意されたものであり、選択の権利がないこと

から、不快感はさらに深刻であろう。

　グローバルに流通するモノの消費によって、女性たちはローカルなジェンダー規範とは異なる規律を身につけることとなった。それは、UAE国内においても「第三の国民」も含めた国民である女性と出稼ぎ女性たちすべてに及ぶものである。UAEだけにとどまらず、遠く離れた日本でもグローバルなジェンダー規範の浸透、あるいは伝統的な規範との二重構造を指摘することができるだろう。世界的に流通するモノに込められたジェンダー規範が女性たちを互いに知らないまま結びつけ、そしてモノへのアクセスの可能性によって再配置するのである。見知らぬ者同士が結びつけられる状況は、まさに『バベル』を想起させる事態ではないだろうか。

おわりに

　本章ではグローバル状況下にある女性の生について、ネオリベラリズムのローカルな作用とジェンダー規範の再構成に着目しながらUAEを事例に検証してきた。
　グローバル化を生み出すネオリベラリズムは、ローカルなジェンダー規範を相対化することで「解放性」をもつ。しかしUAEの事例では、ネオリベラルな規範が適用されるのは、土着のイデオロギーに従属する空間に限られていた。それゆえローカルなジェンダー規範がもつ権力性は、国民のエリート層に強く作用する。加えて、ローカルな規範とネオリベラルな規範が階層的に存在することで、結果的に女性は社会階層として分断された。分断された女性たちは、グローバルに流通するモノを通じて共通の規範を身につけることとなる。しかし、ネオリベラルな規範に沿って意図を外れながら移動するモノによって新たな「苦痛」を強いられる。モノは構造化された権力関係を再確認させる存在となり、女性たちを新たな権力関係に再配置させる。
　モノを通じて構造化された権力関係に埋め込まれるということは、女性たちが置かれている権力関係を変える可能性もあるということである。それはモノをヒトに取り戻すことでなされる可能性である。そのためには、モノがもつ意図を人が理解できるような関係を築くことであろう。そして実のところ、それはUAEにおいても潜在的にはなされている。
　ドバイでキッチン台について調査をしていた際に、シャルジャ首長国の専門店に

赴き購入したという話を幾度か聞くことがあった。シャルジャ首長国のインダストリアル・エリアの一角には、市内にあるような小売店もあるものの、多くは専門店である。専門店では一揃えに規格化されたセット商品ではなく、部品が扱われている。水道蛇口の専門店、キッチンシンクの専門店と、キッチンを作るための部品を扱う専門店が軒を連ねる。つまり、専門店で部品を選びキッチンを作り上げられることはすでになされているのである。あとはモノの意図性をいかに理解するかということである。

　本論で描こうとしたUAEの女性たちは、遠い異国の女性の物語ではない。冒頭に述べた『バベル』のように、グローバル化という状況のなかで移動するモノを通じてお互いが繋がりあう。それゆえUAEの女性の物語は、我々の物語である。ある種の運命共同体に共存するわれわれは、モノをヒトに取り戻すという共通の課題を、彼女たちとともに考えていかねばならないのではないだろうか。

第6章

現代ウズベキスタンの女性たち
——仕事と豊かさの視点から

宗野　ふもと

はじめに——ウズベキスタン女性像を問う意味

　ウズベキスタン共和国（以下、ウズベキスタンと略記）は中央アジアに位置し、1991年に独立した比較的新しい国である。それ以前には、約70年間にわたりソヴィエト社会主義連邦共和国（以下、ソ連と略記）の一部であった。ソ連時代には、男女平等イデオロギーのもと、女性が家の外で働くことが半ば強制的に推奨され、家庭を中心に活動していた女性たちは、集団農場や教育、医療現場などで働くようになった。独立後は、ソ連時代には批判されていた考え方が尊重されるようになった。ウズベキスタンの主要民族であるウズベク人の伝統的な男女観の尊重もその一つである[1]。

　伝統的な男女観とは、男性は一家の稼ぎ頭で、女性は家にいて家事や育児に専念すべきというジェンダー規範を指す。伝統を尊重する背景には、ウズベク人の伝統的な生活習慣や文化を再評価して、国民の結束を高め新しい国づくりに役立てようとする政府主導のナショナリズムの高揚があった。そのため、メディアを通じて女性と家庭との関わりを強調するイメージ形成も図られてきた[2]。しかし現実には、一部の富裕層を除く多くの家庭では、女性も経済活動をしなければ生計は成り立たない。独立後、女性たちはソ連時代とは異なる形で、家事、育児、経済活動をこなしてきた[3]。

　計画経済から市場経済への移行によって、人々の主な就業先であった国営農場・国営企業の閉鎖や民営化が生じ就業機会が減少したほか、物価高騰やインフレといった経済不安、社会保障制度の水準低下が生じた。経済的な苦境に対応するために、女性たちも経済活動を担う必要に迫られた。しかし、先に述べた伝統的なジェ

ンダー規範は人々の間で広く共有されており、女性の経済活動はそれに反することを意味している[4]。家にいて家事、育児を担うべき女性に対して開かれているのは、農場での日雇い労働や仕立ての仕事など、労働市場において二流とも言える不安定で退縮的な職種に偏ってきた[5]。そのため、ウズベキスタンの女性を扱う研究では、女性は家庭においても労働市場においても周縁化されていると捉えられてきたきらいがあった[6]。つまり、独立後のウズベキスタンの女性は、女性は家にいるべきという理念と経済的な苦境という現実の板挟みとなった存在として描かれてきた。

しかし、少なくとも筆者がウズベキスタンで調査中に出会った女性たちは、不本意に働かされてきた存在とは言い難かった。むしろ働くことを通じて自らに誇りを持っている印象さえ受けた。ソ連解体以後の社会経済の大きな変化のなかで、ウズベキスタンの女性は将来をいかに描き、いかに日々の生活を営んでいるのだろうか。

本章では、ソ連解体を契機に生じた社会経済の構造的変化に女性がいかに対応し生活しているのかについて、彼女たちが行う家事や経済活動に着目して明らかにする。そして、彼女たちにとって、働くことがどのような意味をもつ活動なのかを考えたい。

1. 調査地と調査対象の概要

ウズベク人は生活習慣や言語、人々の認識において、伝統的に牧畜業を主な生業とする人々と、都市や近郊の農村で定住生活を営む人々に大別される。本章で取り上げるのは前者の人々であり[7]、これまでのウズベキスタンの女性研究では関心がもたれてこなかった人々である。前者に着目することは、これまで定住民を前提に一枚岩的に形成されてきた「ウズベク人女性像」に対する再検討を促す意味もある。

（1）調査集落の地理的概要

筆者は、2010年5月から2011年4月にかけて、ウズベキスタン南東部のカシュカダリヤ州チラクチ地区の、とある村の一集落に暮らすラフマトフ・アドハム氏[8]宅に住み込み、集落の生活調査を行った。カシュカダリヤ州はウズベキスタンの南部に位置する。州の北東部は山地が多く、南西部は砂漠地帯である（地図1参照）。

チラクチ地区はカシュカダリヤ州の北部に位置し、その地形は、南西から北東にかけて平坦な乾燥ステップ、丘陵地帯、山岳地帯へと変化していく。気候は夏と冬の気温差と昼夜の気温差が大きい大陸性気候であった。同地区の主な生業は、穀類と綿花栽培、家畜飼育である[9]。

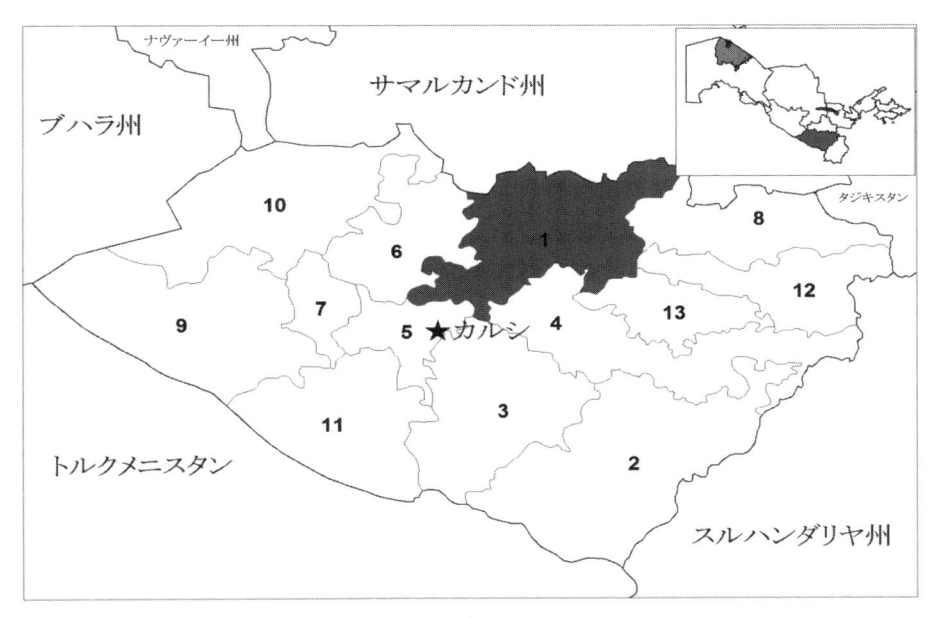

地図1：カシュカダリヤ州行政区画地域
1：チラクチ地区　2：デフコナバッド地区　3：グザル地区
4：カマシ地区　5：カルシ地区　6：コソン地区
7：カスビ地区　8：キタブ地区　9：ミニシュコル地区
10：ムバラク地区　11：ニション地区　12：シャフリサブズ地区
13：ヤッカバグ地区

（2）調査集落の暮らし

　調査集落[10]はチラクチ市から北西に約45km離れ、北東にザラフシャン山脈を臨むなだらかな丘が連なるのどかな場所にある。水資源の少なさから、農業はあまり盛んではない。集落の住民は牧畜業を営むほか、小規模な農業、公務員やタクシー運転手、小規模な商売、ロシアやカザフスタンへの出稼ぎ、日雇い労働、仕立てな

どの仕事を併せもち生計を維持する。また、年金や児童手当[11]も世帯における安定的な現金収入源であった。

集落における平均的な世帯は6〜7人からなり、1カ月生活をするには、15万〜20万スム（約7千円〜1万円）程度の現金が必要であると言われていた。世帯によって異なるが、砂糖や油などの加工食品や、肉、自給できない分の食料、その他生活用品購入のためにこの程度の金額が必要となる。これらに加えて、衣類や携帯電話代、儀礼にかかる出費などもある。教師などの比較的安定した職でも、月給だけで上記の出費をまかなうことは難しく、一家総出で家畜の飼育やそのほかの副業をかけもち、生計を維持していた。

筆者が住み込んでいたアドハム一家は、手織り物ビジネスを主収入源として、アドハム夫妻の年金、教師のシュフラト氏の月給、家畜を現金収入源としていた。アドハム一家は、アドハム夫妻とその息子夫妻、息子夫妻の子ども4人の計8人からなる世帯であった（表1参照）。また、お手伝いとしてアドハム氏の妻グリスタンの姪のアイシャとアドハムの姪孫セヴァラも出入りしていた。

表1　アドハム一家の世帯構成

名前	続柄	性別	生年	職業
ラフマトフ・アドハム	家長	男	1945	年金受給者
ラフマトフ・グリスタン	妻	女	1948	年金受給者
ラフマトフ・シュワラト	息子	男	1974	マクタブ教師
クルドシェヴァ・グルチェフラ	嫁	女	1980	手織り物職人
アドハモフ・アリシェル	孫	男	1998	マクタブ児童
アドハモヴァ・ウミダ	孫	女	2000	マクタブ児童
アドハモフ・ショウカット	孫	男	2002	マクタブ児童
アドハモフ・ティムール	孫	男	2004	就学前
「家の仕事」お手伝い				
バザロヴァ・アイシャ	グリスタンの姪	女	1985	お手伝い
アザモヴァ・セヴァラ	アドハムの姪孫	女	1996	お手伝い／マクタブ生徒

筆者は、アドハム氏宅で集落の生活に馴染み、少し生活に慣れてからは集落の世帯調査や聞き取り調査を行った。本章で取り上げる集落の人々の語りは、アドハム一家に関わる人々の何気ない日常会話や行動の一部であり、筆者が共に生活するな

かで少しずつ蓄積していったものである。

2. 調査村落のジェンダー構造と「家の仕事」の重要性

（1）調査村落のジェンダー構造

　すでに述べたように、ウズベキスタンでは、女性は家事や育児など家庭に関わる仕事をし、男性が家計を支えるという、性別に基づいた役割分担が存在している。しかし現実には女性も家計を支えるために経済活動を行い、家事・育児もこなさなければならない状況にある。こうした状況は調査集落でもよく見られた。

　調査集落の男性は、稼ぎ頭として生計維持に努めるほか、農作業や家畜の世話、力作業やバザール（市場）での買い出し、車の運転、金物修理、さらには家計の管理を行っていた。一方、同じ調査集落の一般的な女性は20歳前後で結婚し、結婚後は彼女たちも、教師や仕立てなど現金収入に結びつく活動も行い生計を支えている。しかしながら結婚後の彼女たちの役割の中心は、あくまでアドハム氏の妻グリスタンが言うように、「私たちの仕事は『家の仕事』」というものであった。

（2）女性が行う「家の仕事」

　「家の仕事」とは、かまどの火起こし、パン焼き、三食の準備と片付け、搾乳、庭の掃き掃除、部屋の片付け、洗濯、針仕事、育児である。日帰り放牧や家畜小屋の掃除など家畜の世話も「家の仕事」に含まれる。農作業に関しては、アドハム一家では女性が農作業をすることはほとんどなかったが、他の世帯では耕作地で土ならしや収穫作業をする女性もいた。調査集落では、インフラの整備不全のために「家の仕事」は家電製品に頼ることはできず、大変な仕事であると女性たちに捉えられていた。このことは、重労働である「家の仕事」がジェンダー規範によって女性に押し付けられているということではない。それは、彼女たちが「家の仕事」の大変さについて不満を述べる際には、「家の仕事」そのものよりもインフラの整備不足に求めていたことからもうかがえた。

　「家の仕事」は、世帯内の女性が分担して行うものの、中心的にこなすのは嫁である。それは、母親の口から息子を結婚させる理由として「『家の仕事』をするのが大変になったから嫁を貰う」という発言がよくあったことからも明らかである。

集落では、嫁を貰うことは一家を存続させることであるとともに、大変な「家の仕事」を担う新たな労働力の確保という側面もある。そのため「家の仕事」ができることと娘の結婚は深く関連していた。

（3）パン焼きができねば嫁には行けぬ

　女性は結婚をするまでに、徐々に「家の仕事」を覚えていく。特に最後に覚えるのが「パン焼き」の仕事だった。パン焼きは「家の仕事」の中で最も大変な仕事であると言われていた。それは、ジャケットとスカーフで熱気を防いでいるものの、片腕をパン焼き窯につっこみ、熱せられたパン焼き窯の入口に顔を限りなく近づけながらパン生地を貼り付けなければならない作業の辛さと危なさにあるようだった。こうしたことから、若い娘には必ずしもパン焼き経験があるわけではなかったことが分かる。

　結婚適齢期の娘がパンを焼くかどうか、母親が娘にパンの焼き方を教えたかどうかは、既婚女性たちが集まる場でよく話題になっていた。母親たちはパンを焼かせるタイミングを会話から探っているようであった。「〇〇のところの娘は19歳だけど、まだパンは焼かせてないらしいね」とか、「うちの娘にはパン生地作りはやらせているけど、まだパンは……ちょっと怖いわ」などという具合である。

　アドハム氏宅にある手織り物工房の織り手、シャフノザ（1993年生）の結婚式が決まった時、筆者はグルチェフラに17歳で結婚は早過ぎないかと尋ねたことがある。その際、グルチェフラは「シャフノザはいい娘。町で勉強しているし（シャフリサブズで教員養成の学校に通う、つまり手に職がある）、家では食事の準備はするし、パンも焼くしね。それに、太っていてきれいでしょ」と彼女を評した。パン焼きをめぐる母親たちの会話やグルチェフラの発言から、パン焼きができるかどうかは、「家の仕事」が十分にこなせることを示し、嫁として送り出す際に意識されていることがわかる。

（4）結婚生活もパン焼きの腕次第

　パン焼きの腕が花嫁にとって必要な技能であることは、近年広がる早婚に対する批判からもうかがえる。アドハム一家に手織り物を売りにやって来るズルフィヤ（1957年生）は、マクタブ[12]卒業後18歳の時に結婚した[13]。彼女いわく、彼

女の娘時代は、マクタブを卒業した後に、大半の娘たちは結婚をしていたらしい。しかし、近年ではマクタブ9年生（15、6歳）も終わらないうちに両親は娘を結婚させているようである。彼女はこうした早婚を「私たちの悪い慣習」だと述べ、さらに「そんな若さで結婚をしてもパンの焼き方も知らないし、乳搾りはできないし、掃除もできないから、苦労するばかり」だと言う。そして隣の家の嫁のことを例に挙げ「隣の嫁はろくに仕事もできないで嫁に来た。嫁に来て2年になるし、子どももいるけれど、『パンが（パン焼き窯から）落ちてしまった！』と言って、今でも苦労をしている」と早婚の難しさを述べた。

パン焼きという仕事は女性がすべき仕事の中で最も大変で、そして、「家の仕事」が一通りできるかどうか、婚家での生活が順調なものになるかどうかの重要な指標の一つになっている。しかしそれ以上に重要なのは、娘のパン焼きの腕と結婚が、世帯外の女性の間でも共有され話題となっていた点である。「家の仕事」は家族生活を維持するための仕事であるだけではなく、世帯外の人々にも把握される活動だということである。「家の仕事」ぶりの良し悪しを世帯外の女性がいかに知り、また知られることで、女性と世帯外の女性との間にどのような関係が生まれているのだろうか。

3.「家の仕事」を通じた世帯外の人々との関わり

（1）家屋の構造と人々の視線

女性の「家の仕事」ぶりは集落の人々のおしゃべりに限らず、まなざしを通じて、人々の知るところとなっていた。筆者は調査を開始した当初、人々が隣人の行動をごく当たり前に把握していることに驚きを覚えていた。一つの原因は、ウズベキスタンの定住社会で一般的に見られる家屋と、調査集落の一般的家屋の構造的な違いによるものであった。

ウズベキスタンの定住社会の家屋は、「住居（ハウリ）」と呼ばれる。「住居」は道に面して壁に囲まれ、壁は外部と居住空間を隔てるものとして描かれてきた。女性の空間は「住居」の中でも奥まった場所であるイチカリであり、ソ連時代には、ヴェールと共に女性を隔離する悪しき伝統と結び付けられてきた[14]。しかし、調査集落では住居の周りに必ずしも壁は張りめぐらされておらず、イチカリもなかっ

た。家屋のことは普通「家（ウイ）」という単語で表される。「家」は壁がないだけでなく構造も「住居」とは異なる。「住居」は各部屋が中庭に向かって開かれているが、図1のように調査集落の一般的な「家」に中庭はなく、敷地の中に複数の「家」が立つ。

（2）パン焼き窯の煙が示すこと

　アドハム氏宅とその周辺の2世帯の境を隔てる壁はなく、何とはなしに各世帯の敷地が決まっていた（図1参照）。アドハム氏宅の前には集落で唯一の舗装された道路が走り、車通りと人通りが多く、アドハム一家の人々の活動は外部の目に触れやすかった。図2はアドハム氏宅の敷地の見取り図であり、女性が「家の仕事」を行う場所を示している。ここから、パン焼きや洗濯、炊事の一部などの「家の仕事」は、屋外か半屋外で行われていることが分かる。「家の仕事」ぶりへのまなざしを通じて家庭内の女性を取り巻く状況が、世帯外の人々に把握されていた。特にそのことを筆者が自覚したのは、アドハム氏宅のパン焼窯からの煙についての会話からだった。

　お手伝いのアイシャは結婚をするために2010年7月に実家に戻ってしまった。グルチェフラは、アイシャがしていた仕事を自分でしなければならなくなった。すると9月5日のこと、アドハム氏宅前の舗装道路をしばしば通るフォティマが、「アイシャが嫁に行ってからというもの、グルチェフラはパンの生地も作っているのですか。パンも焼いているのですか」と筆者に尋ねてきた。筆者が「ええ、生地も作っているし、パンも焼いていますよ」と言うと、彼女は「ある日ずいぶん遅い時間にパン焼窯から黒い煙が上がっていたわね。グルチェフラは忙しいのね」と言った。パンはいつ焼いてもよいが、フォティマが「ずいぶん遅い時間に」と筆者に言ったように、アイシャがいた頃のアドハム氏宅では午前中に焼かれることが多かった。

　確かに、アイシャが実家に帰ってからグルチェフラは忙しそうであった。時折りセヴァラが手伝いに来るが、彼女はパンを焼けない。フォティマにとってタンディルの煙は、《いつもとは違う時間のタンディルからの煙→誰かがパンを焼く→アイシャが結婚してやめたこと→グルチェフラがパンを焼く→彼女はより忙しくなった》ことを意味するものだったと考えられる。

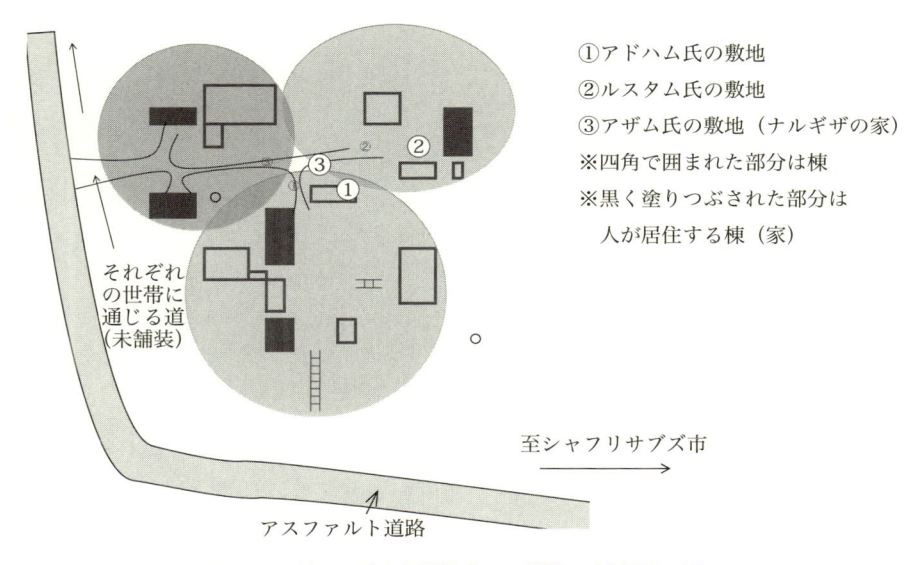

①アドハム氏の敷地
②ルスタム氏の敷地
③アザム氏の敷地（ナルギザの家）
※四角で囲まれた部分は棟
※黒く塗りつぶされた部分は
　人が居住する棟（家）

それぞれの世帯に通じる道（未舗装）

至シャフリサブズ市

アスファルト道路

図1　アドハム氏宅と隣接する2世帯の広域見取り図

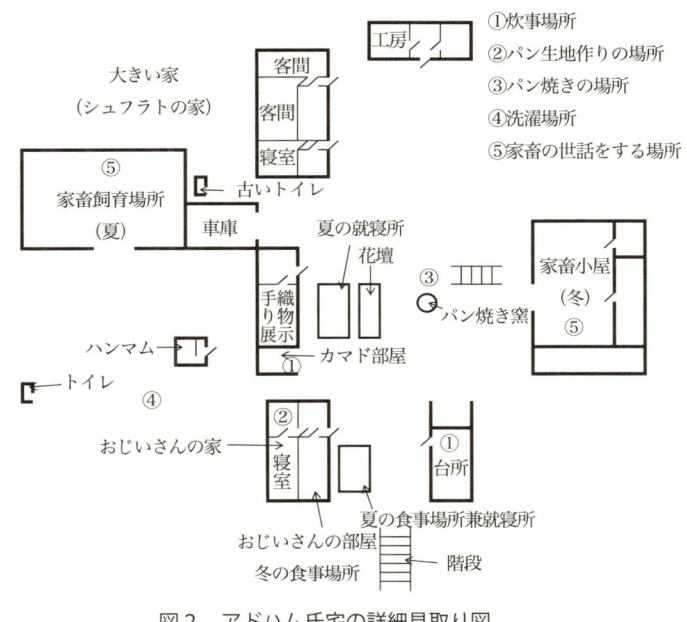

①炊事場所
②パン生地作りの場所
③パン焼きの場所
④洗濯場所
⑤家畜の世話をする場所

大きい家（シュフラトの家）
客間
客間
寝室
⑤家畜飼育場所（夏）
車庫
古いトイレ
夏の就寝所
花壇
手織り物展示
ハンマム
トイレ
カマド部屋
家畜小屋（冬）
パン焼き窯
おじいさんの家
寝室
台所
おじいさんの部屋
夏の食事場所兼就寝所
冬の食事場所
階段

図2　アドハム氏宅の詳細見取り図

第6章　現代ウズベキスタンの女性たち——125

(3)「家の仕事」ぶりと女性の評価

　「家の仕事」が人の目に触れやすいことは、世帯内の女性を取り巻く状況を隣近所の住人たちに把握されやすいということにとどまらなかった。「家の仕事」がよくできていないことが悪評に繋がることもあった。

　ナルギザはアドハム氏の兄アザム氏の末息子の嫁で、グルチェフラにとっては儀礼上の隣人である。また、グルチェフラは結婚式で花嫁ナルギザの介添え役をし、二人は母娘関係にある[15]。新婚当時、ナルギザと夫の間では喧嘩が絶えず、怒ったナルギザはしばしば実家に帰っていた。儀礼上の母親であるグルチェフラは、娘が実家に帰ってしまうことを不満に思っていて、ナルギザとの仲はいいとは言えなかった。

　ある日、ナルギザの発言によってグルチェフラは気分を害し、手織り物工房で、グルチェフラは織り手たちに向かいナルギザの愚痴をこぼしていたことがあった。愚痴の内容は次のとおりである。近所に住むクルバンの息子の結婚式があった。グルチェフラは既婚女性にとって誇りである花嫁の介添え役を務めた。グルチェフラが介添え役を務めたことがナルギザには面白くなかったらしく、グルチェフラに向かって「クルバンはお金持ちかどうかを見て介添え役を決めている」と言ったらしい。この発言に気分を害したグルチェフラは、工房で働く織り手たちに向かい「そんなこと言われても……人間を見て決めているのって、ナルギザに言ったところで気分を悪くするしね」と言い、苦笑いをしていた。

　こうした会話の流れの中で、グルチェフラはナルギザについて「ナルギザは朝起きるのが遅い。ふもと（＝筆者）は私たちより少し遅く起きるでしょう。ナルギザはふもとよりもまだ少し遅く起きるからね[16]。朝のお茶はアザムおじいさんが用意をしているみたい[17]。朝、私がトイレに行く時アザムおじいさんが井戸から水を汲んでいるのを見るから。でも、おじいさんはナルギザが朝遅いことに文句は言わないみたい。だから、ナルギザも気にせず寝ているの」と筆者に話した。

　ナルギザの家は隣接していて、グルチェフラにとって彼女は最も近い隣人のひとりである（図1の③）。当時、グルチェフラとナルギザの間で世帯間の行き来はほとんどみられなかった。グルチェフラは、パンや調理器具の貸し借りはもっぱらアドハム氏の弟、ルスタム氏の世帯（図1の②）と行っていた。しかし彼女の語りから、直接のやりとりはなくとも、アザム氏が毎朝水を汲みお茶の準備をしていることと

彼女が遅く起きていることは、観察によって確認されていることが分かる。嫁は早く起きてお茶を入れることが望ましく[18]、それを実践しないのは時として悪評となり流布される。実際、ナルギザは集落の暮らしをつまらないと評し、モスクワで生活する親戚のように自分もまた都会で生活をしたい、と筆者に語ったことがあった。

　調査集落における壁の不在は、女性の活動が外部の目にも触れやすいことを示している。そして、女性たちは、見ることで世帯外の女性の生活や仕事ぶりの一部を把握し評価する。「家の仕事」ぶりはこうして人々に知れわたることとなる。

4. 未来への希望としての経済活動と「家の仕事」

　彼女たちは「家の仕事」をする傍ら、家計を支える経済活動も積極的に行っている。これまでの研究では、女性は家事と賃金労働の板挟みになっていることが指摘されてきたが、この状況を女性自身がいかに捉えているかについては十分に明らかにされてこなかった。既婚女性は「家の仕事」と現金収入に繋がる仕事をこなし、これらの仕事をこなすことをどのように捉えているのだろうか。

（1）経済活動の原動力

　マクタブ教師のノディラ（1982年生）は、夫のベルディムロド（1975年生）とともに、教師をする傍ら農場主から土地を借りて亜麻仁栽培[19]や夏季には自宅でアイスクリーム販売をしていた。アイスクリームを売るのは調査集落では彼らだけであり、暑い夏の間人々に楽しみを提供していた。筆者が調査していた頃、彼女たちは自宅を建築中で、ノディラは現金を早く手に入れて建築中の家に屋根を取り付けたいと考えていた。ノディラは筆者に「農業で努力すれば、ここでは1年で豊かになれる。私たちは、知り合いの農場主から無償で3ヘクタールの土地を借り、亜麻仁を育てた。そして、農場主は私たちにアイスクリームのための冷凍庫も貸してくれた。これで、チラクチ市でアイスクリームを仕入れてここで売るの。ここに来た時は、家の周りには全然緑がなかった。でも、手入れをすれば植物は育つ。ここに来て初めての年は花を植えたりしたの。そして手入れをした。だからこんなに緑がある。家のことでたくさんしなければならないことがあるから、私は寝ないで

働くの。みんなが寝ている昼でも、私は寝たりしない」と語った。

　ノディラの語りから、経済活動に従事する女性が自らを、社会経済構造の大きな変化の中で強制され、板挟みの状況に陥れられた存在と認識してはいないことがうかがえよう。むしろ彼女の語りから、多くの仕事をすることは、「豊かな」生活を実現させることに直結していることが分かる。調査集落の人々の間では、現在の生活は過去と比べて豊かになっていて、未来はより豊かな生活が実現されるという認識が行き渡っていた。彼らの言う「豊かさ」とは、良い家に住み、車を所有し、質の良い服を着て、盛大な儀礼をするなど、物質的な豊かさと結びついている。女性たちにとって「豊かさ」が経済活動をするうえで原動力となる背景には、調査集落の生活が、人々の経済活動を通じて物質的に豊かになってきたということがある。

（2）「豊かさ」という希望

　ソ連解体は、失業やインフラの水準低下など生活の困難さをもたらし、村落部に住む人々の生活を困窮させたと言われることが多い。実際にインフラや就業の面で調査集落の生活環境が厳しいことは、人々からよく聞かれる愚痴であった。しかし、ソ連解体以降の経済の自由化は、バザールの規模拡大や物資—とりわけ外国製品—の増加をもたらし、現金獲得手段を多様化させ、現金さえあれば物を買える「豊かな」生活を可能にした。また、メディアや土産話を通じた首都タシュケントの生活ぶりは、調査集落の人々にとって憧れの的であった。人々は、都市と自らの生活の格差を認識しつつも、市場経済の浸透がもたらしつつある「豊かさ」も享受していた。

　それゆえ先のノディラの語りは、調査集落の人々が持つ認識を背景として発せられたものであったと言えるだろう。努力すれば「豊かな」生活が実現されうる状態にあるという認識は彼女にとっての希望であった。だが、「豊かな」生活を実現するための経済活動が、「家の仕事」よりも女性たちにとって優先されるということではない。アドハム一家の嫁グルチェフラがまさにそのことを示している。

（3）よく働くことは誇り

　グルチェフラは1998年にアドハム氏の末息子シュワラトと結婚し、調査集落へやって来た。二人を引き合わせたのはアドハム氏の次男の嫁ラノだった。当時17歳であったグルチェフラは、自分が結婚することになって、とても不安であったよ

うだ。彼女はその当時のことを「舅も姑もいい人。夫だっていい人。口論になるけれど殴らない。だから、別に不満はない。ただ、自分は早く結婚してしまったな、と思う。17歳だったからねえ……」と回想する。また彼女は結婚後、生活に馴染むのにも苦労した。彼女は筆者に「（夫は）教育を受けた人だ、とは聞いていたけど、教育を受けた人が皆いい人とは限らないでしょう。嫁に来てからは、たくさんの服を洗濯しろと言うし、いろいろ怒られても初めのうちはずっと黙っていた。姑も未婚の義妹も4人いたから。でも、今では私も怒られたら怒り返すし、（笑いながら）悪くなってしまったよ」と語っていた。

彼女がアドハム一家に嫁いだ頃は経済的に苦しかったため、彼女は結婚後、大麦のパンを食べ、肉無しのスープを飲み、お茶に入れる砂糖は少しずつ少しずつ使っていたという。貧しい生活は、一家で手織り物ビジネスを始めてから上向いていった。グルチェフラは、お手伝いや工房で働く織り手たちにしばしば新婚当時の苦労話をする。彼女は、日本のドラマ『おしん』がとても好きだと筆者に話しながら、その中で苦労することは良いことだと繰り返し述べた。

筆者が調査していた頃には、手織り物ビジネスがアドハム一家の生計を支えていた。彼女の義妹たちはすでに婚出し、グルチェフラが手織り物ビジネスの中心的な役割を担っていた。彼女は職人組合に手織り物職人として登録され、2010年には優秀な企業家、農場経営者、手工芸職人をウズベキスタン全土から選ぶコンテストで全国3位になった。調査当時には、彼女自身が手織り物を織ることは多くなかった。手織り物ビジネスに関して、彼女は、材料の管理、織り手の指導・監督と食事など世話、外国人観光客への販売が仕事であった。また彼女は、集落の女性に手織り物の織り方を指導していて、手織り物ビジネスの中心的存在でもあった。

手織り物ビジネスがどんなに忙しくても、それでも彼女は「家の仕事」が自身のなすべき仕事であることを強く認識していた。ある日、壁の塗り替えのためしばらくの間職人がやってくることになった。職人へのお茶や食事の提供も女性の「家の仕事」である。グルチェフラは筆者に向かい「職人が来れば、1日2回火を通した食事を用意しなければならなくなる」[20]と言った。筆者が「仕事が増えますね」と返すと、グルチェフラは笑って、「今まで休み休みだったから、まあいいよ」と張り切ってみせた。グルチェフラは、自らに課された役割を内面化しているように見えた。実際には負担であっても、こうした「家の仕事」に対する前向きな姿勢は、

グルチェフラに常に見られるものであった。

おわりに

　本章では、これまでの社会経済的に周縁化されたウズベキスタンの女性像の再検討を目的として、調査集落における「家の仕事」、経済活動の双方に着目し、女性にとっての働くことの意味について検討してきた。調査集落でも女性は「家の仕事」と経済活動を行っており、女性が置かれた状況は一般的なウズベキスタン女性が置かれた状況と多くの点で通じていた。しかし、女性たちは、必ずしも自らを社会経済的に周縁化された存在であるとは考えていなかった。むしろ、厳しい生活環境の中で働くことに積極的な意味を与えていた。

　調査集落では、電気、ガス、水道のインフラの整備が進んでおらず、インフラが整備された都市部に比べ「家の仕事」を行うことが困難であった。しかしそれは調査集落の女性が、都市の女性に比べて、より困難な状況に置かれていることを示唆するものではない。パン焼きの事例では、「家の仕事」ぶりと結婚話とが結び付けられていた。また既婚女性が「家の仕事」をよりよくこなすことは、婚家だけでなく嫁ぎ先の親戚や隣人との付き合いを円滑なものにする条件でもあった。家屋の構造上、「家の仕事」ぶりは世帯外の人にも知られるところであり、時に遂行者の評価に関わることもあった。視点を変えれば、「家の仕事」が女性の評価と関わる活動なのは、「家の仕事」の重要性とその遂行者である女性が日常生活において重要な存在であることを示唆するものである。

　確かに「家の仕事」を女性が担うのは、ウズベク人の伝統的なジェンダー規範があるからだ。しかし彼女たちは「家の仕事」を、自らの第一義的な仕事であると認識し主体的に引き受けていた。このことは、経済活動によって多忙を極めても、「家の仕事」を優先させようとしていたことからも明らかであろう。また女性たちが励む経済活動には、努力すれば豊かになれるという彼女たちの希望がその原動力として機能していた。彼女たちが言う「豊かさ」は、第一義的には物質的な充足であり彼女たちにとっては、希望である。つまり彼女たちにとって、働くということは、女性としての美徳と未来に関わる活動という積極的な意味をもつ。

　調査集落の多くの女性たちは、「家の仕事」と経済活動とをバランスをとりなが

らこなすことで、両者を実現させようとしている。しかし、調査集落ではすべての女性が働くことに積極的な意義を見出しているわけではない。お茶を入れないと批判されたナルギザのように、集落の生活に希望を持てず、都市での生活に憧れる女性もいる。つまり、働くことの積極的な意味は、女性たちが現在置かれた構造に主体的に従属した場合に見出されたものに過ぎないとも言える。

　ソ連解体以後の社会経済構造の大きな変化のなかで、女性たちは、家事、育児、経済活動を押し付けられたものと位置づけるのではなく、積極的に働くことで苦境を乗り越えようと日々を生きてきた。彼女たちが置かれてきた状況は、日本の読者にとって必ずしもなじみのないものではなかろう。本章で描いた女性にとっての働くことの意味が私たちに示唆することは大きい。

注

1）Deniz Kandiyoti, The Politics of Gender and The Soviet Paradox: Neither Colonized, Nor Modern?, *Central Asian Survey*, vol.26 no.4, 2007, p. 602. を参照。

2）Marfua Tokhtakhodzhaeva, Traditional Stereotypes and Women's Problems in Post-Soviet Uzbekistan: A Survey of the Mass Media. *DOSSIER*, vol.22, 1999, pp.1-8. を参照。

3）Marianne Kamp, Gender Ideals and Income Realities: Discourses about Labor and Gender in Uzbekistan, *Nationalities Papers*, vol.33 no.3, 2005, pp. 403-422. を参照。

4）*Ibid*.

5）Deniz Kandiyoti, The Cry for Land: Agrarian Reform, Gender and Land Rights in Uzbekistan, *Journal of Agrarian Change*, vol.3 no.1-2, 2003, p. 247. を参照。

6）Kandiyoti, *Ibid*. および Marfua Tokhtakhodzeva, *The Re-Islamization of Society and the Position of Women in Post-Soviet Uzbekistan*, Folkstone: Global Oriental, 2008. を参照。

7）遊牧生活を営んでいたウズベク人はキプチャクと言われることもある。キプチャクの歴史的形成と、現代における分布や生活習慣などについて詳細な民族誌を残したソヴィエト民族学者のシャニヤゾフは、キプチャクの分類をし、本章で取り上げるチラクチ地区中西部に居住する人々のことを、過去にカラ

カルパクの間で生活をしていた「キプチャク・サライ」と関連のある集団であると述べる（Shaniyazov 1974:125）。
8）本章では、個人の生活にかなり立ち入った記述をしている。このため、本章で用いる人名は、すべて仮名とした。
9）Azizxo`jaev va Boshqalarga xokazo, Chiroqchi tumani In O'zBekiston Milliy Enstikropediyasi, Davlat ilmiy nashriyoti. 9-ch jild, 2005, p.623. を参照。
10）調査集落の概要に関する記述は、筆者が2010年6月から11月にかけて行った世帯調査（143世帯910人、男性：466人、女性：444人）の結果に基づいている。またここで言う世帯とは、生計を同じくし、同じ敷地に住む人々の単位を指す。調査地域では三世代以上の構成員が同居する拡大家族と核家族の世帯が見られるが、双方それぞれ一世帯とみなした。調査は筆者が各世帯を訪れ、あらかじめ用意しておいた質問表にもとづいて質問をして返答を筆者が書き込んでいくという方法を取った。調査助手などはつけず、基本的に筆者単独で行った。質問の内容は、世帯構成員の氏名、生年、職業、耕作地の有無、家畜頭数、手織り物制作者の有無などである。
11）児童手当には、2歳以下の子どもを対象とするものと、3～15歳までの子どもを対象とするものの2種類があり、双方ともに現金支給であった。
12）マクタブはウズベキスタンの初等、中等教育機関で、9年制と11年制がある。調査当時、調査集落周辺では、11年制マクタブが主流であった。
13）彼女の居住地は調査集落から西南に約20kmの集落である。チラクチ地区中西部は牧畜を主な生業とする人々が居住しており、自然環境、生活習慣がかなりの程度共通している。そのため彼女の語りも取り上げた。
14）Marianne Kamp, *The New Woman in Uzbekistan: Islam, Modernity, and Unveiling under Communism,* Seattle: University of Washington Press, 2006, p121. を参照。
15）結婚式で花嫁の介添え役をする既婚女性は「花嫁の前に出た母」と呼ばれる。結婚式以後も犠牲祭や祝日、誕生日などにお互いの家を訪問するなど、関係は継続される。
16）夏季はまだ外で寝ているので、起床時間も把握が可能である。
17）アザム氏の妻マシェルは高齢で体の自由がきかないため、家の仕事はできない。
18）アドハム一家で朝のお茶を入れるのはグリスタンで、グルチェフラは準備を

していない。それでもナルギザがお茶を入れないことを批判するのは、アザム氏の妻が高齢で寝たきりの状態であるため、お茶を入れられないという事情が背景にあると思われる。

19) 調査集落では牧畜業が主として行われていたが、ノディラが牧畜ではなく農耕を重視していたのは、彼女が農耕の盛んなチラクチ地区東部出身者であったことと、3ヘクタールの農地を借りていたからであると考えられる。また彼女の出身地と調査集落とは、ソ連時代に調査集落からチラクチ地区東部の国営農場に移住していたことや、国営農場の綿花収穫作業などに駆り出されていたことから関係が深く、通婚も行われていた。

20) 普段、火を通した食事は夕食のみである。

参考文献

Azizxo`jaev va Boshqalarga xokazo. Chiroqchi tumani In *O'zbekiston Milliy Enstikropediyasi*, Davlat Ilmiy Nashriyoti. 9-ch jild, 2005, p. 623.

Marianne Kamp, Gender Ideals and Income Realities: Discourses about Labor and Gender in Uzbekistan, *Nationalities Papers*, vol.33 no.3, 2005, pp. 403-422.

Marianne Kamp, *The New Woman in Uzbekistan: Islam, Modernity, and Unveiling under Communism*, Seattle:University of Washington Press, 2006.

Deniz Kandiyoti, The Cry for Land: Agrarian Reform, Gender and Land Rights in Uzbekistan, *Journal of Agrarian Change*, vol.3 no.1-2, 2003, pp. 225-256.

Deniz Kandiyoti, The Politics of Gender and The Soviet Paradox: Neither Colonized, Nor Modern? *Central Asian Survey*, vol.26 no.4, 2007, pp. 601-623.

Karim Shaniyazov,Folkstone: *K Ētnicheskoĭ Istorii Uzbekskogo Naroda*, FAN UzSSR, 1974.

Marfua Tokhtakhodzhaeva, Traditional Stereotypes and Women's Problems in Post-Soviet Uzbekistan: A Survey of the Mass Media, *DOSSIER*, vol. 22, 1999, pp. 1-8.

Marfua Tokhtakhodzhaeva, *The Re-Islamization of Society and the Position of Women in Post-Soviet Uzbekistan*, Folkstone:Global Oriental, 2008.

第7章
カザフスタンの体制移行を生きる女性たち
——草原の村の結婚と子育てを中心に

藤本　透子

はじめに

　1990年代から2000年代にかけて、旧ソ連では社会主義体制からの移行にともなって急激な社会変容が生じた。旧ソ連を構成していた中央アジア5カ国においても、1991年の独立以降、経済面では資本主義市場経済への移行、政治的にはナショナリズムの高まりとともに伝統の再評価のプロセスが進展した。社会に広範な影響を与えた中央アジア諸国の独立と体制移行の中を、女性たちはどのように生きてきたのだろうか。

　社会主義体制から移行後、女性はとりわけ伝統を受け継ぐ存在としてしばしば評価されてきた。中央アジアの人々はその大部分がムスリム（イスラーム教徒）であり、旧西側諸国（西欧やアメリカ）から思想やモノが流入する一方で、イスラームの影響も強く受けるようになった。こうした状況下で、中央アジアの女性は権利を主張するよりも、あえて受動的であることで社会変化を切り抜けようとしていると指摘されている[1]。その一方で、中央アジアの中でもカザフ女性の場合には、イスラームの影響が比較的弱く、遊牧文化の伝統が体制移行への柔軟な対応を生み出してきたとされる[2]。たとえば婚姻に関して、イスラームの規範よりカザフの伝統の再評価が、女性の合意に基づかない結婚の事例を増大させていると言われてきた[3]。

　こうした研究は中央アジアの女性を動態的に捉えた非常に貴重な研究ではあるが、特徴的なことは社会主義に基づく近代化や西欧からのフェミニズムの受容と、伝統やイスラームの再評価が、相反するものとして描かれている点にある。しかし、結婚や子育てに着目してカザフ女性たちを人類学的観点から見ていくと、社会主義に基づく近代化をいったん経験しているがゆえに、カザフの伝統とは何かを意識し、

体制移行の中で生き方を選びとっていく姿が浮かび上がってくる[4]。こうした点を踏まえ、本論ではカザフ社会の内部で議論の対象となることが多い結婚と子育てを中心に、教育と就労などの問題も含めて、社会的、経済的な変化をカザフ女性がいかに生きてきたのかを検討していく。

ところで、カザフスタンは、独立から20余年を経て急速な経済発展を遂げつつある、中央アジアの「地域大国」である。面積は日本の約7倍と広大で、その大部分を草原などの半乾燥地が占める。人口は2009年の国勢調査によると約1,604万人で日本の約8分の1である。民族構成は、カザフ人が63.1％、ロシア人が23.7％を占める。調査地であるパヴロダル州バヤナウル地区S村管区ウントゥマク村（人口約700人）はカザフスタン北東部に位置し、州全体としてはロシア人が多いが、バヤナウル地区はカザフ人が80％以上を占める[5]。寒暖の差が激しい大陸性気候で、冬はマイナス40度程度にまで達し、夏は冷涼である。同地区は2003～05年を中心に約2年間、筆者が人類学的フィールドワークを行い、その後もほぼ毎年訪問してきた地域である。

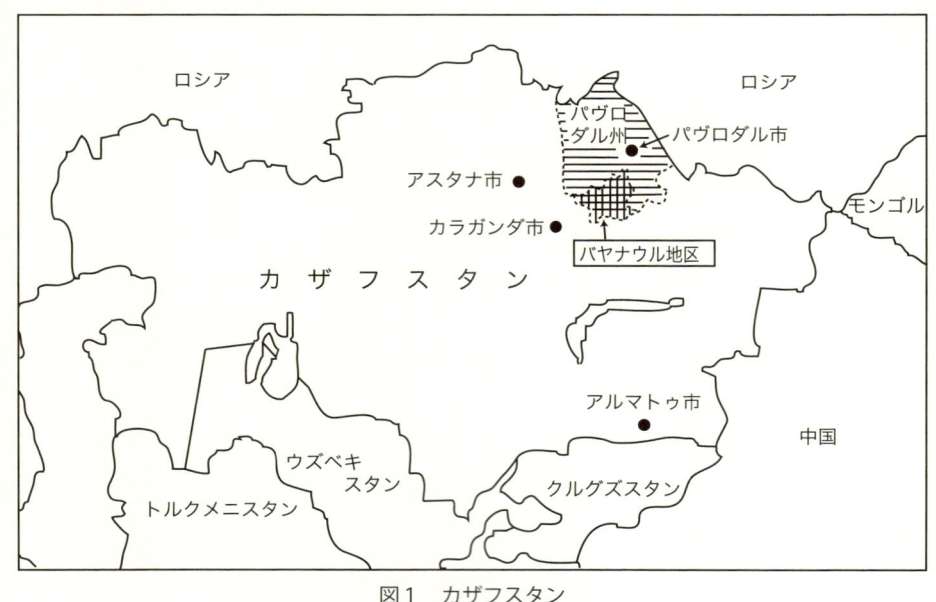

図1　カザフスタン
注：主要な調査地名は□で示した。
【出典】カザフスタン土地資源局発行の350万分の地図より作成。

1. 政治・経済体制の移行と女性

（1）カザフ遊牧民の社会主義経験

　歴史をさかのぼると、19世紀から20世紀初頭のカザフ遊牧社会は、イスラーム法の影響が弱く、遊牧民の慣習法が強かった[6]。カザフ人はルゥと呼ばれる父系出自集団への帰属意識を強く持ち、父系7世代を経るまでは結婚しないという外婚制の規範があり、結婚は父系出自集団同士の紐帯を形成するという重要な役割を担っていた。「夫は百年の契り、姻戚は千年の契り」ということわざは、婚姻連帯がいかに重視されてきたかを示している。

　結婚相手は親が選び、カルンマルと呼ばれる婚資（家畜）が花婿側から花嫁側に渡され、花嫁はジャサウと呼ばれる持参財（調度品、寝具、食器類など）をもって嫁いだ[7]。夫方居住が規範としてあり、妻方居住は稀であった。一夫多妻は社会上層や富裕層でのみ見られた。長男から順に結婚すると、新たな天幕と家畜の群れを分与されて独立し、両親の死後は末息子夫妻がその天幕を受け継いだ。子どもを産み育てることで女性の地位は上がり、社会上層や富裕層の女性は社会的にも尊敬されていた。服装によりライフステージが示され、未婚の娘は髪を三つ編みにして刺繍などで飾られた帽子をかぶり、既婚者はキイムシェクと呼ばれる白いヴェールを着用して顔だけを出し髪を隠した[8]。若くして夫が亡くなった場合、1年間の服喪を経て夫の兄弟などに嫁ぐレヴィレート婚が行われ、寡婦が夫を称賛しながら悲嘆する内容の挽歌も伝えられている[9]。

　カザフ知識人による短い自治を経て社会主義政権が誕生すると、1920年代末から農業（牧畜を含む）の集団化が実施された。この政策は、富裕層の撲滅に加えて、遊牧民の強制的な定住化政策を伴っていた。つまり、カザフ社会の政治的・経済的基盤を、父系出自集団から社会主義政権下のコルホーズ（集団農場）やソフホーズ（国営農場）へと急速に移行させることを狙いとした政策であった。カザフの父系出自集団は家父長制として批判され[10]、1920年代前半に婚資、一夫多妻、子どもの婚約、強制された結婚、レヴィレート婚が「犯罪的習慣」として法律で禁止された[11]。また、1930年代には、反宗教宣伝が盛んに行われてモスクが閉鎖された。1940年代になるとムスリム宗務局が開設されて、イスラームの実践が国家の統制のもと

で限定的に許可されたが、1950年代には再びフルシチョフのもとで反宗教宣伝が盛んになった。中央アジア南部におけるフジュムのようなヴェール廃止運動[12]はカザフスタンでは生じなかったが、既婚女性が着用していたキイムシェクを次第に若い世代は着用しなくなり、スカーフを簡便に後頭部で結ぶスタイルが主流となっていった。

　また教育の問題、特に識字率の向上は大きな課題とみなされていた。1970年にソ連の高等教育機関で学ぶ学生に占める女性の割合は、カザフ人の場合は45％であり、中央アジア諸民族の中では高い割合を示していた[13]。1959年の識字率は女性が男性をやや下回っていたが、1989年には男女とも99％以上に達した[14]。社会主義体制の下で、男性も女性もコルホーズ（集団農場）、ソフホーズ（国営農場）、国営企業などで働くようになったが、子どもを産み育てることは社会的使命であり、子どもを多く産んだ女性は「母親英雄」という名称のメダルを授与されて表彰され、年金生活に早く入ることができた。つまり、女性が教育を受け職に就くという新たな動きの一方で、カザフ文化にあった母親の役割や使命が、ソ連の制度により強化されたと言うことができる。

（2）社会主義体制からの移行

　社会主義体制からの移行とカザフスタンの独立は、男女を問わずカザフ社会全体に大きな影響を及ぼした。市場経済への移行に伴って国営企業や国営農場が解散し民営化したことは、大量の失業者を生み出し貧富の差を拡大させた。この状況をカザフスタンの人々は「野蛮資本主義」と呼んだ。2009年の国勢調査によると、労働力全体に占める女性の割合は48.9％だが、職業によって男女の比率には顕著な差がある。カザフスタンでは医師や学校教師に女性が多いという印象をしばしば受けるのだが、女性は医療・保健・社会サービス業で75.9％、教育で73.0％であり、その他家事サービス業で74.9％、ホテル・レストラン業で69.7％、金融業でも62.9％と高い比率を占める。平均月収は女性が53,276テンゲ（約355米ドル）、男性が80,491テンゲ（約537米ドル）で、女性は男性の66.2％に過ぎないが、「社会の激動に女性の方が耐えることができた」と、カザフ女性たちはしばしば語る。経済移行期には男性が失業や事業の失敗でアルコール依存症や無気力に陥り、離婚や自殺に至るケースも少なくなかったためである[15]。

表　カザフスタンの男女別統計

	女性	男性
人口	7,718,700 人	8,317,400 人
平均寿命	73.6 歳	63.6 歳
結婚（初婚）の平均年齢	24.2 歳	26.9 歳
合計特殊出生率	2.7 人	―
労働力全体に占める割合	48.9%	51.1%
平均月収	53,276 テンゲ（約 355 ドル）	80,491 テンゲ（約 537 ドル）

【出典】2009 年の国勢調査に基づく（Agenstvo Respubliki Kazakhstan po Statistike, *Zhenshchiny i muzhchiny Kazakhstana: Statisticheskii sbornik*, Agenstvo Respubliki Kazakhstan po Statistike, Astana, 2010, p.4,11,12,18,19,66,80）。

　就労のみならず教育システムも大きく変わり、中等専門教育や高等教育は有料化された。しかし、国立大学に加えて私立大学も多く開設され、就職にも学歴が必要とされるようになったため、高等教育機関の学生数はむしろ増加した。高等教育を受けている割合は、実は男性より女性の方が高い（2009 年の段階で、男性 13.7％、女性 18.6％）。大学在籍者の 58.3％、修士課程在籍者の 61.3％が女性である（ただし、博士課程在籍者は男性の方が多い）。専攻別にみると、女性は教育学、経済・経営学、医療・保健分野などで高い比率を占める[16]。

　また、体制移行は家族生活にも深刻な影響を与えた。たとえば、出生率は 1990 年代に低下した後、2000 年代に上昇に転じた。結婚の平均年齢は、女性が 24.2 歳、男性 26.9 歳である。女性が一生のうちに産むとされる子どもの数（合計特殊出生率）は 2.7 人で、20 歳代の出産が最も多い（女性 1,000 人に対して 156 ～ 157 人）。平均寿命は男女差が大きく、男性が 63.6 歳であるのに対し、女性が 73.6 歳である[17]。高齢者は圧倒的に女性が多く、村落部では定期的な現金収入が女性の年金のみという世帯も見られる。

　さらに、カザフスタン独立前後から、カザフの伝統の再評価とともにイスラーム復興が顕在化し始めたが、その一方ではフェミニズムの思想の流入など旧西側諸国の影響も顕著となった。多様な思想を支持する人々が現れたことは、ソ連時代の社会保障制度が機能不全に陥ったこととあいまって、女性団体（シングルマザーの会、子どもの多い家族の連盟、ムスリム女性団体など）の結成を促した[18]。しかし、

こうした女性団体の活動は限定的で、多くの女性たちは親族関係を基盤とした相互扶助関係の中で、政治・経済体制の移行期を生きてきた。

（3）民営化後の村の暮らしにおける女性の役割

　ここで、カザフ草原の村落部における暮らしと女性の役割を、ウントゥマク村を例にとって見ていこう。ソ連時代にはソフホーズで大規模な牧畜が行われていたが、1996年にソフホーズが解散し村人の多くが失業した。現在では、村人たちは政府から土地を借用し農民経営体となって牧畜経営を行うか、あるいは役場や学校などで働きながら少数の家畜を飼育している[19]。調査当時、筆者が滞在していた村人の世帯は、世帯主のサヤン、妻バティマ、長男の息子と五男で構成されていた。サヤンは失業中で、学校教師をしているバティマの給料と家畜飼育によって生計を立てていた。村落部では中程度の生活水準である。

　村の日常生活は牧畜のサイクルと緊密に関係し、基本的に男女で役割分担が決まっている。4月から11月までは家畜を放牧し、12月から3月頃までは基本的に家畜小屋の中で飼うが、家畜の世話は男性が主に行う。春先から晩秋までは家畜を搾乳し、女性たちがバター、チーズ、馬乳酒などを作る。夏から秋の初めにかけて、男性たちは干草づくりで忙しい。厳しい寒さとなる12月頃には、冬の食料とするため大型家畜（ウマまたはウシ）を屠殺する。屠殺と解体は男性が、肉を細かく切り分けたり内臓を処理する作業と調理は女性が担当する。このようにおおまかな男女による分担によって、村の日常生活は成り立っている。

　夫妻の一方がいない場合は、子どもや、同じ村に暮らす兄弟姉妹や隣人が仕事を手伝う。男性の仕事は男性が、女性の仕事は女性が補うことが特徴である。世代間の役割分担も重要であり、世帯内の仕事は次第に息子夫妻が中心となり、親世代は慶弔事などに他の世帯を訪問することで世帯間の紐帯を強める。しかし、ソフホーズ解散後、村落部で就職先の少ない状況が続いていることなどから、従来のような世帯内の仕事の分担は成立しにくくなっている。体制移行が、草原の村の女性たちの暮らしにも大きな影響を与えているのである。

2. カザフ草原に生きる女性たちのライフヒストリー

　村の暮らしを踏まえたうえで、サヤン一家の女性たちに着目し、サヤンの妻バティマを中心に、3世代にわたるライフヒストリーを、結婚と子育てに着目してとりあげる。そして、体制移行をカザフ女性たちがいかに生きてきたのかを見ていきたい。

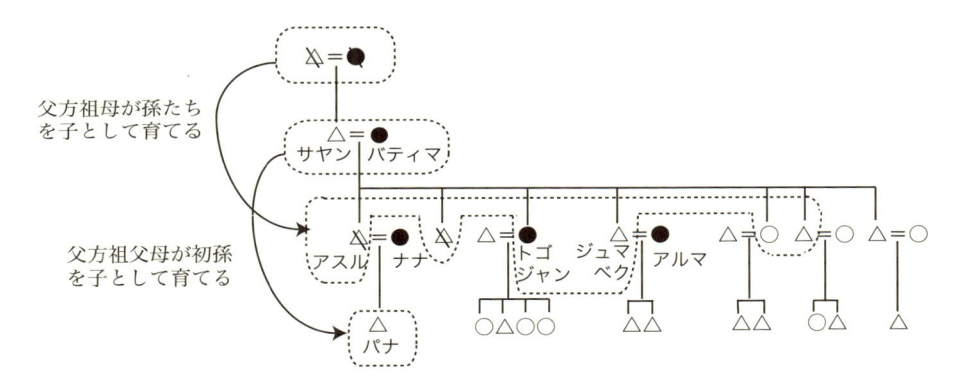

図2　サヤン一家の結婚と子育て
凡例：△男性　○女性　▲▼故人　＝結婚　｜親子関係　—兄弟姉妹関係
●本論でとりあげているカザフ女性
注　：傍系は一部を割愛。父方祖父母が孫を子として育てた場合は矢印で示す。
【出典】2003年と2013年における調査に基づく。

（1）社会主義のもとで結婚し、子どもや孫を育てる──バティマの親世代

　バティマの父（1903年生）は10代の頃に親が決めた相手と結婚したが、1940年の野火で妻と子どもたちすべてを亡くした。その後、10代の若い女性（1926年生）と再婚した。バティマの母である。イスラーム布教者の家系であるコジャ出身で、1日5回の礼拝を欠かさず、信仰に厚い女性であったという。結婚後は、トラクター操縦士などをしていた夫を支えて家事と育児に専念していた。バティマの姉（1946年生）を筆頭に3人の娘と1人の息子を産み育てたが、1964年に30代の若さで亡くなった。

　その1カ月余り後、同じ村でソフホーズの商店を経営していた同年齢の男性（1926年生）が亡くなった。それが、サヤンの父親であった。サヤンの母（1932年生）

第7章　カザフスタンの体制移行を生きる女性たち────141

は、義務教育を受けた後に結婚して一男三女をもうけたが、夫の死後はソフホーズの乳搾り婦などの仕事をしながら子どもたちを育て、夫の母や弟と同居して再婚しなかった。レヴィレート婚（既出）の習慣はすでになかったが、子育てのために夫の家にとどまったのである。「息子（サヤン）が結婚して孫をかわいがれるようになることだけを夢見てきた」と生前語っていたという。

　サヤンがバティマと結婚し五男二女をもうけると、サヤンの母親が子育てを一手に引き受けた。バティマは「（夫の母親に）『仕事に行きなさい』といつも言われて、私は子育てにあまり関わらなかった」、「（夫の母親と父方祖母が）互いにやきもちをやきながら子どもの世話をしていたよ」と、笑いながら語ってくれた。このため、子どもたちの多くは両親を兄と兄嫁であるかのように「サヤン」「バティマ」と名前で呼び、末息子だけが「パパ」「ママ」と呼ぶ。カザフ社会には初孫を祖父母が自分たちの子どもとして育てる習慣があるが、それがソ連時代には祖父母による育児という形で続いていたのである。

（2）民営化による夫の失業を経て、学校教師として働き、孫を育てる
　　　　　―バティマ

　1956年に生まれたバティマは、州内の町で中等専門教育を受け、ウントゥマク村に戻って学校教師となった。親世代の女性たちが初等教育のみ受けていたのに対し、専門性を身につけ職場で働くようになったのである。20歳の頃、穀物受理所の電気工として働いていたサヤン（1956年生）と結婚した。結婚後も学校教師として働き、子どもの世話は夫の母親がしていた。共働きで3～4世代同居という、ソ連時代のカザフ村落における家族のひとつの典型と言えよう。

　しかし、1997年に夫が失業し、バティマは一家の主要な稼ぎ手となった。男性よりも収入の少なかった女性が、男性の失業により一転して家計の担い手になるケースは当時多く見られた。さらに、突然の息子の死によって生活は大きく変化していった。州都の大学を卒業し村に戻って学校教師となっていた長男が、1997年に幼い子（初孫）を残して死去したのである。この初孫パナを、サヤンとバティマ夫妻は息子として育てた。パナは、父方祖父であるサヤンを「パパ」、父方祖母であるバティマを「ママ」と呼んで育ち、実の父（故人）は「小さいパパ」、その妻のことは「ナナ」と名前で呼ぶ。

2004 年、バティマは夫とともに 7 歳になった初孫の割礼祝(かつれいいわい)を主催した。割礼は「ムスリムになる」ための儀礼とみなされ、ソ連時代には公に行うことはできなかったが、カザフスタン独立後に大々的に行われるようになった。バティマは、カザフの伝統的な行事や儀礼の復興を学校で担当する副校長として手腕を発揮し、開校 100 周年記念誌の編纂にもたずさわっていた経験を活かし、孫の割礼祝を行ったのである。また、礼拝や断食をしばしば行い、2000 年代後半に退職後はイスラームへの関心をますます深めて民間治療者としても活動し始めた。激しい社会経済変化によって、逆に才能を開花させていったと言えよう。

（3）体制移行後に結婚し、休職して子育てする―バティマの娘トゴジャン

　次の世代について検討すると、バティマの娘二人はいずれも大学を卒業後に結婚し、隣州の州都カラガンダに暮らしている。たとえば長女トゴジャン（1976 年生）は、カラガンダ市にある国立大学を卒業後、パヴロダル州内の町で約 1 年、養護教諭として働いた後に結婚した。夫は大学時代の友達の兄で親しくつきあっていたが、友達の生家を訪ねた際にこのまま残って嫁になってほしいと説得されたのである。夫はテレビ局のカメラマンとして働き、休日には結婚祝のビデオ撮影と編集を副業としていた。トゴジャンは現在までに一男三女を育て、夫の収入だけでは経済的に苦しいので、子育ての合間を縫って働いたが長続きしていない。しかし、家に閉じこもっているわけではない。トゴジャンとその家族が暮らすアパートは市郊外にあるが、ウントゥマク村を含めパヴロダル州方面からカラガンダ市にアクセスする幹線道路に近い。このため、自宅が宿泊所・情報交換場所として機能しており、トゴジャンは村と町の親族を仲介する役割を果たすことを自分の仕事と捉えている。

（4）同僚と結婚後に死別し、子どもをおいて再婚―バティマの長男の妻ナナ

　トゴジャンと同じ年齢で異なるライフコースをたどっているのが、バティマの長男アスルの妻ナナである。ナナは大学を卒業後、村に戻って学校教師となった。同僚のアスルはパーティーなどでいつもナナを誘って踊っていたが、ある日男友達たちとともにナナを車に乗せ、これから嫁入りさせると言った。「『どうして好きなら好きと言ってくれなかったの？』と抗議したの。バティマ先生に私は同意していないと言いつけようと心に決めていたけれど、家に着いたらママ（バティマ）は、『う

ちに来たその一歩が幸せなものであるように！』と言って、シャシュ（祝福の意味を込めて飴やチョコレートなどをふりまく祝福の動作）をしたから、何も言えなくなってしまったのよ」と、ナナは笑いながら話してくれた。その日から、ナナはアスルの妻となって同居した。これは、後述するように「取って逃げる」と呼ばれるカザフの結婚の一つの形態である。

　やがてナナは地区中心地の病院で初めての子どもを出産した。数日後、ナナを迎えに行こうとしていたアスルは、激しい頭痛に襲われて意識を失い亡くなった。脳溢血であった。バティマに「あなたの夫はこの世にいない」と告げられた後は記憶がない、とナナは語る。夫の死から5年間、夫の家族と暮らし、学校で働きながら子どもを育てていたが、2002年の夏から息子を夫の両親に預けて町に出た。村人たちが「亡くなった息子の妻を家にそのままおいて家事をさせている」と非難めいた噂をするのを耳にし、バティマがナナに町に出てみることを勧めたという。町の兄弟の家に暮らしながら働くようになったナナは、休暇のたびに学用品などを息子の土産にもって村に帰り、片づけや掃除をしていた。それが終わると、両親が亡くなった後に末弟がひとりで暮らす実家の片づけと掃除をした。子どものいる嫁ぎ先、自分の実家、そして現在暮らす町と三つの家を行き来しながら、生活の中心をまだ定められずにいるようであった。

　こうした暮らしの中で、ナナは町のモスクに通うようになり、次第にイスラームへの関心を深めていった。4、5年後にナナは町で再婚し、現在では二人の子どもを産み育てている。2013年に久しぶりにあったナナは長いスカートに長袖、スカーフという服装であった。夫との死別と再婚、子育てをめぐる葛藤の中でイスラームが心のひとつの拠り所となっていったのである。

（5）モスクで出会って結婚し、出産後に専門教育を受ける
―バティマの三男の妻アルマ

　村育ちの女性であるナナとトゴジャンに対し、バティマの三男ジュマベクの妻であるアルマは州都パヴロダル市で生まれた。同市はスラヴ系人口が過半数を占めるため、アルマはカザフ人だがロシア語話者で、カザフの伝統に関してあまりよく知らない。しかし、町に新たに開設されたモスクに通いイスラームに憧れを抱いていた。11年制の学校に在学中に、このモスクで開かれたクルアーン（コーラン）教室で、

大学生であったジュマベクと知り合った。ジュマベクは、兄アスルの死後にイスラームに傾倒していたのである。大学卒業後、2年間の兵役に赴く前に結婚したいと語るジュマベクに、アルマは結婚をためらった。また、ジュマベクに母親のバティマは、アルマがまだ10代なので親を怒らせたりしないように気をつけなければいけないと諭した。このため、アルマの親のもとにバティマとサヤンたちが赴き、「（娘をその両親の）手から取る」と呼ばれる正式な手順を踏んで結婚を認めてもらうこととなった。結婚に際しては、役場での登録とカザフの婚姻儀礼に加えて、モスクで婚姻契約を行った。結婚後、最初の子どもが出産直前に亡くなってしまうという辛い経験をしながら、アルマは嫁ぎ先であるウントゥマク村に暮らし続けて夫が兵役から戻るのを待っていた。

彼女は、結婚のために村に移住して進学をあきらめたことを残念がり、「夫は（希望どおりに）私を娶ったのだから、今度は（夫が）私を学ばせてくれなくては」としばしば語っていた。兵役を終えた夫が警察官として就職すると、アルマは生まれ育ったパヴロダル市に再移住した。そこで、長男と次男を出産した後に専門教育を受けた彼女は、息子を育てながら商店に勤めるようになったのである。

アルマは夫とともに礼拝や断食を欠かさず、酒を一切口にしないだけでなく、豚の脂が入っているからとソーセージも食べない。ムスリム女性の服装への憧れを口にし、長男の割礼祝をパヴロダル市のレストランで行った際には、美しいエメラルドグリーンの布地で長袖のブラウスにロングスカート、頭部を覆う大きなスカーフを仕立てた。子育てしながら働く一方で、友人たちと断食月や犠牲祭などに招待し合い、ロシア人の多い都市部でイスラームをとおした繋がりを形成している。アルマは、カザフスタン独立後にイスラームに基づく新しい生き方を模索している若いカザフ女性たちのひとりと言える。

3. 結婚と子育てをめぐる選択

このような3世代にわたるライフヒストリーから浮かび上がってくるのは、体制移行の影響とカザフ女性たちの選択である。彼女たちは、中等専門教育や高等教育を受けて学校教師や商店勤務などをしながら、結婚や子育てをめぐって規範と現実とのはざまでしばしば葛藤してきた。以下では、結婚と子育てに焦点を絞り、カ

ザフ女性たちの選択のあり方をより詳しく検討していく。

（1）「手から受け取る」結婚と「取って逃げる」結婚

　現在のカザフ社会では、大きく分けて二つの異なる結婚の形態がある。ひとつは「（両親の）手から（娘を）受け取る」、もうひとつは「（娘をその両親のもとから）取って逃げる」とカザフ語で呼ばれる形態である。前者は、婚約を経て結婚するもので、「（両親の）手から（娘を）受け取る」、つまり娘の両親の許可を正式に得て結婚することを指す。この場合、まず青年の両親が娘の両親のもとを訪れて、銀や金の耳飾りを娘に贈る。この耳飾りを娘がすることが婚約の印となる。婚約後、通常は数カ月間にわたる準備を経て結婚する。前述のアルマの事例はこれにあたる。かつては親が決める結婚がこの形態で行われていたが、現在では恋愛結婚である。この「手から受け取る」結婚が正式であるとみなされているが、村落部では「取って逃げる」と呼ばれる結婚の方が実は多い。二つの結婚の形態はソ連成立以前からあるが、婚資や親が決める結婚を批判したソ連政府の意図せぬ結果として、「取って逃げる」結婚が一般化したのである。

　「取って逃げる」とは、娘の両親に断らずに若者が娘を自分の家に連れて行って嫁入りさせる方法で、トゴジャンやナナの事例はこれにあたる。男女は交際中のことが多いが、女性は自分が嫁入りすることをあらかじめ知っている場合と知らない場合がある。英語では「ブライド・キッドナッピング（花嫁の誘拐）」と訳され、ややエキゾチックに語られることも多いが、実際のところ女性はどの程度まで同意しているのだろうか。筆者に対し、嫁入りさせる予定だと恋人から聞いていたと語ってくれた女性もいるが、ある日突然、恋人に兄弟や両親の家に連れて行かれるなど、自分の嫁入りについて前もって知らなかった女性も多かった。

　女性の意思を十分には考慮していないようにも見える結婚の仕方に応じる理由として、カザフ女性たちが挙げるのは、正式な結婚の手順を踏むと両親への経済的負担が重くなってしまうことであった。正式な「手から取る」結婚では、娘の両親は娘を送り出す祝いを行う日までに持参財も姻戚への贈り物も準備しなければならないので、一時に多額の出費がかさむ。「取って逃げる」結婚であれば同居が先行し、姻戚へのもてなしや贈与、持参財の用意は数カ月後でよい。このため、女性たちは相手に嫁ぐこと自体に迷いがなければ、結婚を受け入れることが多い。

逆に、もし女性がまったく同意していなければ、ほとんどの場合において結婚は成立しない。たとえばある男性は友人たちとともに、片想いの女性を嫁入りさせようと説得を試みたが、女性が徹底して同意しなかったので失敗に終わった。しかし、男性側が強引に説得して家に連れて行くこともありうるので、娘の意思を確認するため両親は親族をさしむける。稀ではあるが、娘が結婚に同意していないと訴えたので、母親が娘を連れ帰ったという話も聞いた。意思に反して嫁入りさせられそうになったことについて、娘は裁判所に告訴すると主張した。ひとつの村の中でのことでもあり、実際には告訴しなかったというが、人権問題として女性側が訴えうることをこの事例は示している。無事に家に戻った彼女は、数年間にわたり学校教師を務めた後に別の男性と結婚した。

　「（娘を）取って逃げる」結婚は、以上のように構造的に男性優位であるものの、必ずしも男性側の思いどおりにはならない。同意したはずの女性が逃げ出し、若い男性がこれを恥としてふさぎこみ自殺しかねなかったこともあった。若い男性は親族の勧めに従って町でしばらく暮らし、数年のうちに別の女性と出会って結婚し村に戻ったのであった。現在では「（娘を）取って逃げる」と呼ばれるカザフの結婚の形態は、多くの場合は「誘拐」でも「駆け落ち」でもなく、いまだ経済的に豊かにならない村落部の現実の中で、若い男女の恋愛結婚のひとつのあり方として、しばしば波乱を引き起こしながらも定着している。

　「手から受け取る」場合も「取って逃げる」場合も、最終的に結婚が決まると、新たな姻戚と関係を築くために贈り物の交換ともてなしが行われる。高価なスーツ、金の指輪や耳飾り、さらには手ごろな価格のスカーフ、置物、腕輪など多くの贈り物を姻戚に贈り、家畜を屠って豊富な肉料理を準備し盛大にもてなすのである。これらの贈与交換ともてなしは、既婚女性たちがとりしきる。

　ソ連時代に禁止された婚資も、仔馬一頭（あるいはそれに相当する現金）という形で、実は姻戚への贈り物に含まれる。結婚はかつてのような父系出自集団同士の紐帯ではなく、親が相手を決めることもないが、現在も二人だけの間の問題ではない。現代において、カザフの伝統として贈与交換ともてなしが重視されるのは、民営化後の経済混乱や貧富の差の拡大によってますます相互扶助関係は重要になっており、家畜の飼育や燃料の確保、さらには子どもの教育や就職などをめぐって姻戚と協力し合うことで暮らしが成り立っているからである。

婚姻儀礼としては、カザフ社会が経験してきた歴史を反映して、互いに性格の異なる三つの段階的手順が踏まれる。まず、役場での婚姻登録は、書類に署名し指輪を交換して友人や親族から祝福を受けるもので、かつてはソ連市民として、現在ではカザフスタンの市民として行われる。また、ベタシャルはカザフ語で「顔を開ける」ことを意味し、花嫁が花婿の親族に紹介されお辞儀を繰り返した後に初めてヴェールをとって顔を見せる儀礼である。ソ連成立以前は富裕層のみ行ったが、ソ連時代の半ば以降にカザフ人の多くが行う儀礼として定着した。これらに加えて、近年ではイスラーム法に基づく婚姻契約であるネケをモスクで行う。トゴジャンは、「（1990年代末に）私たちが結婚した際にはネケは一般的でなかったけれど、最近（2000年代）になって誰もが結婚する時にモスクに行くようになった」と語ってくれた。20世紀初頭までモスクでの婚姻契約はあまり行われなかったが、現在ではムスリムとして行うべきものとみなされている。市民としての婚姻登録、カザフの伝統としての儀礼、ムスリムとしての婚姻契約の三つを経て結婚が成立することは、複数の価値観の狭間でカザフ女性たちが時に揺らぎながら結婚を選択してきたことを象徴的に示しているとも言えよう[20]。

（2）子育ての中で伝統を位置づけ直していく女性たち

　カザフ社会において結婚後の生活は、子どもを産み育てていくことと強く結びつけられている。体制後の社会的・経済的な変化の中で、カザフ女性たちは、以下に述べるように、子育ての中でしばしば伝統がもつ意味を問い直し、現代の暮らしの中に伝統を位置づけ直していっている。

　子どもは父系の系譜を継承する存在として重視されてきたが、もともと口承であったカザフの系譜はソ連時代に十分に伝えられなかった場合も多い。カザフスタン独立前後からアイデンティティの拠り所として系譜への関心が高まると、子どもにも系譜が再び意識的に伝えられるようになった。しばしば4、5歳頃から、父系出自集団の名称と、父系7世代の祖先の名前を繰り返し尋ねて父系の系譜を暗記させていく。本来、系譜の後継者は男性であり、「娘はお客」ということわざで表現されるように、女性は大切にされた後に結婚して生家を去る存在とみなされてきたが、現在では女性が自らのルーツを探求するために系譜を調べる場合もある。たとえば、副校長として開校100年誌の刊行にたずさわったバティマは、村の歴史

の一部として、また自らのルーツとして父系の系譜を改めて調べた。さらに、家族形態の多様化の中で、シングルマザーが子どもに教えるために自分の父系の系譜（子どもにとっては母親の父系の系譜）を調べるケースも見られる。

　この系譜の継承とも関連するのが、孫（特に初孫）を父方祖父母が自分たちの子どもとして育てるというカザフの習慣である。この習慣は、ソ連時代に職場で働く両親（特に母親）にかわって祖父母（特に祖母）が孫を育てる形に変化したが、カザフスタン独立後に改めて議論の対象となっている。「（父方）祖父母を両親とみなして育つと、亡くなった時に幼い子どもがショックを受けて悲しむから、両親が子育てしたほうがよい」、あるいは「子どもがどっちつかずになってしまう」という否定的な意見がある一方で、父方祖父母に育てられた子どもが「（両親だけでなく）すべての人に心が開かれた子ども」だと肯定的に評価されることもある。

　夫と死別後の女性の選択と関連づけながら見ていくと、1930年代生まれのサヤンの母が夫の死後もその家族のもとにとどまったのに対し、1970年代生まれのナナは葛藤しながらも、子どもを夫の両親の許に残して都市へと移住し再婚した。村人たちが夫の死後も嫁を家にとどめて家事をさせていると噂したことは、それがすでに当然のこととはみなされなくなったことを示している。ナナは学校教師として働いていたことを背景として、夫の家族に経済的に依存しない生き方を選択したが、子どもは初孫であったため父方祖父母のもとに残った。母親が子どもと暮らすべきという価値観と、子どもは継承者として父方祖父母のもとに残るべきという価値観の相克があることが分かる。

　父方祖母であるバティマを中心に考えると、自分の夫の母親と同様に初孫を自分の息子として育てたが、民営化後に村落内で仕事が見つからず息子たちがすべて町に移住したことなどから、村での3～4世代同居は不可能となった。バティマは「息子のひとりが（結婚後も）家にとどまってくれればと思ったけれども、そのようにならなかった」と語る。息子がすべて町で就職した夫妻の中には、ともに町に移住するケースも出始めている。

　子育てを含めた家族のあり方にこうした変化が生じる中で、子どもの誕生と成長にともなう儀礼は、カザフの伝統として再活性化している。出生祝、ゆりかごの祝、命名儀礼、生後40日の儀礼、歩き始めに行われる紐切りの儀礼、割礼祝のうち、特に割礼祝はムスリムであることの証として大規模に祝われる。ゆりかごの祝、生

後40日の儀礼などが女性が行う儀礼とみなされるのに対し、割礼・割礼祝は男性が中心となる。ただし、バティマが孫の割礼祝を組織したように、近年では女性が割礼祝にかかわる事例もしばしば見られるようになっている。

　これらの儀礼の再活性化において特徴的なのは、ソ連成立以前からの連続性を保ちながらも、カザフ女性たちによって儀礼が再解釈されたり、新たな祝い方が考案されていることである。たとえば、生後40日間は母子ともに「危険な期間」で、生後40日を過ぎて初めて「人になる」とされてきたが、現在では「新生児の期間」という「医学的な」解釈もされる。また、割礼は「ムスリムになる儀礼」として強調されると同時に、「衛生上の理由」も語られる。割礼祝で少年が馬に乗るというソ連成立以前を彷彿とさせる演出や、割礼祝の歌の創作、少年の写真入りで招待状を作成し都市のレストランで祝うなど、新たな形で盛んになっていることも指摘できる。再活性化した儀礼を通して、女性たちは社会的紐帯の結節点となっており、繋がりを活かして子どもの教育や就職の道を切り拓くことも多い。

　若い世代の結婚や子育てにイスラームがどれほどの影響を与えていくのかは未知数ではあるが、子どもや夫の死がきっかけとなって、母親や妻としての苦悩からイスラームへの関心を深めていく事例は少なくなかった。イスラームはカザフの伝統の一部として復興したが、新たに開設されたモスクを中心に伝えられるイスラームの教義は、これまでのカザフの伝統とは異なる点も多い。このため、世代によっても個人によっても、イスラームへの関心のあり方には差異がある。たとえばバティマは、病を治す特別な能力をもつと周囲に認識されており、子どものひきつけをクルアーンの章節を唱え水を口に含んで吹きかけることで治す。こうした民間治療的手法はカザフスタン独立後に各地で見られるが、アルマのようにモスクで学んだ女性たちはこの治療法を正しくないと考えており、世代の違いから生じるこうした考え方が今後の子育てにどのように影響するのかが注目される。

おわりに

　現代のカザフ女性たちは、社会主義に基づく近代化の影響、カザフスタン独立後の伝統の再評価、そしてイスラーム復興という、複数の価値観が交錯する中で自らの生き方を選択しようと試み続けている。20世紀の歴史を振り返れば、ソ連時

代には社会主義政策によって女性が教育を受け就職するという顕著な変化が見られた。そして、体制移行後の混乱の中でも、カザフ女性たちはソ連時代以上に高等教育を身につけることで就職先を見つけ生活を切り拓こうとしてきた。つまり、女性の教育と就職は、社会的・経済的な変化を生き抜く手段として肯定的に捉えられている。

しかしそれは、カザフの伝統の否定やイスラームの否定には繋がっていない。結婚や子育てに着目すると、カザフ女性たちは伝統を取捨選択しながら現代社会の文脈に再び位置づけ直していることが浮かび上がってきた。翻って考えれば、ソ連時代に父方祖父母が孫を子として育てる習慣が共働きを支えたり、例外的な駆け落ちの手段であった「取って逃げる」結婚が恋愛結婚として一般化するなど、それまでの習慣が消滅するのではなく変容し、ソ連政府の意図とは異なる形で社会主義体制下のカザフ社会が形成されていた。カザフスタン独立にともなって、女性たちは自分たちにとっての伝統とは何かを、改めて意識化していったと考えられる。

ここでいま一度、体制移行後の結婚と子育てについて順に考察していこう。現代のカザフの結婚は「誘拐婚」として注目されがちであったが、それはごく一部の例に過ぎず、体制移行後に伝統の再評価が生じたことによって女性が抑圧されるという構図を一概にあてはめることはできない。多くの場合において、カザフ女性は状況の展開にただ従う受動的な存在ではなく、結婚の形態が男性優位であることを理解したうえで相手を見極め、実家の経済状況も考慮しながら結婚を現実的に判断していた。女性の両親の承諾の有無よりも、女性自身の意思が問われるという変化は、社会主義に基づく近代化を経たからこそ生じたと言える。しかし、より伝統的とされる「手から受け取る」結婚が「取って逃げる」結婚よりも女性の意思を事前に確認する形態となっているように、社会主義の影響とカザフの伝統は複雑に絡み合っている。さらに、伝統として姻戚間で行われる贈り物の交換ともてなしは、体制移行後の経済的・社会的な変化に対応する術としても位置づけられていたのである。

結婚後の子育てにおいては、初孫を父方祖父母が子として育てるという規範は揺らぎ、夫と死別後に嫁ぎ先に残るという規範も過去のものとなった。さらに、都市へ出て働き再婚するというのも、女性が専門教育を受け職場で働くからこそ可能な選択であった。しかし、その一方で、系譜の継承は盛んになり、子どもの誕生と成長にともなう儀礼も再解釈されて積極的に行われていた。それは、体制移行後に都

市への人口流出が激しい状況のもとで、アイデンティティの拠り所として系譜が重視され、親族が集う場として儀礼が果たす役割も増大しているからだと考えられる。これらの儀礼の開催などを通して、女性は社会的紐帯を生み出す重要な役割を担うのである。また、儀礼の再活性化の背景には、女性たちのイスラームに対する関心の高まりも指摘できる。

　社会主義体制から移行後にイスラームが復興したことは女性を束縛すると捉えられがちであるが、現地調査から見えてきたのはイスラームに新たな規範を求めていくカザフ女性たちの姿であった。イスラームは、これまでのカザフの伝統にはなかった新しい思想としての側面を含むため、世代間でイスラームの捉え方をめぐる差異も生じており、女性たちにとってのイスラームのあり方が今後も注目される。カザフ草原は日本から遠く離れているが、そこに暮らす女性たちも私たちと同時代の激動を生きている。女性たちは社会主義に基づく近代化の経験を経て、カザフの伝統やイスラームを意識的に位置づけ直すことで、現在も続く激しい社会的・経済的な変化の中を生きる力としていこうとしているのである。

注

1) Shirin Akiner, Between Tradition and Modernity: The Dilemma Facing Contemporary Central Asian Women, Mary Buckley (ed.) *Post-Soviet Women: from the Baltic to Central Asia*, Cambridge University Press, Cambridge, 1997, pp.292-294.

2) たとえば、P. A. Michaels, Kazakh Women: Living the Heritage of a Unique Past, H. L. Bodman and N. Tohidi (eds.), *Women in the Muslim Societies: Diversity within Unity*, Boulder, London, 1998, pp.187-202.

3) Cynthia Werner, Women, Marriage, and the Nation-State: The Rise of Nonconsensual Bride Kidnapping in Post-Soviet Kazakhstan, Pauline Jones Loung (ed.) *The Transformation of Central Asia: State and Societies from Soviet Rule to Independence*, Cornell University Press, Ithaca and London, 2004, pp.59-89.

4) 現代社会における伝統については、Tako Yamada & Takeshi Irimoto (eds.) *Continuity, Symbiosis, and the Mind in Traditional Cultures of Modern Societies*, Hokkaido University Press, 2011 を参照。

5）都市部と村落部の子育てについては別稿を参照（藤本透子『カザフの子育て―草原と都市のイスラーム文化復興を生きる』風響社、2010年）。

6）カザフのイスラーム動態については、別稿を参照（藤本透子『よみがえる死者儀礼―現代カザフのイスラーム復興』風響社、2011年）。

7）19世紀から20世紀初頭の家族・親族関係と婚姻に関しては、Khalel Arghïnbaev, *Kazakh Otbasï*, Qaynar, Alma-Ata, 1996 に詳しい。

8）Cultural Policy and Art Study Institute, *Kazakh Traditional Culture in the Collections of Kunstkamera*, Poligrafkombinat, Almaty, 2008, pp.13-14,82,170.

9）Ibrai Altynsarin, Ocherk': obychaev pri pokhoronakh' i pominkakh' u kirgizov' Orenburkskogo vedomostva, *Zapiski Orenburgskogo otdela IRGO 1*, 1870, pp.117-122 (*Turkistanskii Sbornik* vol. 87, pp.9-11).

10）Michaels, *op.cit.*, p.192.

11）Werner, *op.cit.*, p.63.

12）たとえば Akiner *op.cit.*, pp.270-271 参照。

13）Michaels, *op.cit.*, p.196.

14）Agency on Statistics of the Republic of Kazakhstan, *Women and Men of Kazakhstan: Gender Statistics*, Agency on Statistics of the Republic of Kazakhstan, Astana, 2007, p.65.

15）Agenstvo Respubliki Kazakhstan po Statistike, *Zhenshchiny i muzhchiny Kazakhstana: Statisticheskii sbornik*, Agenstvo Respubliki Kazakhstan po Statistike, Astana, 2010, p.66,68,80.

16）Agenstvo Respubliki Kazakhstan po statistike, *op.cit.*, pp.57-61.

17）Agenstvo Respubliki Kazakhstan po statistike, *op.cit.*, pp.11-19.

18）シングルマザーについては別稿を参照（藤本透子「あるインテリ女性の子育て―ソ連時代からカザフスタン独立後の変動のなかで―」『沙漠研究』14（4）、2005年3月、231-246頁）。

19）一世帯当たりの平均家畜所有頭数は、ウマ4.0頭、ウシ10.1頭、ヒツジ・ヤギ17.8頭、ニワトリ4.3羽である（2005年現在）。

20）非合法の一夫多妻を成立させる手段として、1人を役場での婚姻登録、別の女性をモスクでの婚姻契約により娶る場合もあるが、一般的ではない。

第8章 居場所づくりを始めたネパールの女性たち
——農村から都市・海外へ……そして我が家へ

辰己　佳寿子

はじめに－居場所探し－

　『青い鳥』（1908年、モーリス・メーテルリンク著）というお話をご存じだろうか。兄妹のチルチルとミチルが、夢のなかで過去や未来の国に幸福の象徴である青い鳥を探しに行くが、青い鳥は自分たちの身近なところにあったという物語である。

　本章でとりあげる事例は、ヒマラヤ山岳地域出身の二人の女性たちが、限られた条件下でたくましく生き抜いていく奮闘過程である。彼女たちが、家族・親族関係、友人関係、農村、都市、国際社会などにおける他者とのかかわりの中で、どのように自分の位置を確認し、役割を果たし、アイデンティティを確立し、将来の方向性を認識し、そして、どのように自己肯定感や安心感、幸福感を実感できる「居場所」を見出してきたのかという過程を紹介する。

　彼女たちは、いわゆる「Ｕターン」と「Ｊターン」という道を辿った[1]。前者は、子育てを終えた女性が都市（カトマンズ）から故郷の村に戻り、地域活動（寺院建設）に生きがいを見出した事例であり、後者は、子育て世代の女性が海外（クウェート）から都市（カトマンズ）の我が家に戻り、不妊治療を経て子どもの出産とともに家族内の地位を揺るぎないものとした事例である。

　彼女たちの奮闘過程は、それぞれの居場所探しであった。居場所とは、居るところ、座るところのことであり、ただそこに居るという物理的な側面だけでなく、「身を落ちつける場所」などの心理的側面を含んでいる［中島ほか 2007］。特記すべき点は、居場所探しを行ってきた女性たちが現在行き着いた居場所は、彼女たち自身がつくり出したところであったことである。

　このような二人の女性の辿ってきた過程は、「青い鳥」を探す過程になぞらえる

ことができ、ネパールの女性のみに生じる特別な事象ではない。本論は、ネパールの固有の事例を通して、居場所という普遍的なテーマについて、以下検討していきたい。

1. 女性たちの周辺で生じた変化

(1) 山岳地域のシャブル村の概要

本節では、首都カトマンズ北部山岳地域のラスワ郡シャブル村について、2000年から筆者が継続している現地調査によって得られた情報と統計情報をもとに、まずは村の変化を整理していきたい。

2010年の現地調査によると、シャブル村の人口は2,045人であり、424世帯であった。チベット・ビルマ語系のタマン族が97%を占めており、主にチベット仏教を信仰している。規模の大きい村には仏教寺院がある。タマン族の他の宗教活動にジャンクリによる土着の信仰がある。ジャンクリとは、呪文などを唱えて神がかり状態に入り、悪霊退散、病気治療などを行う巫者である。タマン族の村では仏教と土着的な信仰が共存している。

一般的に、タマン族は、農業やそれほど熟練を必要としない労働に従事していることが多く、山岳地域では多数派（人口比率5.812%、CBS2012）でありながら、ヒマラヤ登山で有名になったシェルパ族（同上0.426%）やチベット貿易に活躍したタカリ族（同上0.05%）のようには脚光を浴びてこなかった。さらに、「これといった産業もなく生活程度も低いことから『田舎者』といった差別視」[田中・吉崎1998]をもたれている。

シャブル村は、従来から交易の中継地であった。ランタン国立公園内にあることから観光業に従事する人々もいる。交易や商業、観光業に従事できる人々はほんの一部であり、多くの人々は農牧林業に従事している。農業の生産性も低く、農業以外の産業も乏しいため、観光業に期待が寄せられたが、政情不安により観光客が激変し、観光業は大きなダメージを受けた。

このような状況下で、現金獲得のために彼らに残された選択肢は出稼ぎであった。しかし、カトマンズには各地から訪れる労働者を吸収するほどの際立った産業がないため、田舎者扱いされがちなシャブル村の人々が、カトマンズで競争に打ち

勝って条件の良い職に就いたり商売で成功したりすることはまれであった。そして、2000年代中葉から急激に増えたのが海外への出稼ぎである。

（2）山岳地域のシャブル村の急激な変化

　在ネパール日本国大使館の『図説ネパール経済2013』によると、ネパール全体の出稼ぎ労働者は、1998/99年度まで年間1万人以下であったが、その後中東諸国やマレーシアなど海外への出稼ぎが急増し、2011/12年度には38.4万人であり、送金額は国内総生産（GDP）の23.1%（3,595.5億ルピー）となったという[2]。

　ネパールの女性たちの社会復帰センター（The Women's Rehabilitation Centre/Nepal）は、海外出稼ぎの女性たちは仕送りという経済的な貢献だけではなく、新しいスキルや価値観を持って帰国するので、コミュニティによい影響を与えると海外出稼ぎの利点を指摘している[3]。一方、英国の大手新聞『ガーディアン』は、カタールにおけるネパール人出稼ぎ労働者への虐待や搾取、劣悪な労働環境の実態、多数の死亡者が出ていることを指摘している[4]。

　シャブル村でも、2004、5年頃から海外出稼ぎが急増した。2000年の調査では、海外への出稼ぎの経験があると答えていたのは数名であった。当時、韓国へ出稼ぎに行ったふたりが帰国後に観光客向けのロッジを建設して観光業に参入したという武勇伝が村の話題に上るほど海外出稼ぎはまれなことであった。

　2010年の調査では、シャブル村での海外での出稼ぎ経験者（帰国者を含む）は194人であった。この人数は村の総人口の9.4%である。世帯で見てみると、世帯に一人以上の出稼ぎ経験者（同上）をもつ世帯は158世帯であり、全世帯数の37.2%を占めている。S集落に限ってみると、2000年の調査では海外出稼ぎ労働者は皆無であったが、2008年の調査では、当時の集落世帯数48世帯のうち、海外出稼ぎ労働者（同上）をもつ世帯は6割強にも及んでいた。

　表1～3に示すように、2010年の調査では、シャブル村全体で海外に出稼ぎに出ている人は70人であり、20歳代と30歳代が8割を占めていた。20歳代の性別を見ると女性の割合が68%であった。男性の場合は、ほとんどがマレーシアで非熟練労働に従事し、女性の場合は、クウェートの家庭で炊事・育児・介護などに従事している。出稼ぎに行く理由は、借金の返済が最も多かった。したがって多くの場合、自身のためではなく、家族のためにお金を稼いで仕送りしている。

表1　シャブル村における海外出稼ぎ労働者数（性別）

年代	男性	女性	計
20歳代	8	17	25
30歳代	15	16	31
40歳代	5	5	10
50歳代	2	1	3
60歳代	1	—	1
計	31	39	70

【出典】現地調査2010

表2　シャブル村からの海外出稼ぎ先と職業（性別）

出稼ぎ先（国名）	男性 非熟練労働	男性 無回答	女性 家政婦	女性 非熟練労働	女性 美容室	女性 無回答	計
クウェート	2	—	30	2	1	1	36
マレーシア	24	—	—	—	—	—	24
サウジアラビア	2	—	1	—	—	—	3
韓国	—	1	—	—	—	1	2
ドイツ				1			1
インド	1	—	—	—	—	—	1
イスラエル	—		1				1
レバノン	—		1				1
カタール	1	—	—				1
計	30	1	33	3	1	2	70

【出典】現地調査2010

表3　シャブル村から海外への出稼ぎを選んだ理由

目的	男性	女性	計
借金の返済のため	11	14	25
家族を養うため	11	12	23
お金を稼ぐため	2	4	6
借金返済と子どもの教育のため	3	2	5
家を建てるため	2	2	4
子どもの教育のため	1	2	3
結婚資金を貯めるため	—	1	1
自身の生活改善のため	—	1	1
無回答	1	1	2
計	31	39	70

【出典】現地調査2010

女性の割合が高いのは、男性に比べて仲介業者に支払う準備金が少ないことが理由のひとつである。男性の場合は3万ルピーから25万ルピー（ドイツと韓国を除く）と幅が広いが、女性の場合は4万ルピー前後である。海外での月収の平均金額は1万2,344ルピーである。ネパール生活水準調査（Nepal Living Standard Survey, 2010/11）では、ネパール全体の一人当たりの年収が3万4,633ルピーであり、山岳地域の一人当たりの年収が2万743ルピーであると報告されている。これらの平均値を基準にすると、出稼ぎ準備金がいかに大金であり、村人にとって海外で収入を得ることがいかに魅力的であるかが理解できよう。

　シャブル村およびその近郊の村々では、仲介業者が訪問すると、海外へのあこがれを抱く若い女性たちが「海外に行きたい」と頼みにくる様子を観察することができた。出稼ぎを経験して帰国した若い女性たちからは「海外やカトマンズではズボンをはくけど、村にいるときは民族衣装を着なければならない」、「また海外に働きに行きたい、村は退屈だから…」という声を聞くことができた。一方で、出稼ぎ先で暴力を受け我慢し切れなくて帰国した女性は、準備金の支払い不足に加えて帰路の航空代金分のさらなる債務を抱え借金地獄に陥っていた[5]。

2. 女性たちの変化

　本節では、シャブル村S集落のラマ家に属するYさん（母、63歳）、Pさん（次男の妻、31歳）について紹介する。ラマ家の家系図は図1のとおりである。

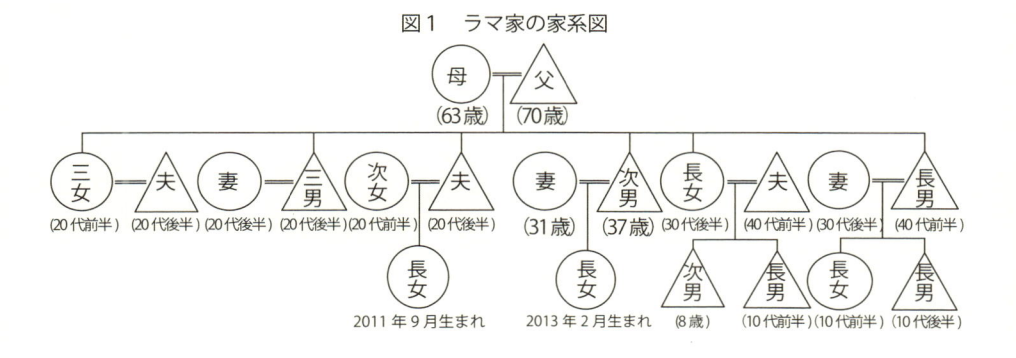

図1　ラマ家の家系図

(1) ラマ家の母であるYさん
①商店経営までの経緯

　ラマ家の家長は、現在はS集落で最も権威の高いチベット仏教僧であるが、結婚前後はインドのある企業に勤めていた。25歳のとき、一時帰国した際、同じS集落出身のYさんと出会った。Yさんはすぐに求婚され、それに応じた。出会って2カ月での結婚であった。結婚式は挙げずに、すぐにインドに移住することになった。Yさん18歳、夫25歳（1971年当時）のことである。

　インドでは、夫の定期的な収入があったため、Yさんは夫の帰りを待つ専業主婦として新婚生活を送っていた。1975年の長男の誕生を機に、S集落に戻ろうと夫から相談された。Yさんは夫の意向を尊重して家族揃って帰国した。

　S集落で従事できる仕事は農業だけで、苦しい生活が待っていた。当時のS集落は道路もなく、移動手段は徒歩のみで、シャブル村には商店が2店舗しかなかった。バザールのある平地まで2日がかりで歩いて行き、農作物を売って生活必需品を買って帰るという生活であった。

ラマ家の父と母であるYさん（左側二列目）、次男とPさん（右側最前列）、三男と三女と近所の子どもたちと筆者。父と三男・三女は写真撮影のため一張羅に着替えた。（2000年3月シャブル村S集落の実家にて撮影）

1981 年に道路が開通したことを機に、夫と相談して商売を始めることとなった。初めの頃は、タマン族が保有する金の装飾品や天珠石・珊瑚石などを売っていた。天珠石はチベット仏教の僧侶が身につけるものだが、お守りの意味をもつ装飾品として一般の人々にも用いられる。道路開通後、インドからきた来訪者が援助をしてくれ、商店を構えることができ、1982 年頃から生活が次第に安定し始めた。

②子どもたちの成長
　Y さんと夫は、生活は貧しいが子どもたちに教育だけは受けさせたいとの強い願いがあった。家計で最も大きな支出は教育費であった。S 集落には学校がなかったため、子どもたちは学校近郊で下宿をしなければならなかった。子どもたちへの仕送りが家計の大きな負担となった。
　その努力が実って長男は、S 集落で初めて SLC (School Leaving Certificate：全国統一高等学校資格試験) に合格した。長男は 20 歳代前半にシャブル村で NGO の現地職員として働いた。次男も SLC に合格し、S 集落近郊の学校の臨時雇いの先生になった。
　2000 年になって、長男は、NGO を辞め、カトマンズに飛び出した。カトマンズには頼る人もいなかったが、試行錯誤で商売を始めた。当初は、両親同様、装飾品となる石を、村の人々から仕入れてカトマンズで販売した。そこで得た金を元手として、土地を購入し、不動産業に参入した。タマン族はカトマンズでは条件的に不利なことが多いが、長男は他民族・カーストの友人とパートナーシップを組む戦略をとり、経済的な成功を果たした。2000 年の前半には間借りの生活であったが、間借りの規模を拡大し、次男夫婦と次女を呼び寄せた。その後、大きな家を建て、三男と三女を呼び寄せ、カトマンズの学校に就学させた。

③地域での活動
　S 集落では、Y さんと夫のみの暮らしとなった。シャブル村全体には多くの商店ができたが、S 集落の商店は Y さんの店のみであった。米や雑穀、砂糖・塩、乾燥豆、じゃがいも、お菓子、歯ブラシや電池等の生活雑貨や日用品を販売し、お茶や地酒、軽食も取り扱っている。生活苦で支払いができない客には、ツケ払いで融通したり資金を貸し付けることもあった。

Yさんの夫は、チベット仏教僧でもある。タマン族の村では、冠婚葬祭や年中行事、お祓いなどの儀式に僧侶の役割は非常に重要である。特に、葬式においては僧侶だけが司式の権限を有している（高橋1988）。地域住民から最も尊敬され、信頼を寄せられている。そのため、相談に来る人も多い。そして、Yさんの経営する店は、バスが停まることもあり、バスを待つ人、バスから降りてきた人、暇をもてあました人などがしばしば集まって、おしゃべりをする場にもなった。単なる商品を売る店ではなく、S集落の情報が集まる場所であり、S集落の外の集落や世界とを結びつける重要な場所でもあった。

聖地ゴサインクンド（標高4380m）を目指すYさんと夫　※Yさんの夫は僧侶としてこの聖地の洞窟で修業を行った。（2009年10月チョランパティ標高約3600mにて筆者撮影）

　加えて、この店は政府の行政サービス機関やNGO、そして国際機関などに関係する外部者がまずは立ち寄る地点にもなっていた。Yさんは、1990年代半ば、NGOが実施するマイクロファイナンス（貧困層を対象とした無担保小規模融資）・プロジェクトのリーダー役を引き受けた。S集落の女性たちにとって、言うまでもなく資金は必要であったが、本当に必要な資金は、冠婚葬祭資金、教育費、医療

費、出稼ぎ資金などであったので、資金使途が農業や商業への投資活動に限定されるプロジェクトの資金貸与は、彼女たちのニーズには適応しないと、Yさんは感じていた。結局、女性たちの返済が滞ってきたことやスタッフの横領事件などから、1990年代後半にマイクロファイナンスは打ち止めとなった。

　これをふまえて、Yさんと夫は、資金を調達する方法はないかと検討した。そこで、集落の各世帯が毎月一定の掛金を支払い、その総額をくじ引きによって1世帯が受け取る仕組みで、順番に回して全員に給付するという日本の頼母子講に類似した活動を開始し、2000年から10年近くも継続してきた（辰己2006、2012）。

④カトマンズでの退屈な生活と寺院建設

　Yさん夫婦は村人に囲まれて穏やかな生活をしていた。しかし、2000年代後半、長男からカトマンズで暮らさないかという誘いがあった。長男は、「普段の暮らしは問題ないが、もし病気になったり、怪我をした場合、S集落には病院がない。緊急でカトマンズに移動するとして半日はかかる。せわしく働くのではなく、カトマンズでのんびり隠居生活を送るべきだ。これまで苦労をかけたので親孝行をしたい。カトマンズの家には両親の部屋も用意している」というのである。確かに、S集落にはヘルスポストすらもない。バスで30分ほどの郡庁所在地に行けばヘルスポストや薬局はあるが、病気になった場合、ジャンクリ（既出）を呼ぶことが多い。S集落には、ジャンクリと僧侶が存在し、集落にとっては欠かせない存在となっているが、長男は、伝統的な儀式よりも、具体的な治療を施す近代的な病院を信じていた。

　長男をはじめとする子どもたちの説得もあり、カトマンズで生活をすることになった。商店の経営や地域活動の役割をYさんの実弟夫婦に託した。頻繁にS集落を行き来するつもりであったため、家はそのまま残して留守宅の管理も弟夫婦に任せた。

　カトマンズでの生活は何の不安もなく、安定していたが、夫婦にとっては、退屈な隠居生活であった。台所は嫁たちの領域になっておりYさんが料理をつくる台所もない、農作業をする畑もない、相談に来る人もいない、親しい友人もいない。時に旅行に行くことはあったが、ひたすら家でのんびりするだけであった。

　そこで浮上してきたのがS集落という地域社会の存在であった。S集落は、他の集落に比べると社会的連帯が強く、1983/84年に全世帯参加の集落委員会が設立

され、集落の問題を共に改善・解決する相互扶助活動が行われている。冠婚葬祭時の鍋や食器などの道具類の共同管理、さまざまな利益の共有、飲料水や灌漑の整備、道普請、学校建設などを実施したり、その他、問題が生じると住民が集まって解決したりする独自の仕組みができている（辰己 2006）。

　集落の人々が集う場所として、S集落に足りないものは仏教寺院であった。S集落には寺院がなく、神事には、徒歩 20 分程度の隣の少し規模が大きい集落の寺院まで歩いていき、寺院を借りるかたちで儀式を行っていた。ゆえに、S集落には、僧侶が常駐する寺はなく、集落の人々はYさん夫婦の商店に相談に行っていた。Yさん夫婦がカトマンズに移住した際には、カトマンズから呼び出さなければならなかった。集落の人々は、僧侶が常駐する寺で日常的に祈りをささげ、神事を自分たちの寺院で行いたいと願っていた。この願いは、出稼ぎで集落を離れている人にとっても同様であった。なぜなら、タマン族は、どんなに遠くに出稼ぎに行っても、死ぬ時は故郷に戻ってこなければならない、そうでなければ天国に行けないと信じられており、葬式や死者への儀式を非常に重視しているからである（Tatsumi and Tamang 2014）。Yさん夫婦は以前からみんなの夢を実現させたいと考えていた。

　さらに、ネパールでは、タマン族に限らず、占いに対する信仰も強く、Yさんの夫は占いをみると、自分は 71 歳で他界するというのである。Yさんの夫は、これを信じて寺院建設を自分の最後の仕事として位置づけた。

　Yさんの夫は、早速、集落の人々の同意を得て、政府に申請したり、同じ宗派の寺に行き、仏像や経典をもらってきたり、寄付を募ったり、設計図をつくったり、寺院建設に向けて準備を始めた。集落の人々は、寺院建設のためにお金を出し合い、土地を購入し、雑草を刈り、整地にした。Yさんはいつも夫と行動を共にし、サポート役を務めてきた。準備が進むにつれて彼らは、S集落とカトマンズとの半々の生活を送り始めた。

⑥Yさんが方向転換した瞬間

　Yさんには、人生でいろいろな岐路があったが、常に夫に相談し話し合いながら夫の理解のもと、夫のサポート役として行動を共にしてきた。カトマンズで暮らすことになったのも、長男や夫の意向を汲んできたが、都市での生活だけはこれまでにないやりきれない気持ちを抱かざるを得なかった。なぜなら、誰かのために生き

る、というものがなかったからである。
　インドから帰国して苦しい生活が続いたときも、子どもたちのために頑張ることができた。子どもたちの成長、結婚、孫の誕生が何よりの喜びであった。商店経営では、集落の人々の相談相手になった。お金を融通したり、貧しい人々に食事を提供したり、貧しい子どもを引き取ったり、困っている人には適切な人物を紹介して問題解決のきっかけをつくったりした。
　Yさんは、占いの結果に判断を委ねたのではなく、それを「Uターン」という方向転換をする理由のひとつとして利用し、能動的に位置づけたのである。カトマンズに出ることは一般的な流れに乗ることを意味するので、理由を大きく提示する必要はなかったが、一般的な傾向に逆流する「Uターン」をするときには明確な理由が必要になる。長男の好意を踏みにじるわけにはいかない。誰もが納得する理由が必要であった。それが寺院建設であった。集落の人々のためになるからである。占いの結果によるとYさんの余命が短いので急がなければならない。Yさんは、夫が病気を患っている様子もないので占いの内容は信じていなかったが、この仕事に生きがいを見出した。
　長男は、占い全般を信じておらず、自身の努力で人生を切り開くタイプであるが、寺院が集落の人々にとって重要であることが分かっていたので、親の夢と地域の夢を叶えるためであれば仕方がないと納得し、寺院建設に対して多額の寄付を行い、2012年にはS集落の古い家を増改築するために資金を提供した。そして、Yさん夫婦は生活の拠点をS集落に戻した。長男は、ラマ家の経済的な大黒柱であるため、Uターンすることはできないし、集落の伝統的な慣習などは信じていないが、S集落の文化をまったく否定しているわけではない。むしろ、自身がカトマンズに出るきっかけをつくってくれたのは、村の人々が保有する装飾品や石であったため、S集落へは恩返しがしたいと考えていた。

（2）ラマ家の次男の妻
①ラマ家との出会い
　次に、次男の妻であるPさん（31歳）の事例を紹介する。Pさんは、インドのアルナーチャル・プラデーシュ州で生まれた。Pさんの父親はシャブル村の隣村のタマン族であり、Yさんの夫同様にチベット仏教の僧侶である。両親が離婚をした

ため、Pさんは母方の祖母と暮らすことになった。学校は、小学校3年生まで通ったが中退した。母親とは、8歳の時に会ったきりである。

Pさんは、15歳の時、祖母と一緒にネパールに移住した。父親は再婚していたので一緒には居住せず、Pさんと祖母は近くのシャブル村S集落にて生活を始めた。そこで、Yさんの次男と出会った。1年が過ぎた頃、次男がPさんに求婚した。Pさん17歳、次男22歳のときであった。新婚当時のラマ家は、Pさんから見て、夫、義理の父母、義理の妹2人、義理の弟1人とPさんの7人家族であった。Yさんは、17歳で次男と結婚したPさんを実の娘のようにかわいがり、料理を含めた家事一般をPさんに教えた。

②海外出稼ぎ―はじめてのクウェート

2000年、長男夫婦を頼って、次男夫婦、次女、三男、三女たちがカトマンズに移住することとなった。カトマンズでの生活は3年が経過した頃、クウェートの美容院で働いていた次女の夫の姉からPさんに、新しい美容院を開業するためにスタッフを必要としているとの情報が入ってきた。

一般的に海外出稼ぎに行く場合は、仲介業者に準備金を払い、集団で移動する形式をとるが、Pさんはラマ家のコネクションを利用してクウェートへの出稼ぎの機会を得た。長男の商売の顧客として知り合ったAさんと一緒に、クウェートに渡ることになった。当時のクウェートまでの片道航空券は2万5,000ルピーであった。

新しい美容院の開店に胸を躍らせて、クウェートに渡ったものの、現地では美容院の開業は見送られていた。Pさんは途方に暮れた。すぐに帰るわけにもいかない。そこで、家政婦として、ある家庭に住み込むこととなった（別棟での生活）。すでに料理担当のインド人がそこには住み込みで働いており、PさんとAさんのネパール人二人は掃除や洗濯などの家事を担当した。クウェートの言葉であるアラビア語は、滞在二カ月後には日常会話ができるほどになった。そして、ネパール・ルピーに換算して月収2万から2万5,000ルピーがもらえたという。

4カ月後、PさんとAさんがあまりにも仲が良すぎるため、家主は二人を引き離した。そして、家主の娘と母親の家にそれぞれ住まわせられることとなった。それぞれの家はかなり遠かったので、二人が会うことはほとんどなくなった。Pさんは、仕事がきついことや寂しさに苦労したが、我慢して過ごした。Aさんも同様の状況

であった。5カ月が経過した頃、Aさんが我慢しきれず、ネパールに帰りたいと切り出したため、帰国することになった。彼女たちが仕事を辞める時、家主は契約違反として、後半の5カ月間の給料は払わなかった。泣いて嘆願したが、かなわなかったという。結局、彼女たちは、5カ月間は「ただ働き」となった。二人は悔しい思いを抱えながらカトマンズに戻った。

③海外出稼ぎ―2回目のクウェート

　Pさんは、カトマンズに戻った後、仕事を探したが仕事に就くことができなかった。手に職をつけようと、美容師の専門学校に8カ月間通った。授業料は3カ月で2,000ルピーであった。仮に資格を取ってカトマンズの美容室で働いても、月収は2,000ルピー程度である。辛い思い出のあるクウェートには二度と行きたくないと思ったが、再度、クウェートに渡る決心をした。

　2回目は、AさんとAさんの夫、そして妹の4人でクウェートに渡った。4人で1カ月の家賃がネパール・ルピーに換算して2万ルピーの小さな部屋を借りて暮らした。Aさんの夫は会社の警備員として働いた。PさんはAさんと一緒に美容院に勤めることができた。美容院には、フィリピン、インド、中国、ネパールからの外国人労働者が働いており、時々、クウェート人の経営者が来て監督していた。月収はネパール・ルピーに換算して4万ルピーであった。月曜日が定休日で、火曜日から日曜日まで朝9時から夜21時まで働いた。ラマダンが終わる3日間は、多くの客が美容院に殺到するため、寝る時間もないほど忙しかった。

　夫に長く会えず寂しい時もあったが、ネパールの友人と家族同様に暮らしていたし、美容院での仕事も生活も充実していた。5年間の滞在を希望していたが、ビザが下りなかったことや、ラマ家から「そろそろ子どもが必要なのではないか、あまり歳をとりすぎると機会を逃すのではないか」とも言われ、2年間の滞在を経て帰国することとなった。夫もラマ家も金銭的には困っていなかったため、Pさんはクウェートでの収入をほとんど貯金に回した。

④子宝祈願

　クウェートから帰国した時、Pさんは27歳になっていた。お金も貯まったので、そろそろ子作りにも励もうと、帰国後半年は専業主婦として家でゆっくりと時間を

過ごした。子どもはすぐにできると思っていたが、なかなかできなかった。Ｐさんは焦りを感じるようになった。夫は仕事でもした方がよいと言って、クウェートでの経験が活かせるよう、自宅の近くに美容院開業のための支援をしてくれた。Ｐさんは、美容院を始めても、不妊に関する心配はぬぐえなかった。「自分の持っているものすべてを捧げてもよいので、どうか子どもが授かりますように」と祈った。

　Ｐさんの最初の行動は子宝祈願であった。出掛けたのは、ジャンクリのところであった。ジャンクリからは、「誰かがあなたの出産を邪魔している」とのお告げがあった。Ｐさんは、バター、油、レモン、ハチミツ、衣服などを捧げ、2カ月間、指示どおりのお祈りを行った。「このことを夫には言ってはいけない」と告げられ、Ｐさんは誰にも言わず、一人でひたすらジャンクリから教わったお祈りの儀式を続けた。2カ月が経過した後も、しかし何の変化もなかった。

　一人目のジャンクリに見切りをつけたＰさんは、その後、別のジャンクリのところへいった。今度は、宝石や1万ルピーを捧げてお祈りをしてもらった。それでも効果はなかった。その後、また別のジャンクリのところを訪問した。藁にもすがるような気持ちで、5カ所を訪問したが何の効果もなかった。

　彼女の心の中には「もし子どもができなかったら、離婚されるかもしれない。夫が別の女性と再婚して子どもをつくるのではないか」という疑心暗鬼が生まれ始めていた。なぜなら、ネパールでは1854年に『マヌ法典』の男性優位の価値観を引き継いだ『ムルキアイン』という法典が制定され、1959年の憲法制定以降、これが民法の役割を担うことになった後も男尊女卑は国是とされてきた。2007年の第12次改訂では男女平等が明記されたが、2000年以上続いた男尊女卑の価値観を一夜にして男女平等に変えることは不可能（伊藤2008）と指摘されているほど、女性の立場は圧倒的に弱いのである。

　ネパールの新聞『リパブリカ』には、ネパール全体として不妊症が増えており、Ｐさんと同様、不妊に悩み夫が他の女性と結婚するかもしれないという不安を抱えているエピソードが掲載されている[6]。このように、同様の悩みを抱えている女性の存在を知ったとしても、Ｐさんにとっては何の気休めにもならなかった。女性の友達に相談することもあったが、家庭内の問題なのであまり公にすることもできなかった。外国人である筆者であれば影響は小さいとのことから、ひっそりと相談をしてくることもあった。話している途中には涙が止まらなくなり、泣きじゃくり

ながら胸の内を明かしていた。ひとりで涙を流すことも多かったという。

　途方に暮れていたPさんに対して、Yさんは、実の母親のように優しく、「心配しなくていいよ」と声をかけてくれた。両親が離婚し、母親の愛情を受ける機会をほとんどもたなかったPさんは、ラマ家に嫁いで究極の状況に置かれた時、母の愛を心から感じることができたのである。

⑤不妊治療

　次に、彼女は、病院での不妊治療に踏み出した。大きな病院に行き、検査をしてもらった。検査の結果、卵管閉塞であった。薬で改善すると言われ、薬を飲み続けたが、1カ月たっても効果はなかった。その病院には不妊治療に関する有名な医師がおり、Pさんは直接助言を得たいと考えた。しかしながら、不妊治療は、カトマンズでは珍しいことではなく、多くの女性がこの有名な医師の噂を聞きつけ、この病院に殺到していた。この医師に会うためには1カ月以上も順番待ちをしなければならなかった。

　そこで、Pさんは、ラマ家の三男の妻がこの病院で看護師をしているので、頼み込んで早々に会えるよう根回しをしてもらった。すぐにその医師に会うことができたが、親身には聞いてくれなかった。期待が大きかっただけに、Pさんにはショックであった。結局、その病院での治療は諦めて別の病院に変えることにした。

　次に、ラマ家の長女の夫の友人を介して出会ったのが、不妊治療で有名なB先生であった。B先生自身もなかなか子どもができなかった経験をもっており、Pさんの相談に親身になって応じてくれ、個人的な連絡先を教えてくれた。Pさんは、「お金のことは厭いません。とにかく、子どもが欲しいのです」と頼み込んだ。B先生は、「多くの場合、不妊は女性に問題があると考えられる傾向にありますが、夫婦で検査を行った方がよいでしょう」と提案してくれた。

　実際、不妊の場合の問題は、女性側にあるとみなされ、男性は不妊治療においては傍観的な立場をとることが多いが、Pさんの夫は協力的であった。すぐに、Pさんと夫は検査に応じた。Pさんの場合は、卵管閉塞であったため、手術が必要となった。B先生は、Pさんの検査結果を夫に丁寧に説明したところ、費用は5万ルピーという高額であった。しかし、夫はすぐに承諾し手術をする手続きをとった。3日間の入院をともなう手術であった。そして、手術は成功した。

手術後、しばらくは、薬を飲み続けながら通院した。手術後の検査では、卵管は開通したものの排卵がないという状況がわかった。Ｐさんは、太り気味であったため、体重を落とすようにと指導を受け、運動や食事制限などを通して減量を行った。
　Ｐさんも夫も努力し、そしてＢ先生もあらゆる手を尽くした。Ｐさんは、「もうできてもおかしくないはずだが……。それなのに、なかなか子どもができない……なぜ……」という状況に陥った。Ｂ先生も疲れを隠せなくなった。薬を別のものに変えたりもしたが、「いったい何が起こっているのか」と嘆くようになった。夫の妹が2011年9月に出産したため、Ｐさんの焦燥感はさらに強くなった。
　手術から約2年が経過した時、妊娠の前兆があった。すぐに病院に行った。Ｂ先生は、大喜びして「おめでとう」と言った。夫にすぐに電話をした。夫はＰさんを抱きしめて喜んでくれた。不妊治療にかかった費用は総額で約150万ルピーであった。
　2013年2月、健康な女の子を出産した。Ｓ集落からＹさん夫婦も駆けつけた。ラマ家全員がＰさんの病院に行き娘の誕生を祝った。Ｂ先生にはお礼を言い尽くせなかった。一般にネパールでは男児選好の傾向が強い（佐野2014）。しかしながら、Ｐさんの夫は「最初の子どもは娘の方がよい、次は息子が欲しい。そして、娘が大きくなったら、不妊治療の際に自分のことのように一生懸命治療をしてくれたＢ先生のような人間になって欲しい」と未来への希望を語った。

⑥ Ｐさんが居場所を獲得するまで

　今、彼女の家では笑顔が絶えない。現在、家族全員の注目の的となっているのは、Ｐさんの娘であり、Ｐさんはラマ家の中で揺るぎない地位を手に入れた。長男と嫁、次男とＰさんと娘、次女と夫と娘、三男と妻の合計9人が、カトマンズにあるひとつの家で暮らしている。長男の息子と娘は学校の寮に入っているため、長男の妻がＰさんの娘の面倒をみてくれたり、次女が食事を担当してくれたりしている。もちろん、Ｐさんが食事を作ることもある。女性たちで家庭内の役割分担をしながら、ひとつの家の暮らしを支えている。
　Ｐさんは、自分の家族では、両親の愛を受けたり姉妹で喜びや悲しみを分かち合ったりすることは乏しく、結婚するまでは祖母と二人で転々とした不安定な生活を送っていた。帰るべき家族も故郷もなかった。対照的に、ラマ家は、家族や親族の

連帯が強く、相互扶助的な関係が強いS集落から多大な信頼を寄せられている。Pさんは、次男と結婚することによって、ラマ家とS集落の成員として受け入れられ、新しい家族と故郷をもつことができた。Pさんは、Yさんを実の母のように慕っている。

　Pさんは結婚後にそれまでにない幸せをつかむことができたが、ただひとつ引っかかることがあった。就学期間が短かったことから劣等感をもっていたのである。夫やYさんをはじめラマ家の人々がいろんなことを教えてくれたが、Pさんが大きく成長する契機となったのは、海外への出稼ぎであった。Pさんは、出稼ぎ先での失敗と成功を経験する過程で、親友ともいえるAさんと悲しみや喜びを共有し、かけがえのない社会関係を築き、美容師としての経験を積み、アイデンティティを形成していった。

　帰国後の不妊治療では、夫の愛だけでなく、ラマ家という家族を失いたくないとの一心から、自身で決断し、ひとつひとつの行動に出た。病院での治療に踏み切った際には、周りが振り回されるほどPさんの思いは強くなっていた。そして、出産という女性としての役割を果たしたとき、物質的にも精神的にも身の落ち着ける「居場所」を獲得したのである。PさんのJターンは、移動という可視的な動きだけでなく、内面的に大きく方向転換したことも含まれている。

Pさんと夫と娘（2014年2月カトマンズの自宅にて筆者撮影）

第8章　居場所づくりを始めたネパールの女性たち——171

おわりに－居場所づくり－

　冒頭で挙げた『青い鳥』は、児童文学として多くの言語に翻訳され、日本国内でも多くの人々に愛読されてきた。翻訳者たちの解説を読むと、ほとんどが幸福は私たちの身近にあると言及されており、我々もまたそういう認識をもつ傾向が強い。しかしながら、『翻訳文学総合事典』（大空社 2009）を編纂・刊行したひとりである榊原貴教は、「メーテルリンクは果たして、そのような道徳的な言説を提示するために、チルチルとミチルにさまざまな遍歴をさせたのであろうか。（中略）　無垢な精神は、さまざまな遍歴を経ることによって昇華されていく。その遍歴の経験を携えたもののみが、身近な幸福を発見できる資質を獲得するのではないだろうか」と述べている[7]。

　これまで紹介してきた彼女たちの奮闘過程は、それぞれの居場所探しであったと言えるが、ただ探し求めただけではなく、移動しながら女性たちが主体的に身近な幸福を発見できる資質を獲得する過程であった。ある時点から、彼女たちが探すことを止めて、居場所づくりを始めている転換点に注目したい。「居場所探し」から「居場所づくり」へと、内面的にも大きく成長・方向転換する瞬間である。

　Ｙさんは、夫や家族の意向に従い何の疑いもなく移動してきた。長男の説得でカトマンズは便利だからということで住んでみたが、そこは長く腰を落ち着かせる場所ではなかった。カトマンズに移動するときは明確な理由は必要なかったが、Ｓ集落にＵターンをするときには能動的な理由が必要となる。Ｙさん夫婦は、占いという伝統的な方法を利用してＹさんの夫の余命が短いこと、地域コミュニティの要請する寺院建設に尽力をしたいことを、周囲を説得する理由としたのである。それでもＹさんの心配事は尽きないが、Ｐさんが出産して安心したと話している。

　Ｐさんは、自分の故郷と言える場所をもたないままに転々としていたが、ラマ家の次男と結婚した後、カトマンズに移住し、自分の居場所を模索し始めた。あこがれの海外（クウェート）へ渡り、友人と励まし合いながら失敗と成功を経験した。カトマンズでは、不妊に悩むなか、ジャンクリのような伝統的な存在には見切りをつけ、ラマ家の人脈を活用して近代的な医療の不妊治療に乗り出し、子どもを出産した。Ｐさんの出生した家族とは対照的に、連帯の強いラマ家においてＰさんは居

場所をつくったのである。Ｐさんは、Ｙさんは本当の母のように接してくれて、自身の心の拠り所になっていたと話している。

　Ｙさんは、伝統的な寺院建設を機に農村生活という自己実現を果たし、Ｐさんは、近代的な医療を機に出産という自己実現を果たした。それぞれの遍歴は伝統と近代が交差する形となったが共通点もある。

　彼女たちは、いわゆる「Ｕターン」と「Ｊターン」という道を辿った。「ターン」は物理的な瞬間として捉えられがちであるが、これまで脈々と流れてきた遍歴があってこそ生じる方向転換なのである。彼女たちの生き方は、どこかにいけば居場所が用意されているというのではなく、居場所は自分たちがつくっていかなければならないこと、居場所が居場所であり続けるためには自身のたゆまぬ努力こそが必要であることを示している。

注

1) Ｕターンは出身地に戻る形態、Ｊターンは出身地の近くの地方都市に移住する形態を指す（農林水産省用語の解説 http://www.maff.go.jp/j/wpaper/w_maff/h18_h/trend/1/terminology.html）。日本の場合、移住範囲は国内に限定されることが多いが、ネパールの場合、海外も含まれる。首都カトマンズは地方都市ではないが、移住の形態はＪ字のように描かれると考えられる。

2) 在ネパール日本国大使館、『図説ネパール経済 2013』(http://www.np.emb-japan.go.jp/jp/pdf/economy2013.pdf)。なお、1 ネパール・ルピーは約 1.03 円である（ネパール中央銀行 2014 年 3 月 1 日、http://www.nrb.org.np/index.php)。

3) http://www.worecnepal.org/

4) 『The Guardian』(2013 年 9 月 25-26 日)http://www.theguardian.com/world/2013/sep/25/revealed-qatars-world-cup-slaves　http://www.theguardian.com/global-development/2013/sep/26/qatar-world-cup-migrant-workers-dead.

5) 2008 年、2011 年に行ったシャブル村および近郊での聞き取り調査より。本研究は JSPS 研究費 22401037、25300044 の助成を受けたものである。

6) 『Republica』(2012 年 2 月 11 日) http://archives.myrepublica.com/2012/portal/?action=news_details&news_id=41899.

7) http://homepage3.nifty.com/nada/page044.html から引用。

参考文献

Bista, Dor Bahadur, *People of Nepal*, Ratna Pustak Bhandar, Kathmandu, 1996 (6th edition).

Central Bureau of Statistics/Nepal (CBS), *Statistical Pocket Book of Nepal 2012*, Government of Nepal, Kathmandu, 2012.

Central Bureau of Statistics/Nepal (CBS), *Nepal Living Standard Survey 2010/11*, Government of Nepal, Kathmandu, 2011.

伊藤ゆき「ネパールにおけるジェンダー政策の進展と女子教育の停滞」(『文京学院大学外国語学部文京学院短期大学紀要』、No.8, 2008)、181-197頁。

中島喜代子・廣出円・小長井明美「『居場所』概念の検討」(『三重大学教育学部研究紀要』、Vol.58(社会科学)、2007年3月)、77-97頁。

佐野麻由子「ネパールにおける男児選好の分析に向けた研究ノート」(『福岡県立大学人間社会学部紀要』Vol.22 No.2、2014年1月)、103-116頁。

Subedi, Prativa, *Nepali Women at the Crossroads*, Sahayogi Press, Kathmandu, 2010.

田中公明・吉崎一美『ネパール仏教』春秋社、1998年。

高橋渉「ネパール・タマン族のジャクリとその巫術」(『宮城学院女子大学研究論文集』No.68、1988年12月)、51-91頁。

Tamang, Parshuram, Gyan Lal Shrestha and Krishna Bahadur Bhattachan, *Tamang Healing in the Himalaya*, Milijuli Nepal, Kathmandu, 2001.

Tatsumi, Kazuko and Phurpa Tamang, *The Impact of Migration on Traditional Tamang Society in Nepal: The Change of Syabru VDC in the Last Decade*, Sociological/Anthropological Society of Nepal (SASON), Kathmandu, 2014(印刷中).

辰己佳寿子「インフォーマル組織の定着過程を通した地域社会の多面的発展—ネパール山岳地域におけるグループ金融の変遷を中心に」(『西日本社会学会年報』No.10、2012年4月)、89-100頁。

─── 「山岳地域における Community-Based Finance の可能性」(『協同組合研究』Vol.25 No.1、2006年6月)、50-64頁。

第9章
インドにおける女性の地位向上のための闘い
——「アーディヴァーシー」の社会を例に

近藤　高史

はじめに

　インドにおいて、相当数の女性が男性に比べ差別された状態にあることは何度も指摘されてきた。差別は女性の一生の間続くと言われ、たとえば児童期に女児は男児が優遇される現実を経験し、青年期以降は早期婚を強いられることも多く、主婦として夫の家に仕えることが当然のごとく求められている。こうした背景もあって、一般的にインドの出生率は高く、母体死亡率も10万人中566人と高い。これはHIV/AIDSの高い有病率（男性の0.3%に対し女性は0.5%）や識字率の低さにも繋がっている。家庭内の食料品の分配にも偏りがあり、女児の相対的な栄養不足に結びついている。女性識字率（都市部では50%前後、農村部では20%前後）の改善はいまだに進んでおらず、男女間の識字率の差もいまだに大きい。男性の就学率は88%、女性は75%だが、初等教育の修了率を見ると、男性は84%であるのに対し、女性は71%しかない。家族内でも、2004年のインドでは80%の女性が家庭内暴力を受けた経験があるという。苛烈な暴力もよく指摘されるとおりであり、6時間に一度の割合で結婚した女性が生きながら火に焼かれたり、暴行されたり、また自殺に追い込まれている。その中でも、ダウリ（結婚持参金）を目的とした暴力で毎年15,000人の女性が苦しんでいると見られている。

　インド憲法は、法のもとでの男女平等を保障し、どのような市民に対する差別も禁じている。しかし、憲法の保障する男女平等を公共のあらゆる場で実現すべく法整備を進めるべきだとの見方が政策決定者の間に広がっているにもかかわらず、女性が社会の重要な決定の場から締め出されている状態はインド社会にある。たとえば宗教別属人法（Personal Law）の適用や、独立後60年が過ぎても統一的な民法

が制定されていないように、憲法の価値が十分に体現されておらず、女性への権利の保障が十分に行われていない点は指摘される［Iyer 2009:276］。

2001年のインド統計局の資料によれば、同国の農村人口は全人口の72.2％を占める。男女間の不平等の矛盾が特に顕著に見られるのは、インド農村部での生活の生命線をなす水の利用においてである。

本論では、インドの農村部における女性が、行政当局や開発者の側からどのような存在として見られてきたのかを概観し、彼女らが果たしてきた役割が軽視されているために、多くの深刻な問題を抱えている点を明らかにしていく。特に、女性によって行われている非公式(informal)な水の利用が、為政者や行政関係者によって等閑視されているため、持続可能な開発をも妨げている現状と、そこから脱却を図ろうとする女性の取り組みが続けられている点を明らかにしたい。その際、顕著な例としてインドにおいて「アーディヴァーシー」と呼ばれる集団と、同コミュニティ内の女性の活動を取り上げ、女性がコミュニティ内での公平な待遇と、コミュニティの主張とを反映させるために取り組んでいる活動を紹介していく。

1. インド女性の役割に対する認識の欠如

連邦制をとるインドでは水の利用計画は基本的に州の管轄事項となっているが、女性が農村社会において最も水の利用・管理に関わっている点が法制度に反映されていない。また、近年はジェンダーの視点を国家水政策(National Water Policy)などの資源管理過程に導入できていない点も問題視されている。すなわち、女性に対して土地所有権が男性と対等に認められていないこと、また土地が含有する諸資源（中でも重要なのが水）へのアクセスの欠如が、女性の自立性を妨げ、男性への従属を助長している要因として指摘されてきた。実際のところ、女性は家庭や耕地において土地や水の管理に関わっているが、女性の名義で所有されている土地は1％程度に過ぎない。

他国と同様、インドでも水の問題は土地問題と密接に関係している。ただし、水は流動する液体であるために、土地に固定した区画を設ければそれで水利権の問題が解決するとは限らない。無尽蔵でない死活的な資源であるだけに、水に対する権利の所在の決定は、その社会における力関係を大きく左右する。しかし、女性が農

村の日常生活において水の管理について果たしている役割は、社会内の非公式な規則や社会文化的な慣習によって妨げられている。

　近年になって、こうした非公式な規則や慣習の影響力をインドの中央・州政府が軽視していることこそが、インドにおける女性の権利を十分に保障しない原因となっているとの認識がようやく広まってきた。すなわち、女性の不平等な立場は、「公私領域の分割」から生じているとされる。公私の分割とは、女性の社会的役割や責任を家族の中に限定し、介護や子育てを女性の果たすべき役割とし、男性の役割を職場や経済の政策決定、すなわち国家やコミュニティの意思決定への関与とし、女性と男性の役割を分割してみなす考え方である。この分割の思想はインドの諸法律にも反映されており、法律が資源を取り扱う生産者あるいは経済主体としての男性によってのみ支配される「公共」の領域に浸透していくとき、法律は女性個人やグループの行動を重要性の低い、非公式な役割しか果たさない存在とみなすようになってきたと考えられている。こうして、水の管理で女性が果たしている役割も不可視の状態にされている。そして、インドの法律は女性の活動している領域を公共の領域から外したうえ、男女平等というまだ達成されていない関係を前提にしているので、実際の農村社会での水管理の実態を見えなくしてしまっている。

　もちろん、実際には女性はインド全土で大きな労働力を構成している。2001年の調査では女性は全労働力の33％を占めていた。中でも、労働集約的な生産物である水稲の栽培地域では女性労働力の動員率は高くなっている。しかし、労働参加に関連するデータは組織化された労働力を対象に集計されたものであり、これらのデータは女性の経済への貢献を完全には明らかにできていない。そして、農村部では女性が農業労働者や耕作者として雇われていたり、生産物の貯蔵、販売や物々交換においても女性が中心的な役割を果たしている点を考えれば、これらの数値はもっと高く見積もるべきであろう。さらに女性は高齢者介護や自営業分野では大きな役割を担っているが、それらを数値化することは難しい。数多くの農村部の世帯では、女性が村落社会の中心として働いているところもあり（約25％）、それは配偶者との死別や男性の家庭放棄、男性の（出稼ぎなどによる）国外移住の結果そうなったのである。こうした実態にもかかわらず、政府や公的機関が行う女性支援を目的としたプロジェクトの焦点は、フォーマル・セクターにおける女性就労率を高めることにのみ向けられている。

ところで、こうした女性の役割の軽視は植民地時代に始まったとされる。1947年のインド独立後の水資源に対する政策も、植民地政府の遺構の上に築かれたために、何年にもわたり非中央集権的な水資源と農村の生活を守ることができなかった。「男性が携わるべき」領域に関する規定が徐々に整備されていく一方で、それらの法的枠組みの外に置かれた女性の役割は法の考慮の対象から除外され、男性の関わる領域の不足や矛盾の処理が女性の雑用を増やしていったと考えられている。外部の専門家集団による開発プロジェクトも、女性が水管理において果たしている役割に着目していないため、かえって男女間の不平等を加速させる材料になってしまっているとも指摘されるようになった［Iyer 2009:284］。

　インド国内全土で、都市農村を問わず家庭内では女性は第一の水管理者であるだけでなく、教育者としての役割も果たしている。女性は子どもに水利用のルール、安全な収集法、保管法、節約法、水質の管理法を教えてきた。しかし、この側面だけを見ると、女性を井戸端で日常家事労働（運搬、洗濯、皿洗い）に勤しむ存在として見てしまい、女性が農村社会において農作業や灌漑事業にも実際には携わって経済的役割を十分果たしているという事実が見えなくなってしまう。実際、全国の農業労働者中の約3分の1は女性（2001年の調査では4,130万人）である。加えて、一般的に農村部の女性は自宅での消費向けに何かの穀物を栽培していることが多い。それにもかかわらず、女性が栽培するこれらの穀物やそれに要する水は、インドにおける農業分析でもほとんど計算に入れられていない。

表1　女性が家長の地位にある世帯の比率

年	農村部／都市部の世帯数 （100万）	女性が家長である世帯数 （100万）	女性が家長である世帯数の比率 （％）
1984	100.53 33.99	9.70 2.95	9.65 8.68
1988	108.36 34.28	11.22 3.40	10.36 9.92
1994	119.53 43.45	11.64 4.59	9.74 10.56
2000	137.42 51.52	14.33 4.85	10.43 9.41
2005	150.17 56.98	16.95 6.34	11.29 11.12
2006	154.29 54.44	データなし データなし	データなし データなし

【出典】Institute of Applied Manpower Research, *India Yearbook 2009*, Delhi, p.335 より作成。

そのため、行政上水管理の責任を担っているのは州 (state) や県 (district) であるが、女性は地域で水を管理する組織（例えば Water Users' Association）に参加することが認められない[1]。また、自宅で飲料や、洗濯、自宅用の穀物生産に用いる水が公的な水配分計画で考慮されていないので、水質悪化や水不足などの問題に直面したとき、女性は安全な水を求めて遠いところまで水汲みに出かけねばならないなど、農村女性の労働負荷を増す結果にも繋がっているのである。女性の水利用の実態が公的な枠組みに反映されないので、農村部にいる女性にとって、資源を利用する権利を組織的に要求することも難しいという悪循環に陥っているのである。

2. 権利としての水の重要性

　水は流動する物質であるだけに、人々の間に水保有の境界線を引くことは難しく、水辺に住む生物の所有権をめぐる争いにも繋がる。水利権について協議を重ねることは水利用を合理的に規制し、水をめぐる紛争を予防するうえで必須である。国際的な人権団体も、女性がより水管理に関わるよう求めている。たとえば、「第二回世界水フォーラム（2000年）」の際に設立された GWA（The Gender and Water Alliance）は安全で十分な量の水へのアクセスは全女性の権利であり、女性は水資源の管理に声を上げねばならないとしている。また「グローバルな水のパートナーシップ」（GWP）(The Global Water Partnership) は水管理の根本原理として「女性は水管理の中心的存在とみなされるべきだ」と述べている[2]。

　ところで、非政府組織（NGO）をはじめとする開発組織は農村女性の水管理への参画実現に向けて大きな役割を果たしてきた。これらの組織は清潔で安全な水の必要性、また女性や貧困コミュニティへの衛生上の配慮の必要性を強調してきた。例を挙げれば、国連の国際飲料水・衛生年間 (1981～90年) では、「清潔な飲料水と衛生を1990年までに」実現することを焦点に置き、1992年のダブリン原則・行動計画では水管理を主要問題と詳細に位置付け、「女性が水の規則を定め、管理・保守していく中心的な役割を担っていること」を認めた。そして2005年の NAAS(National Academy of Agricultural Sciences) の報告書は、「所有権の問題はインドにおける水管理の核心である」とし、明確に「資源としての水は私的財産とす

るべきではない」としたうえで、これらの資源は地域コミュニティや利用者の集団に管理権を移譲していくべきであると述べている。また、水へのアクセスとなる井戸やポンプもコミュニティに移譲していかねば、これらは比較的富裕な農民や地主にとってしか入手できないものであるだけに、貧困層のエンパワメントに役立たないとしている。

このように、水へのアクセスが権利であるという点は徐々に理解されるようになってきている。しかし1990年代以降のインドの経済開放政策によって、水管理にも市場原理が導入され、水供給の民営化が進められたことは、こうした動きと矛盾するものであった。また、国連やNAASによって認知されたこれらの考えを法的にどう組み込んでいくかに関しても、まだ明確な方向性が定まっていない。

3. インド社会におけるアーディヴァーシー女性

(1) アーディヴァーシー社会の概況

ここでは、インドの女性の中で、コミュニティ内において女性であるがゆえの厳しい制約と闘いつつ、コミュニティ全体の地位向上も図っていかねばならないという課題に取り組んできた人々として、「アーディヴァーシー」と呼ばれる人々を取り上げる。アーディヴァーシーとは、インドの多くの「先住民」の総称として用いられる。総称であるのでアーディヴァーシーは政治社会的に統一した集団ではない。この中には100以上の言語集団が数えられており、文化的にも多様である。しかし、インド社会の中で一般的に生活が抑圧されていると考えられているという類似点がある[3]。2001年の国勢調査では、彼らはインド人口の8％を占め、その数は約8,400万人である。

アーディヴァーシーの多くは山岳部や丘陵地に住み、ヒンドゥーのカースト社会には組み込まれてこなかったが、ヒンドゥー社会とは多くの接触をもちつつ、独自の文化をそれぞれの地域において発展させてきた。18世紀の英国支配の時代に入ると、アーディヴァーシーの多く住む地域へも植民地支配の桎梏が及ぶことになった。以後、アーディヴァーシーに対して石炭その他の鉱物資源が豊富な地域の森林利用が強制的に制限され、水、材木、その他の林産物に細かく課税を開始した。ほぼ同時期に非アーディヴァーシーの大規模な森林地への移住も開始された。また、

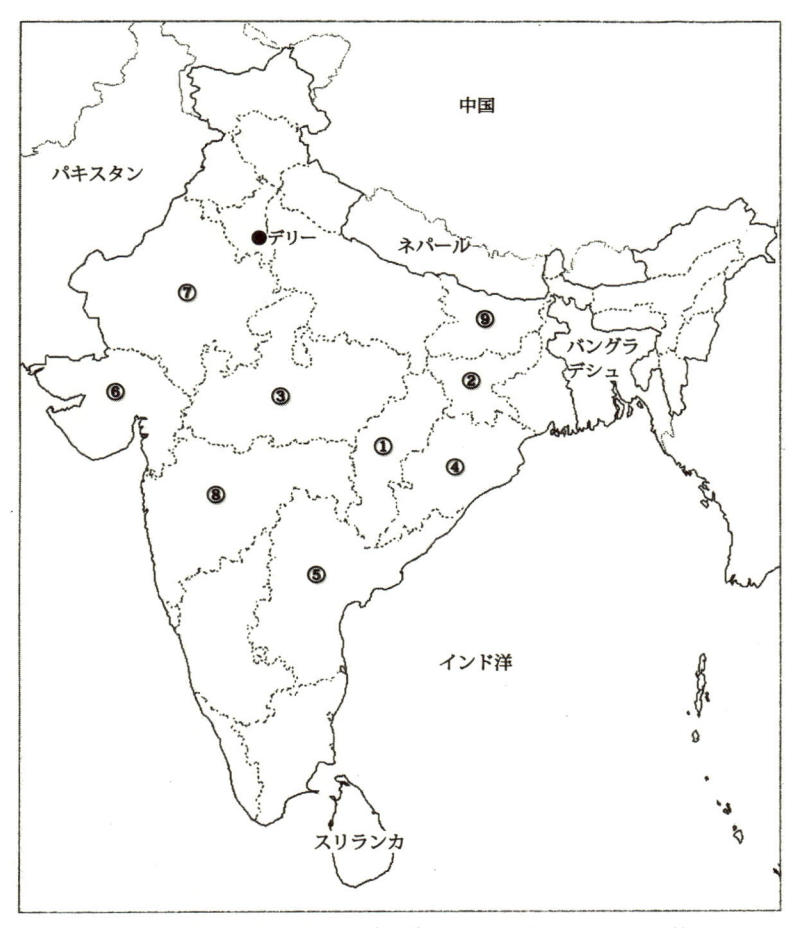

表2　インドにおける主なアーディヴァーシー居住州とその人口比
（図内の州につけた番号は下表の番号と一致）

州名	州内人口比（％）
①チャッティースガール州	38
②ジャールカーンド州	26
③マッディア・プラデーシュ州	20
④オリッサ州	22
⑤アーンドラ・プラデーシュ州	6
⑥グジャラート州	15
⑦ラージャスターン州	12
⑧マハーラーシュトラ州	9
⑨ビハール州	0.9

【出典】*Census of India*, 2001.

第9章　インドにおける女性の地位向上のための闘い——181

地税は現金で納めるようになっていたので、貨幣経済が十分浸透していなかったアーディヴァーシーは高利貸に多額の借金をせざるをえなくなった。彼らが生産した木材をはじめとする林産物は、英国による土木事業や鉄道建設のために用いられていった。

1947年の独立後のインドでは多くの法が植民地時代から継承され、アーディヴァーシー支援を目的とした法は施行されなかった。1980年の森林保全法 (Forest Conservation Act, FCA) は森林保護の名目で、国土森林の22％の利用が凍結され、さらに鉱物法、土地取得法、野生生物保全法といった諸法がアーディヴァーシーの土地に対するアクセスを次々と制限し、彼らを土地から追いやっている。非アーディヴァーシーによる森林地への移住もなお進行中で、アーディヴァーシーに対する差別も深刻である。

1950年以来、アーディヴァーシーはいわゆる「アウトカースト」の人々と同様、特別な保護規定のもとに置かれてきた。インド憲法第341条ではアーディヴァーシーは「指定部族」とされ、1951年の第一次修正憲法では州がこうした部族の社会的進歩のための特別規定を設けることを認めた。このようにしてアーディヴァーシーには連邦議会や州立法議会への議席が留保されている。連邦政府の上下両院では7％の議席が留保され、州議会でも人口に応じた留保議席枠がある。

しかし、北東部の州を除けばこうしたアーディヴァーシーは州内において常に少数派であり、既得権益の壁によってアーディヴァーシーの福利を促進するような法案も否決されることが多い。また、留保議席から選出されたアーディヴァーシーの代議員は彼ら独自の政党を創設するよりも大政党（特にインド国民会議派）の一員として行動することが多く、大政党の中で彼らの利害を政治に反映させるには限度がある。さらに、留保議席を通じて選出された人物が実際は一夫多妻で、その土地にわずかしか居住していない場合も多いので、選出コミュニティの利害をどこまで理解しているのかという問題に加え、女性の抱える問題が政治の場において議論されにくくなるという構造も生んでいる。このように、留保制度は高等教育機関への就学枠、公務員、国営企業への就業枠にも適用されているが、こうしたいわゆるアファーマティブ・アクションは公共部門に限定されていることがほとんどであり、勃興する民間部門に指定部族が進出できる機会を生み出せていない。公共部門についてみても、森林地帯に大半が居住するアーディヴァーシーは遠距離通勤・通学、

経済的貧困や社会的にいまだ根強く残る偏見のために、就学や就業を継続するのが困難である。そのため、アーディヴァーシーの子弟が教育課程を修了することは少ないので、高等教育機関や公務員において彼らのための留保枠を利用することができる者は少ないという[4]。

アーディヴァーシーと呼ばれる人々は95％以上が農村部に居住し、その多くは経済的に豊かとはいえない状況である。このうち半分以上の人々が生活を林産物に依存し、なかでもビディたばこ（テンドゥという植物の葉で巻いたインド独自のたばこ）の生産が彼らの有力な収入源である。英国統治時代から森林資源の利用を規制したり管理したりする法は存在したが、今日森林地帯は多くが国有化され、多くの地域は商業目的のために貸し出されている。このことがアーディヴァーシーから居住地を奪い、経済活動の選択肢を狭める結果ともなった。貸し出された国有地において、アーディヴァーシーがそれまで利用してきた資源を利用すると、投獄や罰金刑に処せられるようになった。森林生産物の生産と販売で生計を立てているアーディヴァーシーの女性たちにとって、こうした森林の利用制限は生活を直撃する問題となる。また、近年のインドの経済成長を背景に薪燃料の需要は増加し、違法伐採業者による活動とそれに伴う森林の水涵養機能の破壊も彼らの生活を圧迫している。さらに、アーディヴァーシーの生活を脅しているのが灌漑や水力発電を目的とした大規模なダム建設である。

（2）アーディヴァーシー女性の経済的役割と生活

アーディヴァーシー女性のコミュニティ内での役割は地域によって多様であるが、概して彼女らは農業生産に参加し、水汲み（塩分の除去や地下水の貯蔵といった重労働作業も主に女性が担っている）、林産物収集、タバコ原料となる葉の収集、子育て、家畜の飼育、生産物の販売など、多くの仕事に携わっていて、女性には多くの労働の負荷がかかっている。薪を集めるために長い距離も歩かねばならなかったり、飼葉や葉を集めたり、酒類の販売も行っている。これらの活動の収益は低く、限られた季節にしかできない労働も多い。

酒類の販売を女性が行っているというのは実は彼女らの中には男性の泥酔による暴力やアルコール依存症によって苦しめられている者も多いという事実を考えれば、奇異にさえ見える。しかし、現金収入の少ない彼女らの社会では、生存のため

にそれをせざるを得ないのも事実である。また、アーディヴァーシー女性への雇用が開かれているわずかな分野でも、女性の賃金は男性に比べ低い。比較的平等といわれる政府関連の職業でも同様である。

　アーディヴァーシーの半数は土地を持たない人々である。そして、87％は農業で生計を立てている。1991年の調査では、彼らの多くが含まれる「指定部族」の42％が年間の労働日が約180日程度の労働者であるという結果が出されている。さらに、指定部族に属する人々の42.9％が1ヘクタール以下、24.1％が1～2ヘクタールの農地で働き、10ヘクタール以上の農地で働いているのはわずか2.2％程度という数字が出ているので、まとまった収入を得ることのできる人々は少ないと考えられる。そのようなコミュニティの中でも、女性の大半には土地の所有権が認められていない。アーディヴァーシーの女性がこうした社会の経済を支えていることが多いが、土地の所有権あるいは用益権を握っているのはほとんどが男性である。

（3）教育事情と保健衛生事情

　「指定部族」に関するデータを見ると、アーディヴァーシーの子どもが小学校を卒業する比率は低く、女児になるとさらに低くなる傾向がある。1991年の女性識字率は18.2％、男性は39.2％である。最新の2001年のセンサスでは指定部族の女性識字率は28.36％まで上昇した。しかし、その上昇スピードはインド全体の識字率の伸びに比べると遅い。しかも、北東部の州では女性識字率はかなり高いが、それ以外では低いという偏りがあるので、これらの数字は一部の州では現状を正確に表していないことがある。たとえば、ラージャスターン州のジャーロル県では女性識字率は0.6％だが、北東部ミゾラム州の州都アイゾールでは85.7％であった(1991年のセンサス)。アーディヴァーシーの言語で初等教育の授業がなされないのも、アーディヴァーシーの子弟が教育課程を卒業できない原因の一つと見られているが、インド政府は州公用語での授業をこれらの人々に行う姿勢を変えていない。

　アーンドラ・プラデーシュ州では指定部族の50％が飲料水への、70％が電力への、75％以上が道路へのアクセスすら持たない。2006年までに5億ルピーの資金が彼らの保健衛生や教育改善のために用いられてきたが、それでも数千人が栄養不足、飢餓または病気に苦しんでいる。マハーラーシュトラ州では部族地域で毎年

約 23,500 人の児童が死亡している。アーンドラ・プラデーシュ州での 1,000 名あたり乳児死亡率は 165 名であり、「先進的」といわれるケーララ州ですら、アーディヴァーシーが多住するパラクカッド県のそれは 66 名である。

（4）コミュニティ内の男女の地位の相違

　アーディヴァーシーの女性は「アウトカースト」「ダリット」と呼ばれる人々に比べると、まだ良好な状況にあるかもしれないが、女性が家父長的な関係に服従を強いられているという実態が厳然としてある。そのうえに、コミュニティ外の政府職員、商人、土建業者、警察などが性的にアーディヴァーシー女性を搾取している。彼女らは社会の中の「家父長制」と「外部者」との闘いを進めていかねばならない状態にある。

　アーディヴァーシーはさまざまな地域に住んでいるので、その生活様式や慣習は多様である。女性に対しては社会的役割の限定、土地所有権の否定のほか、宗教儀礼への参加禁止といった差別がある。こうした女性差別は「タブー」という形で設定されている。たとえば、ジャールカーンド州に居住するビルホール族の間では野生動物を狩猟したり、森林奥深くに立ち入ることがタブーになっている。また、ビハール州にいるムンダ族の社会では、逆に男性が調理や子育てに関わってはならないとされている。アーンドラ・プラデーシュ州では女性が狩猟で得た動物や卵には触れてはならないとか、食料貯蔵庫に入ってはならないというタブーがある。さらに、一夫多妻の多い地域では男性が家を空けている場合が多く、女性を孤立した環境に追い込んでいる ［Bharadwaj-Bapal 2009:86］。

　2002 年 5 月、インド政府環境森林省は全州に即座に森林から「侵入者」を追い出すよう求める指示を出した。そこでは実際に違法な森林伐採を行う業者や企業よりも森林内に居住するアーディヴァーシーが標的にされ、アッサム州では 4 万世帯が土地を追われた。この後、各地での抗議運動が相次ぎ、ウッタル・プラデーシュ州政府は 2005 年に指定部族に森林に対する権益を認める法案を提出した。しかしこうした法案も、アーディヴァーシーを「ヒンドゥー」と分類し、彼ら独自の地位や文化について認めていないばかりか、アーディヴァーシー社会の（女児を含む）女性の権利も認めておらず、ただ「公益」の名の下にアーディヴァーシーの追い立てに対する罰則規定を設けているだけにとどまっている。こうした事情は 1991 年

以降、IMFによる森林開発計画が強化され、森林資源へのアクセスに対する規制が緩められていったことと無関係ではない。

　そして、森林開発に伴う水資源の枯渇、土地からの追い立てや貧困、雇用機会の不足によってアーディヴァーシーは都市部へ職を求めて移住するようになったが、その中で特に女性が過酷な経験を強いられるという不条理が見られる。以前は男性ばかりがインド中央の都市部へと移住していたが、近年は若い未婚女性の移住が進んでいると見られる。移住の理由は家族の貧困である。これらの女性は反社会的勢力による搾取の対象にされ、不当な手口で騙されたり誘拐されたりして8,000ルピーから2万ルピーでデリーやムンバイの売春宿に売られていたこともある。そして、一度都市に移住した女性は仮に部族社会に戻っても、「デリー病」（HIV感染者を婉曲的にそのように呼ぶ）に感染しているのではないかと疑われ、結婚も難しくなる。たとえHIVに感染していなくても、些細な病に罹患しただけで少女とその家族はHIVへの感染を疑われ、コミュニティから排除されてしまうのである。

　さらに、女性に家政婦その他の仕事を斡旋する「職業紹介所」も存在する。ここで職業を斡旋された女性は、非常に劣悪な環境に住まわされ、就業後も給料が完全に支払われることはまれで、多くが「職業案内所」によって中間搾取されてしまう。2006年の時点では、このような斡旋組織によってジャールカーンド州、オリッサ州、西ベンガル州といったまとまったアーディヴァーシーのコミュニティが存在する州から、デリーに61,000名、コルカタに42,000名、ムンバイに36,000名、バンガロールに13,000名、ゴアに26,000名程度のアーディヴァーシー女性が家政婦として送り込まれたと見られる。若い頃から都市部へと送られた女性は、親や年長者からの愛情も受けることなく、ひたすら家事を行う生活を強いられていて、彼女らが熱したアイロンを押し付けられたとか、食事も与えられず閉じこめられたとか、暴力行為を受けたといった新聞報道は枚挙に暇がないが、それらを警察や行政の側が真剣に顧みることは少ない。

　21世紀に入り数多くのNGOや支援団体もアーディヴァーシーの社会と関わりを持つようになってきた。しかし、欧米や日本からの資金を背景とするこれらのNGOの中には、経済先進国の「環境保護」という価値観を優先し、森林に居住する人々を環境保全のために追放すべきであるという立場を取るものもある。また、各州政府によって支援を受けたNGOもあるが、これらは「草の根民主主義」「参

加型の開発」などを謳いながら大地主制や外国資本の問題から人々の目を逸らす役割を結果的に果たしている場合も少なくない。これらの組織は、一部の政治家や官僚の不正によってアーディヴァーシーの困難がもたらされているという考え方を広める一方、人々を州政府や既存の秩序に従順であるように導いているという限界もある。

　もちろん、アーディヴァーシー社会の内部にも、女性が直面している問題がある。アーディヴァーシーの女性はコミュニティの中で男性と平等な立場を得なければならないという課題を抱えている。そのような状況から生まれる女性の運動は、たとえば女性が結婚後や出産後もブラウスを着る権利の要求など日常生活での自由な権利を求めるものから、若年婚や強制的な結婚に反対する運動に至るまで実に多岐にわたっている。こうした運動は目下の目標達成だけでなく、悪名高い「魔女狩り」の慣習をはじめ[5]、一般の人々にも影響を与えかねない迷信に抵抗する活動も行っていることがある。また、多重婚の男性と結婚した女性が置かれてしまう苦境についての教育を行い、女性の啓発を図る組織も生まれてきている。オリッサ州やアーンドラ・プラデーシュ州では未成年女子に接近してアーディヴァーシーの土地に対する支配権を得ようとする非アーディヴァーシーの男性による被害も相次いでいることから、彼らへの警戒を促す教育も行われている。政府の認可を得た酒の販売店に対し、それが家族の生命を脅かし、また借金の原因となることもあるために店を閉鎖するよう呼びかける運動を起こしている女性活動家もいる。

　アーディヴァーシー女性の共通する苦悩は、外部者（土建業者、地主等）からの性的嫌がらせである。アーディヴァーシー社会では未婚者の間では性意識が比較的緩やかであるために、性的搾取の対象にされやすい。これらの防止には女性組織の活発化が必要で、組織が活発なところとそうでないところでは犠牲になる女性の数に違いがある。いずれにせよ、アーディヴァーシーの間でこれらの運動が着実に根を下ろし、拡大すれば、コミュニティ全体における社会関係もより民主化していくだろうとのコンセンサスが生まれつつある。

（5）アーディヴァーシーの運動に関わる女性たち

　ダム建設などの巨大プロジェクトが計画に上がる以前から、アーディヴァーシーの女性が同コミュニティの闘争に携わってきた歴史は長い。英国東インド会社支配

下の1763〜1856年の間、少なくとも40回起きた反英運動にはアーディヴァーシー女性が参加していたことも植民地支配者の記録に残っている。女性が前線に立った闘争の大部分は、地主や高利貸しに奪われた土地を取り戻そうという運動である。中央政府や州政府が度々約束し、それに伴う法規が導入されてきたにもかかわらず、アーディヴァーシーは自らが耕作していた土地を取り戻すことができず、森林では彼らは侵入者とみなされた。この点は独立後も変わらず、土地を取り戻す運動は彼らの死活問題であり続けた。1967年3月に始まった北ベンガルでのナクサルバリー（ナクサライト）闘争はその例である。あまり知られていないが、この運動で掲げられた要求の中には、アーディヴァーシー女性らが集めた林産物をより公正な価格で販売できるよう求めたものがあった。

1970年代後半のアーンドラ・プラデーシュ州のアディーラバード県での土地占拠運動でも、アーディヴァーシーは先頭に立った。この運動はその最中の1980年4月、州政府によって突如非合法化され、警察の発砲で60名以上が殺害される痛ましい事件も発生した。地主による抑圧に終止符を打つための運動や土地占拠運動はアーンドラ・プラデーシュ州、ジャールカーンド州、チャッティースガール州、マッディア・プラデーシュ州で1990年代まで続けられた。これらの運動に参加した女性は森林地を占拠し、官憲や警察の嫌がらせに直面しつつも運動の前面に立ち続けた。

抑圧や挫折を経験しながらも、アーディヴァーシー女性による闘争は徐々に実質的な成果を上げるようになってきている。2002年にはケーララ州ワヤナード県でアーディヴァーシーの女性が、過去20年間に政府がアーディヴァーシーに約束しながらも実施していなかった土地付与を実現させた。アーンドラ・プラデーシュ州では1996〜2004年にかけて、アーディヴァーシーによる激しい運動が起き、その結果州政府がボーキサイト採掘のためチンタッパリー森林地帯をアラブ首長国連邦のドバイにある企業に売却する計画は見直しに追い込まれた。

インドによる大型開発プロジェクトによって追い出された人々の40％がアーディヴァーシーであり、その数は1,000万人に及ぶと見られる。1980年代以降、州や中央政府による採掘、工場建設などを目的とした大型プロジェクトによって土地を追われた人々の抵抗運動が盛んになってきた。アーディヴァーシーの人々は他地域の歴史から、土地を追われる結果の恐ろしさを学んできたため、闘争で活発な

役割を担ってきた。中でも、1980年代後半、世界銀行や日本のODAにより計画されたナルマダーダム建設も、アーディヴァーシーの間に激しい反対運動を引き起こしてきた。

　ナルマダー渓谷は数十万のアーディヴァーシー、非アーディヴァーシー小作人が数百年にわたって居住してきたが、30の巨大ダム、3,000の小規模ダムをこの川流域に建設する計画が持ち上がった。これによって4万世帯が居住地を失うなどの影響を受けることが懸念された。そして1986年以降、この地域に3,000億ルピー相当の資金をかけた大型のサルダール・サロヴァール・ダムを建設する計画が持ち上がった時、建設反対運動はグジャラート州やマッディア・プラデーシュ州に広がった。結局、この運動はダム建設を阻止することはできなかったが、1990年以降は運動の中核は女性によって担われ、その要求の焦点も適切な再定住の実施とダムの高さ制限を求めるものに変わっていった。運動の形態は住民による集会開催、断食抗議を通じた非暴力不服従運動が中心である。抵抗運動の中で、女性は地面を引きずり回されるなど暴行を受けてきたが、彼女らは「誰も去らない、ダムは建設させない」と叫んで運動を続けている。

　現在のジャールカーンド州に予定されたコエル・カロ・ダム建設反対運動にも長い歴史がある。このダム建設は1970年代半ばに開始されたが、ダムの建設に伴い水没・浸水の恐れのあった地域に住む1万6,300世帯のムンダ族の女性が農地や家屋を守る運動に従事し始めた。1983年頃からこの運動は力を持ち始め、この運動では多くの女性が路上にバリケードを作り、未舗装の道路上に作物を撒き、警察のジープが地域に侵入できないようにした。このようにして彼女らはダムの礎石が置かれるのを防いだのである。

　このほか、アーンドラ・プラデーシュ州北部では、州政府が保留している土地をボーキサイト採掘のために民間企業に貸与しようという計画を阻止すべく、さまざまな組織が形成された。丘陵地や森林地で多くの男性や女性が2003年12月に動員され、政府に計画を撤回させた。

　オリッサ州のカリンガナガールは、過去において大型プロジェクトに反対し、多くのデモや集会が繰り広げられてきた土地である。13の民間企業がこの地域で製鉄プロジェクトを操業している。カリンガナガール紛争の争点は、鉄やクロム鉱が豊富に埋蔵されているとされる12,000エーカーの土地をめぐるもので、オリッサ

州政府が地元の人々に1エーカー（約4,000m^2）当たり37,000ルピーで土地買収を図ろうとしたが、同州政府が製鉄会社（タタ製鉄）に該当地を売却した際は1エーカーあたり170万ルピーの額を徴収していたことに、地元の人々が怒りを募らせたものである。この運動の最中の2006年1月2日、警察が抗議デモに発砲し12名が死亡した。このとき、死亡した男女計4名の遺体の手首が切り落とされた状態で家族に返還されたため、遺体に対する残虐な扱いが国内で大規模な抗議運動の発生に繋がった。その運動の結果として、補償額はわずかながらであるが5万ルピーに増額された。

このカリンガナガールでの闘争はアーディヴァーシーによる運動の転換点と見られており、これまで抑圧されていた他のアーディヴァーシーも闘争に参加するようになった。オリッサ州のルールケラでは市への入り口をアーディヴァーシーが封鎖し、ルールケラ製鉄所に対し過去50年間で彼らから得た利益を返すよう要求する運動が展開された。

ケーララ州のパーラッカードゥでは2000年3月、世界的な飲料水メーカーがこの地にある工場で、飲料水製造のため1日当たり150万リットルの水を地下水脈から違法に掘削井戸と電気ポンプを通じて引いていたことが明らかになった。地元の人々によると過剰な地下水の汲み上げにより水位は下がり、500フィートから150フィートになったという。周辺地域の飲料水や灌漑用水が枯渇し、さらに工場からの排水が耕作地に流れ込み、畑の作物にも影響が出始めた。

こうした場合、水が有毒であり、汚染されているのを最初に気付くのは女性であることが多い。女性たちは水を求めてより遠い井戸へ長い距離を歩いて出かけなければならなくなるので、水の問題には最も敏感に反応する存在だからである。そして2002年、アーディヴァーシーの女性による、工場前での座り込み抗議を契機に抗議運動が展開されるようになり、30名の女性活動家の逮捕・投獄を招きながらも、高等裁判所による不法取水停止命令が勝ち取られている。

結びにかえて

このように、アーディヴァーシー女性はコミュニティの中での公正な立場を求めつつ、また対外闘争ではコミュニティを守り人々を運動に動員する役割を果たして

きた。こうした運動に対し、国家や州は抑圧的な姿勢で臨み、その結果、闘争に参加した女性や男性は警察や準軍隊によって犠牲者を出してきた。虚偽の訴状で投獄された女性もいる。警察官が投獄された女性を暴行し、彼女らに「抵抗運動家が住民を暴行している」と発言を強要し、ビデオを撮影することもある。アーンドラ・プラデーシュ州では、アーディヴァーシーに職を与えるとの名目のために彼らによる準軍隊が設立されたが、アーディヴァーシーの人々は、この組織はアーディヴァーシーの抵抗運動を抑圧するために作られているという。アーディヴァーシー女性への抑圧は、アーディヴァーシーの支配階級の政治家による自警集団である「サルワ・ジュダム自警運動」の活動にも見られる。2005年6月以来、この組織は武装警察や準軍隊の直接支援のもとで、アーディヴァーシーの運動に対したびたび攻撃を加えている。こうした武力弾圧は運動を先鋭化させ、かつてのナクサライト運動において女性も暴力闘争に加わっていった悲劇を再来させる恐れがある。

また、近年は宗派対立的な分断がアーディヴァーシー女性の間にも持ち込まれ始めている。キリスト教の宣教師団が植民地時代からアーディヴァーシーの間で活動を始めていた歴史から、キリスト教徒はアーディヴァーシーの間にも多い。最近はヒンドゥー・ナショナリズムの影響を受けたRSS（民族義勇団）をはじめとした勢力が、病院や学校を建設してアーディヴァーシーの福利に貢献して村落の人々との関係を深める一方、その関係を利用して政府所有の森林に侵入していることが問題になっている。その過程でキリスト教徒の女性が家屋から連れ出され、公然と剃髪されるという暴力被害を受けたり、村落内で「ヒンドゥー」の女性と「キリスト教徒」の女性の居住区を分割する柵が立てられたりと、女性が宗派的な摩擦の犠牲になるケースも出てきている。

アーディヴァーシー女性の社会、経済、政治的条件の研究により、同社会における女性への権利保障、同社会への土地や資源の付与という課題が解決されなければ、彼女らの解放は難しいことが明らかになってきている。しかし、そこにおいて先進国的視点から識字率や組織的な労働力における女性の動員に関わる数値の改善を目指すにとどまり、彼女らの果たしている役割への十分な評価がなされなければ、アーディヴァーシーの生活問題の解決には繋がらない。また、特に水管理の問題において顕著であるが、1990年代以降グローバルな広がりを見せた新自由主義的アジェンダが標榜する「民間主導」、「非中央集権化」といったテーゼに単純に従っていて

も、これらの人々の生存のための社会的な選択肢を狭めていくだけである。

　さらに、アーディヴァーシー女性は各コミュニティーごとに孤立していては自立のためにできることが限られてしまう。社会の中で抑圧された他の人々と協力していかなければ、彼女らの目標の達成は難しい。インドのさまざまな社会運動はアーディヴァーシー女性の活動を支えるべきである。そして、言うまでもなく、彼女らの解放なしには、インド憲法が唱える「男女同権」も真に達成された、とはとうてい言えないことを何より再確認しておきたい。

　（付記）2014年6月2日、アーンドラ・プラデーシュ州の北西中部がインド29番目の州「テランガーナー州」として分離した。正確な数値はまだ得られていないが、この州にも多くのアーディヴァーシーが居住しており、その中から「州の分離では自分たちの問題は解決されない」との主張も提起されている。

注

1）これらの組織のメンバーになるには家長としての地位か、灌漑地に対する公式な所有権を持つ者、あるいはその両方を持つ者でなければならないとされている。

2）ジェンダーの視点から、「灌漑は広く男性の仕事であるとみられており、また女性は灌漑システムの直接受益者であるとみなされていないので、水利用を組織化しようという努力から排除されてしまうのである。女性に特異的な関心は公式化された意思決定過程の外部にあるので、彼女らは『現実の』利害関係者とはみなされず周辺的な地位に置かれている」という指摘がなされている。Zwarteen, Margreet, (1995), "Linking Women to Main Canal: Gender and Irrigation Management," *Gatekeeper* 54, Sustainable Agriculture and Rural Livelihoods Program, International Institute for Environment and Development, London, p.9.

3）なお、インド北東部では欧米からのキリスト教宣教師が活動した歴史が長く、キリスト教徒の人口比が他地域に比べ高く、自治運動や分離独立運動を目指す動きもあるという特徴がある。

4）ダリットやアーディヴァーシーと呼ばれる人々は68％が高等教育以前に就学をやめてしまう。

5）「魔女狩り」とは、女性が相続や州からの土地付与によって土地を得た場合、

それを快く思わない男性らがその女性を「魔術を行う者」との烙印を押し、暴行を加えて土地を奪ってしまうことを指す。

参考文献

Bharadwaj-Bapal, Sangeeta (eds.), (2009), *Gender, Social Structure and Empowerment: Status Report of Women in India*, Rawat Publications, New Delhi.

Hasan, Zoya(ed.), (2005), Ed. *In a Minority: Essays on Muslim Women in India*, OUP, Delhi.

Iyer, Ramaswamy R. (ed.), (2009), *Water and Laws in India*, Sage Publications, New Delhi.

Kaushik, Susheela(ed.), (1985), *Women's Oppression: Patterns and Perspectives*, Shakti Books, Delhi.

Kumari, A.,& Kidwai, S., (1998) *Crossing the Sacred Line: Women's Search for Political Power*, Orient Longman, Delhi.

Mohanty, Manoranjan(ed.), (2004), *Class, Caste, Gender*, Sage Publications.

Mukhopadhyay, Swapna, (2007), The Enigma of the KeralaWoman: A Failed Promise of Literacy, Social Science, Press.

Robinson, Rowena & Kujur, Joseph Marianus (eds.), (2010), *Margins of Faith: Dalit and Tribal Christianity in India*, Sage Publications, New Delhi.

Sharma, Kumud, (1998), *Power vs Representation: Feminist Dilemmas, Ambivalent State and the Debate on Reservation for Women in India*, Occassional Paper No.28, Centre for Women Development Studies (CWDS).

粟屋利江「南アジアのカーストとジェンダー―ケーララにおける母系制の変容を中心に―」（鈴木正崇編『南アジアの文化と社会を読み解く』慶應義塾大学東アジア研究所、2011年）

太田まさこ「社会指標で見る女性の状況と現実―インド、ケララ州を事例として―」（『アジア女性研究』第19号、2010年3月）。

鳥居千代香『インド女性学入門』（新水社、1996年）。

内藤雅雄・中村平治編『南アジアの歴史：複合的社会の歴史と文化』（有斐閣、2006年）。

藤井毅『歴史のなかのカースト―近代インドの＜自画像＞―』（岩波書店、2003年）。

（事実関係については、Human Rights Watch の報告書や英字新聞 *The Hindu* にもよっている。）

第10章
ヴェールを脱いでみたけれど
── バングラデシュ開発と経済発展の中の女性たち

南出 和余

はじめに

　21世紀に入ってからのバングラデシュの変動はどの点をとっても著しいが、特に首都ダッカの変化には目を見張るものがある。車の増加やインフラストラクチャーの整備、人びとの生活も大きく変化している。そして、行き交う人びとの中に女性の姿は確実に増え、また多様

ヴェールをかぶって学校に通う女子学生たち（著者撮影）

化している。赤ん坊を抱きながら物乞いをする母親もどきの女性や年老いた女性のそばを、色鮮やかなサリーを着て颯爽と歩く女性たちや、制服風のサルワルカミスを着てテキスト片手に学校へ急ぐ女子学生たちが通り過ぎる。路上には、建設用資材の石を作るために一つ一つ煉瓦を割る女性たちの姿もある。そして、近年顕著に見られる光景としては、早朝と夕暮れ時、都市部に急増する縫製工場に通う女性たちの大行列である。こうしたさまざまな女性たちの姿が、発展途上国バングラデシュをイメージづける存在として、国際機関やNGOのパンフレットを飾ることも少なくない。

1971年の独立以来、長らく「アジアの最貧国」と称されてきたバングラデシュは、いまBRICs（ブラジル、ロシア、インド、中国）に次ぐ経済発展の可能性を秘めた「ネクスト11」に名を連ねるほどの経済成長を見せつつある。一人当たりの国民総所得（GNI）は2012年現在840米ドルを数え、経済（GDP）成長率は2004年以降6％を保ち、最貧国（後進発展途上国）の基準の一つであるGNI値1,086米ドルを、まもなく脱する勢いである。その状況を反映するかのように、日本をはじめとする世界からバングラデシュへの関心は、独立直後の救済救援や開発援助の対象から、同国の豊富な低賃金労働力に期待を寄せる衣類品縫製業の進出へと変わりつつある。こうした開発援助や経済発展への外からの熱い眼差しのなかで、バングラデシュの女性たちは、ある意味でいつも対象の中心にいた。1980年代から90年代にかけて「開発の実験場」とさえ称されたバングラデシュでは、2006年にノーベル平和賞を受賞したムハンマド・ユヌス氏とグラミン銀行に代表されるマイクロクレジット（貧困層を対象とした無担保小規模融資）の対象の大半が女性であることに示されるように、「ジェンダーと開発」におけるさまざまな取り組みがなされてきたし、急増する縫製工場ではその労働者の6割以上が女性である。バングラデシュの女性たちは明らかに、外からの影響を強く受ける現代バングラデシュの「中心」にいる。

　では、バングラデシュ内部における女性の社会的地位やイメージはどうだろうか。民主主義国家の政党政治を代表する二大政党の党首がどちらも女性であることだけを見れば、バングラデシュの女性のリーダーシップが確立しているかのように見える。しかし両党首とも、独立の父とされる英雄政治家の娘であったり、国民の支持を得た将軍の妻であったりと、彼女たちが受け入れられる背景には家族を前提とした女性の立ち位置が見え隠れする。また、特に外からの関心において、なぜそこまでバングラデシュの女性たちが注目されるのかと言えば、逆説的な意味で「社会的弱者」としての女性の立場が影響している。ムスリム（イスラーム教徒）が人口の約9割を占めるバングラデシュでは、宗教的価値観によって女性たちの社会進出が制限されているというイメージは強い。あるいはそのイメージが強いからこそ、その中での女性たちの自立や社会進出が、開発原論のモデルとされるのかもしれない。

　そのような中で、女性たちは、上記に述べた社会的、経済的変化と内なる規範を

錯綜させながら、イメージとの関係性の中で生を営む。その姿はあまりに多様で、冒頭で述べた多様な女性たちを一括りに論じるのは難しい。本稿では、まず開発や経済発展においてバングラデシュの女性たちがいかに注目されてきたかを紹介し、その背景に「家庭人」としての女性像があることを確認していく。そのうえで、筆者がバングラデシュ農村社会で見てきた女性たち、特に幼少期から青年期に至る女子たちが、教育経験をもとに家庭での関係性を徐々に変えつつあることを捉えていきたい。

1. バングラデシュの女性に向けられる眼差し

　前述のようにムスリムが人口の大半を占めるバングラデシュは、従来から多くの研究において、女性やジェンダーを語る際に「パルダ」の慣習についての前置きがなされる。「パルダ」とはもともとペルシア語で「カーテン」を意味し、性の欲望の肯定を前提としたうえでその欲

縫製工場ではたらく女性たち（著者撮影）

望を回避するために、女性の露出や外出を抑える、「イスラーム思想における慣習」とされる[1]。成熟した女性たちは生活の大半を集落の中で過ごし、外出するときはブルカと呼ばれるヴェールで体を覆うことが義務付けられる。このパルダの思想によって女性たちの行動範囲や社会進出が制限されているというのが通説である。果たして、この男女を隔てる思想、特に女性を覆い隠す思想に、開発や経済発展は変化をもたらし、彼女たちにヴェールを脱がせるものとなりうるのだろうか。

(1) 開発パラダイムと女性

1971年に9カ月間の内戦による大きな痛手と貧困飢餓を抱えて独立したバングラデシュでは、常に貧困問題解消のための経済発展が、国家目標の中心をなしてきた。バングラデシュの開発に特徴的なのは、政府主導の開発計画と並行して、国内外の民間機関、特にバングラデシュ国内のNGOが強いインパクトをもって開発をリードしてきたことである。アジア最大のNGOと言われるBRAC（Bangladesh Rural Advance Committee：バングラデシュ農村向上委員会）や、冒頭で述べたグラミン銀行[2]など名だたる大規模NGOだけでなく、ひとつの村落を活動地域とする当事者型のNGOまで数多くのNGOがさまざまな活動を展開している。2012〜13年現在、政府NGO局に活動を認可されている団体[3]だけでも1,048を数える［NGO Affairs Bureau 2014］。政府も民間団体も開発資金の大部分を外国援助に依存する中で、開発のあり方において、国際機関による開発思想が常に色濃く影響を及ぼしてきた。女性に関する政策と取り組みは、まさにその象徴と言える。

独立直後の救援活動から、農業開発、社会開発、そしてターゲット型のエンパワーメントへと変化していく中で、バングラデシュにおける取り組みの数々が開発分野におけるモデルケースとして検証されてきた。そうしたなかで、女性に関わる主な取り組みをいくつか取り上げてみたい。

●家族計画

バングラデシュは、国土面積14.4万平方kmに約1億5,600万人が暮らす、都市国家を除けば世界一の人口密度を抱える国である［BBS 2014］。1950年代から80年代の多産少死によって人口は急増し、1961年（東パキスタン）の人口が5,522万人であったのに対して、50年間で3倍に増加している。現在の人口平均年齢が24.3歳であることを考えると、この増加傾向は当分維持されるものと思われる。しかし合計特殊出生率は、1981年6.22人、1991年4.37人、2001年3.01人、2011年2.24人と、着実に減少しており、インド、パキスタン、ネパールといった南アジア諸外国と比べて最も低い値に達している。

出生率を抑えるためのバースコントロールは、農村部を中心にさまざまな形で試みられてきた。「子どもは2人、多くとも3人」、「第一子と第二子の出産間隔を5年は空ける」との啓発が、政府やNGOによって繰り返された。当初は半ば強制的

に既婚男女に避妊手術を受けさせたり中絶を強要するといった問題も生じたが[4]、コンドームや経口避妊薬の無料配布、定期的な避妊注射などによって「家族計画」が推進された。その結果、一部の島嶼部を除けば、現在30代以上の年齢層では兄弟姉妹が6、7人いることも珍しくないが、20代前半の若者たち以下では2、3人というのが大半になっている。男子が家族において重要視されるため、女児が続くと男児が生まれるまで産み続け、結果的に子どもの数が多くなることはあるが、意識の面においては確実に「子どもは少ない方がよい」との思想が定着しつつある。特に農村で暮らす女性たちにとって母になることは、社会で生きるうえでも重要なことに変わりはないが、少なく産む家族計画は歓迎されている。またそのことによって、女性たちの子ども一人ひとりへの関心は明らかに強くなりつつある。

●マイクロクレジット（無担保小規模融資）

途上国における開発実践の中で、バングラデシュの名を世界に知らしめたと言ってもよい取り組みの一つが、「マイクロクレジット」である。マイクロクレジットとは、貧困層を対象に無担保で少額資金を融資し、借りた者はそれを元手にインフォーマルビジネスを起業し、その収益から利息を返済するシステムである。公には前述のグラミン銀行が始めたとされ、現在はバングラデシュ全土、また多くの途上国だけでなく先進諸国の貧困層の間でも取り組まれている。マイクロクレジットはターゲットを女性に絞ることが多い。その理由は、女性は借りたお金をきちんと管理して返済し、起業によって得た収益を生活改善のために用いる傾向があるからとされる。実際に、多くのNGOがマイクロクレジットに取り組んでいるが、どこも利用者の9割以上が女性とされ、そして高い返済率を誇っている。女性たちは、借りたお金を資金に、たとえば雛を買って養鶏を始めたり、ミシンと布を買って仕立屋を開業するなど、自らの技術を用いて自宅でできる仕事を生み出す[5]。

マイクロクレジットは、バングラデシュNGO界の発展自体にも大きく貢献した。グラミン銀行はその名の通り「銀行」という位置づけのもとに活動を進めているが、クレジットの利息から得た収益は、クレジット利用者への健康サービスや識字教育に用いられるなど、公益性を特徴としている点でNGOに近い。多くの国内NGOも、マイクロクレジットを「貧困層への支援活動」の一環と位置付け、これを広く採用している。そして、海外からの援助に頼って活動を展開してきたNGOにとっては、

マイクロクレジットで得た収益を自己運営資金とすることで、海外援助の顔色をうかがうことなく自由に活動を展開することも可能となった。いわばマイクロクレジットを利用する貧困層の女性たちが、バングラデシュのNGO界を支えているといっても過言ではない。

●ノンフォーマル教育普及活動

もう一つの開発実践例は、ノンフォーマル教育普及活動である。1980年代にBRACが農村部で始めた基礎教育普及の方法で、30人の生徒が一人の教師の家の軒下や地域の集会場に集まって展開する学校である。その後多くのNGOが、農村部や都市スラム地域において展開してきた。大きな学校を建てるより小さな学校スペースを村々で展開する方が、低コストで、子どもの通いやすさからいっても効果的であるとの考えである。

ノンフォーマル教育における女性への視点は二つの面から捉えられる。一つは女子教育の強調である。多くのNGOは、ノンフォーマル教育が女子就学率の向上に意味を持つとしている。その理由は、ノンフォーマル学校の普及が、それまで遠く離れた村外の学校には行くことができなかった子どもたち（その多くが女子）にとっての就学の機会となったからである[6]。もう一つの側面は、教員には村の女性が採用されることがある。村の住民（しばしば子どもたちにとって地縁関係にある者）が教師をすることで、学校が「近しい場」を形成するとともに、そのことが村の女性の地位向上にも繋がるとされた[7]。政府は第三次5カ年計画（1985年～1990年）において初等教育就学率を2000年までに100％とする目標を掲げていたが、NGOによるノンフォーマル教育の力を借りずして目標達成は難しいとの判断から、ノンフォーマル学校は政府運営の学校と同等に政府によって認可されている［Hossain 1997：92］[8]。

●手工芸品生産

さらに、バングラデシュの女性たちが従来から持っていた技術を手工芸品産業に採用し、フェアトレード経済思考の波に乗せて売り出す策も、一定の成果を挙げている。特に刺繍布の「ノクシカンタ」は、昔から人びとが日常的に行っている古着の再利用を商品化したものである。バングラデシュの女性たちは、着古したサリー

やルンギ（男性用腰巻）を重ね縫いし、敷布や掛布、赤ん坊のお包みなどに用いてきた。縫い合わせる際に刺し子に加えてさまざまな模様をほどこし、そうしてできた刺繍布は日常的に使用するのに加えて、母親は娘が婚出する際に持たせたりする。その刺繍の技術に目をつけたNGOが、古着ではなく新しい布にパターン化した模様を刺繍するノクシカンタの商品化を実現した［五十嵐2002］。女性たちは家内職や近くの作業所に出向いて仕事をし、わずかながらも収入を得る機会を得た。

　このように、バングラデシュの開発実践の中で女性たちは広く注目され、実践例をなしてきた。しかし、ここに挙げたマイクロクレジット、ノンフォーマル教育、手工芸品産業のどれを取ってみても、女性をターゲットとする原理あるいは一定の成果に繋がった要因の根底には「家庭人（妻、嫁、母）」としての女性像がある。マイクロクレジットが成功を収めている要因は、「女性のほうが（男性より）堅実」で「女性は家族のために収益を活用する」といった女性イメージによって説明される。地域密着型のノンフォーマル教育において女性が教師を務めるのも、「女性は子どもに目を配る」といった母親像に起因する。また、ノクシカンタ産業ももとは家事に端を発し、多くの場合、家内産業の領域において実施される。つまり、こうした女性の開発実践は、「まじめな女性」対「自由な男性」というジェンダーイメージのもとで、彼女たちが過ごしてきたこれまでの親密圏の領域をそれほど出ることなく達成されてきたからである。その開発実践をつかさどる組織の側を見れば、政府やNGOの職員は相変わらず大多数の男性と、以前から活躍する高階層高学歴出身の一部の女性に限られ、大半の女性は「対象（ターゲット）」であり「参加者」でしかない。その意味で、こうした開発実践は女性をとりまく状況を大きく変えたが、社会の構造そのものに直接的に変化をもたらしたわけではない。

　池田［2011］の議論では、マイクロクレジットを「ジェンダーと開発」の観点から見た場合、女性に対する暴力を回避するどころか、かえって暴力を増加させるとの見解が示されている。お金を借りるのが女性であっても、実際にその用途を決めるのは夫である場合が多かったり、あるいは女性たちは借りたお金を夫の言うがままに渡すことを強いられ、それを拒否すると逆に暴力に遭ったりする。また借りても返済できない場合は、返済のために他のNGO機関からさらに借りるといった多重債務の状態に陥った挙句に、夫からは離婚されるといったケースも目立つとい

う。そこには、女性たちは表面上「前に出た」が、実際のところは男性が主導権を握る力関係にあまり変化は見られない。

（2）女子教育の推進

ノンフォーマル教育の取り組みにも見られるように、教育の普及を介した人材育成は、独立以降バングラデシュにとって大きな課題であった。独立直後の1974年の識字率は全体でわずか26.83％、女性に至っては16.43％であった［図1参照］。海外援助からの強い働きかけもあって、バングラデシュ政府とNGOは、特に女子の就学率向上のためにさまざまに取り組んできた。初等教育においてはノンフォーマル教育の認可に加え、政府運営の小学校では出席率に応じて貧

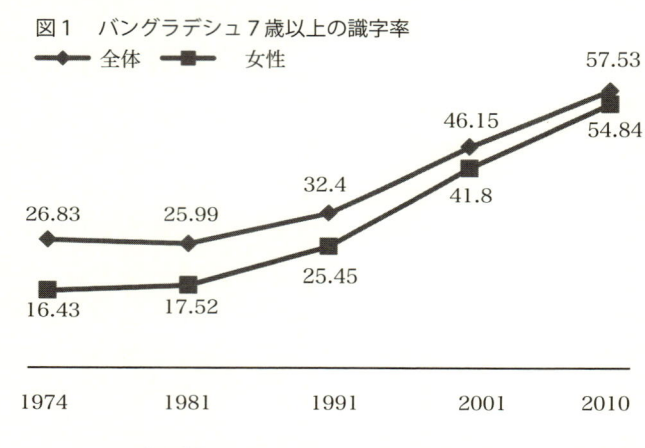

図1　バングラデシュ7歳以上の識字率

年	全体	女性
1974	26.83	16.43
1981	25.99	17.52
1991	32.4	25.45
2001	46.15	41.8
2010	57.53	54.84

【出典】1974年～2001年　［BBS 2007：116］参照
　　　　2010年　［BBS　2013：ix］参照

困層に食糧支給（Food For Education）や奨学金支給を実施した。また、女子には前期中等教育の無償化を図り、奨学金の支給も行った。そうした努力の結果、就学率は飛躍的に上昇し、初等教育に関しては97.63％の就学率に達し、識字率は54.84％に成長した［図2参照］。

女性の通学行為は、彼女たちの行動範囲を広げ、家族親族を超えたコミュニティとの接点をもたらした。それが「教育」という大義名分をともなって受け入れられることのもつ意味は大きい。

国家的な立場での開発にとって、識字率や就学率の上昇が将来の社会を担う「人材」の育成を意味するものとされる。しかし、学歴や就学率の上昇が直接的な人材育成を意味し、自動的に女性の社会進出に繋がると見るのはあまりに短絡的であろ

う。そのためには、学歴が意味をなす形での女性の就職の機会が用意されていなければならない。さらには、その機会の活用が女性自身によって、また社会によっても一定の評価を得る関係性が不可欠である。教育がもたらす変化については、次節において、実際の調査に基づいて議論したい。

図2　バングラデシュ 10—14歳／初等教育（純）就学率

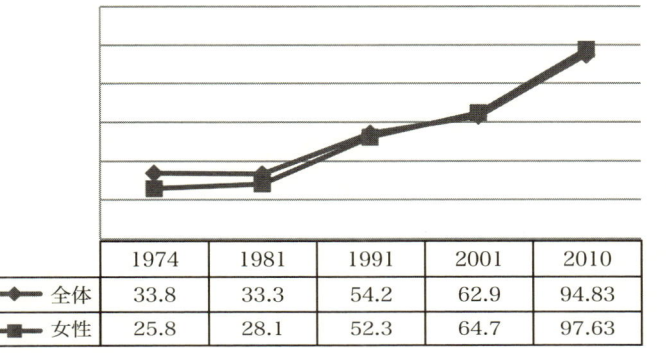

	1974	1981	1991	2001	2010
全体	33.8	33.3	54.2	62.9	94.83
女性	25.8	28.1	52.3	64.7	97.63

【出典】1974年〜2001年　[BBS 2007：124-125] 参照
2010年 [BANBEIS 2012：23 参照　2013：ix] 参照[9]

（3）縫製工場で働く女性たち

　独立当時、農業を主とする第一次産業への従事者が労働人口の約7割を占めていたバングラデシュにとって、新たな産業部門の開拓は急務であった。そうした中1980年代から韓国をはじめとした海外企業による縫製工場の開設が進み、衣料品はバングラデシュの主要な輸出向け製造品を占めるようになった。縫製工場開設の流れはいまだ止まることなく増え続け、2008年の世界的な金融危機や、中国における労働賃金の上昇は、若い低賃金労働人口を豊富に抱えるバングラデシュにはむしろ追い風となった。BGMEA（バングラデシュ衣料品製造業輸出業協会）によれば、2013年現在バングラデシュには5,600社の縫製工場があり、400万人の労働者が働いている。2012年〜13年の衣料品目年間輸出額は215億1,573万米ドルで、全輸出額の77％を占める。

　そして、そこで働く労働者の6割以上が女性と言われている。多くの女性たちが、農村から都市に出てきて縫製工場で働いている。以前はそうした女性たちが都市で就く仕事といえば、他家で働くメイド職が大半であった。1990年代半ばの村山 [1997] の調査によれば、都市で働く女性のうち、教育をまったくあるいはほとんど受けていない女性の大半はインフォーマル・セクターでの雇用に集約されており、

第10章　ヴェールを脱いでみたけれど——203

そのうち68％がメイドとして働いていた。縫製工場の急増は、そうした女性たちを他家における家事労働から工員業へと導いたと言える[10]。農村から都市へ出てきて縫製工場で働く女性たちにとって、それはいわゆる「社会進出」を意味していると言えるのだろうか。

　縫製工場での労働を生活戦略の視点から見た場合、そこには男女の差が認められる。後述するが、筆者は2000年からバングラデシュ中央北部ジャマルプール県でフィールドワークを行い、特に2000年代前半に小学校に通っていた子どもたちの社会化および学校教育の影響について追っている。当時から見ている子どもたちはすでに20歳前後になり、その多くの若者たちがまさに、ダッカや近郊の縫製工場に出稼ぎに出ている。

　筆者の調査地から出稼ぎに出るのは男性が大半である。長時間重労働の事実も相まって、縫製工場での仕事は決して好印象をもって受け入れられるものでもない。したがって調査地では、「よほどの貧しい家の女性のみ」縫製工場に出稼ぎに出て、それ以外の女性たちは、教育を受け、そして早い時期に結婚するというのが今のところの主流である。縫製工場への就職に学歴はほとんど差異をもたらさず、給与（特に初任給）にも反映されないことも関係している。こうした理解からも、縫製工場での労働機会が必ずしも女性の積極的な社会進出として歓迎されているわけではないことが分かる。男性の場合も必ずしも好印象ではないが、農村での仕事に比べて決して悪くない収入が得られる縫製工場での仕事は、好まざるとも受け入れうる仕事となっている。

　また、縫製工場で働く若い男性たちの多くは未婚で、教育を離脱してから親戚や知人の伝手を頼ってダッカに出る。ダッカでは親戚の世話になるか、同郷者たち3、4人で長屋1部屋を借りて共同生活をしている。現在、縫製工場は増加の一途で労働者売り手市場にあるため、彼らは少しでも条件のよい工場に移りながら給与を上げていく。村との往来も頻繁で、農繁期にはいったん村に帰って農業に従事し、農閑期のみ縫製工場で働くという者もいる。また、教育から完全には離脱せず、試験の前後には村に帰って受験する者もいる。彼らは、縫製工場での仕事を「人生の目的」とは捉えておらず、数年働いてお金を貯めれば村に帰るか、もっとよい仕事を求めるか、あるいは海外への出稼ぎを考える。縫製工場での仕事はそうした青年期の移行に位置づけられて考えられている。

では女性の場合はどうか。2012年にダッカ近郊の縫製工場で働く217（男性114／女性103）人を対象に調査を実施したところ、女子の場合は家族との同居者が大半で、一人暮らしか友人との同居が6名いただけであった（男性の場合は30名）。既婚者率も51.4％と高く（男性は29.8％）、夫とともに工場で働いているケースや、未婚者の多くも近隣の実家から通っている。彼女たちは、男子に見られたような青年移行期というよりも、実家婚家を問わず、家計を支えるため、収入を得るための仕事として就いている場合が多い。

　以上のように、縫製業を主流とする現在の経済発展においても、女性たちは数のうえでその中核を担い、バングラデシュの経済発展を根底から支えている。確かに彼女たちは、縫製工場での仕事から収入を手にすることで、家庭内における一定の発言権を得ただろうし、そのお金を（家族のために）いかに使うかを自らの判断で決めることもできるようになった。そして、筆者が知る限り、都市近郊の縫製工場で働く女性たちは、工場内でも家から工場に通う道のりにおいても、ブルカ（ヴェール）を身にまとっていない[11]。

　しかし、女性たちの労働そのものを司るのは男性が中心で、縫製工場においてもやはり女性が管理職や経営者に上り詰められるケースは、男性のそれ以上にごく限られる。ダッカの日系縫製工場を調査し、その構造をジェンダーの視点から分析した長田は、縫製工場における女性たちの位置づけについて、「縫製工場では長時間ミシンの前に座り、集中して作業することが求められ、手先が『器用』で『従順』で多少の待遇の悪さにも文句を言わずに働くとして、男性より女性が選好みされ」るとしている［長田2014：vii］。しかし、「他方で、企業内部ではジェンダーに基づく職務の分離、職階を設けることで、女性労働力をいつまでも非熟練、低賃金労働力に押しとどめ」る構造があることを指摘する［前掲］。縫製工場ではそもそもの昇進制度に限界があり、男性であっても女性であっても、その工場に居続ける限り、工員は常に工員にとどまり続ける。給与や立場を引き上げるには、経験と伝手を頼って他の工場に移るしかない。家族を伴って生活する女性たちの場合、そう簡単に工場を移動できるわけではなく、同じ工場で働き続けることで上昇するのはせいぜいわずかな給与くらいである。

　開発や経済発展における注目の「中心」にいながら、「担い手」とは言い難い女性た

ちは、結局は「家庭人」に留まり、単に活動が増えて忙しくなっただけなのではないだろうか。次節では、こうした開発や経済機会の中で農村の女性たちの関係性や生活がどのように変化しているのかを、筆者の調査経験に基づいて検討してみたい。

2. 女性のエイジェンシーからみた変化

　農村社会で育つ子どもたちには、いわゆる従来型の社会化の過程を捉えることができ、そのなかで女の子たちは既存のジェンダー規範とそれを基盤とした自己アイデンティティを形成する。しかし、農村部においてもさまざまな村落開発が進み、出稼ぎが頻繁化する状況は、顕著である。開発への取り組みや経済変動は、農村のジェンダー規範や関係性にどのような変化をもたらし得るだろうか。前節までの議論が外からの眼差しによる機会の拡大であるならば、本節では、女性たちのエイジェンシー[12]の内実の変化について考えてみたい。

村の女性たちの井戸端会議（著者撮影）

（1）子ども期のジェンダー形成

　一見すると、「パルダ」の思想によってバングラデシュの女性たちは虐げられているかのように思うかもしれない。しかし、そのように描くのはむしろ外部者による解釈であって、当の女性たちは、それを当然のものとしてやり過ごし、ときにブルカ（ヴェール）は彼女たちにとってファッションのような感覚でもある。外出時にブルカを身にまとうことは身体化され、真っ黒のブルカの裾にスパンコールをあしらって楽しんだりしている。

　成熟した男女の行動範囲や行動様式は確かに異なるのだが、それはいかにして習得され身体化されるのだろうか。意外なことに、筆者が農村でフィールドワークをしていた際に、子どもたちが親をはじめとする大人から直接的に「異性との別行動」

を強要される場面は見られなかった。遊び集団を見ても、6、7歳の頃までは男女が入り混じって遊んでいた。しかし、子どもたちは次第に自ら男女一緒に遊ぶことをしなくなる。特に女子たちは、「年下の弟たちとは遊ぶこともあるけれど、年上の男子とは遊ばない。恥ずかしいから」と言い、男女が一緒に遊ぶことを「恥ずかしい」と捉えて自ら行動を抑制する。そして、「小さい頃は遊んでいたけれど、今は遊ばない。（男女が異なることを）小さいときは分かっていなかったけれど、今は分かるから」と言う。つまり、農村社会で暮らす子どもたちにとって、年上の子どもたちの振る舞いや近しい大人社会を垣間見ることで、行動規範や価値観を学び取り、それを実践できること＝「分かる」ことが、年下の子どもたちと自らとの差異化となって、自己を形成する。ジェンダー規範を「分かっている」こと、それをより正しく守ることが、自らの成長を意味するのである[13]。

「女性が外出するのは必要があるときだけ」、「ブルカをまとわず外出するのは子どもの頃まで（自分はすでに「子ども」ではない）」という意識は、彼女たちの女性としてのアイデンティティとなる。

（2）「賢母思想」に支えられた女子の学歴上昇

筆者が見てきた子ども、若者たちを特徴づけるならば、彼ら彼女らは「教育第一世代」である。つまり、親世代が通学経験をほとんどもたない中、1990年代からの急速な初等教育普及のもとで学校に通い出した世代である。親たちが子ども時代に経験しなかった学校教育において、彼ら彼女らは新たな知識と情報を得て、そしてその経験が大なり小なり彼らのその後に影響を及ぼす。親たちは、「学校のことは子どものほうがよく知っている」として、どの学校に行くか、学校で何を学ぶか、についてあまり関与しない[14]。

学校教育が彼女たちの生活にもたらすさまざまな変化の中で、筆者が注目するのは「学校に通う」という行為そのもののもつ意味である。前節で述べたように、国内外からの働きかけによって女子教育は推進され、学校ではより具体的な女子優遇政策が取られてきた。女子たちは小学校から中学校へ進学するようになり、「娘」であると同時に「学生」であることが、彼女たちの10代の過ごし方に変化をもたらしている。

バングラデシュの農村では今でも15、16歳になると親の決めた相手と結婚す

る女子が多い。6歳で小学校に入学すると、ストレートにいけば16歳で前期中等教育（10年生）を終えることになる[15]。筆者が見てきた女子たちの多くが、途中で離脱することなく学校教育を受け続けた場合、10年生を終えた時点で行われるSSC試験（Secondary School Certificate：前期中等教育修了試験）を節目に結婚した。10年生になる前に教育から離脱した者は、その後まもなく結婚することが多かった。一方、結婚しても、SSC試験に合格すれば結婚後も教育を受け続けることも珍しくない。そしてその場合、学校が実家の近くにあることを理由に、婚姻後も完全に婚家に移り住まずに実家で生活する。

　そこには前節で述べた縫製工場の急増に伴う都市近郊への男子の出稼ぎも関係している。都市で働く男性と結婚する女性たちは、婚姻後も夫が単身出稼ぎのため日常的には不在のケースが多い。まれに妻も都市に移り住んで一緒に暮らしたり、あるいは縫製工場で一緒に働くケースも見られるが、都市での生活費を考えると家族は農村に残って生活する。そうした場合、彼女たちは夫不在の婚家で生活するよりも実家での生活を好む。そのときに、学校に通っていることは実家に留まることの大義名分になる。夫が帰郷する際のみ婚家に行くか、あるいは夫も帰郷の際には妻の実家を訪問する。それは子どもが生まれてからも変わらず、特に1歳か2歳くらいの幼い時期には、彼女たちは実家で子どもを育てている。

　一例を挙げると、小学生の頃から筆者と親しくしているルミは、SSC試験受験直後に結婚したが、試験に合格して後期中等教育カレッジに籍を置いている。結婚当初は婚家で生活していたが、夫が都市にいるため不在の間は実家で生活している。筆者が、実家と婚家どちらでの生活が中心かと尋ねると「半々」と応えるが、実際には筆者がいつ訪ねても彼女はだいたい実家にいる。その状況は彼女が出産した後も変わらない。彼女の実家には、子どもに会いに、出稼ぎから帰郷した夫だけでなく、義母もたまにやってくる。「あなたがこっちにいて夫や義母は怒らないの？」と尋ねると、「多少文句は言うけれど……。でも婚家には義母も兄嫁だっているし、主婦はそんなにいらないわよ」と。カレッジには妊娠後はほとんど通っておらず、試験も受けていない。しかし本人は辞めたつもりはなく、子育てが落ち着けば再開すると考えている。そうして婚姻後も実家で生活する娘を母親は、批判するどころかむしろ歓迎している。これには一家庭における子どもの数の減少も関係している。ルミには弟一人しかおらず、母にとってはルミが実家にいると何かと助かるのであ

る。

　こうした農村社会の女子の学歴上昇は、「将来、子どもができれば家で勉強を教え得る」という賢母思想によって支えられている。男子の場合、学歴を積むことでよりよい就職を期待するが、実際には学歴が意味をなすホワイトカラー職そのものが限られており、一方で学歴がほとんど差をもたらさない縫製工場での仕事がこれだけ多いと、男子たちは葛藤を覚えながらも都市へ出稼ぎに出る。調査地のように、ある程度の農業が可能で切迫した貧困状況にない場合、女子が都市に働きに出ることはむしろ好まれず、その分、女子の学歴は上がる。

　では、女子の学歴が上がること、彼女たちが（結婚後も）学校に通い続けることは、彼女たちをとりまく関係にどのような変化をもたらしうるだろうか。

（3）家族の中の人間関係

　筆者が見てきた「教育第一世代」の彼女たちの多くは、すでに結婚して子どもを出産している。早い者は、その子どもがすでに学齢期に達しようとしている。また、ルミのように自ら教育を受け続けている者もいる。夫が単身出稼ぎのため不在である者は珍しくない。

　まず、彼女たち自身の学歴について、結婚後も学校に通い続け、結果的に自分のほうが夫より学歴が上になっていることも少なくない。夫や義父母らがそれをどのように捉えているかというと、決して否定的な意見はなく、すでに述べた賢母思想や、あるいは、ごくまれにある農村部での小学校教員などの募集に応募できるという理由から、「妻」「嫁」の学歴上昇を歓迎している。

　そして、彼女たちの関心は次第に自らの子ども、つまり「教育第二世代」の教育に移りつつある。どの学校に通わせるか、子どもの教育にいかにお金を使うか、ということを考えている。その際の相談相手は夫である場合も多いが、日常的に夫が不在である場合、彼女たちの情報源は、姉妹や義姉妹、自らが通う学校での友人たちである。すでに述べたように、彼女たちは「学校のことは子どもの方がよく知っている」とする親のもとで自らの学歴を形成してきたので、親世代は子どもの教育の相談相手にはならない。したがって、同世代の女性同士のネットワークが、彼女たちの情報源の役割を果たす。特に私立学校に子どもを通わせる親たちは、子どもが低学年の時は往々にして通学に付き添い、授業のあいだ外で母親同士おしゃべり

をしながら待っている[16)]。

　たとえば筆者が農村滞在中にホームステイをする家族では、老夫婦と7人の兄弟姉妹の次男家族が生活しているが、次男自身はやはり出稼ぎに出ているため、日常的には老夫婦と次男の妻と2人の子どもが生活している。子どもの学校については次男の妻が判断し、その際に意見を聞くのは、その家の娘で地方都市部に婚出していて、たまに実家に帰省する義妹などである。

　女性の学歴形成が「よき母親像」を前提とした受容であるならば、それは彼女たちにとって社会構造の再生産に他ならない。しかし、教育を介した新たな知識や情報、あるいは通学による生活スタイルの変化、交友を介したネットワークが、母親のあり方に変化をもたらすならば、それは、女性たちが自らのポジションに受動的でありながらも、その中での関係性や力関係に徐々に変化をもたらす可能性を帯びている。

おわりに

　グローバルな人の移動や経済の流動化は、人びとを取り巻く状況を大きく変えている。開発援助や経済発展の眼差しが、バングラデシュの女性たちを社会の表舞台に連れ出した。ある面では女性たちは「ヴェール」を脱いだのである。しかし、ヴェールを脱ぐことが、彼女たちの生きる社会からどれだけ歓迎されているのだろうか。ヴェールを脱ぐことで「新たな暴力」に直面することもあれば、それが「貧しさゆえ」という限定的な理解にとどまっていることも多い。また、女性たちは労働力として期待され、職に就くようにはなったが、しかし問題は、そのように女性を位置づけ、「参画社会」の構造を描くのが、相変わらず男性中心であるということである。そのため女性たちの活動範囲は広がったが、関係性に変化がない限り、家庭と外の労働を一手に担って忙しくなるばかりである。さらに、冒頭で紹介したようなさまざまな女性たちの姿が明るみになり、それぞれに解釈がなされると、女性たち自身が自己をいかに認識するかということにおいて、ある種の迷いが生じることもありうるだろう。

　だからといって、女性たちは単に「使われている」わけではない。女性たちの情報網や意思決定、そして関係性の変化は、家庭の中の女性たちにも見られはじめて

をしながら待っている[16]。

　たとえば筆者が農村滞在中にホームステイをする家族では、老夫婦と7人の兄弟姉妹の次男家族が生活しているが、次男自身はやはり出稼ぎに出ているため、日常的には老夫婦と次男の妻と2人の子どもが生活している。子どもの学校については次男の妻が判断し、その際に意見を聞くのは、その家の娘で地方都市部に婚出していて、たまに実家に帰省する義妹などである。

　女性の学歴形成が「よき母親像」を前提とした受容であるならば、それは彼女たちにとって社会構造の再生産に他ならない。しかし、教育を介した新たな知識や情報、あるいは通学による生活スタイルの変化、交友を介したネットワークが、母親のあり方に変化をもたらすならば、それは、女性たちが自らのポジションに受動的でありながらも、その中での関係性や力関係に徐々に変化をもたらす可能性を帯びている。

おわりに

　グローバルな人の移動や経済の流動化は、人びとを取り巻く状況を大きく変えている。開発援助や経済発展の眼差しが、バングラデシュの女性たちを社会の表舞台に連れ出した。ある面では女性たちは「ヴェール」を脱いだのである。しかし、ヴェールを脱ぐことが、彼女たちの生きる社会からどれだけ歓迎されているのだろうか。ヴェールを脱ぐことで「新たな暴力」に直面することもあれば、それが「貧しさゆえ」という限定的な理解にとどまっていることも多い。また、女性たちは労働力として期待され、職に就くようにはなったが、しかし問題は、そのように女性を位置づけ、「参画社会」の構造を描くのが、相変わらず男性中心であるということである。そのため女性たちの活動範囲は広がったが、関係性に変化がない限り、家庭と外の労働を一手に担って忙しくなるばかりである。さらに、冒頭で紹介したようなさまざまな女性たちの姿が明るみになり、それぞれに解釈がなされると、女性たち自身が自己をいかに認識するかということにおいて、ある種の迷いが生じることもありうるだろう。

　だからといって、女性たちは単に「使われている」わけではない。女性たちの情報網や意思決定、そして関係性の変化は、家庭の中の女性たちにも見られはじめて

いる。彼女たちの教育経験がそこに及ぼす影響も決して小さくない。そうした関係性の変化や女性たちのエイジェンシーが、社会で増え続けるさまざまな機会を吸収し、外の世界に自己を位置づけていくことが期待される。

ヴェールを脱いだ女性たちが、「眼差しの（眼差される）中心」から「社会の中心」になるのはいつの日か。それは日本もまだ達していないのだが、今バングラデシュの女性たちは、少しずつだが着実に動き出している。

注

1) 村山［1997：78］は、女性隔離を意味する言葉としての「パルダ」が他のイスラーム地域で使われている例は見られないとしており、「パルダ」を否応なくイスラームの価値観によるものとするのは再考の余地があるだろう。しかし一方で、村の女性たちは「パルダ」について尋ねられれば、宗教規範として説明することもまた事実である。
2) グラミン銀行はNGOではないが、公益性を重んじる点において開発の文脈ではNGOと共に論じられることも多い。
3) 海外からの資金援助を受け取るNGOは政府NGO局に登録し、定期的に活動の許可を受ける必要がある。これはテロ組織の資金流入を防ぐためとされている。この数には、団体として登録はしているが活動を休止しているNGOや、たとえばマイクロクレジットによる収入などで自立的に活動を展開しているような団体、大規模NGOの下請けとして活動している組織は含まれない。
4) 1990年前後にタンガイル県の農村部で調査をした西川［1997：190］は、「家族計画の普及には、家族計画の利点と方法についての情報は提供されても、それが女性の身体に及ぼす影響や危険性については説明されていない」と指摘している。
5) 近年ではマイクロクレジットは貧困層だけでなく、貧困層から這い上がった中間層に対していくらかまとまった融資を行い、それを資金に縫製工場を始めるといった中小企業の起業にも貢献している。この場合の利用者には男性が多い。
6) 学校数が限られていた状況では、女児が遠い村外の学校に通うことを懸念する親も多かった。また学校が普及する以前は、男児であっても兄弟間での選択戦略、つまり兄弟のうちの1人ないし数人のみが学校に通い、残る兄弟は稼業の農業に従事するということが行われていた。そうしたなかで女児の教

育機会が限られていたことは容易に想像がつく。
7）［南出 2003］ではノンフォーマル学校で校長を務める女性のライフヒストリーを描いている。
8）その後、NGO と政府により初等教育の量的普及が進むと、各 NGO は教育の質的向上を目指し、よりフォーマルに近い学校体制に整えようとしている。
9）図 2 では、1974 年～ 2001 年のデータは 2001 年国勢調査における「5 歳～ 24 歳の就学率」のうち 10―14 歳の値（5―9 歳／ 10―14 歳／ 15―19 歳／ 20―24 歳の各区分のうち最高値）を抜粋した。2010 年のデータは教育情報統計局による教育統計の中の「初等教育総・純就学率― 2010 年」のうち、準就学率の値を抜粋した。
10）村山［1997：71］も 1990 年代にすでに「かつてインフォーマル・セクターに滞留していた女性労働力を、縫製工場が吸収した、ということが可能」と述べている。
11）村山［1997：75］の調査では、縫製工場で働く女性の多くが「仕事上ではパルダは問題とならない」と考えていることが明らかとなっている。
12）バトラー［1999］は、先立つ主体があって行為があるのではなく、言説行為を通じて主体が構築されるとし、その行為体を「エイジェンシー」と呼んでいる。したがってエイジェンシーは、完全に能動的でもなく、また完全に受動的でもない「自己」を捉えうる概念として議論されてきた。
13）子どもたちの規範認識については［南出 2009］で論じている。
14）学校選択については［Minamide 2004］で論じている。
15）バングラデシュの学校教育制度は、初等教育 5 年、前期中等教育 5 年、後期中等教育 2 年の各節目で全国統一試験が実施される。ただし現在、教育改革の真っただ中で、初等教育を 8 年間、中等教育を 4 年間一貫にする政策が動いている。
16）近年、農村部にも低授業料の私立学校が急増している。政府立学校の教育の質が懸念されるなか、出稼ぎ等で現金収入を得る家庭の親たちの間では私立学校に子どもを通わせるケースが増えている。

Azim, Firdous and Maheen Sultan, *Mapping Women's Empowerment: Experiences from*

参考文献

Bangladesh, India and Pakistan, Dhaka: The University Press Limited, 2010.

Bangladesh Bureau of Statistics (BBS), *Population Census-2001: National Series, Volume-1 Analytical Report*, Dhaka: Government of the People's Republic of Bangladesh, 2007.

—— *Statistical Yearbook of Bangladesh 2010*, 2011.

—— Report on the Bangladesh Literacy Survey 2010, http://www.bbs.gov.bd/ webtestapplication/userfiles/image/Survey%20reports/Bangladesh%20Literacy%20Surver%202010f.pdf［検索：2013 年 1 月 12 日］

—— http://www.bbs.gov.bd/home.aspx［検索：2014 年 4 月 1 日］

Bangladesh Bureau of Educational Information and Statistics (BANBEIS), *Bangladesh Education Statistics 2011*, Dhaka: Ministry of Education, 2012.

Bangladesh Garment Manufacturers and Exporters Association (BGMEA), http://www.bgmea.com.bd/［検索：2014 年 4 月 1 日］

Dannecker, Petra, *Between Conformity and Resistance: Women Garment Workers in Bangladesh*, Dhaka: The University Press Limited, 2002.

Hossain, Hedayet, 'Decentralization of Educational Management and Planning of Primary Education in Bangladesh,' *Getting Started: Universalizing Quality Primary Education in Bangladesh*, Dhaka: The University Press Limited, 1997, pp.74-116.

NGO Affairs Bureau, Prime Minister's Office, Bangladesh, 'Flow of Foreign Grant Fund through NGO Affairs Bureau: At a Glance,' http://www.ngoab.gov.bd/Files/statistics.pdf［検索：2014 年 4 月 1 日］

Minamide, Kazuyo, 'Children Going to Schools: School-Choice in a Bangladeshi Village.' *Journal of the Japanese Association for South Asian Studies*(『南アジア研究』) No. 17, 2005, pp.174-200.

Nuzhat, Kanti Ananta, *The New Urban Women in Bangladesh: Their Changing Economic Profiles*, Dhaka: Center for Urban Studies, 2012.

五十嵐理奈「開発援助 NGO によるパッケージ型商品生産―バングラデシュにおける刺繍布製品ノクシ・カンタの誕生」(『経済と社会』東京女子大学社会学会紀要 30 号、2002 年)、59-83 頁。

池田恵子「バングラデシュにおける女性に対する暴力と『ジェンダーと開発』の展開―ある『草の根』女性運動家の語りから」『静岡大学教育学研究報告（人文・社会・自然科学篇）』61 号、2011 年、1-16 頁。

長田華子『バングラデシュの工業化とジェンダー―日系縫製企業の国際移転』御茶の水書房、2014年。

西川麦子「バングラデシュの村落レベルの開発と女性―タンガイル県M村の事例から」（押川文子編『南アジアの社会変容と女性』アジア経済研究所、1997年）、150-190頁。

バトラー、ジュディス（竹村和子訳）『ジェンダー・トラブル―フェミニズムとアイデンティティの攪乱』青土社、1999年。

南出和余「開発に生きる女性のライフヒストリー―バングラデシュ村落社会にて」（『ボランティア学研究』4号、2003年）、99-117頁。

―――「バングラデシュ農村社会における遊び集団の機能」（『子ども社会研究』15号、2009年）、179-192頁。

村山真弓「女性の就労と社会関係―バングラデシュ縫製労働者実態調査から」（『南アジアの社会変容と女性』、1997年）、45-81頁。

第11章
ドイモイと社会主義体制の中のベトナム人女性たち

栗原　浩英

はじめに

　私のみる限りベトナムの女性は毎日朝早くからよく働き、よく動いているというイメージが強い。また、私が交流のある研究者仲間に限ってみても、男性に比べて女性はこちらの頼んだ仕事をきちんとこなしてくれる傾向があるように思える。ベトナム共産党と政府・国会も「男女平等法」の制定（2006年）に象徴されるように、男女同権の実現に向けた取組みを進めており、国連開発計画（UNDP）のような国際機関からも評価されるまでになっている[1]。他方、女性の側も共産党の推進するドイモイ路線のもとで社会進出を果たしつつある。たとえば企業経営で成功をおさめ、ベトナムのトップ経営者に名を連ねる人間も現れてきている[2]。また、2009年の調査によれば、「高度の専門技術」を要する職業では男女の比率が相半ばしている[3]。しかし、同時期の別の調査では、「家庭内労働」に女性労働力の占める割合が64％に達しており、その背景として男尊女卑的な思考や「家事は女のすること」という発想がベトナムの社会に依然として存在していることが識者によって指摘されている[4]。

　さらに、ドイモイのもとでベトナムが、市場経済化・グローバル化の過程に参入するに伴い、現在、妊娠中絶、AIDS感染、DV、売春、人身売買、偽装国際結婚といった他国も直面している社会問題が顕在化してきているが、他方、これらの問題を「個人的な問題」、「家庭内の問題」に還元し、諦観する風潮がみられるとの指摘もある[5]。これは「自活」・「自己責任」の時代ともいうべきドイモイのもとで、男女を問わず国民の権利意識や自己主張の幅が拡大してきたことの裏返しの現象であるとも言えるだろう。

以上のように、ベトナムは男女平等を推進しようとする傾向と、これにブレーキをかけようとする傾向が錯綜した状況にある。ここでは、全体を通じて1986年のドイモイ開始以降、現在に至るまでの時期を範囲に、ベトナムが社会主義国であることを支柱としながら、女性を取り巻く環境を考察していく。ベトナムは共産党の一党体制下にあり、行政府・立法府も同党のコントロール下にある。ベトナムの女性政策を考察するにあたっても、まずは共産党の主張がそこにどう反映されているかを把握することが出発点となるといっても過言ではない。

　そのうえで、本稿は以下の三つの側面からベトナムの女性を取り巻く環境にアプローチしていく。第1には、現在ベトナム共産党が女性政策に関して最も重視しているイシューを把握するとともに、その実現に際して支障となっている問題を特に法制度との関連において考察し、ベトナムにおける男女平等の現状を概観する。第2には、ドイモイの展開によって、女性にとっても職業をはじめ、人生における選択肢が拡大してきたのは事実であるが、前述した社会主義というベトナムに特有な要因がそこにどのように投影されているのか、私の知人の歩みをもとに考察する。そして、第3には、女性の過去の功労に対する顕彰やすでに歴史の一部となった女性に対する尊崇をとりあげ、ベトナム共産党の女性に対する視点がなぜ歴史的過去をも含むものとなっているのか、またそれがどのような論理のうえに展開しているのかを考察し、そこから現在の同党の女性政策の特徴を浮かび上がらせることを目指すこととしたい。

1. ベトナム共産党の女性政策

　ベトナム共産党は1930年の結党以来、男女平等を綱領に掲げて活動し、政権を掌握した後も憲法や法律にその姿勢を反映させてきた。そうした同党の近年の女性政策を把握するうえで最も重要な文献は「国土の工業化と現代化を推進する時代にあっての女性工作」に関する政治局決議11号（2007年4月27日付）であろう。この決議は、ドイモイのもとでグローバル化時代を迎えるに至ったベトナムで、女性政策の成果を列挙するとともに、問題点の原因を分析し、2020年までの達成目標を提示したものである。そこにはベトナムにおける女性の労働条件の現状、女性自身の意識の問題点、社会の側の女性に対する意識の問題点、冒頭で述べたような

グローバル化時代の中で多くの国々が直面している社会問題への対応が列挙されていることはいうまでもないが、特筆すべきは同党が数値目標まで掲げて取り組もうとしている課題が明記されていることである。

　それは「工業化と現代化」という時代の諸課題に対応するために、党・国家の職員に関して女性の指導的幹部（管理職）の養成を重視している点であり、2020年を目標に、①政治理論・国家行政管理学校での養成コースに参加する女性の割合を30％以上に高める、②各級党委員会に参加する女性の割合を25％以上に高める、③国会と各級人民議会（地方議会）に占める女性議員の割合を35％から40％にまで高める、④各機関・単位においては女性の比率を30％以上に高め、指導的幹部は必ず女性とする、⑤党・国会・国家・政府の高級指導機関においては男女平等の目標にふさわしい女性の比率を有する、といった数値目標や意欲的な目標が示されている[6]。

　実際、ベトナムの国会議員に占める女性の割合は表1が示すように、11期（2002〜07年）以降漸減傾向にあるものの、現13期（2011〜16年）では24.4％というように、アジアでは依然として高い部類に属し、東南アジア諸国連合（ASEAN）10カ国に限ってみれば現時点でラオスに次ぐ位置を占めている。各級人民議会に関しても女性議員の比率は国会に近似しており、しかも増加傾向にある（表2参照）。

表1　国会における女性議員の比率

任期	5期 1975〜76年	6期 1976〜81年	7期 1981〜87年	8期 1987〜92年	9期 1992〜97年	10期 1997〜2002年	11期 2002〜07年	12期 2007〜11年	13期 2011〜16年
比率	32.3%	26.8%	21.8%	17.7%	18.5%	26.2%	27.31%	25.76%	24.4%

【出典】*Vo Thi Mai, Danh gia chinh sach binh dang gioi dua tren bang trung*, Nxb Chinh tri Quoc gia, Ha Noi, 2013, tr.61. より筆者作成。

表2　各級人民議会（地方議会）における女性議員の比率

各級＼任期	1989〜94年	1994〜99年	1999〜2004年	2004〜2009年
省・中央直轄市	12.20%	20.4%	22.33%	23.80%
区・県・市	12.26%	18.4%	20.12%	22.94%
村・街坊・町	13.2%	14.39%	16.56%	20.10%

【出典】*Nguyen Duc Hat (chu bien), Nang cao nang luc lanh dao cua can bo nu trong he thong chinh tri*, Nxb Chinh tri Quoc gia, Ha Noi, 2009, tr.336-338. より筆者作成。

しかし、女性議員中、指導的な地位（役職）についている人々の割合となると、別の状況が浮かび上がってくる。国会議員の中から選出される国家の要職である国家主席（元首）、政府首相、国会議長のポストには、歴代男性が就任してきた。唯一、1992年以降、女性の指定席となっている要職は国家副主席のポスト（1名）であり、かつて南ベトナム臨時革命政府の外相を務め、国際的にも著名なグエン・ティ・ビンが10年間（1992～2002年）その地位にあった[7]。また、現13期国会に関してみると、国会副議長は4名中2名が女性であるが、国会常務委員会委員（議長・副議長・委員で構成）となると、18名中、女性は4名に過ぎない[8]。政府に目を転じてみても、現在、閣僚28名中、女性は2名のみである（比率7.1%）。2011年12月時点で、中央省庁の次官職、課長職、課長補佐職に占める女性の比率はそれぞれ、8.27%、9.73%、19.04%となっている[9]。人民議会に関しても、表3にあるように、各級で議長職にある女性の比率は低いが、副議長職では村・街坊・町レベルを除くと、2004年から2009年の任期では20%を超え、また経年的には各級において増加傾向にあることが見て取れる。各級人民委員会（地方政府）の委員長（首長）・副委員長に関してもほぼ同様な傾向を指摘することができるが、副委員長職における女性の比率は同期で20%には達していない（表4参照）。

　以上から、中央・地方を問わず行政府・立法府では女性の進出は副次的な職位、すなわち補佐役や代理にとどまっているといってよいだろう。

　続いて共産党の中央組織に関して見ると、表5・表6が示すように、中央委員会および各級党委員会で女性の占める割合は国会や各級人民議会に比較してさらに低くなる[10]。共産党の最重要ポストである書記長職は党創立以来、常に男性によって占められてきたし、党の最高指導機関ともいうべき政治局においても、現在政治局員16名中女性はわずかに2名に過ぎない（表5参照）。同党史上最初の女性政治局員が誕生したのは第8期（1996～2001年）になってからのことであり、それと現在の第11期を除くと、政治局は男性のみで構成されてきたことが分かる[11]。また、各級党委員会における女性指導者（書記・副書記）の比率は低いが、第11期に関しては基礎レベルになるほど比率が高くなるという傾向を読み取ることができる（表6参照）。

　以上のような党・行政府・立法府における女性参加と指導層の現状の中で、政治局決議11号で提起された数値目標を達成するうえで支障となっているのが、労働

表3 各級人民議会（地方議会）における女性議長職の比率

各級	職位	任期 1994-99年	1999-2004年	2004-09年
省・中央直轄市	議長	7.6%	1.64%	1.64%
	副議長	1.9%	18.03%	28.13%
区・県・市	議長	3.57%	3.8%	4.57%
	副議長	7.73%	11.42%	20.26%
村・街坊・町	議長	1.50%	3.46%	4.71%
	副議長	1.10%	5.57%	11.94%

【出典】下記より筆者作成。
Nguyen Duc Hat (chu bien), *Nang cao nang luc lanh dao cua can bo nu trong he thong chinh tri*, Nxb Chinh tri Quoc gia, Ha Noi, 2009, tr.336-338.

表4 各級人民委員会（地方政府）における女性幹部の比率

各級	職位	任期 1994-99年	1999-2004年	2004-09年
省・中央直轄市	委員長	1.89%	1.64%	3.13%
	副委員長	11.6%	12.6%	16.08%
	局長	4.4%	7.38%	―
	副局長	8.5%	9.9%	―
区・県・市	委員長	1.8%	5.27%	4.45%
	副委員長	8.5%	8.43%	19.8%
	部長	19.5%	11.7%	―
	次長	20.62%	16.0%	―
村・街坊・町	委員長	2.17%	3.02%	6.78%
	副委員長	3.11%	2.42%	11.1%

【出典】下記より筆者作成。
Nguyen Duc Hat (chu bien), *Nang cao nang luc lanh dao cua can bo nu trong he thong chinh tri*, Nxb Chinh tri Quoc gia, Ha Noi, 2009, tr.336-338.

表5 ベトナム共産党中央委員会における女性委員の比率

職位	第10期（2006-10年）人数	比率(%)	第11期（2011-15年）人数	比率(%)
政治局員	0	0	2	12.5
党中央委員会書記	2	20.0	2	18.18
中央委員	13	8.13	15	8.57
中央委員候補	3	14.29	3	12

【出典】下記より筆者作成。
Vo Thi Mai, *Danh gia chinh sach binh dang gioi dua tren bang trung*, Nxb Chinh tri Quoc gia, Ha Noi, 2013, tr.56.
http://123.30.190.43:8080/tiengviet/tulieuvankien/banchaphanh/details.asp?topic=105&subtopic=211&leader_topic=505&id=BT2811131614;
http://123.30.190.43:8080/tiengviet/tulieuvankien/banchaphanh/details.asp?topic=105&subtopic=211&leader_topic=505&id=BT2540635207;
http://123.30.190.43:8080/tiengviet/tulieuvankien/banchaphanh/details.asp?topic=105&subtopic=211&leader_topic=505&id=BT2711158250;
http://123.30.190.43:8080/tiengviet/tulieuvankien/banchaphanh/details.asp?topic=105&subtopic=211&leader_topic=505&id=BT26120659178
閲覧：2014年3月1日。

表6 共産党各級委員会における女性委員の比率

職位	10期（2006-10年）省	県	村	11期（2011-15年）省	県	村
書記	6.25%	4.46%	4.59%	3.17%	4.77%	6.18%
副書記	3.88%	5.54%	7.25%	9.52%	5.82%	8.42%
常務委員会委員	7.91%	7.83%	5.83%	8.25%	10.19%	9.10%
執行委員会委員	11.75%	14.74%	14.36%	11.30%	15.16%	18%

【出典】Vo Thi Mai, *Danh gia chinh sach binh dang gioi dua tren bang trung*, Nxb Chinh tri Quoc gia, Ha Noi, 2013, tr.57.

者の定年を、男性は60歳、女性は55歳とする労働法第187条による規定である[12]。

　前述した党と国家の要職はその適用外であるが、中央・地方官庁、党各級機関の幹部と職員がその影響を受けると考えてよい。たとえば、中央省庁における次官職に占める女性の比率が8.27%であることはすでに述べたが、その9割が年齢50歳以上となっている。次官が中央官庁で昇進を果たすためには地方への出向が要求されるため、50歳を超えた女性次官にとって昇進の可能性は絶望的となる[13]。課長職に関しても、35歳から40歳までに出向してキャリアを積むことが求められるが、その期間は女性が育児に時間をとられる時期であることを考慮すると、ベトナムの現状では女性に不利な規定であるといわざるをえない。女性課長が出向する比率は6%に過ぎず、その中に35歳から40歳に該当する者はいないという（2012年）[14]。

　また、党の各級委員会委員に関しても、現11期に臨むにあたり各級委員会の約35％は50歳以上とすること、再任の場合は、少なくとも4年間の活動を完遂しうる年齢であること、初任の場合は、1期（5年）務めることなどが規定された（2009年）[15]。特に「約35％は50歳以上とする」という規定は女性に極めて不利に作用することになる。定年を考慮すると、女性が50歳を超えると委員に選出される可能性がなくなり、また51歳を超えると再任の可能性がなくなるからである。このように、男女間で定年年齢の格差が存在することに加えて、各機関での昇進や選任に関わる個別の規定が、有能な女性の抜擢や昇進を阻害する一因になっている。男女間の定年の格差解消と延長に向けての議論は国会でも開始されたが、ベトナムにおいても女性に不利にならないような昇進制度や、働く女性を支援する体制の整備が急務となってきていることは確かであろう。

2．女性の選択肢の拡大

　これまでの主たる対象は党・国家機関で働く女性であったが、私企業など存在する余地のなかった旧い社会主義体制の時代とは異なり、ドイモイのもとで女性たちは特に国家機関の職員にならずとも生活をすることが可能になった。ここではそのような道を歩んだ一人の女性の生き方を紹介することにしたい。私がマイさん（仮

名)にベトナム語を教わったのは、1986年2月から6月までの5カ月間に過ぎなかった[16]。しかし、学生を惹きつけるその熱心さや学生にやる気をおこさせる授業は私の脳裏に深く刻まれている。また、私が多少なりともベトナム語を理解することができるようになったのは、何よりもマイさんが基礎を叩き込んでくれたからである。私とほぼ同世代に属するマイさんは、1986年当時、すでに結婚して、一児の母親となっていた。

ドイモイ以前の旧い社会主義体制の末期にあたるこの時期、ハノイの人々は一様に貧しい生活をしていた。衣服の色はカーキ色、灰色、黒など地味な色が主流であった。女性はもっぱらズボンをはき、スカートをはいている人はほとんどいなかった。町中にもほとんど看板がなく、町全体が単調な灰色で覆われていた。人々の主たる移動手段は自転車で、それが大切な家財ともなっていた。マイさんも大学の裏手にある質素な住居で、自転車を貴重な家財として所有しながら生活する、ごく平均的なハノイ市民の一人であった。

それから30年近くが過ぎ、この間にマイさんは教員生活を辞め、企業経営に転身した。現在、縫製業と不動産業を手がけ(資本金は900億ドン、日本円にして約4億3500万円)、ホーチミン市の中心部である第1区にオフィスビル兼自宅を所有する。運転手付の自家用車(ドイツに本社のある高級車メーカーの最上級の部類)の後部座席でスマートフォンを手にしながら、ホーチミン市を拠点に周辺地域を駆け回る毎日を送っている。

このように、30年の間にマイさんの生活に巨大な変化をもたらした要因としては、当然のことながら内的なものと外的なものとがあった。マイさん自身の努力と商才を内的要因と位置づければ、冒頭で述べたように、ベトナムが社会主義国であるという状況のもとで内的要因を開花させるうえでのチャンスや環境が外的要因ということになるだろう。以下、そうした外的要因に注意しながら、マイさんの歩みを見ていくことにしたい。

まず何よりも重要なのは、マイさんの商才が開花するチャンスを与えてくれたポーランドとの出会いである。1989年に大学からポーランドへの留学の話が持ち上がり、マイさんはポーランド語を1年間学習した後、大学院生試験に合格し、1990年にポーランド留学を果たした。

1989年当時、ベトナム人が海外に出ることは困難で、所属機関をはじめ、多く

の役所でのチェックを経なければならなかった。その意味で、マイさんは選ばれた人間であった。マイさん自身は共産党員ではなかったが、おそらく次のような事情が所属機関によって評価されたものと思われる。第1には、大学を卒業して、外国人留学生にベトナム語を教授する部門に配属された後、1981年と85年の2回にわたり、ベトナムの擁立したヘン・サムリン政権（カンボジア人民共和国）が統治するプノンペンに派遣され、カンボジア人を対象にしたベトナム語の教育に従事したことである。国家の要請に応えて職務を遂行したことが高く評価されたのであろう。第2に、マイさんの家庭環境である。父親は旧ソ連のレニングラードに留学経験をもつベトナム人民軍の将校であったが、若くして亡くなった。配偶者もベトナム戦争中、ホーチミン・ルートを経て南ベトナムに入り、そこでの戦闘に従事した経験をもつ。国家への貢献度からしても申し分のない家庭環境であると言えよう。

マイさんに留学の話が打診された頃、当のポーランドでは1989年6月に実施された総選挙で、統一労働者党は大敗を喫し、9月に労働組合「連帯」の指導者であったマゾヴィエツキを首班とする非共産主義政権が成立していた。統一労働者党による一党独裁体制は終焉を迎えていたが、経済状況が好転したわけではなく、1990年に入っても首都ワルシャワではあちこちに買い物の行列ができていた。マイさんが一家でワルシャワに到着したのは、まさにそのような時期であった。その時、世話になったポーランド人への土産としてベトナムから持参した衣類が、意外にも大変な好評を博することになった。当時、衣類はベトナムの数少ない輸出製品の代表格となっていた。結局、マイさんは「本業」の勉強よりも衣類販売の方に力が入ってしまい、経営手腕を発揮しながら富の蓄積に成功することになるが、このようなマイさんの立場をさらに後押しするうえでプラスに働いたのが、ベトナムにおけるドイモイの進展であった。

当時のベトナム人の留学や在外研究には多かれ少なかれ、ベトナムにいても国家から十分な給料が支払われないという経済的に困難な状況を打開する意味合いがあった。実際、ドイモイの進展に伴い、それを国家が公然と肯定するような側面も出てくるようになった。ドイモイの真髄は「自活」に他ならない。それは、旧い社会主義体制の特徴ともいえる、国家が配給制などによって社会構成員の面倒を一から十まで見る体制からの脱却であった。言い換えれば、国家にとって重荷となっていた公務員の数を減らすという、いわゆるリストラがドイモイの実行にとって重要な

意味をもつことになった。

マイさんにとって、人生の転機は1994年に訪れた。その年、ベトナムの大学・専門中等学校省（現在の教育・育成省）から、留学生に対して「帰国するのもよし、留まるのもよし」という趣旨の通知があったからである。つまり、

社会主義体制崩壊直後（1990年2月）のワルシャワの街角（撮影：筆者）

帰国すれば身分は保証するという。他方、帰国しないことも認めるが、その場合は自活の道を模索せよ、すなわち帰国しても居場所はないというものであった。この時、マイさんは家族とともに後者の道を選択した。これは、それまでの教員生活に別れを告げるという重大な決定であった。教員生活に未練がなかったわけではないが、教員の給料は安いし、自分の頭を商売のために使った方が、より利口になれるように思われたのだという。

ただし、マイさんには商売の道に転身するうえで極めて有利な条件があったのも確かである。それは父親の軍人としての論功行賞として、母親がホーチミン市に土地を所有していたからである[17]。マイさんはその土地に縫製工場を建設し、労働者を雇用して、ポーランドとの間の取引を軌道に乗せることに成功した。その後、ロシア、米国、日本などにも販路を拡大するに至ったのである。ポーランド人がベトナム人を差別せずに分け隔てなく接してくれたことや、当時のポーランドの無制限と言ってよいほどの対外開放政策も商売をするうえで有利に作用したという。

マイさんの事例が示すように、ドイモイのもとで女性が自らの将来を開拓する選択肢は拡がったことは間違いないが、それがすべての女性に対して平等な機会を提供するものかといえば、必ずしもそうであるとは言い切れないに違いない。すでに

述べたように、マイさんの場合、その才能に加えて、本人自身も含め、親族が党と国家の事業に貢献し、その履歴が何ら非の打ちどころのないものであったという事情が、人生の転機にも有利に作用したことは明らかであるからである。あくまで仮定になるが、父親が1975年以前に南ベトナムでベトナム共和国軍の将校を務めていたような女性がいたとして、彼女がマイさんと似通った道を歩むことができたであろうか。おそらく無理であったろうと推測せざるをえない。ベトナム戦争を戦い抜き、南ベトナムを解放し、全土を統一したことは、ベトナム共産党の政権掌握の正統性に関わる根本的な問題であり、それを自ら否定することは不可能であると思われるからである。

3. 歴史の一部となった女性たち

　それでは、ベトナム共産党はなぜ自らの来歴や政権掌握の正統性にこだわろうとするのであろうか。ベトナム戦争が終結し、全土統一が果たされてから、40年近くの歳月が過ぎようとしている。ベトナムも戦火と無縁な国になりつつあるとはいえ、ベトナム共産党にとっても、国民にとっても戦争が続いた時代は決して歴史的な過去とはなっていない。第一次インドシナ戦争（1948～54年）、ベトナム戦争（1965～75年）、カンボジアへの軍事介入（1979～89年）、そして中越国境地帯での戦争（1979年2月～3月）で近親者を失った人々、傷病兵となった人々が多数存在しているのである。

　毎年7月27日は「傷病兵・烈士の日」として、各地の烈士墓地などで追悼式典が開催されたり、革命闘争に貢献のあった人々や傷病兵に報奨金が贈られたりしている。ベトナム共産党はこのように、「烈士」への追憶や、革命闘争に貢献のあった人々や傷病兵に対するケアを「恩義に報いる」という名のもとで、党・国家と国民が協力して成し遂げるべき全社会的な事業として位置づけ、キャンペーンを展開している。

　ところで、ベトナムで「烈士」という言葉は法令によって、「民族解放革命、祖国防衛および国際的義務遂行のために犠牲となった人」と規定されている[18]。つまり、「烈士」とはベトナム共産党の側に立って戦争などで犠牲になった人々を指している。また、共産党の側からすれば同党が好んで引用する「水を飲んではその

源を想い起こす」というベトナムの諺が示すように、国民に戦争も含め革命闘争における「烈士」や功労者を通じて歴史的過去を銘記させることは、政権党としての同党の来歴と正統性に直結する問題でもあり、国民に対する教育的効果ももっている。こうした人々の存在は、ホー・チ・ミンによる創設後、同党が革命闘争を主導して幾多の困難のうえに民族独立、さらには国家統一を実現し、その後「祖国防衛」と「国際主義的義務の履行」も果たし、現在はドイモイの勝利によって国土の工業化と現代化を推進しつつあるというストーリーを補強するための具体例ともなっているのである[19]。

　以下、このような国民に対する教育的効果をもった模範例の創出という観点から、女性が果たしてきた役割について考えてみたい。最初に、過去の功績をめぐり党・国家による顕彰の対象となった女性たちの事例を取り上げる。前述した「傷病兵・烈士の日」における顕彰の対象の中に、「烈士」の遺族、傷病兵の家族、革命に功績のあった家族と並んで、「英雄の母」と呼ばれる女性たちが登場する[20]。これは、ベトナムで国家に対して多大な功労のあった人々に授与される国家名誉称号のうち、唯一、授与対象が女性に限定された称号である。「英雄の母」は、1994年10月に制定された比較的新しい称号であり、生存者・故人を問わず「民族解放・祖国防衛・国際的任務遂行の事業に関して多大な貢献と犠牲を供した母親」に授与される名誉称号であると規定されている[21]。統計資料によれば、2005年時点で「英雄の母」の称号保持者はベトナム全国で4万5,427名、うち生存者数は6,836名となっている[22]。その後、生存者数はさらに減っていることが推測されるため、現時点で称号保持者の多数は故人であることが分かるが、「労働英雄」など他の名誉称号保持者に比べて数が多いのも特徴であり、ベトナム各地に伝説的な「英雄の母」が生まれることとなった。

　その中でも、ベトナム中部クアンナム省の「英雄の母」記念像のモデルともなった同省在住のグエン・ティ・トゥー（1904～2010年）という女性は、子ども10人のうち9人、孫2名、女婿1名をフランスと米国に対する戦争で失い、「英雄の母」の象徴ともいうべき存在となった人物である。この称号はベトナムに平和が訪れる中で、ベトナム共産党がようやく戦争中の女性の役割を評価し、その労苦に報いようとする姿勢を具現した点で、また特に共産党の幹部というわけでもない多数の「英雄の母」を顕彰した点で特筆に値するものである[23]。ただし、称号授

与に必要なハードルは高く、1994年時点では、①子どもの二人が烈士で、夫あるいは本人が烈士であること、②子どもが二人の場合、二人とも烈士であるか、または子どもが一人で烈士であること、③子どもの三人以上が烈士であること、④子どもの一人が烈士であり、さらに夫か本人が烈士であることのいずれかとなっていた[24]。

　称号授与の要件はその後、やや緩和されたが[25]、ハードルは依然として高く、問題も浮上してきている。まず、先に引用した称号授与の要件中に登場する「烈士」という言葉自体が示すように、「英雄の母」も前述した共産党の正統性に関わるストーリーを補強する範囲を逸脱するものではない。したがって、子どもがベトナム人民軍や南ベトナム解放民族戦線と敵対関係にあったベトナム共和国軍の兵士として従軍し、戦死しているような場合[26]、その母親は最初から対象外であることが意図されていると言ってよいだろう。

　次に、「烈士」の母親の子どもに対する想いや労苦は、要件に明記された「烈士」の数の多寡によって異なるのかという根本的な疑問が残る。ごく最近の事例であるが、ベトナム北部ホアビン省在住のチャン・ティ・トゥオックという女性の境遇が報じられている。トゥオックさんの二人の息子のうち一人が「烈士」であり、ベトナム戦争中、1973年に南部のアンザン省で戦死している。しかし、アンザン省から出身地に通知された息子の氏名に誤りがあり、居住地の行政機関で受理されなかったため、遺族は自らアンザン省に赴いて遺骨・遺品収集にあたったものの、居住地の行政機関の態度を変えさせることはできなかった。結局、息子の遺骨は烈士墓地にも埋葬することも許されず、トゥオックさんは息子の骨壺を前に泣き暮らす日々を送っていたが、これを見るに見かねた家族が一族の墓地に埋葬することを決断したという[27]。この事件の背景には、ベトナムの行政機関の官僚主義的な対応があることは確かだが、同時に、戦死した子どもを想う母親の気持ちには、失った子どもの数では計ることのできないものがあることもよく示されている。なお、前述した要件に照らしてトゥオックさんは「英雄の母」には該当しない。

　そして、次の事例は死後数十年を経てその功績が評価されたり、尊崇の対象となったりしている女性たちに関するものである。ベトナム共産党が自らの関わった戦争の記憶を風化させるわけにいかないことは、すでに述べてきたとおりであるが、近年の現象として注目されるのは、「烈士」の再評価や掘り起こしが行われたこと

であり、そこで女性「烈士」に対する尊崇とも読み取れる現象が顕著に見えることである。ここでは二つのケースをとりあげる。その一つはダン・トゥイ・チャム（1942～70年）という女性である。

　ダン・トゥイ・チャムは1966年にハノイ医科大学を卒業後、医師として従軍し、1967年3月からベトナム中部クアンガイ省ドゥックフォー県の野戦病院で負傷兵の治療にあたっていたが、1970年6月22日に移動中、米軍の待ち伏せ攻撃に遭い、死亡した。その時、米軍によって押収された物の中にダン・トゥイ・チャムの日記があった。彼女は従軍期間中、1968年4月8日から死亡する直前の1970年6月20日まで日記をつけていた。それが2005年4月になって、米国の関係者からハノイの遺族のもとに返還されると、『ダン・トゥイ・チャムの日記』として出版され、一躍ベストセラーとなった[28]。その後、ダン・トゥイ・チャムは国家から「人民武装勢力英雄」に列せられたばかりでなく、彼女の任地ともいうべきクアンガイ省ドゥックフォー県にはその名を冠した診療所もオープンした。さらに、幼少期から青年期を過ごしたハノイには同様にダン・トゥイ・チャムの名を冠した通りも誕生するに至っている。

　このように、戦死してから35年近くが過ぎてダン・トゥイ・チャムが脚光を浴びたことをめぐっては、二つの点が特筆に値すると思われる。第1に、ダン・トゥイ・チャムはグエン・ティ・ディンのような、その名を広く知られた共産党の女性幹部ではなく、まったく無名の人物であった。別の見方をすると、共産党による誘導と演出のもとにダン・トゥイ・チャムが脚光を浴びるに至ったのではなく、むしろ日記が出版され、社会的な反響を得る中で、党がこれを後追いしてその事跡を再評価したような形になっている。このように、それまで回想録や伝記の出版といえば、共産党の高名な指導者に限られていたが、男性・女性を問わず無名の「烈士」の日記が相次いで刊行され、日記出版ブームのような状況を呈した点でも、2005年は記念すべき年となった。

　ダン・トゥイ・チャムの他にも、男性「烈士」グエン・ヴァン・タック（1952～72年）とヴー・スアン（1946～74年）の日記がそれぞれ刊行された[29]。二人はいずれも北部出身で、ベトナム戦争中、従軍して南ベトナムで若くして戦死している。グエン・ヴァン・タックの日記は遺族が、ヴー・スアンの日記は戦友が、それぞれに保管していたものである。このうち、グエン・ヴァン・タックの『永遠

の二十歳』と題する日記は『ダン・トゥイ・チャムの日記』とともにベストセラーとなり、その軌跡はファン・ヴァン・カイ元首相やヴォー・グエン・ザップ大将からダン・トゥイ・チャムとともに賞賛されたが[30]、グエン・ヴァン・タックに「人民武装勢力英雄」の称号が授与されることもなければ、ハノイの通りにその名前を冠せられることもなく、今日に至っている。この点に関してはヴー・スアンも同様である。ここからは明らかに、党・国家の側からの女性「烈士」に対する特段の重視、あるいは「烈士」間での格差の存在をみてとることができる。これがダン・トゥイ・チャムの扱いをめぐる第2の特筆すべき点であるが、日記を残していたとしても、男性が兵士として従軍して戦死したというのでは特別視するにあたらないということであろうか。

　ダン・トゥイ・チャムのようにまったく無名の存在ではなく、その事跡はベトナムの人々の間で知られながらも、近年尊崇の度合がとみに高まっている女性たちもいる。ベトナム中部ハティン省の内陸部を走る国道15号線沿いにドンロクという小さな町がある。ここは、ベトナム戦争中、ホーチミン＝ルート、すなわちベトナム民主共和国領内から北緯17度線を迂回するようにラオス領内・カンボジア領内を経て南ベトナムに至る戦略支援ルートと、民主共和国領内の国道を結ぶ要衝であった。そのため、1964年から72年にかけて米軍機による空爆の標的となった。とりわけ1968年は空爆の最も激しい年であり、ドンロク一帯からは緑が消え去り、月面のような景観が広がっていた。当時、この過酷な状況下で、ドンロクで道路補修や爆弾処理にあたっていた女性突撃隊員たちがいた。不幸なことに1968年7月24日、米軍機の空爆によって小隊長ヴォー・ティ・タン以下隊員10名全員が死亡した。死亡時の10名の平均年齢は20歳、全員が未婚であった。

　事件自体は、このように戦争という状況下では十分想定しうる性格のものであったが、現在彼女たちは「ドンロクの十人娘」としてベトナム全土でその名を知られている。この事件については、労働者作家ギエム・ヴァン・タンのルポルタージュ『スミレのうてな』（1978年初版刊行）によって早くから紹介されてはいたが[31]、女性突撃隊員10名のかつての活動の場は1991年以降順次整備が進み、現在は「ドンロク三叉路史跡区」を形成するまでになっている。10人の命日にあたる7月24日前後には、毎年「ドンロクの戦勝」を記念する行事がここで開催される。その一角にある10人の墓所には、国家主席や政治局員といった党と国家の要人のみなら

ず、多くの一般人が訪れ、花を手向けたり、線香をあげたりしている。史跡区の見学者数は2013年には延べ32万人で、前年より延べ6万5,000人の増加であったという[32]。

それでは、このような国をあげてともいうべき10人の小隊員に対する尊崇は何を意味するのであ

ドンロクにある10名の女性突撃隊員の墓所（撮影：筆者）

ろうか。彼女たちの功績を讃える碑には「全ての青春を捧げて『大後方』と『大前線』間の交通動脈を結び、祖国の全面的な勝利に貢献した」と銘記されている。この碑文が示すように、ドンロクがベトナム北部にとって戦争のもつ意味を象徴する場所であったことは確かである。しかし、ドンロク一帯においても「全ての青春を捧げて」犠牲になった「烈士」はこの10人にとどまるものではない[33]。それにもかかわらず、10人が他の「烈士」とは別の、独立した墓所に埋葬され、ここでも「烈士」間の格差が顕在化しているのは、二つの事情によるものと考えられる。第1には前述したように、ギエム・ヴァン・タンが10人の小隊員の足跡を調べて8年をかけてルポルタージュにまとめ上げたことが挙げられる。ダン・トゥイ・チャムやグエン・ヴァン・タックらの日記もそうであるが、「烈士」の足跡を示す記録、つまりストーリー性がないと、その存在は多くの「烈士」の中に埋没してしまうことになるだろう。ギエム・ヴァン・タンによるルポルタージュが初版の時点でベストセラーとなり、今日に至るまで版を重ねていることは、10人の歴史的な存在を社会に知らしめるうえで大きな役割を果たしたというべきであろう[34]。第2には、若くして亡くなった女性の純潔性に対する尊崇とその神聖化ともいうべき発想がベトナム人の中にあると思われることである。それは10人の功績を讃えた詩の中に、「十

人の仙女」、「永遠の若さ」、「十輪の処女の月」などの表現が散見される点にも示されている[35]。前節におけるダン・トゥイ・チャムの事例は党・国家の女性「烈士」に対する認識を示すものといえるであろうが、ドンロクの十人娘に対する尊崇は見学者の数や賛辞が示すように、もっぱら党・国家による宣伝や教育の帰結と捉えるのには無理があり、より広範な国民の関心が背景にあることを視野に入れておく必要があるといえるだろう。

結びにかえて

　これまで、第1節では党・国家機関で働く女性、第2節では党と国家とは離れたところで自分の道を歩む女性、第3節では歴史的存在となった女性（過去の功績を讃えられた女性）をそれぞれ対象に、ベトナム共産党の政策との関連において、この国における幾人かの女性たちの歩みやその姿を考察してきた。ここで終えてしまうと、ベトナムの党と国家は熱心に女性政策に取り組んでいて、故人となった女性にまで配慮しているという受け止め方が出てきても不思議ではない。そのため、客観性を欠かないように最後に一つの大きな問題について触れておきたい。それは、ベトナムの女性の前にも立ちはだかる政治優先あるいはカテゴリー化ともいうべき論理の存在である。

　まず、第1節との関連においてみれば、出自や経歴によらず有能な女性が国家機関（中央・地方官庁）で採用され、昇進する可能性はあるのかという疑問が湧いてくる。ここで、極めて明解な事例を紹介しておく。現時点（2014年3月）で、国家と政府の要職にある女性3名、国家副主席のグエン・ティ・ゾアン、労働・傷病兵・社会相のファム・ティ・ハイチュエン、医療相のグエン・ティ・キムティエンはいずれも党中央委員である。また、ハノイ市人民議会議長のゴー・ティ・ゾアンタインはハノイ市党委員会副書記・党中央委員でもある。ベトナム共産党は「民族の大団結」を掲げ、「過去や階級的出自に関するコンプレックスや偏見を捨て去り、民族の共通利益に反しない限り相違点を認める」ことを謳っている[36]。しかし、前述した事例は非党員の女性が党・国家の要職に就くことは極めて困難であることを示している。

　もとより、女性の側からすれば、党員でなくとも、また国家機関に就職できなく

とも、第2節で述べたように、党や政府の世話にならず起業したり、外資系企業に就職したりするなど道が開けているのも事実である。とはいえ、これらの人々も行政機関との接点は避けて通れないであろうから、党と国家が未分離の体制下では政治の側からの介入を受けたり、不利益を被ったりする可能性がないとはいえない。「過去や階級的出自」に関する問題をめぐっては、米国に居住していた元ベトナム共和国副大統領グエン・カオ・キー（1930～2011年）の帰郷が許可されたり（2004年）、共産党からすれば敵にあたるベトナム共和国軍の戦死者が埋葬されているビンアン墓地をめぐる政権の対応が象徴したりするように[37]、党・国家の姿勢も変化してきていることは確かであるが、南ベトナムで旧政権（ベトナム共和国政府）と繋がりのあった人々やその家族・親戚などは、どの程度「過去や階級的出自」にとらわれることなく、祖国のために才能を捧げることができるようになったのであろうか。

このような疑問を提起せざるをえないのは、第3節でとりあげた顕彰制度が象徴するように、ベトナムがカテゴリー化された社会であり、党と国家に忠誠を誓いながら歩み、「過去や階級的出自」には問題がないと思われる女性たちの間ですら、格差が存在しているばかりでなく、格差を論じる前にカテゴリーから除外されてしまう人々もいるためである。

確かに男女平等の推進や女性の定年延長を議論することも必要ではあるが、ベトナム共産党が自らの掲げる「民族の大団結」の範囲をどこまで拡大していくことができるのかということも、今後広い意味での女性の社会進出を促進するうえでいっそう重要な鍵となるに相違ない。

注

1) www.vn.undp/org/content/vietnam/en/home/mdgoverview/overview/mdg3/ ［閲覧：2013年12月20日］。
2) Dam Linh, *Nhung nguoi lam chu so 1 Viet Nam*, tap 1, Nxb Dan tri, Ha Noi, 2013, tr.79-112, 179-212.
3) Vo Thi Mai, *Danh gia chinh sach binh dang gioi dua tren bang trung*, Nxb Chinh tri Quoc gia, Ha Noi, 2013, tr.74.
4) Sach tren, tr.73, 92.
5) Sach tren, tr.95.

6) http://123.30.190.43:8080/tiengviet/tulieuvankien/vankiendang/details.asp?topic=191&subtopic=279&leader_topic=&id=BT148082142［閲覧：2014年2月4日］。
7) 国家主席・国家副主席のポストが設置されたのは1992年制定の憲法においてであり、その前の憲法（1980年制定）のもとで、現在の国家副主席に相当するポストは国家評議会副議長であった。女性として初めてその地位に就いたのは、南ベトナム解放民族戦線の女性指導者グエン・ティ・ディンである（在任期間1987～92年）が、その時は副議長が4名おり、言うまでもなく残り3名が男性であった。
8) www.na.gov.vn/tailieukyhop/LDQHvaNN13/danhsachUVUBTVQH.htm［閲覧：2014年2月4日］なお、国会常務委員会のメンバーには国会の9委員会の主任（委員長）も含まれるが、9名の主任中、女性は1名のみである。
9) Vo Thi Mai, sdd, tr.67.
10) Vo Thi Mai, sach tren, tr.56.
11) 第8期中央委員会では、グエン・ティ・スアンミーが政治局員23名中唯一の女性メンバーとなった。
12) *Bo luat Lao dong cua nuoc Cong hoa xa hoi chu nghia Viet Nam*, Nxb Lao dong, Ha-Noi, 2013, tr.178.
13) Vo Thi Mai, sach da dan, tr.122.
14) Nhu tren.
15) Sach tren, tr.123.
16) この節の叙述は2013年11月30日と12月1日に実施したホーチミン市でのマイさん（仮名）に対するインタビューが基礎となっている。
17) ベトナムでは土地は国有となっているため、法的には土地の使用権をもっていたというのが正確な表現になる。
18) *Phap lenh uu dai nguoi co cong voi cach mang nam 2005 va cac phap lenh sua doi, bo sung nam 2007, 2012*, Nxb Chinh tri quoc gia, Ha Noi, 2012, tr.16-17, 85-87.
19) このようなストーリーは、例えば同党の長期にわたる指針を示した「社会主義への過渡期における国土建設綱領（2011年補充・発展）」の中で展開されている。Dang Cong san Viet Nam, *Van kien Dai hoi dai bieu toan quoc lan thu XI*, Nxb Chinh tri quoc gia, Ha Noi, 2011, tr.63-64.

20） Nhan dan, 24-7-2013.
21） http://chinhphu.vn/portal/page/portal/chinhphu/hethongvanban?class_id=1&_page=1&mode=detail&document_id=2280［閲覧：2013年2月8日］
22） http://www.molisa.gov.vn/docs/SLTK/DetailSLTK/tabid/215/DocID/4629/TabModuleSettingsId/496/language/vi-VN/Default.aspx［閲覧：2013年2月8日］ なお、「英雄の母」は諡号としても授与される。
23） Hang Nguyen (bien soan), *Huyen thoai ve nguoi phu nu Viet Nam*, Nxb Lao dong, Ha Noi, 2011, tr.230-363.
24） http://chinhphu.vn/portal/page/portal/chinhphu/hethongvanban?class_id=1&_page=1&mode=detail&document_id=2280［閲覧：2013年2月8日］
25） http://na.gov.vn/htx/Vietnamese/C2186/default.asp?Newid=61675［閲覧：2013年2月8日］2012年の改正後の要件は①子どもの二人以上が烈士であること、②子どもが二人しかいない場合、一人が烈士であり、もう一人が労働能力減退度81％以上の傷病兵であること、③子どもが一人しかいない場合、その子が烈士であること、④子どもの一人が烈士であり、さらに夫か本人が烈士であること、⑤子どもの一人が烈士であり、本人が労働能力減退度81％以上の傷病兵であること、のいずれかとなっている。
26） こうしたケースが実在することについては下記を参照。Li, Xiaobing, *Voices from the Vietnam War*, The University Press of Kentucky, Lexington, 2010, p.37.
27） *Bao Lao dong*, so 296, 21/12/2013.
28） Dang Thuy Tram, *Nhat ky Dang Thuy Tram*, Nxb Hoi nha van, Ha Noi, 2005.
29） Nguyen Van Thac, *Mai mai tuoi hai muoi*, Nxb Thanh nien, Ha Noi, 2005; *Nhat ky Vu Xuan*, Nxb Quan doi nhan dan, Ha Noi, 2005.
30） Nguyen Van Thac, sdd, tr.6-7.
31） Nghiem Van Tan, *10 co gai Nga ba Dong Loc*, Nxb Phu nu, Ha Noi, 2012, tr.7-182.
32） http://www.nhandan.com.vn/xahoi/du-lich/item/22303502-khu-dtls-nga-ba-dong-loc-don-hon-20-ngngh-du-khach-dip-tet-giap-ngo.html　［閲覧：2014年2月28日］。
33） Nghiem Van Tan, sdd, tr.268.
34） この他、1997年には10人の行動を描いた映画「ドンロク三叉路」が作られている。

35) Nhieu tac gia, *Dong Loc-Nhung nguoi con bat tu*, Nxb Quan doi nhan dan, 2008, tr.125, 135,146,158. なお、ホーチミン市歴史学協会副会長のファン・スアン・ビエン氏（ハティン省出身）のご教示によれば、ベトナム人には若くして亡くなった人々は罪に穢れておらず、そのために早く聖人となるという観念があるという（2013年11月28日、ホーチミン市におけるインタビュー）。
36) Dang Cong san Viet Nam, sdd, tr.48.
37) ベトナム共和国軍の戦死者が埋葬されていた南部ビンズオン省のビンアン墓地は人民軍の管理下で荒廃が進んでいたが、2006年11月27日付の首相決定により、省に移管され、一般墓地として整備が許可された。http://vanban.chinhphu.vn/portal/page/portal/chinhphu/hethongvanban?class_id=1&_page=1&mode=detail&document_id=18035［閲覧：2014年3月5日］。

第12章 後退する国家を生きる女性たち
——フィリピンの海外雇用と条件付き現金給付の事例から

関　恒樹

　フィリピンは 2013 年の GDP 成長率 7.2％ と、アジアでは中国に次ぐ経済成長を見た。しかしその裏で、1 日 1.25 ドル以下で生活する貧困層人口は全人口の 20％ ～ 30％を占め、失業率と不完全就業率の合計は 27％に達している[1]。さらに民間の調査機関のサーベイによれば、自ら貧困であると思う世帯数は全世帯の 55％にのぼり、同様に過去 3 カ月の間に飢えを経験したことのある世帯数は 18.1％であった［Social Weather Station 2014］。このように国内の貧困削減がいまだ国家の重要課題であるフィリピンでは、近年「包摂的成長」という標語のもとに、特定の成長産業やそこに雇用される中間層を優先した経済政策ではなく、むしろ貧困層の雇用創出を含めた包摂を重視する開発計画が実行されている。そのような「包摂的成長」を目標とする社会開発を特徴づけるのが、「能力付与アプローチ」であると言える。

　このアプローチでは、貧困層など資源を欠く人々への財やサービスの提供は、国家による保護や規制などの介入によってではなく、市場を通して最も効率的になされると考えられている。そこでは、国家の代わりにさまざまな非国家的アクター（行動主体）、特に民間ビジネスセクターや NGO などの市民社会組織とのパートナーシップ、さらには家族、草の根住民組織、コミュニティなどの活用が目指されている。包括的なセーフティネットを提供することによってではなく、これら非国家的アクターの「能力付与」によって社会的包摂を達成しようとする意味で、今日のフィリピンにおいて国家は後退していると言える。

　本章では、そのように後退する国家が想定する「包摂的成長」のプロセスにおいて、女性たちがどのような形で動員されているのか、そのことの女性たち自身に対

して持つ意味は何なのかといった点を検討してみたい。特に、「能力付与アプローチ」がもたらしたものは、一方では生産的な労働者や市民としての女性たちの主体形成であると言えるが、他方でそれは新たな形での女性たちの統治であるという論点を提示したい。そのような目的のために、以下では「包摂的成長」の雇用対策として主要な柱となる海外雇用政策と、貧困削減政策の柱として施行されている条件付き現金給付の事例に注目する。

1．「グローバル・ケア・チェーン」と女性たち

　フィリピン政府は1970年代半ば以降今日に至るまで、経済成長のための主要な手段として海外雇用政策を積極的に推進してきた。短期の契約労働者と移住者を含め、毎年およそ100万人に及ぶフィリピン人が出国し、現在累計で全人口の1割を占める900万人あまりが海外に在住している。さらに国家のGNPの1割が海外在住者からの送金によると言われ、海外雇用は重要な外貨獲得手段となっている。海外雇用政策が開始された1970年代当初は、オイルブームを背景に中東諸国で需要が増大した技師や建設労働に従事する男性労働者が主な渡航者であった。しかしながら1980年代半ばからは、海外での新規雇用者における男女比が逆転し、近年ではその7割から8割が女性によって占められており、「海外雇用の女性化（feminization of overseas work）」、あるいは「国際移動の女性化（feminization of migration）」と呼ばれる現象がますます顕著になりつつある［小ヶ谷2007、2009、上野2011］。

　このような「海外雇用の女性化」は、再生産労働の国際分業体制の出現という、今日のグローバリゼーションの構造的特徴を背景としている。再生産労働とは、生産的労働を維持するために必要とされる労働であり、具体的には家政婦などの家事労働、乳幼児や子どもの世話、高齢者の介護や看護、さらには男性相手のエンターティナーや性産業も含まれる［小ヶ谷2007］。1980年代以降、台湾、香港、シンガポールなどNIESとよばれる新興国の経済成長により、女性の社会進出が増大し、これらの国々のミドルクラスの家庭での再生産部門を担う女性労働者の需要が生じた［上野2011］。そのような新興国の再生産労働の需要を満たしたのが、フィリピンをはじめとするアジアの発展途上国からの出稼ぎ女性労働者たちであった。さ

らに 2000 年代以降は、日本や欧米などの先進国における少子高齢化と、国家による福祉政策の縮減や医療の民営化などを背景とした看護師や介護士の不足が生じ、その需要を満たしたのも、これらフィリピンなどからの女性たちであった。

このように、「海外雇用の女性化」の現象は、アジアの新興国や欧米の先進国において生産労働力化したミドルクラスとしての女性たちの再生産労働を、比較的低賃金で雇用できる途上国からの出稼ぎ女性労働者が支えるという、再生産労働の国際分業体制と、そこにおけるグローバルな女性たちの間の新たな階層関係の生成を示唆していると言えよう。さらに事態を複雑にする状況は、出稼ぎ女性たちの送り出し国フィリピンにおいて、妻や母の不在で残された家庭の再生産労働を担うのは、さらに経済的に周辺化された農村部出身の女性たちであるという現状である。国境を越え、異なる社会経済階層間の女性たちによって張りめぐらされた、このような「グローバル・ケア・チェーン（global care chains）」[Hochschild 2000] こそは、今日のグローバリゼーションを特徴付けるネットワークであると言えよう。

このような再生産労働の国際分業体制を支える女性たちを送り出すフィリピンの海外雇用政策には、近年ある興味深い特徴が見られる。それは政府が、海外の雇用者とフィリピン人女性労働者たちの仲介・斡旋役として積極的な役割を果たすという意味での「ブローカー国家」化 [Guevarra 2010] と、その過程での再生産女性労働力の「技能化・専門化」[小ヶ谷 2009] という傾向である。具体的には、海外雇用庁（Philippine Overseas Employment Administration, POEA）を中心として、政府が積極的に海外の雇用市場における需要を調査・把握し、それに適合的な労働力を生み出すべく女性たちに訓練を与え、積極的に海外市場への売り込みが展開される。より正確には、それは国家と非国家的諸アクター、たとえば NGO、民間斡旋業者、専門学校や大学などの教育機関などの編成によって、女性たちがエンパワーされ、スキルや知識を与えられることを通して、受入れ国と送り出し国双方に貢献しうる商品としての規律化された労働力となることを目標とする統治であると言える [Guevarra 2010:5]。

このような「ブローカー国家」化の傾向は、同時にさまざまな技能訓練プログラムによる女性労働者の「技能化」と「資格化」を進める。たとえば小ヶ谷は、看護を含む医療関係および介護分野、また家事労働者の技能をフィリピン政府が訓練のうえ認定し、資格を付与する点を、フィリピンの海外雇用政策における近年の傾向

として論じる［小ヶ谷2009］。この傾向は、さまざまな技能の習得によって女性労働者たちが海外雇用における脆弱性を軽減するという公式の目的のもとで行われている。同時にそれは、香港やシンガポールをはじめとした主要なフィリピン人女性家事労働者の受入れ国において、1990年代よりフィリピン人労働者の賃金が相対的に上昇し、外国人家事労働力市場における競争力が低下するという状況の中で、さまざまな「輸出用の付加価値（added export value）」［Guevarra 2010: 125］を身に付けさせることで、海外の雇用市場に柔軟に適応可能な競合的な労働力を生み出すことが意図されていると考えられる。そのような「輸出用の付加価値」とは、たとえば高い英語運用能力、介護能力、応急処置や蘇生法など基本的な医療行為能力といった、海外の看護・介護労働に必要とされる技能をはじめ、火事の際の避難方法やペットのグルーミングなど家事労働における付加的なスキル、さらに「勤勉さ」、「ホスピタリティ」、「従順さ」、「やさしく愛情のこもったケア」などの内面的徳をも含む［Guevarra 2010: 132-136、小ヶ谷2009：374］。これらの技能習得のためのトレーニングを主催するフィリピン技術教育技能開発庁（Technical Education and Skills Development Authority, TESDA）の長官は、これらの技能を修得した家事労働者たちを「スーパーメイド」と呼び、より高い報酬が期待できる彼女たちの積極的な海外雇用を図っている（小ヶ谷2009：374）。

　従来のように、インフォーマルセクターの未熟練労働者として外国人の雇用主に従属し、搾取される傾向のあった女性家事労働者たちが、このような技能、知識、価値観などを身に付けることによって、彼女たちのエンパワーメントが可能になるという側面は確かにあるであろう。そして、海外の再生産労働力市場における商品的価値と就労可能性を高めた彼女たちが、有能な労働者としての自己に対して、より自信を高めるということも考えられるであろう。しかし、その裏で、このような技能化と資格化の傾向によって、海外において物理的精神的にさまざまな困難に直面する女性労働者たちの保護にかかわるコストは、国家によってではなく、女性たち自身が背負わざるを得ない状況が生まれていることを見逃すことはできない。再生産労働の海外雇用に特有のリスクに対処するためには、多大のコストが発生する。往々にして外国人雇用主との私的空間に閉ざされたシャドーワークとして不可視化されてしまう再生産労働は、契約外労働や賃金不払いなどの法的問題のみでなく、プライバシーの欠如、性的虐待、対人関係に要求される「感情労働」などから生じ

るストレスや精神的疾患、さらには地域紛争に巻き込まれることから生じる身体の危険などが含まれる。これらのリスクから女性労働者たちを保護することは、当然自国政府の任務であろう。しかし、ここに略述したフィリピンの「ブローカー国家」化と技能化という傾向は、そのような自国民女性を守るセーフティネットがますます縮減しつつあり、むしろ海外労働におけるリスクやコストは、国家によってではなく、スキル、知識、資格を身に付けた女性たち自身の自己責任能力と自助努力によって対処することが要請されていることを示唆していると考えられる。そして、その身体や感情さえもが海外雇用市場における付加価値を基準に商品化された女性たちの不安定性と脆弱性は、近年より一層高まっているとも考えられよう。

　ところで、海外雇用によってもたらされる女性たちの不安定性と脆弱性は、海外への出稼ぎを行う女性たちのみによって経験されるわけではない。むしろ、夫の海外雇用によってフィリピンに残された女性たちが、妻として母として経験する困難は、海外出稼ぎがもたらす社会的コストとして近年広く指摘されている。上述の「ブローカー国家」化と技能化の過程では、海外雇用のリスクとコストを女性労働者自身が担わざるをえない状況が明らかになったが、同様に、夫の海外雇用によって生じる社会的コストは、国家よりもむしろ残された妻とその家族にのしかかる。このような、残された女性たちの不安定性と脆弱性が、具体的にどのように経験されているのかを考えるために、以下に一人の女性のライフヒストリーを提示する。そこからは、夫の海外雇用によって妻、母、そして家族が経験する困難と周辺化が理解されるが、それと同時に、さまざまな非国家的アクターとのネットワークを活用しつつ、不安定性と脆弱性に対処するエイジェンシー（行為主体）としての女性の姿を見ることができる。

●グラシア・コルプスのライフストーリー

　グラシア（1947年生まれ、67歳）はマニラ首都圏マリキナ市マランダイ地区に居住する女性である[2]。マランダイ地区の人口は2009年現在の推定で53,907人、世帯数11,452世帯であり、そのうち約6,000世帯が合法的土地所有権を持たない不法占拠者、あるいは非正規居住者である。1990年代初頭までは地場産業としての靴製造の下請け、孫請けなどにより多くの住民が生計を立てていたが、現在では中国からの安価な靴輸入によりマリキナの靴産業は斜陽産業となっている。そ

の結果職を失った多くの住民は、露天行商やジープニー（乗り合いジープ）、トライシクル（小型バイクにサイドカーを付けた三輪タクシー）の運転手などの都市インフォーマル部門にて就労しているが、収入は法定最低賃金（1日430ペソほど、2011年現在）以下の者が大半であり、貧困層居住区を形成している[3]。

　グラシアの幼少期はマリキナの製靴業の全盛期であった。彼女の父親（1911～2004年）は小学校卒業の後、製靴業で働き始め、グラシアの幼少期には、従業員6人を抱え、週に300組ほどの靴を生産する請負の家内工業に従事していた。零細ではあっても継続的な現金収入が得られる製靴業の存在により、グラシアは中等教育修了後、専門学校にまで進み、秘書コースなどで学ぶことができた。

　その後グラシアは、1970年に中部ルソンのヌエバ・エシハ州出身で、中等学校中退後マリキナの製靴工場で働いていたロメオと知り合い、結婚した。しかし、零細な地場産業の労働者としての夫婦の収入は僅少かつ不安定だった。ロメオはトライシクルの乗客の呼び込み、路上清掃人などの雑業に従事しつつ日銭を稼いだ。故郷ヌエバ・エシハの農村部での労働と、都市インフォーマル・セクターでの不安定な就労との間を往復する貧困生活が続いた。当時は、3度の食事にも事欠き、二人の子どもを含めた家族4人で、一つの目玉焼きを分け合って食べることもあった。

　生活の転機が訪れたのは1985年のことであった。当時グラシア夫婦は、隣人同士の頼母子講からの融資で購入したトライシクル3台からの収益で生計を立てていた。その頃、ロメオは友人からの誘いでサウジアラビアにて建築現場労働の雇用があると聞き、所有していたトライシクルのうち1台を売却し、海外就労代理店への斡旋代にあてた。こうして、ロメオは1985年にサウジアラビアへ出稼ぎに行った。ロメオのサウジアラビアでの仕事は建設現場での肉体労働であった。最初の1、2年ほどは定期的にフィリピンの家族へ送金をした。この頃、グラシアの家族は子ども4人を抱えていたが、マリキナでのトライシクル経営も順調に進み、夫からの送金も合わせ、経済的には最も安定した時期であった。1987年にはロメオは最初の休暇でフィリピンに帰国し、グラシアと共に2カ月間過ごした。しかしこの休暇が、グラシアがロメオと共に過ごす最後の時となった。

　ロメオが休暇からサウジアラビアに戻った1988年以降、ロメオからグラシアへの送金は途絶え、連絡も取れなくなった。同じく出稼ぎでサウジアラビアにいたロメオの兄弟が言うには、ロメオはサウジアラビアにて同様に出稼ぎに来ていたフィ

リピン人女性と愛人関係になっているとのことであった。送金が停止し、生活資金が不足する中で、所有していた2台のトライシクルを売却せざるを得なかった。

その後のグラシアと4人の子どもたちの生活は困窮を極めた。そのような時にグラシアを物心両面で支えたのは、近隣住民たちとのコミュニティ的紐帯に基づくサポートであった。たとえば経済的サポートとしては、1988年以降地域の頼母子講による資金捻出でサリサリ・ストア（小規模雑貨店）を経営したり、1992年から1994年まで、隣人が靴製造の請負の仕事を提供してくれたりした。また、物質的サポート以外にも地域の隣人たちや境遇を同じくする海外出稼ぎ者の家族によって組織されたNGOなどからの精神的支えがあった。隣人やNGOスタッフたちが、グラシアの夫とその愛人への怒りを共有し合い、「同じ出稼ぎ者の家族だからこそ分かり合える」という気持ちを抱けたことが大きかった。「これら隣人や家族の支援がなかったら、今頃私は精神病院送りになっていたことだろう」とグラシアは振り返る。

ロメオは、1992年にサウジアラビアから愛人と共に帰国し、その後新築した家に愛人と同居し、グラシアのもとには帰ってこなかった。いまだ成人前であった子どもたちは、父親を恋しがり、両親の別離に対して時にはグラシアを責め、父親のもとに短期間身を寄せる時もあった。こうして母親と子どもたちとの関係にも軋轢が生じた。

2005年に悲劇が起こった。ロメオは愛人とともに故郷ヌエバ・エシハ州の農村に戻り、新居を建てて生活していた。しかし、ロメオと兄弟たちの間には両親が遺産として残した土地の相続をめぐる対立が生じていた。2005年のある日、相続の話し合いに介入してきたロメオの愛人に対し、腹を立てたロメオの弟が隠し持っていた拳銃の銃口を向けた。愛人をかばおうとして身を挺したロメオに弾は命中し、そのままロメオは命を落とした。

2013年現在に至るまで、グラシアの暮らし向きはいっこうに良くならない。未だ結婚せずにいる末娘（1985年生まれ）と二人で暮らしているが、定収入はなく、時折近隣の住民に雇われて家事労働者として働く娘の収入に頼り、糊口を凌ぐ生活である。このような困窮生活の中でも、グラシアは海外出稼ぎ労働者とその家族の支援を行うNGOとネットワークを持ち、マリキナにおける草の根住民組織の中心メンバーとして、労働者やその家族にさまざまな支援を行っている。以下ではその

ような彼女の近年の活動の事例を二つ紹介したい。

　ヨルダンにおいて家事労働者として雇用されていたエレンは、原因不明の死を遂げ、1996年8月1日棺に収まって無言の帰国をした。海外渡航以前のエレンは、マリキナ市在住の母と共にラバンデーラ（洗濯婦）としてわずかな収入を得て生活していた。しかし、乳がんを患う母の治療費が必要になり、ヨルダンに出稼ぎに出た。エレンとは近隣の付き合いであったグラシアは、彼女の通夜に出席し、そこで遺体に多くの傷やあざがあることを不思議に思った。母親から話を聞くと、エレンの死の直前に、雇用主から虐待を受けていることを訴えるエレンの手紙が母親のもとに届いていたことが分かった。手紙には、エレンが自分の部屋に鍵をかけただけで主人の怒りを買い、暴力を振るわれたことなどが記されていた。グラシアはNGOスタッフとともにマリキナ選出の国会議員やメディアに働きかけ、エレンの事件を広く知らしめると同時に、死体解剖を行う手続きを取った。死体解剖の結果、ヨルダンの雇用主がエレンの死因として主張していた飛び降り自殺の痕跡は見出されなかった。この結果を受け、フィリピン上院下院両議会ではヨルダン大使などを喚問しての公聴会が開かれた。その結果、エレンの遺族達（母、夫、6歳の子ども）はヨルダン政府と雇用主からの賠償を得ることができた。さらにグラシアらは、海外雇用労働者の遺族が政府から補償を得られる権利や必要な手続きなどに関して、エレンの遺族に情報提供し、その結果政府からの遺族補償や子どもの奨学金などの取得が可能となった。

　二つめは、やはりグラシアの隣人であり、2005年5月にレバノンに家事労働者として出稼ぎに行ったシルビア（1971年生、女性）の事例である。シルビアは、レバノンにて自動車会社社長に雇用されたが、雇用主のみでなくフィリピンの斡旋代理店からも、給料未払いなどさまざまな契約違反の被害を受けた。たとえば、契約では週1日の休日があるはずであったが、実際に外出が許されたのは送金のために銀行に行くときのみであり、外界とのコミュニケーションも制限されていた。2006年7月4日、シルビアは、イスラエル軍によるベイルートの空港爆破を、テレビで見て初めて知った。何が起きているのか雇用主に聞いたが、雇用主は何も教えてくれなかった。7月12日から14日に戦闘が激化した。彼女は、銀行に行く途中で多くの兵士や戦車を目撃し、驚き、ことの重大さを知った。その後雇用主の妻子はロンドンに避難したが、シルビアの帰国は許されなかった。シルビアは、通

常より雇用主から所持を禁じられた携帯電話を隠し持ち、フィリピンの家族や隣人のグラシアとも頻繁にメールを交換していた。グラシアも、母の日にはメッセージを送るなど、日常的にコミュニケーションを取っていた。イスラエル軍によるベイルート攻撃の混乱の中、雇用主の家に取り残されたシルビアは、携帯からグラシアにメッセージを送り、どうしたらよいかアドバイスを求めた。グラシアはNGOスタッフなどと相談し、レバノンのフィリピン大使館やカトリック教会にシルビアの雇用先の電話番号や雇用主の氏名を伝え、即刻対応してもらうよう要請した。その後フィリピン大使館からレバノン人雇用主に対して、シルビアの帰国を認めるよう要請の電話が入るが、雇用主は大使館の要請に簡単には従わなかった。さらにグラシアたちはシルビアにフィリピン大使館の電話番号を教え、直接助けを求めるように指示した。そこでシルビアは雇用主の留守を見計らい、フィリピン大使館に電話をし、大使館員に保護され、その後無事に帰国がかなった。

　ここに提示したグラシアのライフヒストリーが示すように、女性は家事労働者として国境を越える一方で、国内に残される存在でもある。どちらの場合でも、国家が海外雇用のコストを十分には担い切れない状況の中で、女性たちは日常的な不安定性と脆弱性を抱え込まざるを得ない。しかしその一方で、女性たちは、近隣集団、草の根の住民組織の結節点として、NGO、メディア、そして政府諸機関とのネットワークを積極的に構築、運用するエイジェンシー（行為主体）であるとも言えよう。そのようにして、彼女たちは、「海外雇用の女性化」という今日のグローバリゼーションがもたらす状況に対処していると考えられよう。
　ここまでフィリピンの「包摂的成長」を支える海外雇用と女性に関して検討してきたが、海外雇用が可能な女性はすでに一定程度の資金運用能力（たとえば斡旋業者への手数料支払いなど）を有した人々であると考えられる。それでは、より経済的に貧困な女性たちとその家族は、どのような形で包摂されようとしているのであろうか。以下では、今日フィリピン政府が重点的に推進する貧困削減政策である条件付き現金給付の事例を検討することで、その点を考察してみたい。

2. 条件付き現金給付と女性たち

　条件付き現金給付（Conditional Cash Transfer, CCT）は、1990年代以降のラテンアメリカ諸国において、厳しい財政状況下であっても効率的な貧困緩和が期待できるターゲティング型の貧困削減策として積極的に導入された。フィリピンにおける条件付き現金給付 "*Pantawid Pamilyang Pilipino Program*"（「フィリピンの家族のための橋渡しプログラム」）はその頭文字を取って「4Ps（フォー・ピース）」と呼ばれ、現アキノ政権下における貧困緩和のための主要政策として積極的に導入され、その規模も拡大しつつある。現政権は、アキノ大統領の任期満了となる2016年までに全国の460万家族を受益対象とすることを目標としている[4]。

　4Psは、プログラム実施母体である政府社会福祉開発省（Department of Social Welfare and Development, DSWD）によるミーンズテスト（資産調査）やインタビューによって貧困状態にあると判断された家族を対象とするが、受益者は0歳から14歳までの学齢期の児童、あるいは妊娠中の母親がいる家族に限られる。つまり、現金給付の対象は母親である女性に限られる。その理由としては、男性（父親）に現金が給付されると酒や賭け事などに浪費されてしまう恐れがあること、そして女性（母親）は家計にとって真に必要なものを認識しているため、と説明される。

　現金給付は以下の諸点を受益者が遵守することを条件として行われる。まず受益対象となる母親に課される条件として、妊娠中の女性は地域の保健所にて定期的な出産前後の検診を受けなければならない。地域の保健師はこのような妊婦の健診記録を管理しており、それを政府派遣のケースワーカーへ提出することが義務付けられている。また出産は伝統的産婆や助産婦によらず、病院での医師による出産が義務付けられる。

　次に、子どもが遵守することを課される条件として次の諸点がある。まず0～5歳児に対しては、地域の保健所における月々の体重測定、予防接種、健康栄養診断である。妊婦の健診同様、これらの記録は保健師によって管理され、定期的にケースワーカーへ提出される。3～5歳児に関しては、保育園、幼稚園の毎月の出席率を85％に維持すること。また6歳から14歳児に関しては、駆虫薬を月2回服用すること、そして毎月の学校への出席率85％を維持することが条件となる。さらに、

◆　244──現代アジアの女性たち

毎月開催される家族開発講習会（Family Development Sessions、以下 FDS 講習会）への母親の参加が義務付けられる。これらの条件のうちいずれかを欠いた場合には、現金給付は減額されるか、まったくなされない場合もある。

　政府社会福祉開発省が強調するのは、4Ps による現金給付は単なる貧者への施しではなく、妻として、母親としての女性が、率先して子どもの健康、衛生管理、そして教育を通して、子どもの「人的資本への投資」を行い、それによって貧困の世代間連鎖を防ぐという点である。このことは、4Ps が現金給付のみによって貧困世帯の生活改善や生計の安定を目指そうとしているのではないことを示唆している。実際の現金給付は、母子のための「健康栄養給付」と学童のための「教育給付」に分けられるが、どちらもその支給額は僅少かつ不規則、不安定であり、それのみによって何らかの生活向上をもたらすには決して十分な額ではない。むしろ、現金給付は女性たちの「人的資本への投資」のためのさまざまな実践を促す「呼び水」であり、手段であると考えられる。

　そのような実践の中でも 4Ps 実施過程において特に重視されているのが、先述した FDS 講習会への母親たちの参加である。この講習会は、4Ps が強調する特定の規範や価値観を女性たちに内面化するために欠かせない場であると考えられている。FDS 講習会は政府のソーシャルワーカーによって主導されるが、特徴的な点は、講習会が決して一方通行的な講話によって行われるのではなく、むしろ参加者たちのグループ・ディスカッション、分かち合い、意見の開陳・プレゼンテーションなどが重視されることである。講習会では、「自己を知る」、「親としての責任」、「家族の価値と意義」、「理想的なフィリピン人家族とは」、あるいは「感染症の予防と衛生的な生活」などさまざまなトピックに関して話し合われる。これらの講習会において、参加者たちは単にその場に居るのみでなく、自己に内省的なまなざしを向け、批判的に思考し、意見を分かち合い、多くの参加者の前で発言し、そしてミーティングの内容を詳細にノートに取ることなどを促され、それらの実践を通して積極的に講習会に参加することを要求される。またそこでは、コミュニティにおける生活態度や隣人との関係も変容が促される。たとえば隣人同士やコミュニティにおいて避けるべきこととして、タンバイ（無目的にたむろすること）、チスミス（ゴシップや噂話）、そしてスガル（賭け事）などが挙げられ、これらは非生産的で無益な活動であるとされる。逆に、推奨される価値として、表面的な興味本位ではない隣

第 12 章　後退する国家を生きる女性たち——245

人への「深い関与」や、そして「配慮」に基づく家族・隣人関係こそが生産的なコミュニティの基本として強調される。

この他に FDS 講習会などを通して受益者たちが内面化することが期待される生活態度や習慣は、時間や金の節約と適切な管理、受給資格の基礎情報となる出生証明書などの個人情報の適切な管理、学校や保健所で保管されている情報の継続的な更新、そして子ども、家族、コミュニティの衛生状態の維持などである。このように、4Ps は、単に貧困層への現金給付を目的とするのではなく、人々がそれまで慣れ親しんできた慣習や規範、さらには従来の隣人関係や生活様式の改変を通して、より生産的なコミュニティの一員としての市民となることを目指していると考えられる。いわば自己の統治が可能なエンパワーされた市民を生み出すためのシティズンシップ・プロジェクトを率先して担う主役として、妻あるいは母としての女性が動員されているのである。

それでは、このような 4Ps を通した貧困層の価値観や生活の改変を通した社会的包摂の試みは、受益者自身によってどのように語られるのであろうか。以下では、ある受益者の事例を紹介しつつ、この点を検討してみたい[5]。

●テレサの事例

テレサは 1968 年にマリキナ市にて生まれた。中等学校を 3 年で中退し、19 歳の時に結婚した。夫は三輪タクシー（トライシクル）の運転手で 1 日 300 ペソ（調査時 1 ペソは約 2 円）ほどの収入であった。しかし夫は結核にかかり、仕事が出来なくなった。テレサは、夫の代わりに、近隣の製靴業でアッパーメーカーをして週 500 ペソの賃金を得た。他にも洗濯婦をして、1 回 300 ペソほどの収入を得た。週 3 回ほどの洗濯で 900 ペソほど稼いだ。

夫が病院で診察してもらった時には、すでに肺の浸潤が進行してしまっており、テレサによれば「すでに肺がない」状態であった。夫は「治療費や薬代を払うよりは、子どものバオン（学校に行くための交通費や昼食を買うための小遣い）にしてやれ」といって、治療を諦めた。その頃、テレサ夫婦には 14 歳の長男を頭に、前年に生まれたばかりの赤ん坊を含め、7 人の子どもがいた。子どもたちには、毎日 3 ペソほどしかバオンを持たせてやることができなかった。テレサはいつも、学校でお腹をすかせているであろう子どもたちを可哀想に思っていた。その頃は、1 日

1食しか食べられない日もあった。そして2005年に夫は帰らぬ人となった。
　夫が死去した年に、テレサは新たなパートナーと生活を始めた。彼は、雇われ運転手として週に900ペソの収入を得ている。一方テレサは、コミュニティにて廃品回収の仕事を提供するNGOに雇われ、週500ペソの収入を得ている。また、時々洗濯婦をして日銭を得ている。
　2010年12月以降4Psによる現金給付が開始され、テレサも受給者に選ばれた。月々の支給は平均して500ペソから800ペソほどである。決して十分な額ではないが、学校に通う子どもたちのバオン確保のための大きな助けになっている。現在テレサには、小学校に通う子が3人と高校に通う子が2人おり、毎日のバオンだけでも100ペソほどになるからである。テレサの生活は苦しいが、子どものバオンだけは確保して、学校に通わせ、せめて中等教育までは終わらせてやりたいと思っている。彼女によれば、「(4Psの受益者となっている今は)私は子どもたちに学校を終えさせることのみに集中している。自分の子どもたちが路上でサンパギータ(フィリピンの国の花。芳香を放つ花弁を束ねたレイが路上で売られる)を売り歩いたり、娘がビアハウス(男性相手のディスコ・バー)で働くようなことだけはさせたくないから。私の唯一の希望は子どもたちがせめて中等学校を終えることだ」。

　テレサの家族の生活は、4Psによる現金給付を受給している今日も、子どものバオンのために夫が結核の治療を諦めなければならなかった数年前の貧困から抜け出せているとは言えない。現在の4Psによる現金支給額は、そのような生活の向上を可能にするために十分なものではない。しかしながら4Psは、潤沢な資金を供給しなくとも、受益者の内に特定の願望を生み出し、育て、強めることを通して貧困の社会的包摂を達成しようと試みているといえる。その願望はテレサによって語られていたように、「子どもに教育を受けさせたい」という願望である。4Psによる貧困の包摂のあり方とは、国家による包括的なセーフティネットの供給や、さまざまな保護、補助のための介入によるのではなく、むしろ自己統治可能な市民という特定の主体を生み出し、その行為を方向付けすることによって、その達成が目指されるものであると考えられよう。文化人類学者のタニア・リーが論じるように、そのような主体は、「願望を養い、習慣や意志、そして信念を改変する」[Li 2007:5]ことを通して形成されるのである。

第12章　後退する国家を生きる女性たち——247

しかしこのような社会的包摂は、市民的主体としての願望、習慣、意志、そして信念を持ち得ない人々を包摂しきれず、結果として排除することにもなる。以下では、スラムの過酷な状況の中で、4Psによる現金給付を受けつつも、子どもの継続的就学に困難を来たし、上述のテレサのような願望を持ち得ない状況にある女性の事例を検討してみよう。

● ローズの事例
　ローズは1970年にフィリピン中部のロンブロン島に生まれた。父親は漁師であった。少女時代はメードをしながら学校に通ったが、中等学校は中退した。現在の夫と知り合い、1995年にマリキナ市に移住した。ローズと同じく中等学校中退の夫は、現在定職がなく、臨時雇いの土木建築労働者として日給300ペソほどで働くこともあるが、仕事がまったくない月の方が多い。自然と酒を飲むことが多くなり、昼間から酔っ払っていることもある。
　かつて、ローズは野菜の行商をして月に5,000ペソほどの収入を得ていた。しかしながら2009年9月にフィリピンを襲った超大型台風オンドイ（国際名Ketsana）によって、ローズの家族の生活は一変した。マリキナ川の氾濫により、河川沿いのスラムに建てられていたローズの家屋は水没し、彼女の商売道具は家屋もろとも流されてしまった。ローズと家族は一命を取りとめたものの、その後の生活は、時々野菜などを行商して得られる100ペソから250ペソほどの収入が頼りである。行商する品物が何もないときもしばしばで、そのような時は日に3回食べることはできない。できたとしても、コーヒーをご飯にまぶしたものだけで我慢するか、少量のアラマン（エビの塩辛）や目玉焼きを家族と分けて食べることもしばしばである。
　子どもは16歳の長女を先頭に、5歳の末っ子まで5人である。第2子は小学5年で4Psの教育給付を受給している。しかし、小学3年生の第3子と、7歳の第4子は、学校に登録している名前と、社会福祉開発省に登録してある名前の綴りが異なっており、4Psの支給対象から除外されてしまっている。支給を受けるためには、ローズ自身が子どもの出生証明書を国家統計局より取り寄せ、修正の申請をしなければならない。しかしながらローズには、これらの手続きを行うための費用、知識、あるいは意欲もなく、現状を放置するのみである。子どもたちは朝食なしで

学校に行く日もしばしばで、バオンがない日もあり、当然学校を休みがちになる。第4子はすでに長らく登校していない。

2012年8月上旬のモンスーン豪雨によって、ローズたち一家は再び浸水被害を被った。ローズと家族は、付近の小学校で1カ月もの避難生活を強いられた。その後新たな借家に移ったが、月2,000ペソの家賃が家計に重くのしかかり、先行きの不安な毎日である。ローズは4Psによって現金支給を受ける際には、実際いくら受け取ったかということを夫には隠している。なぜなら、夫に話せば現金はすぐに取り上げられ、酒代に消えてしまうからである。酒に酔うと夫はしばしばローズに暴力を振るうこともある。ローズによれば、4Psの支給は助けにはなる。しかし本当に必要なのは、定期的にある程度の規模で行商をすることが可能になるための資金である、という。

近年フィリピンでは、雨季の長期化、降雨量の増大、台風の発生頻度の増加と規模の巨大化などが指摘され、それに伴う被害も甚大化する傾向にある。そのような降雨や台風による災害の被害を最も被りやすい人々が、ローズのような主要河川沿いの空き地などに流入し、ベニヤ板など簡素な素材で家屋を建てて居住するスラムの貧困層である。つまりローズの事例は、単に災害に偶発的に巻き込まれるのではなく、むしろ災害への脆弱性がその生活に内包されている都市貧困層の姿を示している。しかしながら、4Psの現金給付では、子どもの教育に対する願望を育て、人的資本へ投資するといった実践に従事することがとうてい不可能な過酷な状況にある人々のリスクと貧困を包摂することが出来ず、少なからぬ人々の排除へと帰結していることが考えられる。

おわりに

これまで、近年のフィリピン政府が目指す「包摂的成長」において重視される「能力付与アプローチ」において、女性たちがどのように動員されているのか、またいかに女性たちがそのような発展を主導するアクターとなることを要請されているかといった点を検討してきた。前半では、再生産労働のグローバル化という今日的現象の中で形成されるグローバル・ケア・チェーンに組み込まれる女性たちの状況を

検討した。そこでは、国家は自国民労働者の海外雇用における権利保護やコスト負担のために積極的に介入するアクターではなく、むしろ輸出商品としての女性労働力の付加価値を高め、市場を開拓し、売り込んでゆくブローカーとしての性格を増していることが確認された。海外雇用に付随するさまざまなリスクは、女性たち自身の自助努力で解決することが期待され、そのために彼女たちは国家によって提供されるトレーニング・プログラムを受け、資格を得ることが要請されていた。一方、男性の海外雇用によって国内に取り残される女性の事例においても、彼女たちが経験せざるを得ないリスクや困難への対処において、国家よりもむしろさまざまな非国家組織、具体的は近隣組織やNGOなどのネットワークの活性化が重要になってくる状況が見て取れた。

また後半で検討した条件付き現金給付について、政府は、それが周縁化された貧困層へのセーフティネットではなく、スプリングボードであると説明する。つまり、貧困の統治と包摂は国家による補助や保護によってではなく、女性たち自身が自律し、自助努力できる市民的主体となることによって可能になると想定されていた。4 Ps の現金受給のための条件とは、そのような主体となるための投資の実践であったといえる。

本論で検討してきた「能力付与アプローチ」が女性たちにもたらした効果は、極めて両義的であるといえる。海外雇用のために国境を越える女性たちは、さまざまな付加価値を獲得し、そのことが女性たちのグローバル市場における就労可能性とマーケタビリティを高め、自信と技能を持った女性労働者を生み出している側面も確かにあるであろう。しかし同時にそのことは、海外雇用におけるリスクを背負い込まなければならい女性たちの一層の不安定化を意味するであろう。また4 Ps の受益者の中には、子どもの教育と人的資本への投資という市民的願望を内面化したかの語りも見られる一方で、そのような願望を持ち得ない状況にある人々はさらに周辺化され、「非市民」という負の表象を付与されて排除されることも考えられよう。

そもそも、なぜ今日のフィリピンにおける「包摂的成長」において女性が動員されるのかを考えてみると、そこには特定のジェンダー観に内包される両義性が見て取れる。たとえば、「海外雇用の女性化」が一層加速するのは、「勤勉さ」、「ホスピタリティ」、「従順さ」、「やさしく愛情のこもったケア」などが女性に本質的に備わった資質であるとみなされることが大きな要因であろう。また、4Ps において女性が

受益者とされるのも、「男性は酒やギャンブルに金銭を浪費してしまうが、女性は生来的に家計の合理的管理に向いている」と考えられているからである。このようなジェンダー観は、一方では海外雇用や貧困削減政策などの場において女性が積極的に活躍することを可能にするが、他方でそれは女性たちの多様なアイデンティティや、雑多な願望、習慣、意思、信念といったものを、規格化し一元化しつつ統治を行う権力作用であると考えられよう。

　国家が後退する中でのフィリピンの「包摂的成長」は、女性たちを「生産的な労働者」、「良き市民」、さらには「あるべき国民」として規範化することを通して達成されようとしている。しかし、そのような社会的包摂は、「個人を伝統的集団への依存から実質的に解放する一方、新たな社会関係のうちに個人を埋め込むことで、個人を秩序維持に適合する存在へと規律化する」[田中 2006：256]。女性たちの「能力付与」とは、常にそのような「解放」と「規律」、あるいは自由と抑圧といった両義性を合わせ持つプロセスとして捉えるべきであろう。フィリピンの「包摂的成長」のプロセスで、女性たちがこのような両義性を抱えつつも、いかなるエイジェンシー（行為主体）として生きてゆくのか、引き続き注目していきたい。

注

1）不完全失業（underemployment）とは、就労はしていても生活のために追加の労働時間や就労先を必要としている潜在的な失業者のことをいう。
2）グラシアと筆者は1991年以来の親交を続けている。特に、筆者が都市スラムにおける社会政策に関する現地調査をマランダイ地区にて開始した2000年代半ば以降は、調査時のさまざまなサポートを提供してくれる協力者である。ここに掲載した彼女のライフヒストリーは、そのような長期にわたる交流の折々に語られたエピソードに、筆者自身が編集を加えたものである。なお、グラシアをはじめ本章に記載されている個人名はすべて仮名である。
3）調査時において1ペソは約2円。
4）以下の記述は、拙稿（関 2013）と一部重複している。拙稿では、フィリピンにおける条件付き現金給付政策のより詳細な実施過程と、それが貧困層にもたらす包摂と排除の諸相に関して議論した。
5）4Psに関する現地調査はマニラ首都圏マリキナ市マランダイ地区にて2011年

以降断続的に行われている。ここに紹介するテレサとローズはマランダイ地区を流れるマリキナ川河川沿いの空き地に密集するスラムに居住する貧困層であり、先に紹介したグラシアの隣人でもある。

参考文献

Guevarra, Anna Romina, *Marketing Dreams, Manufacturing Heroes: The Transnational Labor Brokering of Filipino Workers*, Rutgers University Press, New Brunswick, New Jersey, and London, 2010.

Hochschild, Arile Russel, Global Care Chains and Emotional Surplus Value, in W. Hutton and A. Giddens eds., *On the Edge: Living with Global Capitalism*, London: Jonathan Cape, 2000, pp. 130-146.

小ヶ谷千穂「国際移動とジェンダー－フィリピンの事例から」（宇田川妙子・中谷文美編『ジェンダー人類学を読む』世界思想社、2007 年）、240-259 頁。

―――――「再生産労働のグローバル化の新たな展開－フィリピンから見る『技能化』傾向からの考察」（『社会学評論』60（3）、2009 年）、364-378 頁。

関　恒樹　「スラムの貧困統治にみる包摂と非包摂－フィリピンにおける条件付き現金給付の事例から－」（『アジア経済』、54（1）、2013 年）、47-80 頁。

Social Weather Station, Social Weather Indicators, 2014（http://www.sws.org.ph/ http://www.sws.org.ph/,最終アクセス 2016 年 3 月 12 日）

田中拓道　『貧困と共和国－ 19 世紀フランスにおける社会的「連帯」の誕生』人文書院、2006 年。

上野加代子　『国境を越えるアジアの家事労働者－女性たちの生活戦略』世界思想社、2011 年。

Li, Tania Murray *The Will to Improve: Governmentality, Development, and Practice of Politics.* Durham, NC: Duke University Press, 2007.

第13章

「上からの」中国フェミニズムと女性たち

飯塚　央子

　中国は、1978年12月の11期3中全会（中国共産党中央委員会第三回全体会議）での「工業、農業、国防、科学技術」による「四つの近代化」を国家目標に据えた改革開放路線の決定後、経済発展を遂げてきた。この決定は、49年10月の中華人民共和国建国から最高指導者として君臨してきた毛沢東の死去（1976年9月）を経て採択された政策の一大転換であった。

　女性の地位向上という観点から見れば、中国共産党は常に女性解放を旗印に掲げ男女平等を目指してきたのであり、それゆえに特にエリート女性たちも共産党を支持してきた。ということは、一部の女性たちが権力行使を目的として共産党エリート幹部を構成してきたことを意味している。改革開放前の女性がこぞって男性と同じ人民服を着ていたことは、共産党統治下の中国社会において男女平等を象徴するひとつの証であり、また当時の女性幹部たちも人民服社会を誇りにしていたと考えられる。

　こうした人民服社会の変化をもたらしたのが、先の改革開放路線である。「中国式」を強調する西欧化への反発や抵抗は、現在でも依然として見られるものの、78年以前には入り込む余地のなかった西欧的な思想と文化が流入し、女性の平等意識も自ずと大きく変容してきたことは間違いない。2011年9月に北京でSMAPのコンサートが開催された。そこには、中国でも絶大な人気を誇る台湾出身の女優林志玲が出演したが、これは、若い中国女性の日本人男性アーティストへの熱狂と、モダンで美しい女性への賞賛という、二重の意味での中国女性の変化を端的に映し出している。改革開放後の35年間の中国における女性観は明らかに変貌した。

　女性の社会参加や地位向上という課題は、国際社会の中で現在広く推進されている。好むと好まざるとにかかわらず、近代化推進政策でもたらされた「女性」の表

出が際立つ中、中国政府もこれを積極的に奨励している。中国の国策としての「男女平等」は国際的に認められるフェミニズム、ジェンダーと背反するものではない。そもそも共産党が平等な社会を目指したことを考えれば、これは当然のことである。

けれども、国内においては本来の性差と女性間格差が顕著に表れている。そのことから、共産党の目指した「平等」であるはずの中国に、女性社会の側からのほころびが広く認められることは事実である。総じていえば、中国女性の変遷は、中国の権力構造の変化とともに現在に至っていると考えられる。本章ではこうした視点から、中国における女性の状況と既存の諸問題を捉え、中国女性が今後の社会変革の原動力となりうるのかどうかについて考えていきたい。

1. 西欧からの伝播——中国の「女性解放」の軌跡と「纏足世界」

現代における中国女性の生活様式と比較すれば、清朝末期の西欧近代化を受け入れる以前の中国は、明らかに男性依存社会であったことに疑問の余地はない。と同時に、そうした男性依存社会を、自らの権益のために利用する女性が存在したこともまた事実である。中国において長い歴史の中で培ったこのような体質は、西欧化の混入とともに女性社会にいかなる変化がもたらされたのかという視点から、ここではまず初めに伝統的中国女性と近代国家形成プロセスにおける女性の社会進出について見ておこう。

中国女性を形容する際、主体性がなく「家」に束縛された典型として、しばしばかつての纏足を強要された女性について言及されてきた。だが同時に、これまでの長い中国の歴史において権力構造に関わり主体的な役割を果たした女性も、現在に至るまで記憶され続けている。

たとえば、古くは唐の玄宗皇帝が寵愛し政治権力を振るった楊貴妃、清朝末期に絶大な権力を担い、その王朝崩壊をもたらしたとされる西太后はよく知られている。また、清朝崩壊後の中華民国を建国した孫文の妻となり、その後中華人民共和国建国の際に国家の正当性を継承する象徴となった宋慶齢と、その妹で亡き孫文の後継者となった蔣介石の夫人である宋美齢は、『宋家の三姉妹』のヒロインとして映画化もされたが、共に巨富を築いた家庭に育ちアメリカ留学もした才媛である。

さらに、中国に混乱と停滞をもたらした文化大革命（1966〜76年）の主導者

のひとりである江青の場合には、毛沢東夫人としての権威に支えられた。他方で、1959年から国家主席の地位にあった劉少奇がその文化大革命で攻撃されると、彼の夫人で、ファーストレディとして当時国内外で注目の的となっていた王光美は批判の対象となり、12年間を獄中で過ごすこととなった。かたや裕福な家庭で育ち、高学歴で英語も堪能な王光美と、不遇な環境で育ち女優となって後に毛沢東の後妻の座を獲得してトップレディの地位を得た江青という、両者の生まれ育った環境の対比も手伝い、江青の王光美に対する文革での過酷な仕打ちは、嫉妬心に起因したとも言われる[1]。

だがその江青も毛沢東死去に伴い、権威の後ろ盾を失って逮捕され、中国は文革終了を迎えた。その後投獄され、死刑判決から無期懲役に減刑された江青は、1991年に自殺し、一方王光美は名誉回復を許されて2006年に死去している。またさらなる一例を挙げれば、晩年の毛沢東の女性秘書となった若く美しい張玉鳳は、話すこともままならなかった毛と唯一意思疎通が可能であった有能な女性として、現在でも中国で高く評価されている。こうした例からも、纏足女性のイメージとは対照的に、一部の女性たちは中国において伝統的に国家の動向を左右するほどの重要な役割を担ってきた。

一方、改革開放以後の中国共産党による政策方針から女性に関わる重要な変化を捉えれば、女子留学者数の増加が挙げられる。もちろん留学自体が飛躍的に増大していることは注目すべきことで、留学者数の1978年から2012年までの総計は264.47万人で、2012年だけの留学者数は39.96万人に達したとされるが、その中で、治安が比較的良いと考えられているイギリスへの女子留学者数は年々増加しており、過去30年間に留学した学生、学者は50万人近くに達する。改革開放初期はすべて公費で、その数は男性が9割と圧倒的多数を占めたが、90年代に入ると私費留学生が現れたものの、依然として多くは公費で、職業を持つ既婚男性が主流であり、私費留学生でも男性が7割と多数を占めていた。

ところが今世紀に入ると、私費留学生数の増加に伴い男女比の差は縮小し、2004年にはイギリスへの中国人留学生の男女の人数はほぼ同数となり、そして2006年にはついに女性が男性の留学生数を上回った。2012〜13年の中国人の私費留学先は、アメリカの30％に次ぎイギリスが21％だが、その留学生総数57,000人強のうち、女性はすでに6割を占めたという[2]。すなわち、改革開放政

策の推進によって私費留学が可能な階層が出現し、その中で西欧化の浸透が若い女性の間で際立っている。明らかに従来の男性優位からの社会構造の変化がこの点に認められる。

このように、中国では上述の「縛られた女性」と「主体的女性」という対極的な女性イメージが現在に至るまで並立しながら、とりわけ改革開放後には依然として家族集団を重視する伝統的宗族関係に留まる女性と、そこから解き放された資本主義化の中で進む格差社会に生きる女性とが混在しており、後者を後押しする西欧近代化がますます幅広く受け入れられるようになっている。そこには、中国の現代女性の「女性」としての美と権力への憧憬が、性差、社会主義的平等からの乖離と表裏一体となって潜んでいるものと考えられる。

2. 改革開放以後の中国共産党による政策と女性たち

(1)「共産党の指導」による女性の平等と実態
①女性の社会進出

改革開放以後の女性の地位向上が顕著とはいえ、それは中国共産党の政策下での変化にすぎず、中でも中国が国際社会といかに足並みをそろえ、男女平等を推進することで先進性をアピールしようとしているかが分かる。

とりわけ 1995 年 9 月に北京で開催された国連の第 4 回世界女性会議は、中国が女性の地位向上の推進を国際社会で喧伝した意味において特筆すべきものであろう。この開催は 92 年 3 月に中国側の招請に基づいて国連婦人の地位委員会において決定されたものであるが、この時期はまさに 89 年 6 月の天安門事件後から同年 12 月の冷戦の崩壊を経て国際的に孤立化した中国が、92 年 1 月から 2 月にかけて南方視察した鄧小平によって、再度の改革開放に舵が切られた直後にあたっている。この会議開催で中国は国際社会において男女平等を奨励するスタンスを明確に打ち出したのであり、また同時に国内においては女性の政治参加の促進など、女性の権益を守ることを謳った『中国女性発展綱要』を発表している。

こうした路線に基づく男女平等や女性の政治参加の奨励は、折に触れ中国国内で目に見える形で報道されている。たとえば 2012 年 6 月には、神舟 9 号に搭乗した中国初の女性宇宙飛行士が誕生し大いに注目の的となったが、「女性は細心で忍

耐力があり、世界では7ヵ国50名強の女性宇宙飛行士が存在する」といった報道からも、中国が国際競争の一環として女性の地位向上を意識していることが読み取れる。搭乗員3名の内の1名となった女性宇宙飛行士劉洋は、改革開放政策採択直前の1978年10月生まれで、神舟9号に搭乗した当時は33歳であった。さらに中国は、その翌年同月2013年6月にも続いて神舟10号を打ち上げたが、その際にも3名の中に女性宇宙飛行士、王亜平が搭乗した。王亜平も劉洋同様に搭乗時33歳で、これまでで最も若い1980年以後に生まれた美人宇宙飛行士として特に注目を集め、劉洋とともに「二人の神女（女神）」とも呼ばれた。どちらも人民解放軍空軍出身で既婚者である。

このように、中国において改革開放後の近代化政策により西側の科学技術が導入された後に育成された世代の女性として、両名とも中国にとって申し分のない代表（あるいは、「広告塔」）と言えるのであり、また中国でこうした若い女性が先進国の国々と肩を並べ活躍する現実は、世界が確認すべきことであろう。その他、1970年生れの美人で豊富な外交経験をもつとされる、歴代5人目となる外交部ニュース女性報道官華春瑩の就任報道などからも、エリート女性を厚遇する中国共産党政府の政策が見てとれる。

②トップレディと女性間格差社会の一端

しかしながら、こうした女性の活躍を報じる華々しさとは裏腹に、中国共産党のトップ集団である中央政治局常務委員7名の中には女性はおらず、中央委員25名のうち女性はわずか2名に過ぎない。そしてまた、女性の組織的運営を司る中華全国婦女連合会は日中間の火種である尖閣問題について、2012年9月に出された声明において、中国政府同様、日本政府が当該地域を国有化したことを、両国の関係を損なうものだとして強く反対している。つまり、この声明の中で中国女性が中国政府の措置を支持することを宣言していることからも、こうした女性組織も、中国政府の下部組織として上意下達式に機能していることがうかがえる。

また中国のトップリーダーの妻として権威を持つ女性に注目すると、2012年2月に重慶市副市長が米総領事館に駆け込むというショッキングな事態から明るみに出た、重慶市党委員会書記で中央政治局委員であった薄熙来（ハクキライ）の妻、谷開来（コクカイライ）によるイギリス人殺害という犯罪が記憶に新しい。同年8

月に谷開来には猶予付き死刑の判決が出たが、一方古参幹部で副首相をも務めた薄一波を父にもつ太子党(たいしとう)として注目度の高かった薄熙来は、妻の犯罪とともに浮上した汚職事件で逮捕され、2013 年 10 月に無期懲役判決が確定している。

　他にも、前首相であった温家宝の母親や「ダイヤモンドクイーン」と呼ばれる妻が多額の隠し財産をもつと報道されたが、これは女性の問題というより、息子、娘、弟、義弟といった温一族が巨万の富を得ている構図、すなわち伝統的宗族にまつわる女性という理解が必要となろう[3]。

　さらに、毛沢東死去後初めてファーストレディとして注目されているのが、2012 年の党大会で総書記に就任し、翌年 3 月に国家主席となり現政権で最高指導者となった習近平の夫人、彭麗媛（ホウレイエン）である。彭麗媛は、人民解放軍少将の肩書を持つ国民的歌手として人気を博しているが、習近平が国家主席に就任した直後の 13 年 3 月、初のロシア、アフリカ外遊同伴で存在感を示し、また韓国初の女性大統領となった朴槿恵が 13 年 6 月に中国を訪問した際には、彼女は習近平夫人として同席している。

　翌 2014 年 3 月には、オランダでの核セキュリティサミット出席と、それに続くヨーロッパ訪問のため習近平に同伴する彭麗媛の姿が報じられた。またオランダへの出発直前に、単独での中国を訪問したアメリカ大統領夫人ミシェル・オバマとの交流での、彭麗媛の活躍ぶりは国内外の注目を集めた。こうしたファーストレディとしての対応は、改革開放以後なかったことであり、中国がファーストレディをソフトパワーとして前面に押し立て、女性の役割を高める狙いがあるものと見られている。

　だが社会全体として女性の現状を見るとき、女性の地位向上が末端まで浸透していない様子が現実として浮かび上がる。たとえば、女性に関する変化の興味深い事例として、前述の『中国女性発展綱要』での 2011 年〜 2020 年の目標では、飲用水や衛生施設面での環境を向上させるため、現状 72% の農村での水洗トイレの普及率を、国連の要請を受けて中国政府が 2015 年までに 75% に引き上げるとしたが、これは中国の農村は不均衡な発展の中にいることを示している。1993 年の全国調査ではわずか 7.5% であったことから、普及率が飛躍的に高まったといえるものの、現在においても女性にとって必要不可欠と言えるトイレの整備・普及が容易ではないことがわかる[4]。また特に、数字上の普及率が衛生の実態を反映するものではな

いことも、中国においては考えあわせなければならない点である。

(2)「第6回全国人口調査」による 女性の就業状況

　第6回全国人口調査によれば、2010年の中国における16～59歳の女性の就業率は69.9%で、男性より13.8%低い。これは20年来の男性の就業率が4％低下したのと比べ、女性は7％の低下で、ホワイトカラー率も女性の方が低く、性差拡大を意味している。

　失業率を見れば、16～59歳女性の失業率は3.4%で、20～24歳の都市、農村都市での失業率が9.1%と最高となっており、女子大学生の失業が社会問題化している。失業率の性差は年齢を経るごとに高まり、40歳以上は縮小するが、35～39歳の失業率での性差が最大で1.8%となっている。ただし、男女比で見れば、女性の失業率は49.9%で、性差としての女性の失業率は1.2%であることから、失業が女性に限定された問題とはいえない。

表1　女性（16～59歳）の就業状況（全国人口調査）

就業率	男性との比較	就業人口	男性との比較	失業率	男性との比較
69.9%	13.8%低い	4.9億人	13.8%低い	3.4%	1.2%高い

　就業別では、第一次産業が53.2%、第二次産業が16.6%、小売業が11.0%と女性全体の80.8%を占め、これは男性より11.4%高い結果を示し、残りのその他に含まれる、ホワイトカラー12%の割合が圧倒的に少ない。すなわちこれは、大部分の女性が伝統的低収入の職種に就いていることを意味している。

　ホワイトカラーの内訳は、国家機関、党機関、企業の責任者が1.0%、専門職7.8%、事務職関連が3.2%となっている。こうしてみれば、上述した女性宇宙飛行士や女性報道官がいかにごく少数のトップエリートであるかが理解できる。

図1　2010年　女性の就業別比

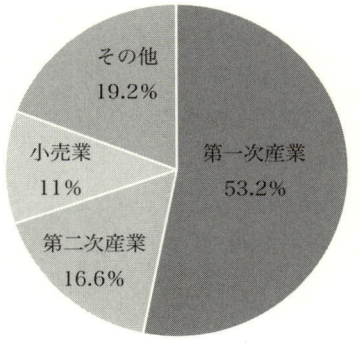

　また非農業就業率の推移では、1990年に25.0%、2000年に31.1%、2010年

には46.8%と、20年間で極めて高い上昇傾向にある。ただし、非農業就業率46.8%の数字も全国的に均一化されたものではなく、北京、天津、上海の大都市では91.5%に達し、東部、中部、西部地域では33.1%であることから、極端な不均衡となる地域間格差は露呈している[5]。

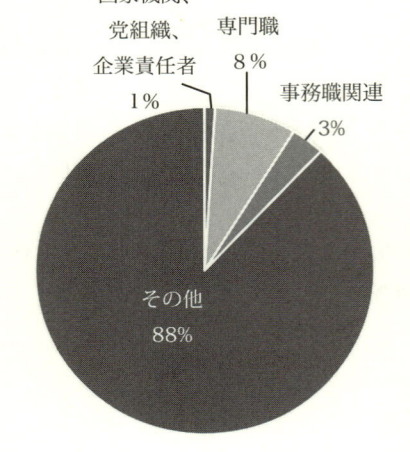

その中で都市のモデルケースとなる江蘇省無錫は、長江デルタに位置し、改革開放以来発展してきた、上海から128km、省都南京から183kmにあるが、2012年末の統計で女性就業者が全市就業者の42%を超え、女性の職場での役割が強化されているという。また、6歳以上の女性の教育期間が9.3年と前回2000年の調査より1.4年長くなっている。女性が新興産業と科学技術や教育関連の職種に就く割合は上昇しており、女性専門職の割合も43.37%と、省内でもトップを占めている。都市、農村都市での第三次産業への就業も47.7%と、女性が躍進している。

図2 2010年 女性ホワイトカラーの職種
国家機関、党組織、企業責任者 1％
専門職 8％
事務職関連 3％
その他 88％

図3 女性の非農業就業率の推移
2010年 非農就業率47％ 53％
2000年 非農就業率31％ 69％
1990年 非農就業率25％ 75％

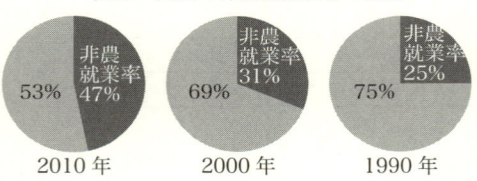

また全市の女性の共産党員数も10.88万人と党員総数の27.5%であり、新たに党員となる割合は、女性が46.9%と半数近くに上る。ただしそれでも、女性が市レベルで全公務員に占める割合は18.9%であり、全市の省、市、県レベルでの議会にあたる人民代表大会での女性代表者は686人で全体の26.7%と、半数を占める状況にはない[6]。

表2 都市の一例：無錫の女性就業者（2012年末の統計）

女性就業	都市、農村都市第三次産業	女性高級専門職	女性党員数	市レベルの女性幹部	省市区レベルの人大代表
42％超	47.7％	43.47％	10.88万人（全党員の27.5％）	全市公務員総数の18.9％	686人（代表総数の26.7％）

◆ 260──現代アジアの女性たち

3. 改革開放から30年を経た中国国内の変化

(1) 女性の人口移動

　改革開放政策の開始から、2010年の第6回全国人口調査までを約30年として捉えてみると、中国社会の変化に従って女性社会が変化しているのが分かる。国内での人口移動が許されながらも、戸籍は原戸籍からの移動がかなわず、地方からの移住者は社会保障が受けられない。そうした都市と農村の格差から生じる社会保障問題や、農村内の格差といった高まり続ける国内問題に、女性社会も組み込まれているのである。

　中国の移動人口は、2000年の1億人強から2010年には2.2億人強と増加し、全人口のほぼ6分の1を占めている。1990年代後期にはすでに女性が移動人口の半数近くを占めていたが、その影響は、特に農村女性にとって大きなものであった。

　第6回の全国調査では、戸籍不在の農村の女性は1億2,396万3,150人で、その内女性の省内の移動人口は48.8％、他省へは43.7％となっており、年齢構成は20～24歳に集中している。これは、人口規模のバランス、すなわち1986年から90年に生まれた年齢層が他の世代に比べて多いことと、義務教育の普及に伴う学業後の出稼ぎが増加したためとされる。上述の省内移動48.8％の内39.8％が高卒で、これは男性と比べやや低い程度である。移動の46.5％は、年々上昇し続ける経済的理由によるもので、その他婚姻理由が26.3％となっている。

　移動先の就業率はかなり高く、他省へ移動した女性は主に生産運輸設備の職に就き、省内の移動では専門職や商業サービスに就く割合が多いが、ここには教育レベルの高さとの相関関係がある。そしてまた21世紀に入り、経済発展や社会政策の改革による中国の社会変化がより激しくなるのと同時に、1980年以降に生まれた新世代農民が誕生したことにより、一層の女性の社会変化が認められるようになった。

　とりわけ1990年以降に生まれた15～24歳の女子に顕著に見られるように、従来の分析枠では測ることのできない他省への移動が増加し、その男女差は縮小する現象がある。ここには、女性の外出時間が延びたこと、出生率が低下したこと、豊かな農村地域が現れ農村地域でも高学歴の女子が増加したこと、また女性の婚期

が遅くなったことなどの背景がある。

　ただし、こうした状況とは逆に、経済発展に伴い非熟練労働者が必要とされるようになり、むしろ男性が満足な教育を受ける機会のないまま中学生で移動する現状がある。これは、男女間格差ではなく家庭の貧困といった、中国における格差社会の深刻さを物語っている。また女性の流動人口が増加した反面、その帰郷も早く、後述するように農村での家庭環境によって移動が制限される課題が依然として残されている[7]。

表3　女性の移動人口と戸籍不在の農村地区女性（2010年）

女性の移動人口	2.2億人強（2000年1億人）		
戸籍不在の農村地区女性	1億2,396万3,150人		
	女性の省内移動 48.8％（39.8％が高卒、男性よりやや低い）	46.5％が経済的理由（26.3％が婚姻）	専門技術者、商業サービス
	女性の他省移動 43.7％		生産運輸設備

(2) 都市と農村
①女性の人口

　2010年の中国における女性の総人口は6.5億人で、全人口の48.8％を占め、1990年と比較し1億179万人増加している。ちなみに男性は1億50万人増となっている。過去20年来で女性の人口が増加したのは、女性死亡率の低下などによるが、後述するように、年齢構成のバランスには注意しなければならない。

　女性の居住地域の内訳を見ると、都市に30.3％、農村都市に20.0％、農村には49.7％と、1990年の農村の女性人口74.1％から大幅に下落し、歴史上初めて都市の人口が農村の女性人口を上回る結果となっている。

　だが既述したように、ここでも地域間格差が際立っており、省によって農村人口の割合は大きく異なる。都市化のレベルを比較すれば、その最高位に

図4　女性の居住地域の内訳（2010年）

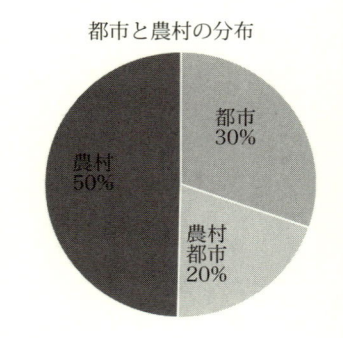

都市と農村の分布

- 都市 30％
- 農村都市 20％
- 農村 50％

挙げられる北京、上海、天津の中では、上海が89.5%と最高を占め、最も低いとされるチベットでは22.3%に過ぎない。この割合は中国の人口分布と同様ではあるが、さらに女性の場合、北京、上海、天津といった東部大都市に人口が集中している。2010年の調査では、これら3都市と東部地域で女性の総人口の41.3%を占め、中部地区、西部地区ではそれぞれ31.8%、26.9%となっている。

図5　女性の居住地域の内訳（2010年）
女性人口（地域別）
北京・上海・天津と東部地域 41%
中部地域 32%
西部地域 27%

2010年の女性人口の中央値は34.4歳であるが、その内訳は、0〜14歳が15.6%、15〜64歳が74.9%、65歳以上が9.5%で、高齢化現象が目立つ。こうした現象は中国に限ったことではないが、中国でも男性人口と比較し女性の高齢化現象が顕著で、全体として年齢人口分布が極めて不均衡となっている。また女性の労働年齢人口が74.9%を占め、20年間で8.5%の増加傾向にあるが、男性との差はそれほど見られない。

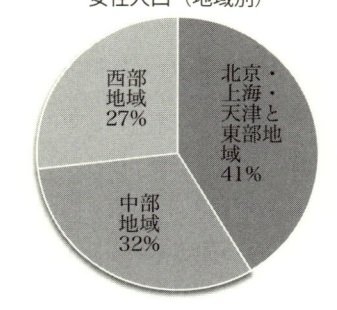

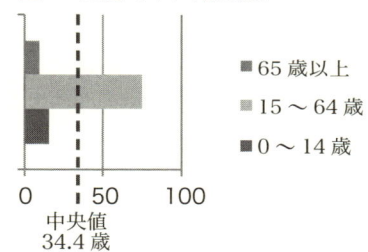

図6　女性人口の年齢構成
■ 65歳以上
■ 15〜64歳
■ 0〜14歳
中央値 34.4歳

注目すべきは、15〜64歳の女性は農村から都市へと移動するが、0〜14歳および65歳以上では、都市から農村へ戻る比率が上昇していることである。つまり農村には子供と老人が残されることから、少数の労働年齢の女性と比較的若い老人に負担がかかり公共サービスが不足する問題が生じている。逆に社会保障制度は戸籍に基づくことから、農村から都市への移動者には社会保障が適用されることがない。女性の都市、農村都市人口が50.3%なので、ここから女性非農業戸籍の28.9%を差し引けば、21.4%に福利厚生が行き渡っていないことになる。

さらに中国の少数民族に焦点を当てれば、2010年の女性人口は5,467万人で、1990年と比べ1,013.5万人増加し、22.8%増となっている。漢民族女性の18.6%増と比較すれば、少数民族女性が4.2%上回る結果である。ただし、少数民族地域の女性のほとんどが農村生活を送るが、その数は農村女性総人口の11.3%に過ぎず、都市の女性少数民族は、女性総人口の4.5%と圧倒的に少ない[8]。「中国の女性」

と一括して語るとき、このような民族間格差も見落としてはならない点である。

②単位の変遷ー「コミュニティー」と家庭（高齢化問題と女性）

　中国では改革開放政策を採択する以前には、「単位」が固定されており、職場も生活の単位も同一で職業にも選択の自由はなく、すべては政府の分配によって決定され、自由意志に基づく人口移動は起こりえない状況にあった。その意味では、戸籍に基づく社会保障サービスも固定されていたため、保障の実態はともあれ、現在のような社会保障問題や失業問題は回避できる環境にあった。すべては「単位」で動く社会主義世界にあったからである。

　現在の高齢者は、改革開放前の世代によって構成されており、1966年から10年間続いた文化大革命期に教育を受ける機会のなかった高齢女性がほとんどである。2014年現在で見れば、65歳は1949年生まれで、まさに中国建国とともに歩んだ世代と言える。

　2010年の60歳以上の人口は1.8億人で、女性は51.3％の9105万人を占める。高齢女性が教育を受けた期間は平均4.7年で、男性より1.7年短い。20年のタイムスパンで見れば、男性3.7年、女性4.5年の伸びであることから、男女共に、かつての高齢者がいかに教育を受ける機会が欠落した世代であるかが歴然とする。2010年の高齢女性の37.6％が未就学、45.1％が小学校教育に止まるという結果を見れば、10年間で未就学者が28.1％減少したとはいえ男性より明らかに低い。中国女性の教育年数の平均値が、極度なばらつきによる数値から算出されていることを理解する必要があろう。

　また2010年の高齢女性の就業率は23.0％で、1990年より8.7％上昇しているが、一方男性は6.5％減少している。男女高齢者の就業率の差は、1990年の30.0％から2010年の14.8％へと下降しているが、逆に農村の高齢女性の就業率は上昇している。このことから、農村の高齢女性が就業率を上昇させている様子が明らかとなる。

　高齢女性56.7％のおよそ5130万人程度は農村在住で、家庭への経済依存度が59.9％と農村の高齢男性35.1％より極めて高く、農村高齢女性の経済的自立が、都市在住の高齢女性と比較して不十分となっている。65歳前の農村女性の家庭での就業率が50％以上であることを考えれば、農村を離れ都市で働く女性も高齢者

になると農村社会に戻り、家事、家族の世話が就業とみなされ、伝統的農村社会を維持する役割を果たしているといえる[9]。

表4　高齢女性の現状（2010年）

60歳以上の女性人口	教育年数	教育レベル	就業率	65歳前の農村女性の家庭での就業率
9105万人(51.3%)	平均4.7年	未就学：37.6% 小学校教育：45.1%	23.0%	50%以上

4. 男女平等概念と制度的不平等

①山東省青州市の例

　これまで見てきたように、中国において国際社会の理念にかなう国家が奨励する男女平等は、一部のエリート女性には適用されているといえるが、中国社会全体を見渡したときに、その大勢は明らかに異なる。中国が近代化政策を採択し資本主義的要素を取り入れて以後、とりわけ冷戦崩壊後の再度の改革開放政策の採用から、大都市での近代化とその発展によって中国社会は急激な変化を遂げた。大多数を占める農村女性はますます都市部に吸引される現象が目立つ。

　こうした潮流の中で、中国社会は失業と社会保障の問題に直面せざるを得ない状況にあるが、制度上では、労働者の退職年齢は男性60歳、女性50歳と明らかに女性が不利な現状にある。幹部女性については退職が55歳と規定されるものの、それでも厳しい職場では男性55歳、女性45歳で退職とされる。高齢化現象が進む中で、たとえ正規雇用にあって社会保障が受けられる女性に対しても、男性と比較して明らかに不平等な制度のもとで女性は不安な状況にある。

　次に中国東部山東省にある青州市の例を引いてみよう。青州市の婦人連合会が主催した男女平等意識についての調査では、65%が男女平等を実現するのに平等意識を変える必要があると考え、就業環境、参政権、家庭地位、社会保障をはるかにしのぐ結果となっている。青州市でも女性参加と経済建設の発展を推進し、農村都市での女性就業者が6.75万人で就業者総数の45%、各種女性専業技術者数は全体の43.6%を占めるとされ、高技能職や管理職の女性の数は毎年上昇傾向にある。

　だが青州市では、「男尊女卑」や「男主女従」といった伝統的性差の概念は依然

として存在する。ここでは、男女平等の基本的国策が長年にわたり提起されてきてはいるが、計画出産や環境保護などには遠く及ばない。男女平等の国策を認識しているのはわずかであるか、もしくは女性に限られた問題とみなされて、現実には、男女不平等や女性差別といった現象は後を断たない。

　女性の参政については、党や政府機関の女性幹部の選抜と配置は強化されているものの、女性党員が党員総数に比較して低い状況にある。婦人連合会が進める党、政府機関での女性の割合は100%となってはいるが、農村の基層レベルでの女性の役割については不十分とされる。また女性がいったん失業すると再就職が困難で、経済的に自立できないことが女性の制約となっている。さらに、家庭のある多くの女性に家事の負荷がかかる現状とされるが、こうした問題はとくに中国に固有の問題とはいえまい。

　社会的な変化を見れば、急激な経済発展を遂げたことによる商品経済の発展や価値観の変化に伴い、不倫現象や離婚率の増加といった家庭不安や、家庭内暴力が増加する傾向にある。ここには、資本主義社会に特有の現象が中国にも発生していることが見て取れる。だが、とくに法制度が完備されていない中国では、家庭の財産の範囲が拡大する状況にあって、離婚問題の際に家族の財産分与にまつわる離婚訴訟が複雑化し、法的決着を図るのが難しい事態となっているという。

　このように、ある程度発展した農村都市においても、男女平等意識を共有する変革が生じているとは言い難い。そのため、伝統的な社会生活が大勢を占める中で、トップである中央の共産党指導部や中央政府の意向を汲みながら、地方の各レベルの共産党や政府がリードしてこの種の意識改革を進展させようとする現状が理解できる[10]。男女平等意識や制度的平等の浸透は、依然として途上段階にあるのである。

②中央指導部による「男女平等」の推進

　1978年12月の改革開放政策の採択から中国は近代化政策に乗り出したが、80年代半ば以降、アジアで生じた民主化運動と冷戦の崩壊、それに続くソ連崩壊という国際社会の大きな潮流の中で、中国では決して単一直線的に改革開放が進められてきたわけではない。その中で周知のように1989年の天安門事件では、中国の改革開放政策が継続するかどうか未知数となった。現在のような最高指導者が党総書記、国家主席、軍事委員会主席を兼ねた安定化した体制が敷かれたのも、天安門事

件後の江沢民の時代からである。

　2002年に波乱なく江沢民から胡錦濤へと党総書記のポストが移譲され、胡錦濤が10年2期の最高指導者としての役職を全うし、現在の習近平へとその地位がバトンタッチされたのは2012年のことである。安定的権力移譲という観点から見れば習近平はまだ2代目ということになる。

　中国の女性社会の変化についても、初期の改革開放政策の延長線上にある。しかし、前述したような急激な変化は、江沢民政権後の、鄧小平が指示した再度の改革開放政策のゴーサインによる1992年以後の結果といえる。また既述したように、中国が女性の平等を国連に働きかけて95年に女性会議が開催されたことは、まさにそうした中国の国策と合致する。

　習近平政権の女性重視を打ち出すスタンスもこの路線を継承したものである。2013年10月、習近平は中南海において全国婦人連合会の指導グループのメンバーと面会した際、女性の地位向上に力を入れるよう指示した。また習近平は、共産党が女性解放と男女平等の実現に努め、一貫して「中国の特色ある社会主義の女性発展の道」を歩んできたとも述べている。もちろんこうした文言は女性社会の質的変化を含んだものではなく、紋切り型の建国時の女性平等の理念を説いているに過ぎず、党の指導を堅持し、党と国家をとりまく大局的計画を実行するための男女平等である。中国の発展と男女平等の発展を融合させながら、婦人連合会が女性を指導するよう求められていることからも、党の目標達成のために、女性指導者が「上から」女性を指導する構図は明らかである。

5. フェミニズム論の変化

　中国共産党の成立時から男女平等は達成されるべき理念であり、習近平の講話に見られるように、女性の伝統的不平等を改善し、新中国を造り上げることがエリート女性の共産党支持にも繋がってきた。だがそれは、改革開放以前には、女性解放という大きなテーマの下で形式的あるいは表面的な平等を求めること、すなわち服装や制度の平等を模索することが主流であったといえる。ところが、改革開放政策により西側の文物が流入したことで、女性の職業にも変化が生じ、西側のコマーシャリズムに乗った物質主義が、主に都会での若い女性の主流となるにつれ、当初のフェ

ミニズム論にも限界が現れてきた。

　すでに 2003 年に、若い女性たちが娯楽性の高い性的魅力を追求する風潮と、従来の女性解放との混同に対して疑問が投げかけられているが[11]、04 年には中国の著名な女性研究者と目されていた李小江がこうした状況についてインタビューに応えている。この中で李小江は、美しい女性のメディアへの登場が成功の象徴とみなされる、「都市の麗人」という語が中国の社会現象となったことについて、この語は学術上の概念ではなく、生活レベルの高い女性に対する人々の雑駁な概念であり明確な境界はないと述べている。その上で、ここには企業経営者や、専門知識を持つ、高収入で社会的地位のある知識階級の女性が含まれるとする。具体的な職業としては、教授、弁護士、作家などである。また「都市の麗人」の範疇にあるピンクカラージョブは、ホワイトカラーに含まれ、階層概念ではなく職業と関連し、非肉体労働によって報酬を受ける、秘書や企業の管理職などを指すものだとする。

　一般に大学教育を受けたとみなされるピンクカラージョブについていえば、仕事、生活、価値観、人生観などで直面する問題が絡み合う。大都市で生活する彼女たちは、伝統的な家庭の束縛や経済的な不自由がなく、生存はもはや問題ではなく、いかに良い生活を築くかに関心があり、社会で自立し思想的にも自由で自信を持つ。こうした李小江の分析は、当時新たに台頭した経済的、物質的豊かさを求め自己実現のために競争しながら、大都市で生活する若い中国女性の状況を的確に示したものといえる。

　また李小江は、こうした状況が生じたのは、改革開放後に元来の公有制による統一が取り払われた結果、女性の就業に多くの機会が与えられ、若い女性が国有制の単位以外に、集団所有制企業、私営企業、外資企業などに就職するようになったためだとする。彼女たちはレベルの高い職業を得るチャンスが与えられたと考え、また女性の教育レベルの向上にともない、自らの価値を高めるためにより一層努力するという[12]。

　このインタビューから明らかなように、現在の 2014 年から振り返ればすでに 10 年前、中国において、若い女性の大都市での生活様式が女性学の上でも問題視されていたことがわかる。大都市の若い女性にとって、もはや生存のためではなく自らの生き方を模索するという時代の変化が生じていたのである。

　とりわけ興味深いことは、李小江がこうした「都市の麗人」現象を否定している

わけではなく、外国と比較しながら、女性が自己実現を達成することを評価し、権利と習慣を自ら選択することは、女性解放や女性の自我の発展のためにもきわめて重要と認めていることである。既述のように、中国において女性間格差社会は一層激しくなる状況にあるが、すでに問題視された10年前に女性学がこれを否定できる状況になかったことは明らかである。

2004年の「都市の麗人」は、1978年の改革開放の同一スタートラインに並んで競争した女性たちであったといえる。だがそれから10年、89年の天安門事件に誕生した世代が25歳を迎える2014年にあって、高学歴を目指して大学を出た女性も失業に直面する現状では、改革開放当初の女性の成功神話が継続する保証はない。10年前の右肩上がりの上昇気流に乗っていた時代の若い女性とは明らかに異なる世相の中で、それでも、そもそも女性の生物学的欲求に備わっているであろう、女性美や性的魅力を武器にするための美の追求に、いったん「門戸開放」した扉を閉ざすのは、もはや不可能といえよう。

そのため、女性解放に重きを置きながら自己実現の理念を容認した、かつて主流であった女性学は影を潜め、むしろ従来の女性学そのものに対する批判が女性研究者の側から生じている。

中国共産党指導部が習近平体制になった翌週、2012年11月23日から2日にわたり、女性学学科についての検討会が北京で開催された。ここには北京大学、清華大学、中国人民大学や、全国婦人連合会婦人研究所などの研究機関の専門家50名余りが参加し、80年代末から中国に生じてきた女性学に対する批判検討がなされている。

この中には、元来西側の学問として導入された従来の女性学は一部の研究者や学徒の趣味の領域となり、中国の現実と乖離しているといった批判もある。検討会では、特定の学問領域としてではなく、実情を踏まえて、中国の現状に即した女性学の構築が必要であることも提起された。この検討会の目的も、男女平等の基本的国策を貫徹させるためのものであった[13]。

従来の女性解放という観点から見れば、一部の特権階級の女性については、明らかに「解放」されていることから、習近平の講話にある「男女平等」の国策に合致した女性学が現在中国で奨励されていると言えよう。ただし、これは決して中国の女性学の分野に限ったことではなく、国際的にもすでにフェミニズムの分野におい

て、従来の分析枠での限界が指摘されている[14]。

　中国の女性学が中国の特性を重視しながらも、女性に関する国際的な研究や交流を積極的に進める基本姿勢は明らかである。そして上述の今後の中国の女性学の方向性が中国の閉鎖性を意味するものではない。

　振り返れば、冷戦崩壊後に東西の枠が取り払われ、女性解放を謳った共産主義国家では許されなかった、西側のファッションに象徴される女性の美にまつわる物質的要求が高まり続ける国際的潮流に影響され、従来のフェミニズムに限界が生じたのも当然の結果と言えよう。中国の現政権が唱道する「男女平等」と、拡大を続ける経済格差から生み出される階層格差とを、女性学がいかに解決していくのかが今後の注目すべきところである。

おわりに

　改革開放政策の導入後、中国社会の変化の一翼を担いながら、中国のフェミニズムは、現在では国際社会共通の基盤を持つ「男女平等」を掲げた具体的政策を模索する様相を呈している。そこでは、共産主義イデオロギーの構成要件であった「女性解放」という画一化された概念はもはや過去のものとなった。しかしながら、そもそもフェミニズムの語彙自体もそうであるが、中国において「男女平等」は状況によって異なる意味合いを持ち、「女性解放」と同様に極めて曖昧な定義とならざるをえない。通底しているのは、改革前と改革後のいずれにおいても、「上からの」変化と指示に伴うフェミニズムである。そして常に国家のあり様と変革とともに変容し現在に至っている。

　こうした「上からの」政策とともに変化してきた中国女性が、現在の格差社会是正といった社会変革の原動力や推進力になりうるのかとの問いに対し、歴史上かつてなかった女性教育の向上によって生み出された新たな女性が、今後いかなる作用を果たしていくのかという点にその回答があるのではなかろうか。中国社会と同様に、トップエリート女性の競争と女性間格差が増長する現状では、エリート女性は従来の伝統的中国女性の範疇にあるとみなすことができ、「上からの」指導的役割に変化が現れない限り、全体数の割合において原動力にはなりえない。他方で、政治体制の安定化を目指す現状において、エリート女性がラディカルな体制変革を好

むことはない。その意味でエリート層とは一線を画し、今後の過度な格差と社会不安に対抗しうる教育水準の高い女性たちが、既成の社会の中でいかなる生活を志向するかが社会の原動力としての重要な変数となりうる。

　到達点が不明瞭な近代化を目標として、現実には資本主義システムの中で飽くなき経済成長を追求する中国社会にあって、中国女性も経済格差によってもたらされる歪みの中で生活を営まなければならない。女性の役割が重視される一方で、経済目標の達成に偏向する現状で、本来女性に期待されたであろうヒューマニズムの感性がいかに社会に浸透されうるのだろうか。近代化を目指した中国は確実に近代国家に向けた歩みを辿りつつあるようにも思えるが、その根底にある西欧近代国家の思想基盤だったはずの「自由、平等、博愛」といった理念は形骸化している。そして、かつて国際的にも大きな問題となった「エイズ村」の農村女性に代表される地域が中国から一掃されたわけではない[15]。

　しかしながら、中国自身もそうした歪みの欠陥を認識し、その是正を模索していることも事実である。たとえば、中国は増え続ける人口の抑制策として、改革開放政策以後「一人っ子政策」を続けてきたが、高齢化による社会保障変革が必要なことから、2013年12月の党の決定で、夫婦のいずれかが一人っ子であれば第二子が認められることとなった。浙江省では翌14年1月早速条例の改正が行われた。産む性である女性にとって、国家が出産に介入する状況は決して許されるものではないが、中国ではそうせざるをえない社会状況にある。

　「life」は、生命、生活、人生を意味する。かつての中国の職場「単位」での「life」が緩やかになった現在、改革開放以前と比較し人々の「life」への選択肢は確実に増えた。だがそれに伴う階層化された「男女平等」という現実に対し、中国はいかなる国家、社会の安寧を維持するビジョンを描いていくのだろうか。ヒューマニズムなきフェミニズムの陥穽に陥ることなく、女性に限定されない基本的人権がいかに確保されるのかが、今後のフェミニズム推進への課題であるともいえよう。

　近代化の追求に付随するべき「個」の確立と、個々人の異なる安寧と多様な単位に裏打ちされた全体の調和をいかに図るのかが、中国女性ばかりでなく程度の差こそあれ、西欧近代化を追求するアジア女性共通の課題と言えるのではなかろうか。

注

1) 譚璐美『江青に妬まれた女　ファーストレディ王光美の人生』ＮＨＫ出版、2006 年、128-133、164-169、209-212 頁。
2) 「中国留学生超過 12 万　女多男少比例失衡」〈http://www.chinanews.com/lxsh/2013/10-06/5346427.shtml〉（2013 年 12 月 11 日アクセス）
および "International student statistics: UK higher education , Top non-EU sending countries" 〈 http://www.ukcisa.org.uk/Info-for-universities-colleges--schools/Policy-research--statistics/Research--statistics/International-students-in-UK-HE/#Top-non-EU-sending-countries〉（2014 年 1 月 30 日アクセス）
3) "Billions in Hidden Riches for Family of Chinese Leader"〈http://www.nytimes.com/2012/10/26/business/global/family-of-wen-jiabao-holds-a-hidden-fortune-in-china.html?_r=0〉（2012 年 10 月 29 日アクセス）
4) 「我国承諾 2015 年農村衛生厠所達 75 ％」〈http://legal.people.com.cn/n/2013/1120/c188502-23596516.html〉（2013 年 12 月 17 日アクセス）
5) 「女性就業現状及行業与職業分布性別差異」〈http://acwf.people.com.cn/GB/n/2013/0306/c99013-20688261.html〉（2013 年 9 月 5 日アクセス）
6) 「無錫女性頂起職場 " 半辺天 " 高級専技人員中女性超過 40％」〈http://wuxi.people.com.cn/GB/n/2013/0308/c131315-20721562.html〉（2013 年 9 月 5 日アクセス）
7) 「中国女性人口流動与変化趨勢分析」〈http://acwf.people.com.cn/n/2013/0327/c99013-20940204.html〉（2013 年 9 月 5 日アクセス）
8) 「中国女性人口発展変化大趨勢」〈http://acwf.people.com.cn/GB/n/2013/0220/c99013-20538443.html〉（2013 年 9 月 5 日アクセス）
9) 「老年婦女生存発展應予特別関注」〈http://acwf.people.com.cn/GB/n/2013/0312/c99013-20760362.html〉（2013 年 9 月 5 日アクセス）
10) 「実現男女平等急需 " 観念平等 "」〈http://acwf.people.com.cn/n/2013/0503/c99013-21353393.html〉（2013 年 9 月 5 日アクセス）
11) 「婦女要開放、就要做大胆暴露狂?!」〈http://www.people.com.cn/GB/shenghuo/1091/2016737.html〉（2012 年 11 月 15 日アクセス）
12) 「一道亮麗的風景線 " 都市麗人 " 何以耀眼？」〈http://www.people.com.cn/GB/shenghuo/1092/2399336.html〉（2012 年 11 月 15 日アクセス）
13) 「" 女性学学科範式与学科地位 " 再聚焦」〈http://acwf.people.com.cn/GB/

n/2012/1205/c99013-19795761.html〉（2014 年 1 月 17 日アクセス）
14) Gillian Youngs, From Practice to Theory: Feminist International Relations and 'Gender Mainstreaming' , *International Politics*, 45, 2008, pp.688-702.
15) 福島香織『潜入ルポ　中国の女　エイズ売春婦から大富豪まで』文藝春秋、2013 年、14-77 頁。

第14章

台湾の国際結婚におけるカンボジア人女性
―― 「買ってきた嫁」から「媳婦(シフウ)」へ

徐　幼恩

はじめに

　従来アジアは欧米圏への女性の結婚移民の送り出し地域であった。そして、1985年以降、日本がアジア圏内から初めて女性結婚移民の受入れ国となった。さらに、90年代半ばにもなると、台湾および韓国がアジア圏内の結婚移民女性の主な受入れ国となった。しかも、増加するスピードおよび国際結婚の割合は日本を追い越した。ピーク時の2003年には台湾の婚姻総数に占める国際結婚の割合は31.86％に達し、新婚カップルの3組に1組が国際結婚となる。そのうちの9割以上が台湾人男性とアジア系女性の結婚移民との組み合わせである。さらに、台湾人男性と女性結婚移民との間に生まれる子ども、いわゆる「新台湾の子」も年々増加し、ピーク時の2003年には台湾の全出生数のうち、7.5人に一人が「新台湾の子」という状況であった。数多くの女性結婚移民の流入とともに、言葉の壁、文化摩擦、生活適応、「新台湾の子」の教育問題、その家族をめぐる問題など、さまざまな社会問題が浮上してきた。とくに、東南アジア出身の女性が言葉の壁、生活習慣・文化の相違によって台湾生活に馴染めないことを報告した事例が数多い。すでに台湾の「5番目のエスニック・グループ」[1]として定着したアジア系女性の結婚移民との共生は、近年克服すべき台湾社会の最重要課題のひとつとなっている。

　女性結婚移民に関する諸問題について、2000年代前半には結婚移民本人の生活適応、識字教育、台湾政府の移民政策、結婚移民に対する差別問題などがしばしば取り上げられてきた。2000年代後半以降は結婚移民本人だけではなく、「新台湾の子」も含めて研究の対象にされ、教育問題やアイデンティティ、学校生活への適応問題などの研究が盛んになった。しかし、このような問題はあまりに細分化され

過ぎ、問題の本質が見えにくくなってきたことも事実である。台湾社会におけるアジア系結婚移民との共生の進む道を探るためには、何より彼女らの生活適応を考えなければならない。本稿は、台湾ホスト社会において、「買ってきた嫁」とされた一人のカンボジア女性がいかなる生存戦略を駆使し、「妻」という地位を獲得したかの過程を取り上げ、彼女の主体性を分析するものである。

1．台湾における東南アジア女性結婚移民の歴史および呼称の変遷

(1) 東南アジア女性結婚移民の歴史

1970年代中期から、台湾の工業化により、多くの農村女性が都市に流入した結果、農村男性は深刻な結婚難に陥った。とくに、客家系[2]の農村に居住する男性は仲介業者の紹介を通じて、フィリピン人女性やタイ人女性と見合いし、結婚した。

東南アジア出身の配偶者は年代が変わるとともに、異なる名称で呼ばれてきた。1970年代後半から1990年代前半までは「輸入花嫁」（進口新娘）と呼ばれていた。台湾社会の下層にあって、結婚難に悩んでいた男性は結納金さえ払えば、ブローカーが東南アジア諸国からつれてきた「輸入花嫁」と結婚することができた。出稼ぎという名目に騙された多くの女性は、偽装の観光ビザで台湾に来て農村男性と結婚させられた。その中には風俗業に売り飛ばされる女性もいたことが問題視される。70年代の「輸入花嫁」は主にタイ、フィリピン、マレーシア人女性であった。彼女らの中には生活習慣・文化の違い、言葉の壁によって、また農村の力仕事に堪え切れず、逃げ出したケースが多かった。このような事件が頻繁に起きたため、タイ・フィリピン・マレーシア人配偶者は一時期減少した。同時に、この結果は間接的に80年代のインドネシア華人系配偶者の激増を引き起こした[3]。

農村の結婚難以外にも、結婚適齢期を過ぎた国民党の退役軍人も結婚相手が見つからないため、台湾に居住する東南アジア出身華僑が仲介したフィリピン、タイ、インドネシアなど東南アジアの女性が彼らに紹介された。農村に嫁いだ花嫁と同じように、出稼ぎという名目で台湾にやって来た女性たちの場合、多くの国民党老兵はそうした女性たちの事情をまったく知らないまま結婚した。その意味では、いわば男女双方とも被害者であり、アジア花嫁ブームは一時下火になった［夏2002］。

1985年の為替安定化に関するプラザ合意を経て、米ドル安、台湾ドル高によっ

て、台湾企業の海外投資は急速に拡大し、経済と貿易の自由化とともに、国際市場のダイナミックな変化は、国内市場や生産、販売などさまざまな方面に巨大な影響をもたらした。グローバル化や国際貿易の自由化により農業経営が難しくなるとともに、農村の結婚難も増す一方であった。「進口新娘」の問題は、この頃初めて新聞記事に登場する[4]。1983年9月27日の『聯合報』5版には、「進口新娘は問題多く、立法委員は早速阻止するべきと要求。観光ビザ、短期滞在ビザ、二重国籍を持つ華僑は戸籍の登録が禁止と境管局[5]は強調」という見出しの記事も掲載されている。その記事の内容によると、当時のトラブルのなかには、アジア女性のビザの期限が短く、もし結婚相手が見つからなかったら、強制送還の処分を受けたケースも多くある。いったん女性が強制送還されると、男性側は、払った結納金も花嫁も両方とも失うことになる。また、80年代農村で起きた「進口新娘」ブームでは、男性がブローカーに20万～30万台湾ドル（120～180万円）の結納金を渡すと、タイ、インドネシアの「輸入花嫁」と結婚することができる[6]。そのため、台湾人男性とアジア花嫁との国際結婚は常に「売買婚」とみなされていた。さらに、1980年代末に観光ビザで台湾に来た東南アジア女性の人身売買事件が何件も起きたことから、政府は一時期、東南アジア出身の未婚女性にビザ発給を停止した［陳美恵2002：24］。

　1986年から1991年の間、台湾の東南アジア市場への投資はタイ、マレーシア、フィリピンに集中している。結婚仲介業者の話と新聞記事によると、この時期に来たタイ・フィリピン人花嫁が最も多い。この頃の「輸入した花嫁」は、すでに母国で結婚している女性か、または就労のために台湾に来て、結婚してからまもなく逃げたケースが多く、さらにブローカーに騙された事例も数多く報道された。そのため、当時から、台湾男性は仲人の紹介で東南アジア諸国に行って、ブローカーが用意した複数の女性と見合いし、短時間で結婚相手を決めて、現地の役所で結婚登録の手続きをするパターンが主流となった。その後の手続きを全部代理人に委託して、台湾人男性は先に1人で台湾に戻る。全費用は30万から40万台湾ドル（150万～200万円）であった。これにより「進口新娘」の名称以外に、「外籍新娘」という呼び方も始まった。一方、短時間で結婚相手を決めた台湾男性は「インスタント花婿」（速成新郎）と呼ばれ始めた。1991年以降、台湾企業のインドネシアへの投資の増加とともに、台湾男性と結婚したインドネシア人女性も一気に増えた。台

湾男性が東南アジア諸国に花嫁を求める趨勢と台湾が東南アジアへ投資するトレンドは一致している。

（２）東南アジア女性結婚移民の呼称の変遷

　台湾の一般の人々は、東南アジア出身の配偶者を「外国籍花嫁」（外籍新娘）と呼ぶ。「外国籍花嫁」とは、本来「台湾人男性と結婚した外国籍の花嫁」のことを意味するが、一般的には「台湾人男性と結婚した東南アジア出身の女性」に特化して用いられる。これに対して、欧米出身の女性配偶者は「西洋人奥様」（洋媳婦）、日本籍女性配偶者は「日本人奥様」（日本媳婦）と呼ばれる。「新娘」とは、夫の家族の一員にまだなりきれていない新妻を意味する。これに対して「媳婦」とは、身内として受入れられ、家族の一員と認められた場合に使われる言葉である。第一陣の東南アジア出身の女性配偶者が台湾に来てすでに 30 年が過ぎたにもかかわらず、彼女らはいまだに「新娘」と呼ばれている。同じ台湾人男性と結婚した外国籍配偶者であるのに、なぜ欧米と日本出身者が「媳婦」という身内のカテゴリーに分類されながら、他方東南アジア出身者が「新娘」という余所者のカテゴリーに分類されているのか。そこには経済的指標によって台湾の人びとが東南アジアの国々を「下」に見るという偏見や先入観が反映されていることは言うまでもない。これに対して、台湾人男性と結婚した欧米など先進国の女性は、「媳婦」という肯定的に歓迎する気持ちが含まれた言葉で呼ばれる。

　アジア女性結婚移民の大量流入に加えて、さまざまな社会問題の「要因」として扱われがちなアジア諸国出身の女性を総称する際、「外籍新娘」という呼称は、使う側にとって都合のよいものとなる。こうして、カテゴリー化された東南アジア出身の女性は、さらに周囲からの偏見の眼にさらされるようになるのである［夏 2005：40、飯田 2009：11］。

２．調査の概要

（１）調査地選定の理由

　本稿が依拠するデータはおもに、筆者が 2007 年から 2013 年にかけて、高雄市在住の女性結婚移民を主な調査対象にして行った調査の一部に基づいている。筆者

自身も高雄市出身の台湾人で、2006年に留学するため日本にやってきた。本調査は、筆者が毎年一時帰省する期間に加え、台湾に滞在した2010年の1年間に行った。本稿で紹介するインフォーマントの阿玲（仮名）とは同胞の郷土料理大会に参加し、地元の祭りにも同行し、参与観察を実施した。日本にいながらもスカイプやソーシャルネットワーク（Facebook）を活用して調査を継続し、信頼し合える友人関係を築いてから初めて敏感な話題へと進むことができた。なお、調査では主に7人の女性結婚移民を対象としたが、本稿ではそのうちの一人のカンボジア人女性の事例に絞っている。「買ってきた嫁」とされた一人の女性がいかなる生存戦略を使用し、「妻（媳婦）」という地位を獲得したのか、そしてその過程での本人の主体性を分析する。なお、本稿の記述においては、各登場人物の親族名称は、阿玲からの関係で記述する。

　前述のように、台湾の農山漁村地域では国際結婚の割合が高いため、先行研究は必然的に農山漁村地域の女性結婚移民を対象にしたものが多く、都市部の先行研究はまだ数が少ない。都市部の女性結婚移民の生活適応を知るために、筆者は、台湾で第2の都市である高雄市を調査地とした。なかでもA区を主な調査地にした理由は二つある。第1は、A区が筆者の地元であり、聞き取り調査に協力してくれるインフォーマントを得るのが容易であったからである。個人のプライバシーに大きく関わる女性結婚移民のライフヒストリーを明らかにするためには、長時間および何度もの聞き取り調査が必要である。近年女性結婚移民に関する研究が盛んであるため、彼女らのもとには常に研究者のアンケート調査票の回答依頼やインタビュー依頼が来ている。頻繁な依頼およびプライバシーの暴露、また台湾人家族の反対もあり、インタビューに応じる当事者は少ない。A区にある筆者の実家の飲食店の繋がりを通して、積極的に協力的なインフォーマントを見つけることができた。第2の理由は、A区が高雄市最大の行政区であり、その女性結婚移民の人数も高雄市の全行政区内で一位であることに関係する。A区在住の女性結婚移民の個々の事例を深く考察することを通して、高雄市全体の女性結婚移民の現状と生活状況を確実に理解し、把握していきたい。

（2）高雄市の概況

　現在の高雄市は2010年12月25日に高雄県と合併し、台湾において、面積が

最も広い直轄市となった。なお、本論文の調査は合併前の 2009 年から始まったので、本論で言及する高雄市はすべて合併前の 11 行政区からなる高雄市のことである。台湾の西南部に位置している高雄市は、台北に次いで二番目に大きな都市である。本省人が多いため、中国語より台湾語が主流である。しかし、南台湾の交通運輸センターと呼ばれている A 区は、外来の住民の入居も多く、人口が高雄市の 4 分の 1 を占めている。A 区の住民の平均所得は、高雄市市民の平均所得よりやや低い。2010 年 11 月末時点で高雄市の人口は 1,530,182 人で、世帯数は 588,439 世帯、1 世帯あたりの平均人数は 2.6 人である。65 歳以上の高齢者数は 154,785 人、高雄市全人口の 1 割（10．1％）を占めている。2009 年度の初婚年齢は、男性が全国平均の 31.6 歳をやや上回って 32 歳であり、女性が全国平均の 28.9 をやや上回って 29.5 歳である。台北に次いで初婚年齢が最も高い都市である。高雄市を台湾全体と比較すると、大都市的性格を反映して、平均世帯人数は少なく、高齢者率が高く、晩婚化傾向が著しい。

　A 区の人口は 2010 年 11 月末時点で 354,191 人で、世帯数は 131,591 世帯、1 世帯あたりの平均人数は 2.7 人である。65 歳以上の高齢者数は 33,004 人で、A 区人口の約 1 割（9.3％）を占める。ともに高雄市の平均に近い。また、学歴に関しては、A 区の住民の学歴は高雄市民の平均学歴よりやや高いほうである。そして、結婚適齢期（30 から 39 歳）の年齢層に関して、女性（30,949 人）は男性（28,426 人）より多いが、未婚男性（14,343 人）は未婚女性（11,679 人）より多く、A 区男性の結婚難が明らかにうかがわれる。

3．阿玲のライフヒストリー

（1）生い立ちと国際結婚を選択した経緯

　阿玲は、1974 年にカンボジアバタンバン州バタンバン市に生まれた。彼女が出生する前に、父親はカンボジア共産党の幹部に連行され虐殺された。翌年、カンボジアでは極端な共産主義を掲げるクメール・ルージュの独裁者ポル・ポト政権が成立した。1979 年までに、旱魃、飢餓、虐殺などで 100 万人以上とも言われる死者が出た。その後ポル・ポト派を含む三派とベトナム、ヘン・サムリン派との間で内戦が続いた［永井 1994：79-114］。

阿玲の母親は女手一つで2歳上の姉と阿玲を育ててきた。「昔は共産党の統治で、食べ物は政府の配給で、こっそり物を食べてはいけないし、全員鼠色の服だけ着させられていた。余計なことを言うと、殺された」と阿玲は言った。中学を卒業して、阿玲は就職のために故郷バタンバン州バタンバン市を離れ、プノンペンで写真屋を経営する親戚の家に移住し、写真屋の受付として働いた。当時、周りの友達は続々と結婚した。阿玲の話によると、カンボジアでは国際結婚の場合、最も良い国の選択は先進国のアメリカやヨーロッパの国々だ。いとこはカンボジア系のフランス人と結婚し、フランスに移住した。幼少時代に経験したポル・ポト政権の恐怖に満ちた日常生活は現在でも鮮明に覚えていると阿玲は語った。子ども時代の痛ましい思い出があり、周囲の人々が国際結婚を通して生家の経済改善の事例を見て、阿玲は母国を離れて、国際結婚を選択しようと常に思っていた。

　阿玲が19歳の頃から、ブローカーは親戚の紹介を通して何回も台湾人男性を連れて、阿玲が働いていた写真屋を訪れ、縁談の話をもちかけた。阿玲は欧米の国に移住しようと思っていたから、台湾人との縁談を断り続けていた。しかし、3年経っても、紹介された男性はほぼ台湾人男性であった。1996年、22歳の阿玲は「もう若くないので選択する余裕があまりない」と思い、現在の夫と結婚した。当日の見合いの過程を回想すると、「朝、夫はおばさんの家（写真屋）に来て、あたしの様子を見て、すぐ縁談の話を持ちかけた。その日の夜にすぐ式を挙げた。あんたたちの恋愛結婚とは全然違う」と阿玲は語った。

（2）夫が国際結婚を選択した経緯[7]

　阿玲の夫は、高雄市A区の下町で小さな電気屋を経営している。小児麻痺で中学校卒の夫は自分の足と仕事の関係もあり、なかなか女性との出会いがなく、生涯独身を貫くと思っていた。しかし、舅姑は独身でいることに反対し、ベトナムでもいいし、カンボジアでもいいし、とにかく嫁探しのツアーに行きなさいと命令した。家の近くの市場では、カンボジア人女性と結婚した男性が何人もいた。2012年の統計によると、A区在住のカンボジア出身の国際結婚移民は35人で、これは高雄市のなかで最も多い数値である。

　近所の人が、カンボジアへ見合いに行こうと姑に声をかけた。姑は見合いの話を義兄弟に話した。近所の者が言うには、姑をはじめとする台湾人家族全員が、小児

麻痺でしかも結婚適齢期を過ぎた夫が地元の台湾人女性と結婚することは不可能だと思い、「外国人嫁」（外籍新娘）を娶るしか方法がないと思っていた。何よりも、自分たちの代わりに高齢化しつつある両親の介護および独身の兄弟（夫のこと）の面倒をみてもらおうと、義兄弟姉妹は思っていたのだという。

　1996年当時、42歳の夫は姑の同行で、国際結婚ブローカーが用意したツアーに参加し、カンボジアのプノンペンに行った。ほかの嫁探しの男性も含めて6、7人の一行は、3日間のカンボジア見合いツアーに参加した。見合いツアーといっても、専門的な結婚仲介業者ではなく、知り合いの紹介で、東南アジア女性と結婚する意欲がある男性に声をかけて一緒にカンボジアに行く旅行である。台湾側のブローカーとカンボジア現地のブローカーにも「謝礼」（紅包）を払う。夫が初めて気に入った相手（華人）は名前が同じだったため姑は反対した。漢民族では同じ名前の人との通婚がタブー視されている。親子は再び何人かの花嫁候補の女性を見た結果、阿玲が、華人で、外見は従順そうで、話をよく聞くタイプだと思い、阿玲を選択した。飛行機代、仲介費用、婚姻届に関する書類の作成、手続きをする手数料、阿玲の母親への結納金など、費用は合計33万台湾ドル（142万円）で、夫はそれを支払って一足先に台湾に帰った。

　このように、阿玲も夫も、二人とも結婚候補の第一希望の人ではなかった。

（3）結婚生活

　カンボジアで夫と出会ってから3カ月後に台湾に渡ってきた阿玲は、配偶者ビザを待っている間に中国語の塾に通い、簡単な日常会話を習得した。しかし、すでに述べたように、高雄の地元の人々は皆、台湾語をしゃべっている。また、舅姑は戦前の日本語教育世代で、中国語はまったく聞き取れない。幸いなことは、阿玲は潮州系華人であるために、台湾語をマスターすることはさほど困難なことではなかった。潮州語と台湾語のルーツは閩南語であるため、発音が類似している。

　最初の数年、阿玲は姑舅の世話をするかたわら、中国語教室に通い、夫の小さな電気屋を手伝った。舅姑の世話だけでなく、大家族の料理の担当も任された。家の隣で「台湾麺店」（麺店）を経営していた義兄嫁が食事代の一部を出して、阿玲に夫一家や義兄の一家の食事も任せた。高齢の舅姑は軟らかい食べ物しか食べられないが、義兄の子どもは軟らかい食べ物が嫌いといったように、皆それぞれの好み

があって料理がしにくいと阿玲は不満をもらした。当時、姑はまだ元気で、よく阿玲がすることに口を出した。姑は阿玲のことを「買ってきた嫁」とみなしていた。1927年生まれの姑の時代、姑が嫁に厳しい態度で接することが慣例であった。それゆえ、長年の試練を終え、やっと姑になると、同じような姿勢で嫁に臨むのを当たり前とする年代の女性である。

　お正月には、夫の兄弟たちが家族連れで実家に戻った。大家族の食事の用意は常に阿玲一人だけに任された。義兄弟の妻たちはただテレビを見ながら、おやつを食べたりしていた。「食事後の食器洗いすら手伝ってくれなかった」と、阿玲は不満に思っていた。数年後、阿玲は、皆がレストランに行けば、食事の支度もなく、片付けることもないと思い、夫に頼んで、やっと大家族の使用人にならないで済むようにもなり、彼女にとって悪夢のような正月は終わった。

　通常、家父長制の漢族社会では親の面倒を見る役は長男夫婦とされているが、ほかの兄弟の嫁は、気が強い姑と仲が悪く、舅姑と同居したがらなかった。夫一家のことをよく知る近所の阿芳によると、姑は非常に気が強いから、嫁たちとの仲が悪いという。それゆえ、兄弟全員が結婚した途端に家から出て行った。結局、舅姑と当時唯一未婚だった阿玲の夫が親と同居することになった。阿玲の夫にカンボジアに行かせて外国人妻を娶らせることも、親の面倒を見させるためだったと夫の兄弟は思っていた。そして、夫の姉妹も皆高雄市に住んでいたが、正月のみ舅姑に会いに来るだけである。

　このように、夫の家族は両親の介護を阿玲一人に任せて、それが当然だと思っていた。その様子から、阿玲は親孝行をしている台湾人が少ないと思っている。「カンボジアの人々は、みんな親を大事にしている」と阿玲は強調した。彼女はカンボジアの母親に、故郷であるバタンバン州に家を建て、テレビなどの家電製品を買ってあげた。その家では阿玲の姉夫婦が母親と住んでいる。

　高雄市に来た最初の数年、阿玲は文句を言わず舅姑の面倒を見てきた。2004年に舅が亡くなってから、阿玲は少し楽になれた。何よりも結婚当時阿玲に厳しく、気の強い姑は、年を重ねるとともに元気を失い、車椅子を使う生活が始まった。家の中のことに逐一口を出さなくなり、握っていた財布の紐も手放して、夫に任せるようになった。

　そのときから、阿玲は姑の介護に対して意見を言い始めた。阿玲は姑が阿玲の夫

だけでなく兄弟姉妹皆の母親なのだから、夫の兄弟姉妹全員が姑の介護に対して責任を持つべきだと常に思っている。「4人兄弟、全員が同じ広さの土地（舅が残した遺産）をもらったのに、どうして姑の面倒を見る役を夫と妻の自分だけに任せるのか」と疑問に感じていた。そして、終始舅姑の面倒をまったく見ようとしなかった4人の義姉妹には舅の遺産をもらう資格がないと阿玲は主張した。義姉妹らは、父親の遺産放棄の承認文書に関して、一人ずつ10万台湾ドル（30万円）の手数料を要求した。「ただ印鑑を押すだけで、10万元[8]もかかる。本当に理不尽なことだ」と阿玲は不満げに呟いた。

　次に、阿玲は介護の不満を夫に伝え、夫の口を借りて、義兄弟と交渉した。そして、2006年から、3人の義兄弟から一人ずつ毎月6,000台湾ドル（18,000円）の介護手当てをもらうことになった。しかし、2009年3月から、阿玲への手当てを延納したり未納したりする義兄弟がいたので、阿玲は姑の介護を辞め、外で働くことを決意した。そこで、インドネシア人の介護労働者[9]を雇用した。阿玲夫婦は姑と同居しているため、介護労働者に支払われる給料は夫以外の3人兄弟で分担することになった。インドネシア人介護労働者の給料は月2万2,000台湾ドル（66,000円）程度で、夫以外の兄弟は一人8,000台湾ドル（24,000円）を出した。兄弟3人が出した全額の2万4,000台湾ドルから介護労働者へ支払う給料を引いて、残りの2,000台湾ドルは夫と阿玲への手当である。「私は外国人労働者として台湾に来たのではなく、花嫁として台湾に来たのだ」と、阿玲は強く主張した。

　台湾ではカンボジアの学歴を認めないため、阿玲は台湾で新たに小学校の成人教育を卒業して、中学校に進学し、高校の入学試験にも見事に合格し、夜間高校に進学した。阿玲は勉強好きで、分からない単語があれば、すぐ人に聞いたり、辞書を調べたりしている。メモ帳にはいつもぎっしりと単語が書かれている。筆者が阿玲と一緒にTVを見ていると、字幕に分からない単語があるたびに、阿玲はすぐ筆者に聞いて、メモをとった。2008年にインタビューしたときには、阿玲は進学で悩んでいた。彼女自身はもっと勉強して大学に進もうと思っていたが、中卒の夫はこれに反対した。学校で勉強して賢くなった阿玲が夫の言うことを聞かなくなったら、夫にとって都合が悪い。「何のために大学へ行ってまで勉強するのか。高校卒業だけで、もう十分だ」と夫は彼女に言った。周囲のカンボジア人たちも「お金を稼ぐことこそ一番大事なことだ」と言っていた。2009年8月に、筆者は阿玲に進学

の話を聞くと、「大学進学を辞めた。『銭』（前）[10]に向かって進もう」と阿玲は答えた。

　阿玲が台湾に来たばかりの最初の数年は、夫はあくまでも阿玲が「買ってきた花嫁」で、赤の他人だと思っていた。しかも夫は、アジア系女性の結婚移民に対して、彼女ら自身も当然金銭目当てだという固定観念が強かった。しかし、父親の遺産の放棄に対して大金を要求した自分の姉妹や、母親の世話をしようともしなかった兄弟のことを見て失望した。昔は自分の兄弟と仲が良かった夫は、阿玲を見直し、次第に夫婦仲も良くなっていった。

　2011年2月、筆者は再度電気店を訪ねた。ちょうど外出するところだった夫に、阿玲は外は寒いから手袋をして行くように言った。夫は面倒くさいからいらないと言い、オートバイに乗って出かけた。1時間後に夫が外から帰ってきたとき、冷えた手を阿玲の首に当てていたずらをする仲の良さそうな夫婦の姿が垣間見られた。二人には20歳の年齢差もあり、夫は常に阿玲に説教する。しかし、「阿玲はいつも右の耳に入って、左の耳から出る」と夫は言った。

（4）夫から見た結婚生活

　2009年9月に筆者が店に訪ねたとき、留守の阿玲に代わりに夫が店番をしていた。彼は電気屋の仕事だけでなく、在宅でパソコンの修理、ビデオの編集などの仕事もしている。その日は店でビデオの編集の仕事をしていた。筆者はこのチャンスを活かし、阿玲の夫に夫婦生活の話をじっくり聞くことができた。結婚当初、阿玲と長くやっていけるかどうか、彼は不安を感じていたため、阿玲の台湾の身分証明書（中華民国の国籍取得に値する証明書）の手続きをしなかった。3、4年が経って、二人の仲が次第に深まってきてから、初めて阿玲の身分証明書の手続きをした。

　「ずっと我慢してきたが、一旦限界を超えると、夫婦はどうなるかわからない」と彼は語った。そして、阿玲に対する不満を語り始めた。阿玲は人の意見やアドバイスをいっさい聞かない。それで、後に大変なことになってしまうと、夫に助けを求めたり、文句を言ったりする。特に、阿玲が愚痴をこぼすことにうんざりしている。最初から彼女に「このままの調子でいくと大変なことになってしまう」とくぎを刺しても、まったく人の話を聞かない。2、3年前、カンボジア籍の友達とよく家に集まって、カンボジア料理を作ったりしていた。皆が帰ってからの彼女一人で

の片づけは大変だった。そこで、彼女はできるだけ友達の家で食事会を開くことにした。ところが、友達はよく彼女に足りない食材を買ってもらっている。「私が以前友達を家に呼んでいたときは、足りない食材を買って来いという依頼を誰も聞いてくれなかったのに」と、阿玲はよく夫に友達への不満を言った。「いちいち細かいことを言うと、どんどん友達がいなくなるよ」と、夫は阿玲に言った。

　結婚後何年経っても阿玲は妊娠しなかった。姑には何人もの孫がすでにいたため、取り立てて阿玲の出産を急かすことはしなかった。ただ、夫は同時期に国際結婚した近所のカンボジア人女性やベトナム人女性が皆次々と出産したことを見て、阿玲の妊娠を期待していた。結婚8年目、2004年のとき、夫は大金を払って阿玲に不妊治療を受けさせた。阿玲は排卵増加の注射などの不妊治療を受けたが、いまだに子どもができないでいる。2009年5月ごろ、彼女は突然お腹の調子が悪くなったが、病院には行かなかった。台湾では国民健康保険の制度があり、診察費用はわずか150台湾ドル（375円）である。しかし、阿玲は自分の家（後述）を買うために節約して、病院に行かなかった。結局痛みに耐えられず病院に搬送された。流産という診断結果で、初めて妊娠していたことが分かった。阿玲の不妊治療に大金を使い、子どもの出生を願っていた夫にとっては非常にショックなことで、怒りを禁じえなかったという。

　また、夫は阿玲には時間の観念がないと呆れている。阿玲をはじめとするカンボジアの仲間たちには皆、時間の観念が欠けるところが多いと夫は話す。今日もいつものように、家を出るときには3時に帰ると言っていた。しかし、彼女は絶対3時半か4時ぐらいじゃないと帰って来ないと夫は予想した。彼女はカンボジア籍の友達の家に行って、トランプを使ってギャンブルをする。カンボジア籍の友人との集まりに行くことに反対はしないが、彼はギャンブルには反対している。

　ところで、阿玲の今の目標は「自分の家を買うこと」である。この点に関して夫は理解できないし、この目標を達成するのも不可能だと思っている。阿玲の少ないバイト代を何年貯めても一軒の家を買うことはとうてい無理だ。そもそも、姑と同居している家はすでに夫の名義に変更した。しかし、店の裏は義兄の家と繋がっていて、彼の家の入口でもある。義兄家族らは自由に夫の店に出入りする。阿玲はこの点が気に入らず、やはり自分の家を持ちたいと常に思っている。家とは、他人が自由に入ることができないものであり、今のままではこの家は自分の家ではないと

阿玲は強調し、自分の家を買おうと決心した。主な仕事は、姑の介護をしていることである（この時、まだインドネシア人介護労働者を雇っていなかった）。介護給料は夫の兄弟が出し合う。阿玲は少しでも多く稼ぎたいから、義兄弟に内緒でデパート食品売り場のデモンストレーターのバイトや朝食屋のアルバイトをよくしている。

　もちろん、夫は阿玲に不満だけではなくて、感謝していることも多くある。結婚して2、3年後に父が倒れた。その後、2004年に父が亡くなるまで、看病の仕事は阿玲一人に任せ、兄弟三人およびその嫁や高雄市に在住している四人姉妹は手伝いなどいっさいしなかった。また、不妊治療の痛みを耐え、2回の不妊治療も受けたことについても彼は感謝している。最後に夫は、「上を見たらきりがないけど、性質が悪い嫁と比較したら、阿玲は良いほうだ」と語った。「夫婦はお互いに理解しあって、譲り合わなければならないというのが、台湾では一般的な理解である。彼女がどれほど聞き入れるか分からないけど、僕はやるべきこと、言うべきことを全部した」と言った。ちょうどこの話が終わったとき、阿玲は外から店に戻った。すると「ほら、僕が言った通りでしょう、4時前には絶対帰らないって」と夫が言った。

4.「買ってきた嫁」から妻へ

（1）「買ってきた嫁」と呼ばれた背景

　東南アジア諸国からの国際結婚移民の女性たちが「買ってきた嫁」と呼ばれた最大の理由には、婚資不均衡、すなわち「持参財（嫁妝）の有無」という問題が絡む。たとえば台湾とベトナムでは、花嫁の持参財である「嫁妝」と、花婿が女性の親族に贈与する結納金である「聘金」という婚資の慣習がまだ存在している。こうした婚資の出費と台湾人夫がベトナム花嫁と結婚する際にかかった費用とを比較してみれば、両者の差異がわかる［沈 2002：25、王・張 2003：8］。

　これら両者の差異は、贈与交換と商品交易との違いである。「贈与交換」を通して、お互いの信頼と良い関係は築かれる。贈与交換のシステムは「贈与」側と「授受」側の双方に、贈り物より長期的で良好な人間関係が望まれている。これに対して、台湾人の夫とベトナム人の花嫁という国際結婚は、いわば商品の交易であり、一回

きりの売買関係である。伝統的な結婚には、女性側の「持参財」と男性側の婚資という相互の贈与交換が見られる。ところが、台湾とベトナムの国際結婚では、女性側の持参財は見られず、男性が女性に送った結納金は返されることもないし、さらに、仲介業者に搾取される可能性もある［沈 2002：25、王・張 2003：8］。

　台湾とベトナムとの国際結婚に関する指摘は同様に、本稿の台湾とカンボジアとの国際結婚にもあてはまり、阿玲は「買ってきた嫁」とみなされ、外国籍の家事・介護労働者と同様な待遇を強いられた。そして、女性結婚移民に対するマスメディアの報道も影響を与えた。80 年代から結婚難に直面した中下層男性が、金銭で「進口新娘」を購入という新聞記事が度々報道されていたことから、東南アジアの女性を「もの」と見なす考えが広まったことが分かる。こうして、東南アジア女性は外国から輸入した「新娘」という商品であり、「買ってきた嫁」と呼ばれるようになった。

（２）「買ってきた嫁」から「妻」という地位の獲得へ

　アジアではいまだ福祉制度が整備されておらず、育児や高齢者ケアなどの責任を家族に負わす家族主義型の福祉レジームが強いため、個々の家族が市場でサービスを購入することで対応している。特に、高齢者ケアについては、アジアでは孝行規範が強いため、家族で世話をしていると言いながら、実際のケアは家事労働者がするという、「親孝行の下請け」になっている［藍 2008：145、落合 2012：21］。

　台湾にはまさにこのケア文化（ビジネス）が存在する。漢民族社会では、高齢の両親のケアは息子の務めとされるが、実際のケア労働は息子の妻に課せられている。中産階級の家庭では、台湾人の嫁は家父長制の権威に従属することを避けるため、外国人介護労働者の雇用という戦略を使用している。子どもとしての務めをまず息子から嫁へと、子どもとしての務めをジェンダー間で移転する。そして次に、嫁から非家族成員である使用人へと、ケアワークは市場へ移転していく［藍 2008：145］。有償ケアワークは、台湾の中産階級家族が家庭における親密性という理想を維持するための慣行となる［落合 2012：48］。

　本稿で議論した「売買婚された国際結婚」において、阿玲の夫の家では、結婚した三人兄弟は、高齢の親のケアという子どもとしての務めを台湾人妻へ転移しようとした。舅姑および三人兄弟をはじめとする台湾人家族が出資し、小児麻痺の夫をカンボジア見合いツアーに参加させ、阿玲と結婚させた。そして、高齢の親のケア

を「買ってきた嫁」である阿玲に任せた。また、もし小児麻痺の夫が一生独身を貫くなら老後は兄弟の負担になる恐れがあり、夫以外の台湾人家族全員は「外国に行って、花嫁を買ってきたことの経済効果が最も高い。高齢化する親および小児麻痺の弟の老後の介護」という思惑がある。

しかし、自立した台湾人嫁は家父長制的権威に反発した。孝行規範が台湾より強いカンボジアから来た阿玲は、台湾に来た最初の数年、舅姑の介護をすることは嫁の務めと考え、文句ひとつ言わずに懸命に努力してきた。しかし、台湾人家族全員が彼女を「買ってきた嫁」と見なした。台湾で教育を受けながら、職場で知り合った台湾人の年配女性の友人の教えもあり、阿玲は徐々に女性の自立意識に目覚め、少しずつ自らの権利を訴え、模索しながらもそれを実践してきた。最初は夫親族の料理人担当、次は姑介護担当という無償の家事労働から脱出した。最後の段階では、外国人介護労働者の雇用も実現し、完全に「買ってきた嫁」から「妻」という地位を獲得した。

また、本人の努力以外にも、都市部の国際結婚という要素も見逃せない。農村ではアジア女性結婚移民は、跡取りになる子孫を産み、農作業を手伝い、高齢者の介護をする安価な再生産労働者とみなされて、大家族と同居することを拒むのは難しい。これに対して都市部では、多様化した家族構成やそこでの社会・生活環境を背景に、都市部の女性結婚移民は農村部の女性結婚移民よりも生存戦略を発揮する余地が大きい。仮に阿玲が農村男性と結婚していれば、外国人介護労働者の雇用という戦略を使うことができなかっただろう。都市部の国際結婚は農村部の国際結婚よりも生存戦略が功を奏する可能性が大きく、より主体性を発揮しやすい環境に恵まれていることは明らかであろう。

このように、阿玲のライフヒストリーは、台湾人家族の差別待遇に堪え、泣き寝入りした弱者という女性結婚移民のステレオタイプとは異なり、ホスト社会で生き残るため、主体的に生存戦略を工夫し、さまざまな困難を乗り越えようとした。そこに、「買って来た嫁」から「妻」という地位を獲得して懸命に生きようとする女性の主体性を見ることができる。

おわりに

　近年発展途上国の女性が国際結婚を機に移動し、より豊かで発展している国々へ移住することは「グローバル・ハイパガミー」（上昇婚）と呼ばれている［Constable 2005:10］[11]。台湾とベトナムの国際結婚は両国の間に存在している歴然とした経済格差により、しばしば人類学者のコンスタブルが言う「グローバル・ハイパガミー」だと解釈される。しかし、横田は、多くのベトナム人女性の婚姻先が台湾社会の下層男性であるため、結婚移民は一概に「グローバル・ハイパガミー」を達成しているわけではないと指摘した［横田 2008］。本稿の阿玲は、確かに、下層の男性と結婚し、ホスト社会における階層の上昇を実現していない。しかし、国際結婚を契機として、ホスト社会では高等教育を受け、台湾人女性の自立意識の影響を受け、自ら主体性を発揮し、近代化した生活および女性の自立意識を獲得している。そこには、結婚そのものが阿玲にとって「グローバル・ハイパガミー」になったというよりは、国際結婚を移動のチャンスとして利用し、そこで生存を築くという意味での「グローバル・ハイパガミー」と捉えうる。

　今日の台湾では、グローバル化によって、配偶者や親の介護といった家庭の親密圏に大きな変容がもたらされている。現在、台湾の隅々で、「グローバル化する家族」の物語は進行し、再生産労働である親の介護や子育てを外国人労働者に依存している。下層階級では、親の介護だけではなく、跡継ぎの子を産むという生殖に至るまで外国人妻に依存する。その要求に応えて移動する東南アジアからの女性たちは労働者として来ながらも、ある意味では台湾の家族を支える存在となり、逆に家族でありながら労働者として期待されたりと、その位置づけに翻弄される。1990年代以降、国際移動の女性化現象が顕在化し、外国人介護労働者と外国人妻は個別のカテゴリーで議論されてきた。しかし、本稿の台湾の事例を見る限りでは、アジア人女性結婚移民はホスト社会で、介護労働者と妻という役割を同時に果たしていること、あるいは、介護労働者と妻という両者の領域の分割線は非常に曖昧であることが理解できる。今後国際移動の女性化を議論する際、こうした二つ領域を相互に議論する必要があろう。

　「グローバル化する家族」において、台湾は「先進国」である。台湾の家族の経験、

そこに「参入」するアジア花嫁たちの経験は、アジア圏内の他の国々においても同様に繰り広げられる「家族のグローバル化」を考えるうえで重要な示唆を与え、また、この点においては最も後進国である日本では何がその歯止めになっているのかを検証するうえで「明日の鏡」となるに相違ない。

注

1) 台湾の4大エスニック・グループ（四大族群）とは、閩南人（17世紀頃、福建南部から台湾に移住した漢民族）、客家人（閩南人よりやや遅く、広東周辺から移住した漢民族）、先住民（マレー・ポリネシア系の先住民族）、外省人（1949年蔣介石政権とともに台湾に移住した中国各省の人々）である。外省人に対して、日本統治時代にすでに台湾にいた閩南人と客家人、先住民は本省人と呼ばれる。近年、アジア人花嫁と東南アジア諸国から来た外国人労働者は「新移民」や「新住民」と呼ばれ、5番目のエスニック・グループになっている。

2) 清朝のとき、客家人は福建系本省人より遅く台湾に移住したため、開墾が進んでいなかった内陸部に居住している。大多数の福建系本省人に比較すると、客家人は相対的に弱い立場に置かれ、経済的に恵まれていない。そのため、アジア花嫁ブームは客家系の農村から始まった。しかも客家村のなかで最も貧しい台湾中部の客家村から始まったとされる［夏2002：45］。

3) 『中国時報』1995年11月12日17版深度報導

4) 『聯合報』1982年12月4日7版

5) 境管局の正式名称は入出境管理局であり、日本の入国管理局に相当する。2007年移民署が成立する際、警政署に管轄された境管局は国境事務大隊という名称に変更され、移民署に編入された。

6) 『中国時報』1991年3月2日彰化県新聞4版

7) ここで紹介する夫の話は、近所の住民からの聞き取りである。

8) 台湾通貨の基本単位は圓であるが一般的には元（中国語音同）と省略することが多い。

9) 台湾は経済成長やグローバル化、少子高齢化などによって、1980年代にすでに大量の労働力不足が発生していた。90年代から、製造業・建設・家事・看護介護・船員という分野の外国人労働者の受入れが始まった。看護介護の分野において、インドネシア人女性が主流である［奥島2008：111 － 159］。

10) 「銭」と「前」の中国語の発音は同じである。

11)「ハイパガミー」（hypergamy）は上昇婚と訳される社会人類学（婚姻研究）の用語である [佐々木 1994：581]。人類学者のコンスタブルは近年経済格差が歴然としている国際結婚を「グローバル・ハイパガミー」と定義した。

参考文献

飯田美郷 2009 年「台湾における外国籍配偶者の言語使用意識と母語継承意識―嘉義県民雄郷居住のベトナム出身の女性を中心とした事例研究」東海大学修士論文。

奥島美夏、「序説インドネシア・ベトナム女性の海外進出と華人文化圏における位置づけ」（『異文化コミュニケーション研究』20 2008 年）、21-42 頁。

落合恵美子、「グローバル化する家族―台湾の外国人家事労働者と外国人妻」（紀平英作編『グローバル化時代の人文学』2007 年）、93-126 頁。

落合恵美子「グローバル化する家族―台湾の外国人家事労働者」（落合恵美子・赤枝香奈子編『アジア女性と親密性の労働』京都大学学術出版会、2012 年）、93-126 頁。

佐々木明「ハイパガミー」（石川栄吉他編『文化人類学事典』弘文堂、1994 年）、581 頁。

永井浩『カンボジアの苦悩』勁草書房、1994 年。

横田祥子「グローバル・ハイパガミー」（『異文化コミュニケーション研究』前掲）、70-110 頁。

王宏仁・張書銘「商品化的台越跨國婚姻市場」（『台灣社會學』6、2003 年）、177-221 頁。

沈倖如 2002『天堂之梯？―台越跨國商品化婚姻中的權力與抵抗』清華大學社會學研究所碩士論文。

夏曉鵑『流離尋岸――資本國際化下的「外籍新娘」現象』台灣社會研究、2002 年。

―――『不要叫我外籍新娘』左岸文化、2005 年。

陳美惠「彰化縣東南亞外籍新娘教養子女經驗之研究」嘉義大學家庭教育研、2002 年。

藍佩嘉、『跨國灰姑娘：當東南亞幫傭遇上台灣新富家庭』行人、2008 年。

Constable, Nicole 2005, "A Tale of Two Marriages: International Matchmaking and Gendered Mobility", in *Cross-Border Marriages: Gender and Mobility in Transnational Asia,* Philadelphia: University of Pennsylvania Press、2005 年。

第15章 朝鮮民主主義人民共和国（北朝鮮）女性の「理想」と「現実」

福原　裕二

1．北朝鮮女性の「多様性」

　北朝鮮では、一昨年（2012年）の10月に初めて「母の日（어머니날：オモニナル）」を設定し、その日を11月16日にすることとした。これに先立ち、北朝鮮の最高指導者である金正恩（キムジョンウン）は、母の日には母親や妻に花を贈るのが良いと語ったという。

　さらに、この初めての「母の日」を迎えるに際して金正恩は、彼自身の直接の呼びかけにより、「第4回全国母親大会」を7年振りに平壌（ピョンヤン）で開催した（写真1、写真2）。大会参加者とともに記念写真に収まった金正恩は、「偉大な大元帥（金日成：キムイルソン）の導きの下に、われわれの母親らは、革命の各年代で最も価値の高い生き方を送ってきた。高潔な真心と燃えるような愛国心を胸に、祖国と民族に対して負った時代の本分をまっとうしていく<u>立派な母親</u>らを擁していることは、わが党と人民の大きな誇りである」と述べた（括

写真1　第4回全国母親大会

出所：「さらに大きく花開いた女性尊重の花園」（第4回全国母親大会を顧みて）祖国平和統一委員会《ウリミンジョクキリ》ホームページ：http://www.uriminzokkiri.com/index.php?ptype=gisa1&no=78086
（2014年3月20日最終アクセス）

写真2　全国各地より第4回全国母親大会参加のために参集した女性たち

出所：「天地にみなぎる全国の女性たちと人民たちの歓喜　第4回全国母親大会代表ら平壌到着、首都市民ら熱烈に歓迎」祖国平和統一委員会《ウリミンジョクキリ》ホームページ：http://www.uriminzokkiri.com/index.php?ptype=gisa2&no=61323（2014年3月20日最終アクセス）

弧内および下線は引用者）[1]。金正恩は、父親の金正日（キムジョンイル）とは異なり、各地の現地指導や各種参観に積極的に夫人の李雪主（リソルジュ）を同伴しており、祖父金日成に似た指導スタイルを国民に印象づけるとともに、女性の支持を意識し、その存在を尊重する姿勢を垣間見せている。ちなみに、母の日とされた11月16日は、1961年に第1回全国母親大会が開催され、そこで金日成が「子女教養における母親たちの任務」と題する演説を行った日である。

　金正恩がその指導スタイルを踏襲している金日成は、1961年に行ったこの演説のなかで、「人間を共産主義的に教育し改造すること」の困難性を語り、共産主義思想を身に付けるためには、「働くことを嫌がり遊んで暮らそうとする悪習と闘」うこと、「利己主義的な思想を捨てること」、「集団主義の思想を身に付けるようにすべきであ」ること、「不健全な生活に反対して闘」うことなど、「古い思想」を排除することが重要であり、このための家庭教育を担う母親の役割が「きわめて大きい」ことを強調した。その上で、母親が子供を教育するための具体策としては、「他人の子を9人も引き取って育て」たり、「社会と人民のためなら自らの命までも捧げ」たりするような「模範的事実」を実践すればよいと語り、こうした後代教育を担い、党・国家、革命への忠誠心を持つことが母親の任務であると主張した[2]。それから50年ほどが経過した第4回目の大会でも、同様に女性・母親には、後代教育と「金正恩元帥を戴く」党への忠誠が求められることを強調している[3]。少しうがって見れば、革命に忠実な子女教育と党への忠誠心の涵養は、幾度も強調されなければ貫徹され得ない課題であり続けており、そこに北朝鮮政権が求める「理想」の女性と「現実」のそれとの間のズレがうかがわれる。北朝鮮政権が求める「理想」の女性とはどのようなものであり、これに対して北朝鮮女性が一般的に求める「理想」とはいかなるものであって、さらに北朝鮮女性が直面する「現実」とは何であろうか。

　ところで、一口に北朝鮮女性と言っても、その存在は多様である。とはいえ、個々人の性質が十人十色という意味ではなく、生活の場に起因する多様性のことである。その場を大まかに色分けすると、北朝鮮国内の首都平壌とそのほかの地方、そして国外である。よく知られているように、国内移動の自由が認められていない北朝鮮では、大学などへの就学やその卒業後の就職時、または兵役などで生まれ育った土地を離れる以外、生地での居住を余儀なくされる。つまり、北朝鮮国民の大部分は、生涯同じ場所で暮らし続ける。しかも、平壌に居住することが許されるのは、「成分」

（ソンブン）という身分的な階級が良好で確かなものでなければならない[4]。言い換えれば、成分が悪いと党に判断されたり、家族のなかに思想・政治犯を含む犯罪者が生じたりした場合には、家族すべての成員あるいは国家反逆罪などの重罪であれば、近親者も含め平壌から地方に転居することを余儀なくされる。平壌と地方では、経済状況や国家からの配給の有無、住居形態、社会的な地位上昇とその可能性を担保する有名大学への進学アクセスの有利不利において大きな格差が存在する。したがって、平壌の人々は、訪れたこともない地方の実情をよく理解していないし、地方の人々もまた、平壌に居住することに憧れはあっても、その実情の理解に乏しい。その意味で、平壌に居住する北朝鮮女性は、政権が望む「理想」の女性・母親にためらいなく従えるだけの資源を有するが、地方の女性はそうでない可能性が高いという点で異なると言えるのではないかと考えられる。

　また、女性に限らず、北朝鮮の人々という場合、日本では一般的に「脱北者」（韓国では「北韓離脱住民」）と呼称される一群の人々の存在を見過ごすことはできない。その大半の人々は、出稼ぎ目的で一時的に国境を越え、長く越境地に滞在している人々であっても、可能ならばすぐに、それが無理でもいつかは北朝鮮に戻る意志のある人々であるから、その呼称には若干の違和感を覚える。ともあれ、北朝鮮から越境した人々は、中国で現在暮らす人々だけでも 10 ～ 30 万人と言われており、北朝鮮全国民の 1％前後を占める存在となっている。大韓民国（韓国）に暮らす 26,000 人あまりの北朝鮮出身者や日本のほか外国に暮らすそれらの人々も含めれば、その割合はさらに上昇する。本章では、このように北朝鮮からの越境者もその存在の数的規模、活動の重要性から等しく対象範囲に加え、考察を施していきたい。

　さらに、本章の特徴に関わることでもあるが、いわゆる「脱北者」に関してこれまで多く語られていないことについて言及しておきたい。第 1 に、「脱北」の動機である。その詳しいところは後述するが、1990 年代後半からにわかに増大した北朝鮮越境者の一般的な越境動機は、自国の食糧難と家計の逼迫による口減らしと出稼ぎである。「脱北」という言葉から連想される、国家の物理的暴力や拘束から逃れることを動機に越境する人々は意外と少数である。したがって第 2 に、これらの人々の大半は、帰国を前提にしているということであり、実際、越境しても一定の収入や食料さえ得られれば、帰国する人々は多い。つまり、越境に際してその当初

から国外移住を目論む人々は少数だということである。さらに言えば、越境先でその国の人々との接触の事実が露見すれば、重大な犯罪行為となり、帰国の道が閉ざされることもあるということから、「敵国」韓国への移住を越境時から考えている人々は極めてまれであるだけでなく、接触さえも忌避する人々が多い。第3に、越境者には女性が多数を占めるということである。現在、中国に暮らす北朝鮮の人々の実に4分の3は女性であると言われている。その背景には、男性に比べ女性のほうが職場や社会から一定期間離れていても怪しまれないという国内事情と、女性のほうが越境先（中国）で職に就くことが容易であるという国外事情がある。後述するように、中朝国境近郊や中国東北部の農村では、嫁不足が深刻であり、この空白を北朝鮮女性によって埋めようとする社会学的力学が働いているという、越境先の特別な事情もその背景に加わっている。

このように、北朝鮮女性について考える場合には、いわゆる「脱北者」の存在が無視できないだけでなく、その存在の多くは女性によって占められているという自覚も重要である。言い換えれば、本章の特徴の一つは、北朝鮮国内だけでなく、国外に居住する人々をも考察の対象に加え、さらに国外に居住する人々には女性の占める割合が高いとの事実に立脚して、北朝鮮女性の生活様相の一端を素描することにあると言える。そこでも問題関心は、北朝鮮から越境した女性が求める「理想」と、越境後の暮らしの「現実」のズレはどのようなものかということである。そこで、以下では、北朝鮮女性の暮らす舞台を国内と国外に分け、そこにおける北朝鮮女性の「理想」と「現実」の一側面を紹介していきたい。

2. 北朝鮮国内における女性の「理想」と「現実」

（1）女性の人的構成に見る北朝鮮

まず、北朝鮮国内における女性の各種人的構成を表1～4で確認しておこう。北朝鮮は、韓国の面積約10万km²よりも1.2倍程度の広さ（12.2万km²）を持ち、総人口は韓国の半数程度であるから、1km²当たりの人口密度は韓国の約500人に対し、その4割の200人ほどである。総人口のうち、女性人口は半数よりも若干多くを占めており、このため男女人口の性比（女性100人当たりの男性数）は、韓国の100.3人に対し95.2人である（表1）。

表1　北朝鮮・韓国の主な人口統計

	北朝鮮	韓国
総人口（2012年）	2,442.7万人	5,000.4万人
男性人口（2012年）	1,191.2万人	2,504.0万人
女性人口（2012年）	1,251.6万人	2,496.5万人
性比 ［女性100人当たりの男性数］（2012年）	95.2人	100.3人
人口密度［人／km²］（2012年）	198.4人	499.1人
出生率（2010年）	2.00人	1.23人
都市化率（2011年）	60.3%	83.2%
嬰児死亡率 ［1歳未満死亡者数／出生数］（2010年）	42.1%	9.8%
15-49歳女性人口数（2010年）	669.5万人	1,260.2万
比率（2010年）	52.1%	49.8%
5歳以上死亡者 ［出生児1,000当たり］（2012年）	29人	4人
性別死亡者総数（2010年）	21.7万人	24.4万人
男性（2010年）	11.2万人	13.5万人
女性（2010年）	10.5万人	10.9万人
経済活動人口比率 ［15歳以上人口／総人口］（2012年）	70.2%	61.3%
男性（2008年）	79.5%	—
女性（2008年）	62.2%	—

【出典】「北韓統計 主題別 人口」韓国統計庁ホームページ：
http://kosis.kr/bukhan/statisticsList/statisticsList_01List.jsp#SubCont
（2014年3月20日最終アクセス）

　出生率は、1950年代前半の朝鮮戦争の影響による労働者不足から、1960年代には人口増加政策が国家により遂行され、双子や三つ子出産家庭に対する特別配給や生活保障、多産・戦争孤児養育家庭に対する表彰が行われるなど多産であることが奨励され、1970年には7.01と非常に高い水準に達した。しかしその後、多産奨励の傍らで女性の社会・労働参加が推奨されたこと、これに伴う女性の地位や教育水準が上昇したこと、国家による人口抑制政策が推進されるとともに、晩婚が奨励されたことなどにより、出生率は年々低下の一途を辿った。さらに、1990年代前半の国家の経済不振に起因する食糧難が最高潮に達した1998年には、過去最悪

の1.96％にまで減少したものの、2010年には2.00％と、やや持ち直しの傾向にある[5]。

　他方で、出生数に対する1歳未満の死亡者数の割合である嬰児死亡率は、韓国に比べて4倍と極めて高く、出生児千人当たりの5歳以上死亡者も韓国の約7倍であり、依然として北朝鮮では母子の栄養不足が全国的にいかに深刻であるかを物語っている。とはいえ、性別死亡者総数に限って言えば、各国の一般的な趨勢と同様に、男性よりも女性の方が少なく、このことも影響してか、15歳から49歳までの女性人口数の比率は、50％をやや超過している。しかし、人口ピラミッドで見ると、1990年代前半の富士山型から65歳以上人口が一定割合を占めるいびつな形へと変化してきている[6]。その意味で、北朝鮮も高齢化社会に突入しつつあるといえる。

　北朝鮮の経済活動人口の比率は、韓国を大きく上回る約7割であり、その男女比は男性が79.5％に対し、女性は62.2％である。経済活動に従事する女性の職種としてもっとも多くを占めるのは農林漁業である（40％）。このほか、サービス販売職（13％）、技能員（12％）、機械操作組立員（11％）、単純労務職（11％）の順に従事する女性が多く、農林漁業、サービス販売職はとくに女性従事者が多数を占める職種である（表2）。産業別に見ても、農林業・漁業の第一次産業に従事する女性が多数を占めていることに気づく（全体の40％）。次いで、製造業（24％）、事業・自営業・公共サービス業（19％）、卸小売業・飲食業・宿泊業（9％）などの流通・私的サービス業の順に従事していることが分かる（表3）。

　また産業別に見ると、職種別ほどには男女の差が明らかではなく、北朝鮮では比較的性差なく女性が労働動員されていると言えよう。さらに、家計の家事割合（表4）を見ると、どの項目も日本人の通念では首をかしげざるを得ないものばかりで、しかも重労働が多く見られるが、燃料探し以外はどの「家事」も女性の負担に多くをよっていることがうかがわれる。北朝鮮国内の女性は、日本人の通念であるところの家事労働に加え、家庭内の経済活動とでもいうべき労働も行い、そのうえ6割以上の人々が職を持ち経済活動にも参加しているのである[7]。

　ここでは、以上のような統計に基づく北朝鮮女性の表面的様相に加え、後の議論との関係から、北朝鮮の経済状況についてもごく簡単に触れておくことにする。表5に見られるように、1990年代中盤から後半にかけて、北朝鮮経済は破綻寸前の

危機に瀕した。

　もとより北朝鮮経済が数値的に減少傾向を示し始めるのは、1990年からのことである。その要因はしばしば指摘されてきたところによれば、社会主義経済の構造的な欠陥、ソウルオリンピックに対抗して大規模に開催された「平壌祝典」での浪費と非生産的な記念碑的建造物の乱立、冷戦終結に対備するための軍事化によって生じたコストなどが挙げられる。だが、これに加えて直接的な経済ダメージとなったのは、対ソ貿易におけるハードカレンシー決済への移行と社会主義諸国の自壊による交易市場の喪失であろう。こうした1990年代序盤の外貨・貿易取引品不足に起因する経済停滞が累積し、そのうえこの年代中盤の度重なる天災・人災の勃発、さらに経済不振への政権の自律的な対応の欠如により、5％以上のマイナス成長が見られるほどの深刻な経済危機を迎えた。この経済危機は、国家運営の根幹であった配給制度を崩壊させただけでなく、恒常的食糧不足による餓死者を生み出すとともに、生き残りをかけて国境を越えざるをえない人々の増加にも結果した。なお、北朝鮮経済は国民総所得（GNI）ベースで2000年代前半には冷戦終結以前の水準に回復し、その後非常に漸進的ながら

表2　北朝鮮の性別職種別就業割合（単位：％）

	男性	女性
管理職	2	1
専門職	10	6
技術職	2	5
事務員	0	1
サービス販売職	1	13
農林漁業熟練職	30	40
技能員	22	12
機械操作組立員	18	11
単純労務職	14	11

【出典】「北韓統計 人口一斉調査 2008年」
韓国統計庁ホームページ：http://kosis.kr/bukhan/statisticsList/statisticsList_01List.jsp#SubCont（2014年3月20日最終アクセス）

表3　北朝鮮の性別産業別就業割合（単位：％）

	男性	女性
農林業・漁業	33	40
鉱業	7	4
製造業	24	24
建設業	4	1
卸小売業・飲食業・宿泊業	3	9
電気輸送業・通信金融業	7	3
事業・自営業・公共サービス業	21	19

【出典】表2に同じ。

表4　北朝鮮の家計の家事割合（単位：％）

	男性	女性
菜園耕作	31	32
家畜飼育	24	27
燃料探し	28	17
水汲み	10	15
その他	9	9

【出典】表2に同じ。

現在まで着実に経済成長を果たしている。それでも、北朝鮮と韓国の経済規模を比較すると、GNIで北朝鮮は韓国の約40分の1、1人当たりGNIでは約20分の1に過ぎないという大きな開きがあることは指摘しなければならない。

表5　北朝鮮・韓国の国民総所得（GNI）及び経済成長率（1995年～2012年）

	北朝鮮			韓国		
	名目GNI	1人当たりGNI	経済成長率	名目GNI	1人当たりGNI	経済成長率
2012年	33,479.0	137.1	1.3	1,279,546.4	2,559.0	2.0
2011年	32,438.3	133.4	0.8	1,238,405.3	2,488.0	3.7
2010年	30,048.7	124.2	-0.5	1,174,753.0	2,378.0	6.3
2009年	28,634.6	119.0	-0.9	1,069,783.1	2,175.0	0.3
2008年	27,347.2	114.3	3.1	1,034,115.4	2,113.0	2.3
2007年	24,826.8	104.1	-1.2	976,813.9	2,010.0	5.1
2006年	24,429.2	103.0	-1.0	910,134.2	1,882.0	5.2
2005年	24,791.6	105.2	3.8	864,427.3	1,796.0	4.0
2004年	23,767.1	101.5	2.1	829,326.7	1,726.0	4.6
2003年	21,946.6	94.4	1.8	767,771.4	1,604.0	2.8
2002年	21,330.7	92.4	1.2	720,996.3	1,514.0	7.2
2001年	20,287.0	88.6	3.8	649,898.9	1,372.0	4.0
2000年	18,977.9	83.6	0.4	600,158.8	1,277.0	8.8
1999年	18,741.0	83.3	6.1	542,177.5	1,163.0	10.7
1998年	17,597.2	78.7	-0.9	492,574.3	1,064.0	-5.7
1997年	16,814.2	75.7	-6.5	502,865.4	1,094.0	5.8
1996年	17,255.5	78.5	-3.4	458,636.3	1,007.0	7.2
1995年	17,169.5	79.1	-4.4	408,013.6	905.0	8.9

注：名目GNIの単位は10億韓国ウォン、1人当たりGNIの単位は1万韓国ウォン、経済成長率の単位はパーセンテージ。
【出典】「北韓統計 主題別 経済総量」韓国統計庁ホームページ：http://kosis.kr/bukhan/statisticsList/statisticsList_01List.jsp#SubCont（2014年3月20日最終アクセス）

（2）北朝鮮の対女性政策の変遷と「理想」の女性

　北朝鮮国内の女性の位相と役割に着目し分析を行った韓国の研究によれば[8]、北朝鮮女性の活動に最も大きな影響を与えたと思われる三つの契機により、北朝鮮女性史の時期区分が可能であるという。すなわち、第1期は、社会主義体制の導入自体がそこに暮らす女性の位相と役割に革命的な変化を及ぼしたという点を考慮し

た、1945年8月から1974年2月までの時期である。第2期は、父子世襲という家父長的な権力移譲方式が女性に伝統的な家父長的文化を再び強いるような否定的な影響を及ぼしたという点を考慮した、1974年2月から1989年7月までの時期である。そして第3期は、国内の深刻な経済難により、女性が非合法な経済活動を通じ、実質的に家族全体を扶養することになっていく状況を考慮した、1989年7月以降の時期である。

さらにこの研究によれば、第1期の特徴としては、次の3点が挙げられる。第1に、社会主義化に基づく諸法令の施行により、封建的な家族制度が改革されたことである。具体的には、北朝鮮の建国に先だち実施された土地改革によって、女性にも等しく土地が分配されることになり、女性に経済的な基盤が準備され、その自立の可能性を高めたこと、「男女平等権法令」およびその施行細則の制定により、あらゆる領域での男女平等が謳われることになっただけでなく、自由結婚・離婚、協議離婚が認められ、女性個人の自立が制度化されたことである。

第2に、女性の社会動員が進められたことである。日本の植民地統治からの解放後早くも北部朝鮮地域では、1945年11月18日に創立された「北朝鮮民主女性同盟」（女盟）を中心に、女性労働者・技術者の育成と従業者の増加が図られ、建国後の1949年3月までに女性労働者は1946年基準で179.1％、女性技術者は1947年基準で198.1％の増加を見た。また、女性労働者比率は、1948年の11.0％から1952年6月の27.0％に上昇した。その後、朝鮮戦争の影響による労働者不足から、さらに女性の労働者化が推し進められ、託児所・幼稚園の設置が急速に進む中で、表6にみられるような女性労働者比率の急速な増大が進行した（表6）。

表6　北朝鮮の女性労働者比率

1948年	11.0%	1961年	32.4%
1949年	14.8%	1962年	35.0%
1950年	15.9%	1963年	36.7%
1952年	27.0%	1964年	37.3%
1960年	34.0%	1971年	53.7%

【出典】ユンミリャン「北韓女性の位相と役割」北韓研究学会編『北韓の女性と家族』景仁文化社、2006年、76頁。

第3に、女性組織の創設と女性の政治参加が進んだことである。先に言及したように、解放直後には北部朝鮮女性の社会団体である女盟が創設された。女盟は女性の社会進出とともに、これを成員に取り込み組織拡大を行った。創設1年目には盟員が60万人を突破し、建国後の1949年9月には140万人、そして1971年

には盟員が270万人を数えるに至った。この数は当時の全女性人口の実に36％に及ぶ[9]。正確な統計は存在しないものの、仮に当時の15歳から49歳までの女性人口比率が2010年現在と同様の水準であると考えるなら、その女性人口の7割が女盟に組織化されたことになる。また、この時期には、女性の政治参加も進んでいる。たとえば、日本の国会に相当する最高人民会議の代議員全体に占める女性代議員の割合は、第1回会議（1948年）の12.0％に対し、第5回大会（1972年）の20.8％に上昇している。

　続く第2期は、金日成の後継者としてその長男の金正日がおおむね内定し、こうした家父長的な権力移譲が伝統的な家父長的文化の拡散に作用した時期である。その特徴の第1は、金日成が創始したとされる「主体思想」（ジュチェササン）に基づいて思想教養が強化されたことである。それは一般の北朝鮮女性に対しては、まず金日成の母親である康盤石（カンバンソク）に学ぶ運動として展開された。そして、1967年に『康盤石女史に従って学ぼう』が発刊され、女盟組織を通じてこの冊子を用いた学習活動が行われた。次いで1974年以降になると、金日成の妻でありかつ金正日の母親である金正淑（キムジョンスク）が「革命の母」として登場し、康盤石同様にその生涯が模範として学習・体得されるようになった。こうした北朝鮮における学習について、ジェンダーの視点から初めて言及した日本の先駆的研究は、「康盤石・金正淑に対する偶像化は、北朝鮮の理想とする女性像を体現している」として[10]、学習教材の中の記事の一部を象徴的に引用している。ここでやや長くなるが引用してみると、以下のようになる。

●康盤石
　妻として：康盤石女史は1日に１０回ご飯を炊き、１０回洗濯をしても、それが革命をしている夫やその同志のためであれば、いやがりはせず、喜んでなさったのでした。そうすることが、革命家庭の主婦としての崇高な任務とお考えになったのです。
　母として：康盤石女史は幼い元帥様がどんな言葉を憶え、どうやって困難克服の精神を育てることができるかを、いつも注意深く見守って正しい道へと導かれました。
　嫁として：康盤石女史は舅姑の前では、口答えをしたり、弁解をしたりすること

は一度もありませんでした。（中略）女史は相嫁や小姑が間違ったことをしても、家庭の主婦という立場からいつも「私が悪うございました。以後気をつけます」とおっしゃり、いいわけをしたり、ましてや自分の誤りを隠したりというようなことは一度もありませんでした。

● **金正淑**

妻として：尊敬する女史は偉大な首領様が、お仕事をなさっている部屋の前を通るときには、いつも静かに爪先で歩かれ、台所で洗い物をなさるときは食器の音がしないように注意なさった。

母として：革命の母金正淑女史は息子様が知徳体を兼備し、多方面の知識を持つ共産主義革命家に育つように熱い心血を注がれました。（中略）尊敬する金正淑女史は息子様に早くから字をお教えになり、歴史・自然・地理などさまざまな知識をお教えになったばかりでなく、歌や踊り遊戯なども学ばせ、お絵かきや工作なども指導なさいました。そして夜には息子様に童話や昔話をお聞かせになりました。女史はどんなお話をなさるときも単に話をするのではなく、教育的な目的を持って、子供にわかるように、おもしろくなさったのでした[11]。

また特徴の第2は、女性労働参加率の上昇である。先述したように、北朝鮮では1970年代初頭に女性労働者比率が50％を超え、その後一貫してこの数字が維持されていくことになるが、それは国家による職場配置制度と食糧配給制度がセットになることで可能となった。つまり、男女の区別や婚姻の有無に関係なく、仮に職場に所属することなく扶養家族となれば、食糧配給量が半分に減らされてしまう。したがって、余程裕福な家庭でない限り、人々は国家の職場配置に応じ、結婚後も職場に所属し続けた。また、女性の労働参加の比率上昇は、女性技術者・専門家の拡大という方向でも進んだ。表7に見られるように、1963年の15％から1989年の37％へと倍以上の伸びを見せた（表7）。つまり、単なる女性の労働力化のみならず、第1期の特徴として挙げたように、女盟組織による女性労働者・技術者の育成が実を結ぶ形で進行したのである。

表7　北朝鮮の女性技術者・専門家比率

1963 年	15.0%
1989 年	37.0%
1993 年	42.0%

【出典】前掲、「北韓女性の位相と役割」90 頁。

第3の特徴は、女盟組織の収縮である。1983年6月に開催された女盟第5回大会において規約が改定され、女盟組織および人員が大幅に縮減されることになった。具体的には、当時の18歳から55歳までのすべての女性の盟員化によって300万人を擁していた成員が20万人に削減された。これに伴い、盟員は家庭内の扶養女性で占められることになった。したがって、女盟の活動も康盤石・金正淑を女性の模範として学習し崇める活動の支援という、金正日後継体制を正当化する役割、換言すると、従来の党の事業を積極的に支援したり、国家の建設に能動的に関わる活動から、女性の仕事・領域に関わる役割のみを担う組織へと転換が図られた。

　最後に第3期は、国内経済の深刻な低迷によって、女性の経済的役割が増大した時期である。この時期の特徴は、大きく次の2点が挙げられる。その第1は、国家の経済不振が食糧難と配給制度の崩壊を招き、これにより職場に所属する必要性を喪失した女性たちが糊口を凌ぐために、北朝鮮では非合法活動である市場主義的な経済活動に従事し始めたということである。言うまでもないが、この経済活動の拡大的な延長が越境行為である。ここに至り、家庭内における経済的役割の中心は、女性が担うことが常態化した。第2は、1994年7月の金日成の死去に伴う金正日体制の成立により、その体制基盤の強化の必要性から、女盟組織の活動が一層促進されたことである。この点で言えば、金正恩が「母の日」を設定し、女盟を中心として全国母親大会を開催したことも同じ文脈で捉えられるに相違ない。

　以上見てきたように、北朝鮮国内では、国家の社会主義化、国家建設における労働動員、世襲による権力移譲の正当化など、その時代ごとに要請される国家的事業に半ば翻弄される形で、女性の役割が規定され変化してきたと言える。こうした変化に対して柔軟に応じ、康盤石や金正淑のように、妻としては家事労働を見事にこなして革命を遂行する夫を心底から支え、母としては革命家を育てるべく後代教育に熱心に取り組み、そして嫁としては伝統的な長幼の序と孝をわきまえて行動する女性、これこそが北朝鮮政権が求める「理想」の女性であると言えよう。また、国家が無償の教育と医療を施し、職場を提供し、食糧配給を十分に実施し、ほぼすべての女性が社会的に組織化された状況のなかでは、平壌か地方かに関係なく、北朝鮮女性が一般的に求める「理想」も、政権が求めるそれとほぼ重なる可能性があるように思われる。しかし、国家の経済危機とこれに伴って醸成された食糧難は、まず地方における食糧配給制度を崩壊させ、平壌とその他の地方とのさまざまな格差

を顕在化させることとなった。次いで地方では、破綻に瀕した家計を立て直し、さらには飢餓から逃れるために、やむなく非合法な経済活動に従事する女性を生み出した。加えて、男女長幼に関係なく、教育は無償であっても就学することなく、一日一日を生き抜くために食料を探しに行く児童・生徒が増え、医薬品が絶対的に不足した病院には老齢者でさえ行くことができず、仕事のない職場では腹をすかせまいと一日中じっと座り込む労働者で溢れかえるなど、社会全体に虚脱感と倦怠感を蔓延させている。それでも北朝鮮女性は家族とともに「現実」を必死に生き抜こうとしているのである。

(3) 北朝鮮女性の「現実」

　Aさんは、北朝鮮北部の日本海（北朝鮮・韓国では東海）側に位置するある地方都市に居住している[12]。現在、年齢は50歳ほどで、少し年上の夫と大学生の娘の3人でアパートに暮らしている。家族にはもう一人長男がいるが、今は軍隊に入隊しており、数年以上も離れて暮らしている。夫は党員で、木材を取り扱う監督責任者である。月収は1,800ウォン（1,000ウォン＝約1中国元）である。Aさん自身は現在も暮らしている地方都市に生まれ、「中流と上流の間くらいの階級」の家庭に育った。単科大学を卒業後、事務員として配置され、結婚後も同じ職場に長く勤めていたが、1998年に食糧配給が途絶え、2000年代初頭には給料も支払われることがなくなったので退職し、今は夫が仕事の関係で調達した木材の横流しの商売をしている。北朝鮮では夫だけの給料では必要な食料が買えないから、Aさんの商売が生活の糧となっている。こうした家庭は、1990年代後半以降は珍しくなく、たいてい夫が国家および国家に準ずる機関で働き、奉仕活動を行い、妻はその夫の職を利用して商売をする。

　Aさんは党員の夫以上に党への忠誠心が厚いと自負している。酒を飲むと時々職場の上司の悪口を言ったり、仕事内容に対して愚痴ったり、またテレビ報道の内容に顔をしかめることがある夫をたしなめることもある。そんなAさんは、子供が国家の発展に尽くす人物になって欲しいと願い、実際「教育ママ」として子供に接してきた。Aさんの幸せは家族の健康だけであり、「国も苦しいから、自分もあくせく商売をしているだけで、国家への不満など考えたこともない」。したがって、金日成・金正日の死去に際しては、同様に悲嘆に暮れ、毎日銅像へ献花に訪れ号泣し

た。金正恩に対しても、その指導に付き従うことしか考えておらず、改革など考えられない。改革というのは資本主義になるということで、それを行えばわが国はなくなってしまうと考えるからだ。日本人には今日初めて会ったが、貧しくても自分の力や考えで発展していく国もあると思う。そうしたわが国を敵視しないで、認めるように日本で訴えて欲しいと願っている。Ａさんは、自らは資本主義的な商売に従事しており、矛盾しているかなとも思うが、中身は赤い思想で武装しているので、家族が豊かに生活するためには仕方がないと思っている。

　このように、Ａさんは北朝鮮の地方都市に住みながら、比較的恵まれた社会環境の中にあり、党・国家への忠誠心も維持しており、体制へのひとかけらの疑心もない。しかし、食糧配給の途絶や、給料の不払いなどによる家計の逼迫が彼女を非合法な経済活動に駆り立てた。

　Ａさんの家庭の暮らし向きが悪化したのは、食糧配給がなくなった1998年のことである。この時には周囲の人々も皆ひもじくなった。この少し前くらいから闇市ができ始めた。その後、これも当初は非合法であったが、人々が勝手に商品を持ち寄って商売をする自由市場も誕生した。現在、自由市場で売られている米1kgの値段は、900〜1,000ウォンで、携帯電話は300ドルである。市場ではドルや元も使うことができ、最近は中国の商品で溢れかえっている。闇市が出没したころから、従来の市場には、「穀物一粒もなくなった」。Ａさんの家庭はそれでも家財道具を少しずつ売りに出したりしながら、何とか最低限の食料を手に入れることができた。周りでは餓死者を見たこともあるし、同じアパートの娘さんが中国に逃げたという話も聞いた。Ａさんはこうした状況の中で、夫と相談し、今の商売をすることになった。

　北朝鮮では、男尊女卑的な文化が継続しており、いくら商売がきつくても忙しくても、家事はＡさんの仕事である。商売も一般的には卑しい行為と見なされ、男性は職場出勤、女性は商売で生計を立てるのが普通である。Ａさんによれば、伝統的に結婚相手の女性として望まれるのは、料理上手で夫の家族（とくに姑と小姑）に従順な女性である。ところが最近では、そうした女性個人の性格や容姿よりも、中国に親戚を持つ女性が望まれるようになったという。なぜなら、北朝鮮には多くの華僑が暮らしており、彼らの裕福さを目の当たりにしている人が多く、また中国の親戚から生活の援助を受け、豊かに暮らしている人々も多いからである。実際、Ａ

さんの母方の親戚も中国に暮らしており、その中国の親戚が時々北朝鮮を訪問しては、Ａさん家族に「お土産」という名の仕送りを行っており、そのぶんかなり裕福である。したがって、大学に通うＡさんの娘は、当世の女子学生らしく服飾、バッグなど、おしゃれを学生同士で競い合っている。大学に入学した際には、「持っていないと馬鹿にされるから」という理由で、携帯電話を買い与えた。その娘を嫁に欲しいと言い寄ってくる知り合いは後を絶たない。

　以上のように、Ａさんの場合には、多くの地方で見られるように、食糧難、職場からの離脱を契機に、家計を一手に担う存在として商売に転じることを余儀なくされた。この点で、断続的ながらも食糧配給が行われ、職場への所属を維持している平壌女性たちとは大きく異なる（写真3、4）。しかし、Ａさん（家族）には、次に見るＢさん（家族）とはまったく相違する環境が挙げられる。夫が党員で監督責任者という立場にあり、その職を利用して商売を行い、生活の糧が得られるということと、中国の親戚が時々生活物資や現金を融通してくれるという二つの有利な条件があるからである。ただし、こうした変化のなかでも、家族内におけるＡさんの女性としての地位に変化が生じたわけではない。

　Ｂさんは、北朝鮮中部の日本海側に面したある地方都市に、両親と弟の4人で19歳まで暮らしていた[13]。現在は、中国に居住している。越境を試みるまでは、隣接する市や郡ですら訪れたことはなかった。父親は工場の労働者で、母親も日用雑貨を製造する工場で組立作業員をしていた。Ｂさん自身は、

写真3　パソコンを利用する平壌市

藤村斉輝氏提供（2014年3月15日撮影）

写真4　平壌の高層アパート群

藤村斉輝氏提供（2014年3月15日撮影）

16歳で日本の中学校＋高等学校に当たる中学校を卒業後、父親の親戚が営む服飾店で事務員をしていた（写真5、6）。

　Bさんの家族は、社会全体に食糧難が襲いかかる以前から、「周りよりも少しくらい貧しい」生活であった。そのうえ、両親は男児である弟に期待をかけ、たとえば「卵の黄身は弟が食べ、白身は私が食べる」など食事に差をつけたり、「弟が病気になると両親は薬を与えたが、私は飲んだことがない」、「幼い頃、弟は父が持ち帰った書類の裏にお絵かきをさせてもらったが、私は古新聞・雑誌の余白にしかさせてもらえなかった」など、生活全般に男尊女卑的な扱いをした。そうした暮らしがさらに困難となったのは、1997年～1998年にかけて、「1日200グラム」だった食糧配給が滞ってからであった。家具、衣類、台所用品など、金日成・金正日の肖像画以外の家財道具はすべて市場に売却して食料に交換したが、それでも一時凌ぎにしかならなかった。このため、弟を除くBさんの家族は、毎日山に入り、食料となりそうな草や葉を採取したり、食料と交換できそうな薪拾いをしたりする日々が続いた。それでも十分な食料を確保できず、1998年春に父親は肺炎で他界した。Bさんはその後も母親と食料を得るために、親戚や知人を訪ね歩いたが、「どこもうちと同じような状況」であった。

　そのようなさなかに、イモ（母親の姉妹）がBさんを訪ねてきて、「中国に行ったらお腹一杯食べられる。私と一緒に行かないか」と誘ってきた。Bさんはにわかには信じられず、母親に相談すると、「妹は昔から思想が悪かった」と言うので、

写真5　北朝鮮の地方都市（茂山）の町並み

筆者撮影（2013年8月30日撮影）

写真6　鴨緑江で洗濯・水汲み・水浴びをする北朝鮮女性（恵山）

筆者撮影（2013年8月30日撮影）

いったんは断った。だが、2度目に誘われるまでに、噂で北朝鮮よりも中国の方が断然豊かだと聞き、また弟が学校を休んで食料探しをしていることに不憫さを感じていたので、母にだけは決心を伝え越境した。

　筆者がBさんに聞き取りを行うにあたり、北朝鮮女性について調べていると伝えたところ、Bさんは「食べ物がなく、その日1日を生きることに精一杯なのに男も女もない」と語った。また、「男と女が違うところは、男はプライドがあって死に際まで女に頼ったり、商売を行うとか食料を漁るとかすることをよしとしなかったりするが、女は食料のために何でもする。だから、男は餓死する場合が多いという点で違う」という。Bさん自身も、越境するまでは、「話せないけど、体を売ること以外は何でもやった」そうである。

　また、Bさんは金日成・金正日・金正恩に言及する際、「イノム（この奴・この野郎）」という蔑称を多用した。金日成が死去したのは、Bさんが6年制の中学校の3年次であったが、とくに何も感慨はなく、両親が泣いているのでそれがかわいそうで自分もつられて泣いた。当時の中学生は、毎日山へ行って花を摘み、それを金日成の銅像に献花しつつ泣くことを日課とされたが、Bさんは涙が出なかった。国家が進めている社会主義にもその頃から疑問を抱くようになったようで、奉仕活動も「それを行わないと先生や母親が悲しむから嫌だけどしていた」。さらには、「人民をろくに食べさせることができない国なら、資本主義になるか、韓国になった方がよい」とまで述べる。ただし、Bさんの場合は、越境して十数年が過ぎ、さまざまな情報を得て、人生の半分近い期間を中国で暮らしているうえでの述懐であり、Aさんの場合は、今も北朝鮮で家族とともに暮らしている中での語りであることに留意しなければならない。

3. 越境した北朝鮮女性の「理想」と「現実」

（1）中国に暮らす北朝鮮女性の「理想」と「現実」

　すでに言及してきたように、1990年代後半より急激に増加してきた北朝鮮の人々による越境行為の多くは、食糧難による家計の逼迫を改善するための非合法な経済活動の拡大的延長である。したがって、北朝鮮から越境した人々の多くは、望むものが手に入れば、帰国することを前提としており、実際その後帰国した人々も多い。

しかし、国内に戻っても、一時凌ぎ的にしか生活が改善されなかったり、越境時に北朝鮮国内での人捜しや交易を持ちかけられたりしたことにより、越境を繰り返す人々もいる。その中には、越境先（中国）で拘束されて北朝鮮に送還され、収監・出所の後、今度は移住を試みて越境する場合もある。さらには、出稼ぎのために越境したが、越境先での就労の都合、結婚や妊娠・出産、中国人戸籍の不法取得、北朝鮮へ仕送りする手段の確保、その他さまざまな理由により、中国に滞在し続ける者も多い。もちろん、そもそも越境時から中国での長期滞在を目的にしている人々もいる。こうして中国には現在、10～30万人とされる北朝鮮出身者が暮らしている。

　先に紹介したBさんは、近親者に口減らしになると聞かされ、「お腹一杯食べられる」中国でしばらく稼ぐことができれば、母親の労苦をやわらげ、弟を大学に進学させてやることができるのではないかと考え、1998年秋に19歳で豆満江を渡った。中国に対してまったく知識はないものの、あまりよいイメージを持っていなかったBさんは、長くても「3カ月だけ。中国で何でもし、お金を稼ごう」と考えていた。こうして、中国との国境の町までは列車とトラックを乗り継いで行き、そこから国境の豆満江まではイモ（母親の姉妹）とその知人男性の三人で徒歩で向かった。豆満江に到着すると、「河はこの人（知人男性）が渡らせてくれるから」と言い残し、イモは一人町に戻ってしまった。その知人男性に「なぜイモも一緒に行かないのか」と尋ねても、何も答えてくれなかった。

　Bさんは、一人で家に帰る手段を持たないし、一度決心をしたので、仕方なくその知人男性とともに渡河することにした。「何度も溺れそうになり、しこたま水を飲んだ」が、その知人男性の手を離さなかったおかげで、対岸にたどり着くことができた。対岸にはもう一人別の朝鮮族らしき男性が待っていて、洋服とバナナを受け取った。その洋服に着替えてすぐに、その朝鮮族男性が運転するタクシーで一軒の家に連れて行かれた。そこには、Bさんの他に北朝鮮女性がすでに6人もいた。翌日、朝食を済ませていたら、中国人男性（漢族）が現れ、一人の北朝鮮女性を連れて行った。その時に初めて家の女主人から「あんたは中国人の花嫁になるために連れて来られたのだ」と教えられた。他の北朝鮮女性はすでにそのことを知っていて黙っていたが、Bさんはショックのあまり泣きわめき、国に返して欲しいと嘆願した。しかし、女主人は「もうお金はあんたの家族に払っている。結婚といっても数年我慢すればよい。その間も国の家族に仕送りすることができるし、あんた自身

も生活に困ることはない。夫となる人は農村の素朴な人であって、あんたたちの境遇にも理解があり、本当に嫌だったら、結婚した後に逃げればいい」と言い、逆に説得されてしまった。その翌日、Bさんは「黒竜江省の田舎の農村」に住む男性のもとに連れて行かれた。それが現在のBさんの夫である。後に夫から聞いた話では、夫は仲介者という人に、6,000元を支払ったという。

　こうしてBさんは、越境してまもなく中国で結婚した。Bさんの夫は母親と二人暮らしで、女主人が言っていたように、「素朴でいい人」だった。夫の母親も自分が嫁いだことを喜んでおり、「家事は私がするから、農作業を手伝って欲しい」と言い、何の不満もない姑であった。ただ、言葉が通じないこと、近くに誰も友達がいないのが苦痛だった。また、北朝鮮の家族に手紙や仕送りをする際にも、夫は文句一つ言わなかった。翌年には、Bさんは夫の子供を妊娠し、その際に夫と中国で生きていくことを覚悟した。北朝鮮にいた頃とは打って変わって生活に不自由がなくなり、夫も母親もいい人で、北朝鮮の家族にも助けになるから、「中国に来て良かった」と考えたからである。その意味で、Bさんの越境時の「理想」は「現実」となった。

　その後、男の子を授かると、夫の母親はさらに優しくなり、「農作業を手伝わなくてもよい」と言ってくれた。その夫の母親は、子供が生まれて1歳になる頃に病死した。ちょうど同じ頃、農作物の収穫が悪く、生活が苦しくなってきたので、Bさん家族は農地と家を売却して得たお金で、他人名義のパスポートを取得し、ロシアに出国した。同じ村の人で、ロシアへ出稼ぎに行き、大きな家を中国に建てた人がいたからであった。ロシアでは、夫は市場で働き、Bさんは主婦として暮らした。ロシアで暮らした5年間は夫の収入で満足行く生活ができたが、6年目に夫の収入が激減し、子供も就学年齢になったので、中国へ戻ることにした。夫の実家はすでに他人の手に渡っているので、夫の兄を頼って瀋陽市に来た。瀋陽に来てその翌日には、北朝鮮の家族に手紙を送ったが、今もって返信がない。消息が分からなくなって5年になる。瀋陽は大都市なので夫も職にあぶれることはないが、その日暮らしの収入しか得られないので、夫は3年前から韓国へ出稼ぎに出ている。水原（スウォン）というところで労働者として働いている。旧正月には数日間だけBさんと子供に会いに瀋陽に戻ってくる。Bさんは現在、小学校に通う一人息子を育てながら、カラオケ屋で洗い物のアルバイトをしつつ、生計を支えている。そんなBさん

は、北朝鮮を離れすでに 10 年以上になるが、いまだに自らの素性が露見し、官憲に捕まり、北朝鮮に送還されるのではないかと怯えながら暮らしている。このため、アルバイトは深夜のそれを転々としてきた。外出もアルバイトに行く以外は極力避けている。また、消息が掴めない家族のことにも心を痛めている。今では、夫が無事に帰国し、瀋陽のどこかに家を建て、そこで子供が成長し、有名大学に入学してくれることだけを願って生きている。

このように、Bさんは北朝鮮国内に居住していた頃には、政権が求める「理想」の女性からはかけ離れた生活を送り、女性としての自尊心や誇りなどとは無縁に生きなければならないという「現実」のみに埋没して生活を営んできた。ところが、越境後に思わぬ形で「理想」の生活を手に入れた。そこでBさんは、ようやく嫁・母親としての地位・家庭生活を経験し、家族への仕送りを行うことで自らの存在意義を確認することができた。しかし、Bさんにとっての越境の地は、いまだ安住の地とはなっていない。

次にもう一人、Cさんの事例を紹介しよう[14]。Cさんは、中朝国境に程近い山間部のある地方都市の出身である。Cさんの希望で北朝鮮に居住していた頃の話や、今も北朝鮮に住んでいる家族のことは記述できないが、食糧難の後の状況や越境の動機などは、Bさんとほぼ同様である。Cさんもまた、1998 年頃に 21 歳で越境した。Bさんと異なるのは、越境後の生活である。

Cさんは、現在の夫が仲介人に 8,000 元を支払い、夫の実家である瀋陽市郊外の農村で生活を送ることになった。Cさんの夫は「神経質」な性格であったが、それを除けば特に不満のない男性だった。また、夫の両親とは別居していて、生活に干渉されることもなかった。さらに、Cさんの暮らす村やその付近の村には、同じ境遇の北朝鮮女性が数人いたから、時々市場や商店で顔を合わせると、近況を語り合い、「心を安らかにすることができた」。ところが、Cさんの村に居住していたある北朝鮮女性が子供とともに失踪する出来事が相次いで起こった。村では、その北朝鮮女性が家族へ送金するのを嫌がった夫やその両親に不満で、瀋陽の都会に逃げ、そこから韓国に渡ったと噂された。この時から、Cさんの夫の態度が急変するようになった。Cさんも家から逃げ出したいと思っているのではないかと疑い、Cさんの外出をいっさい禁ずるようになった。Cさんの夫が長時間家を空けなければならない用事ができた場合には、夫の母親が来て監視するようになった。ある時、無断

外出し、商店で同じ村に住む北朝鮮女性と話をしたことが分かった際には、夫の暴行を受けた。それ以降は、外出は夫か夫の母親とするようにし、同じ村の北朝鮮女性と出会っても、口を利かないようにしているが、夫は酒を飲むと、思い出したように、「国に帰りたいのか。俺のどこが不満なのか」と暴力を振るうことがある。こうした生活がもう5年くらいは続いている。だが、北朝鮮にいる家族に仕送りすることにはあまり口を出さない。Cさんは、この理由を「自分がやりくり上手で、家計に負担がない範囲で送っているし、家族の仕送りまで文句を言えば、どんな手段を使ってでも家を出て行くと夫が怯えているから」であると考えている。

Cさんにとっての現在の心の支えは、5歳になる長女と2歳の長男である。子供の面倒を見ている時間だけが、女性・母親を実感し、自らの存在意義を確認できるひと時だという。そんなCさんには、他人に語る「理想」は持ち合わせていない。インタビュー中も常に何かに追い立てられているようにそわそわした印象があり、何を答えるにしてもどこか諦めきった口調で語っていた。

(2) 韓国に暮らす北朝鮮女性の「理想」と「現実」

日本では、いわゆる「脱北者」は韓国に暮らす北朝鮮の人々と同義に思われがちだが、中国に暮らすそれらの人々との数を比較すると、「脱北者」全体の1割程度に過ぎない（表8）。とはいえ、北朝鮮から越境し、中国での暮らしに挫折して韓

表8　北朝鮮人民の韓国入国者数の推移（単位：名）

	～1998年	～2001年	2002年	2003年	2004年	2005年	2006年	2007年
男性	831	565	510	474	626	424	515	573
女性	116	478	632	811	1,272	960	1,513	1,981
合計	947	1,043	1,142	1,285	1,898	1,384	2,028	2,554
女性比率	12%	46%	55%	63%	67%	69%	75%	78%
	2008年	2009年	2010年	2011年	2012年	2013年	総合計	
男性	608	662	591	795	404	369	7,947	
女性	2,195	2,252	1,811	1,911	1,098	1,145	18,175	
合計	2,803	2,914	2,402	2,706	1,502	1,514	26,122	
女性比率	78%	77%	75%	70%	72%	76%	70%	

注：2013年の数値は、2013年12月末現在の暫定集計による。
【出典】「統計資料 北韓離脱住民現況」韓国統一部ホームページ：http://www.unikorea.go.kr/index.do?menuCd=DOM_0000000105006006000 （2014年3月20日最終アクセス）

国などの第三国を目指す人々のうち、中国官憲の摘発を免れ、中国を出国できた人々もまた、「運が良い」と言われる状況であるから、潜在的にはもっと多いと見なければならない。こうしたことも踏まえつつ、まずは表8から表15までを用い、韓国に暮らす北朝鮮出身者の概要について見ておこう。

　2013年末現在で、韓国には26,122人の北朝鮮出身者が住んでいる。現在のような1年間に1,000人を超える北朝鮮の人々が韓国に入国してくるようになるのは、2002年以降のことである。2006年には2,000人を突破し、2009年の3,000人弱をピークに、ここ2年間は1,500人程度で推移している。ここで分かるのは、中国に越境する北朝鮮出身者が1990年代後半から数万、数十万規模に拡大したことを考えると、韓国に入国した北朝鮮の人々の多くは、数年間あるいはそれ以上の中国滞在を経た人々であるということである。また、男女の比率は、1998年までに入国した人々の約9割が男性で占められていたが、入国者の増加とともにその割合は逆転し、2013年末現在の総数では女性が7割を占めるに至っている。

　次に、そうした彼・彼女らを年齢別に見ると、20代から30代の女性が全体の約4割で、男性もこの年齢層が最も多い（表9）。在北時の職業は、男性が労働者（43％）、無職扶養（37％）、軍人（7％）の順に多く、女性は無職扶養（54％）、労働者（35％）、奉仕分野（5％）の順に多い（表10）。なお、男性の無職扶養の大半は、乳幼児や就学生で、女性の場合はこれに加え、食糧難後に離職した人々や主婦が含まれる。また、在北時の学歴を見ると、男女ともに中学卒が大半（70％）を占める（表11）。これは家庭の経済的な事情などの条件が作用し、大学に行けなかった人が多いという越境者独特の性格を示している。続いて、出身地別分布を見てみると、男女ともに平壌から最も離れた北部の咸鏡北道（ハムギョンプクド：65％）が多数を占める（表12）。ついで両江道（リャンガンド：11％）、咸鏡南道（ハムギョンナムド：9％）の順である。ちなみに、平壌も2％程度の割合がある。

　さらに、韓国入国後の状況について見れば、韓国に入国した北朝鮮のすべての人々は、直ちに1～3カ月程度の間、国家情報院での審問を受けることになる。そこでは、本人の履歴・経歴や家族のこと、越境・韓国入国の動機と理由、経路、越境後から韓国入国までの経緯、また個人の経歴に合わせたその周辺情報や居住地域の地理や建物の配置に至るまで、事細かく訊問される[15]。これを経て、「ハナ院」と呼ばれ

表9　韓国に入国した北朝鮮人民の年齢別分布（単位：名）

	0-9歳	10-19歳	20-29歳	30-39歳	40-49歳	50-59歳	60歳以上	総合計
男性	586	1,525	2,081	1,825	1,050	387	280	7,734
女性	590	1,826	5,032	5,748	2,759	841	785	17,581
合計	1,176	3,351	7,113	7,573	3,809	1,228	1,065	25,315

注：上記の数値は、2013年6月末現在の韓国在住者のもの。

【出典】表8に同じ。

表10　韓国に入国した北朝鮮人民の在北時の職業別分布（単位：名）

	管理職	軍人	労働者	無職扶養	奉仕分野
男性	307	572	3,332	2,873	69
女性	98	77	6,227	9,459	921
合計	405	649	9,559	12,332	990
	芸術体育	専門職	非対象(児童等)	その他(不詳)	総合計
男性	65	180	238	98	7,734
女性	145	323	184	147	17,581
合計	210	503	422	245	25,315

注：上記の数値は、2013年6月末現在の韓国在住者のもの。

【出典】表8に同じ。

表11　韓国に入国した北朝鮮人民の在北時の学歴別分布（単位：名）

	就学前児童	幼稚園	人民学校	中学校	専門大学	大学以上	その他(不詳)	総合計
男性	335	114	680	4,703	660	859	383	7,734
女性	325	143	1,015	13,034	1,658	917	489	17,581
合計	660	257	1,695	17,737	2,318	1,776	872	25,315

注：上記の数値は、2013年6月末現在の韓国在住者のもの。

【出典】表8に同じ。

表12　韓国に入国した北朝鮮人民の出身地別分布（単位：名）

	江原道	南浦	両江道	慈江道	平安南道	平安北道	平壌
男性	206	58	812	57	395	329	297
女性	295	61	1,923	108	503	361	192
合計	501	119	2,735	165	898	690	489
	咸鏡南道	咸鏡北道	黄海南道	黄海北道	その他(不詳)	総合計	
男性	702	4,399	242	149	88	7,734	
女性	1,610	12,057	151	200	120	17,581	
合計	2,312	16,456	393	349	208	25,315	

注：上記の数値は、2013年6月末現在の韓国在住者のもの。

【出典】表8に同じ。

る社会適応教育施設での2～3カ月間の研修を受け[16]、その後彼・彼女らは韓国社会に溶け込んでいくことになる。とはいえ、任意に居住先を選べるのではなく、定着のための支援金や住居を韓国政府が提供する代わりに、一定の希望居住先に配慮したうえで、居住地に偏りがないように抽選で決められる。その後の移動の自由は当然のことであるが、これを踏まえた2013年6月現在の居住地域別分布を見ると、表13の通りである。

次に、表14は北朝鮮出身者の韓国社会への定着状況の一端を表す指標となる。「生計給与」とは、政府が支出する定着のための支援金とは別に、就労状況などによって支給される生活保護費のようなものである。2007年には韓国に居住する実に6割以上がこの給付を受けていたが、政府の施策や職業訓練の充実により、年々その受給率が低下している。しかし、2012年現在でいまだ3分の1以上の人々が生計給与に頼っている現実があり、加えてこの受給を継続するために、故意に就業を行わないといった事例も現れており、問題は山積している。「中途脱落率」の増減も、同じような状況を示している。中途脱落とは、職業訓練やこれによって得た職業を早期に中途脱落してしまうという意味である。なお、医療給与は、日本でいう医療保険のようなものである。また表15は、表14の指標に対応する統計である。日雇い労働などの形態を含む雇用率は、2007年の36.9％から2012年の50.0％に改善されているが、経済活動参加率はさほど変化がない。そして、失業率は2007年の22.9％から2012年の7.5％に大きく改善されているものの、韓国全体の経済活動参加率は6割強、失業率は3％前後であるから、軒並み大きく下回っているという状況は深刻である。北朝鮮から逃れてきた人々の韓国社会での定着ぶりを左右する労働問題は、依然として改善されるべき余地がある。

以上のような概要だが、ここでは紙幅の関係から、韓国に暮らす北朝鮮女性の事例の多くは他の文献に譲ることにし[17]、2007年に韓国に入国して以来、筆者の聞き取り調査に継続して協力していただいているDさんの事例のみをごく簡単に紹介しておきたい[18]。

Dさんは、北朝鮮の咸鏡北道清津（チョンジン）市郊外出身の40代の女性である。1997年に越境するまでは、両親と妹の4人暮らしであった。両親ともに農業に従事し、その仕事と生活の苦労を肌で感じていたDさんは、両親の役に立てばと6年制の農業大学に進学し、卒業後は「農場の幹部に作業の指示」を行う職に就いた。

表13　韓国に入国した北朝鮮人民の韓国内居住地域別分布（単位：名）

	ソウル	京畿道	仁川	釜山	慶尚北道	慶尚南道
男性	2,229	1,753	642	278	238	225
女性	4,283	5,053	1,555	615	686	648
合計	6,512	6,806	2,197	893	924	873
	大邱	忠清北道	忠清南道・世宗	光州	江原道	大田
男性	183	173	233	143	139	128
女性	512	668	727	432	433	357
合計	695	841	960	575	572	485
	全羅南道	全羅北道	蔚山	済州	総合計	
男性	142	121	119	51	6,797	
女性	381	357	274	118	17,099	
合計	523	478	393	169	23,869	

注：上記の数値は、2013年6月末現在の韓国在住者のもの。また、死亡者、抹消者、移民者、住所未登録者、保護施設収容者は含まれていない。なお、全羅北・南道の掲載順は出所のママであり、このためその数値は両者が逆である可能性がある。

【出典】表8に同じ。

表14　韓国に入国した北朝鮮人民の韓国定着の現況（単位：%）

	2007年	2008年	2009年	2010年	2011年	2012年	2013年
生計給与受給率	63.5	54.8	54.9	51.3	46.7	40.8	35.0
医療給与受給率	69.9	63.4	64.9	61.2	60.5	58.7	－
中途脱落率	7.1	10.8	6.1	4.9	4.7	3.3	3.46

【出典】表8に同じ。

表15　韓国に入国した北朝鮮人民の韓国での経済活動の現況（単位：%）

	2007年	2008年	2009年	2010年	2011年	2012年
経済活動参加率	47.9	49.6	48.6	42.6	56.5	54.1
雇用率	36.9	44.9	41.9	38.7	49.7	50.0
失業率	22.9	9.5	13.7	9.2	12.1	7.5

注：原出所は北韓人権情報センター（2007年〜2008年）、韓国職業能力開発院（2009年）、北韓離脱住民支援財団（2010年〜2012年）。

【出典】表8に同じ。

食糧事情が急速に悪化したのは、1996年頃からで、実家が農業に従事していても、「トウモロコシのお粥、薄いお粥を1日にようやく食べられる程度」になった。そうした状況の中でＤさんは、「食べる人が一人減り、両親を助けることができるなら」と、同じ境遇の友達と4人で中国に越境した。

　中国に入国するや、最初にお世話になった朝鮮族の人の紹介で、吉林省の農家に嫁いだ。友達もそれぞれ紹介を受けて嫁ぎ、それ以降は互いに連絡のやりとりはない。その後、農村で熱心なキリスト教信者である夫と暮らしながら、中国の戸籍と新しい家を手に入れるために必死に働いた。その間、夫の影響もあり、Ｄさんもキリスト教に入信した。10年経ってようやく貯蓄が膨らみ、戸籍を買おうとしたが、数度の詐欺に遭い、家を買うための資金までなくしてしまった。Ｄさんが「取締りに怯えながら、中国でコツコツと10年働いても、家を買って平凡に生きることができない」のかと毎日泣き明かしていると、それを不憫に思った夫が、「韓国に行ったらどうか」と勧めてくれた。費用も夫が何とかかき集めてくれたので、教会の神父さんの斡旋で、ラオスを経由して韓国に入国した。ハナ院の研修を終えた後、希望通りに大邱（テグ）市に居住することとなり、そこで販売員の職に就いた。韓国では、北朝鮮の学位や資格、そこで得た専門知識はまったく認められないし、通用もしないので、仕事に従事するかたわら、作業訓練学院（職業訓練学校）に通った。韓国に入国して1年が経過した時、学院の同じクラスで知り合いになった男性の紹介で、現在の夫に出会い結婚した。学院を卒業後は、在学時から希望していた会社に紹介され、現在もそこで仕事をしている。韓国社会に適応するのは容易なことではないが、Ｄさんの場合には、「学院に通いながら多くのことを見聞きし、会社でも謙虚に一生懸命学ぼうと努力した結果」、1年くらいで適応できたと感じている。Ｄさんが韓国に暮らしていると、「脱北者」という差別よりは、韓国社会の変化が激しく、「とても早い生活環境に適応することが大変で注意を受けることがあった」り、「給料をもらっているのだから、ぼーっとせず、働きなさいとお叱りを受けることがあった」りした。だが、「私の場合には、むしろ北朝鮮人だから一生懸命に生きようとする様子を見て、応援して下さる人々が多」く、それに救われた。夫も夫の家族も、Ｄさんが北朝鮮女性であることを受け入れ、子ども（男児）ができてからは、本当の家族としてよくしてくれているので、「韓国式の良き嫁・妻・母親となる」ために、Ｄさん自身も熱心に努めている。あまり意味のある質問では

ないが、筆者が何気なくDさんに、「あなたは何人か」と問うたところ、即座に「韓国人です」と答えた。なぜなら、「北朝鮮では苦労ばかりで家族のこと以外は思い出したくもないし、中国にいる時は国籍がない状態で心理的にとても不安であった。韓国に来て初めてやっと韓国人として生きていけ」るからであるという。今では、韓国の生活にほとんど不便は感じないが、唯一北朝鮮に残した家族のことを考えると胸が痛み、何も手につかなくなる時があり、それが生活における不便のすべてであると語る。

ここで取り上げたDさんは、韓国に暮らす北朝鮮女性の 18,175 分の 1 に過ぎず、また韓国社会での適応にかなり成功している特徴的な事例だが、北朝鮮女性の生活の「理想」と「現実」の観点から見た場合に、示唆するものもあるように思われる。それは、Dさんにとって「韓国に暮らす」という選択肢は、北朝鮮での「現実」の生活に追いやられ、中国での「理想」の生活に破れたすえに訪れた偶然の産物であったということである。そうしたある種の諦念と再起があったがゆえに、Dさんの韓国社会での適応を早めたのかもしれない。また、Dさんは、中国では親身になってその境遇と将来について考えてくれた夫に出会い、韓国でも比較的充実した社会適応教育、職業訓練と定着のための資金・住居を与えられ、周囲の人々にも恵まれた。つまり、Dさんの場合には、北朝鮮社会に弾かれながらも「現実」を生きた北朝鮮女性を、偶然にも中国・韓国の二つの国が連携して受け入れ、そして支えた。それが特徴的な成功事例に作用したのではないかと思われる。

おわりに

本章では、北朝鮮女性の生活のほんの一端を、「理想」と「現実」の暮らしの落差に留意しつつ、国内にとどまらず国外も射程に入れて紹介し、考察してきた。

朝鮮半島北部に居住する女性たちは、日本の植民地からの解放後、その地に誕生した政権のイデオロギーによって、伝統的なくびきから「解放」された。それと同時に、「北朝鮮」女性となった彼女らは、国家建設の一翼を担う存在として期待されることになった。だが、家父長的な権力構造が次第に明らかになると、北朝鮮「女性」としての役割を余儀なくされることになった。「北朝鮮」女性という建て前が機能している間は、北朝鮮「女性」は自律的な行動を控えていたが、生死に関わる

巨大な「現実」を前に、北朝鮮女性は家族のために自律的な行動を起こし始めた。

　ここで紹介したのは、そうした自立的な行動をしている4つの事例に過ぎないかもしれない。それでも従来の居住地や越境後の別天地で、「北朝鮮」女性や北朝鮮「女性」としてではない別の理想の生活を追い求める、四者四様の「北朝鮮女性」の姿を垣間見ることができる。その現実は未だ厳しいものであるが、そこには金正恩の言う「立派な母親」よりは能動的で、理想的な女性たちの姿があるのではないだろうか。

注

1）『労働新聞』2012年11月19日。
2）「子女教養における母親たちの任務 全国母親大会で行った演説 1961年11月16日」金日成『金日成著作集（15）』平壌・朝鮮労働党出版社、1981年、326-353頁。
3）『労働新聞』2012年11月16日。
4）北朝鮮の人々の出身分類。労働者・貧農・労働党員・革命家遺族ら12の核心階層、越南者（朝鮮半島の解放後から韓国・北朝鮮の建国に至る期間または朝鮮戦争時に北朝鮮から韓国に越境した人々）の家族、日本や中国からの帰還者ら18の中間的な動揺階層、富農・地主・資本家・親日・親米主義者ら21の敵対階層の3階層51分類からなるとされる。和田春樹・石坂浩一編集『岩波小辞典 現代韓国・朝鮮』岩波書店、2002年、131,134頁。
5）三浦洋子「北朝鮮の人口―2008年北朝鮮人口センサスを中心として―」（『千葉経済論叢』第46号、2012年7月）、55-58頁。
6）同上、53-54,58頁。
7）同上、61-62,66頁。
8）ユンミリャン「北韓女性の位相と役割」（北韓研究学会編『北韓の女性と家族』景仁文化社、2006年）、55-128頁。本項の記述の多くは、この論文に依っている。
9）「北朝鮮の公表総人口（1946年～2008年）」（文浩一『朝鮮民主主義人民共和国の人口変動―人口学から読み解く朝鮮社会主義』明石書店、2011年）、262頁掲載の1970年度における女性人口から計算した。
10）「北朝鮮の家父長制（第八章）」（瀬地山角『東アジアの家父長制―ジェンダーの比較社会学』勁草書房、1996年）、293頁。
11）同上、291-292頁。

12) Aさんの聞き取り調査は、2012年10月11, 13日に中国瀋陽市で行った。
13) Bさんの聞き取り調査は、2012年8月12日、2013年9月2, 3日に中国瀋陽市で行った。
14) Cさんの聞き取り調査は、2013年9月3日に中国瀋陽市で行った。
15) Dさんのからの聞き取り調査結果に基づく。注18を参照。
16) 「ハナ院」での社会適応教育の展開については、尹敬勲「韓国における脱北者の社会適応教育の展開―脱北者の社会適応教育施設"ハナ院"を中心に―」(『生涯学習・社会教育学研究』第30号、2005年)、21-30頁。
17) 韓国に暮らす北朝鮮女性に関する研究、実態調査記録などは、当然のことだが、韓国に多数存在する。ここでは、その代表的なものを数点挙げておく。カクヘリョン『北韓離脱住民の現況と問題』ソウル・韓国学術情報、2005年。イスンヒョンほか『脱北家族の適応と心理的統合』ソウル・ソウル大学校出版部、2007年。イクムスン『北韓住民の居住・移動：実態および変化展望』ソウル・統一研究院、2007年。チョジョンアほか『北韓住民の意識とアイデンティティ：自我の独立、国家の影、欲望の負傷』ソウル・統一研究院、2010年。キムスアムほか『北韓住民の生活の質：実態と認識』ソウル・統一研究院、2011年。また、それを主題とした著作ではないが、日本語の以下の研究も理解に役立つ。石丸次郎『北朝鮮難民』(講談社現代新書)講談社、2002年。石丸次郎『北朝鮮からの脱出者たち』(講談社アルファ文庫)講談社、2006年。バーバラ・デミック、園部哲訳『密閉国家に生きる―私たちが愛して憎んだ北朝鮮』中央公論新社、2011年。ごくわずかではあるが、日本に暮らす北朝鮮女性についての次のような著作もある。斉藤博子『北朝鮮に嫁いで四十年 ある脱北日本人妻の手記』草思社、2010年。リ・ハナ『日本に生きる北朝鮮人 リ・ハナの一歩一歩』アジアプレス出版部、2013年。
18) Dさんの聞き取り調査は、2008年8月3日、2009年8月22日、2010年8月24日、2011年6月4日、11月12日、2012年8月17日、2013年6月24日にそれぞれ韓国大邱市で行った。また、筆者が指導を行った、木谷恵子『韓国のなかの脱北者』(平成21年度島根県立大学総合政策学部総合政策学科卒業研究)［未刊行］掲載の聞き取り調査記録も参考にしている。

第16章
現代韓国社会における「女性問題」

金　仙熙

はじめに

　韓国を「儒教の国」とするイメージは、外部からの視点によって自覚されることも多い。たとえば韓国の紙幣に描かれるのは、ハングル創始者と知られる世宗大王（1万ウォン札）、李栗谷（5千ウォン札）、李退渓（千ウォン札）である。また、2009年に発行を開始した5万ウォン札には申師任堂（李栗谷の母親）が描かれている。これらは皆、儒教の国朝鮮王朝の人物であり、それゆえある日本人の思想史研究者から、儒教国としての韓国イメージを強くしたと聞いたことがある。このエピソードは現代韓国社会における女性問題を考える際、大変興味深い。第1にそれら紙幣の人物が儒学、特に朱子学を尊ぶ儒者であること、第2にただ一人の女性である申師任堂は、李栗谷という高名な儒者を産み育てた「母」としての側面が強調され、良妻賢母の代名詞となっている人物だからである。この端的な事実は韓国社会における女性問題を象徴的に示している。

　ところで、2009年10月に韓国映画「グッドモーニング・プレジデント」に初めて女性大統領（主人公ではなかったが）が登場した。それからわずか3年後の2012年の大統領選挙で、実際女性大統領が誕生した。BBCなどの外国メディアは儒教的価値が尊重される韓国において、この女性大統領の誕生はさまざまな変化をもたらすと論じた[1]。女性大統領が生まれる数年前からは「アルファ・ガール（alpha girl）」や「ゴールド・ミス（gold miss）」[2]などの言葉が流行し始めていた。また、女性の活躍は「女風」という言葉にも見られる。1997年から徐々に禁女地帯であった士官学校に女性の入学が許可され、以降首席での入学や卒業に、女子学生が占めるケースも多くなり、また司法試験の女子合格者の割合も2012には年41.7%

となっている。こうした現状を見るにつけ、確かに女性の活動範囲は過去と比べられないほど広くなり、その地位もまた上昇したと思われる。しかし、その一方で2009年国連開発計画（UNDP）の『人間開発報告書』によると、韓国の女性権限尺度（GEM）は109カ国中61位である[3]。この数値は何を物語るのであろうか。さらに、ネットを中心に女性卑下がエスカレートしている現状もある。

本稿では一見相互に反するような現象との関わりで現代韓国社会における「女性問題」のあり方とその背景について考えていきたい。

1. 女性卑下の構造

（1）「味噌女」とはなにか－「○○女」の拡散

特定な場において、人目を引く行動をする若い女性が「○○女」と呼ばれ始めたのは、2002年韓日ワールドカップ開催の頃からである。それはインターネットより迅速に、流布・拡散・再生産されることともなった。特に、2005年には地下鉄でペットの糞をそのまま放置した若い女性の代わりに、隣りの老夫婦がそれを処理した事件が発生し、その場に居合わせた人の撮影した写真がネット上に載せられた結果、急速に知られるようになった。その女性は「犬糞女」と呼ばれ各種マスコミに取り挙げられた。「儒教の国」で常識外れの若い「女性」は、犬の糞を処理した「老人」と対比され、一層その礼儀のなさが浮き彫りとなった。その後、ネチズン（network citizenの略）によって「魔女狩り」のように個人情報が暴露され、過酷な非難の対象になった。この事件後「○○女」という呼び方は韓国社会に定着していく。「犬糞女」の場合は、『ニューヨークタイムズ』や日本の新聞など、海外のマスコミにも取り上げられ、「国家的な恥」とまで揶揄されるようになった。

加えて、2010年に大きく報道された「慶熙大学悖倫女」事件もある。女子学生がトイレ掃除中の清掃員に暴言を言い放ったことがネットを通して注目され、その結果大学総学生会の謝罪文さえもが掲示されることとなった。当初、対応に消極的な大学側もこの事件についての態度を変え、当の本人への処罰や再発防止を約束し、結局その学生と親が清掃員に謝罪して事件は一段落した。この事件がただの口喧嘩に終わらず、そこまで大きな反響を呼び起こした理由は、事件の加害者対被害者が「礼儀（＝常識）知らずの若い女性」vs「（こどものために）３Ｋの労働である建物

◆ 326——現代アジアの女性たち

清掃も嫌がらずに行う母親」という対比的な構図の中で解釈されたからであろうことは想像に難くない。

「味噌女（デンジャンニョ）」という新たな造語は、2006年頃から、同じくネット上で流行り始め、以来広く使われるようになっている。その言葉の語源には諸説があって定説はないが、一般的には「一回の食費に相当する値段のスターバックス・コーヒーを好み、ブランド品消費に熱心だが、自分の経済力は持たず、自分の消費活動の費用を親や男性の経済的能力に依存する若い女性」と定義される[4]。2006年のヤフー・コリア（Yahoo Korea）の調査では新造語1位となった、この「味噌女」は、「強い虚栄心を男性を通して満たそうとする若い女性」の代名詞となった。

自分の欲望を男性に頼るという点から見ると、いわゆる「シンデレラコンプレックス」の新バージョンと言えなくもない。ともあれ、「味噌女」はもともとネチズンが描いた漫画がその始まりだが、その後さまざまな笑いや卑下の対象に向けて使われるようになっている。それに加え、女性卑下の風潮に拍車がかかったのは、TVの芸能番組に出演した女性タレントが「レストランのレジでポイントを貯め、クーポンを使うような男性は嫌」（2006年）と発言し、これがもとで彼女は当分の間活動休止に追い込まれるほど非難が暴走したことも関係する。もともと割り勘の概念が希薄で、ましてやデート費用は男性の負担が当然と考えられてきた韓国の中で、貯めたポイントによるクーポンを使うという現実的な方法を真っ向から皮肉るのは、これまで口にし難く我慢してきた男性の鬱憤を噴出させたものとなった。その後、女性卑下は爆発的に拡散していった。

このような男性の経済的能力に便乗するような女性像とは別の形で、「考えない女」というイメージで、卑下されたのは「ルーザー女」、「軍三女」といった造語にも見られる。

まず前者の発端は2009年にTVの芸能番組に出演した女子大学生による「身長180センチ以下の男性はルーザー（loser）である」という発言である。「自分が170センチくらいだから」といったその女子大生の言葉は削られて、「ルーザー」すなわち「負け犬」という言葉だけが人々（特に男性）の脳裏に残るようになった。TV番組の影響力のもとすぐに話題となり、男性を中心に猛烈な非難の集中砲火がその発言者に浴びせられた。平均身長が過去と比べ高くなったとはいえ、180cmという数値は男性の平均身長174 cm（2010年基準[5]）の現実ではなかなか受け

第16章　現代韓国社会における「女性問題」——327

入れられないことでもある。

　さらに、「軍三女」とは徴兵が義務となっている韓国人男性の「悔しい」感情を真正面から刺激するものであった。2007年、あるTV番組で政府の軍服務短縮計画に対する街頭インタビューで、ある20代女性が「3年がちょうどいい。国防のため軍隊に入るのに、18カ月で何が覚えられるのか」という発言がそのまま報道されたため、「女性も軍隊に行け」などと猛反発を呼び起こし、その本人に対する非難を超え、古臭い男女差別論へと議論が発展した。

　以上の事例に共通しているのは、特に若い女性個々人の特定な場における言行が大きく取り上げられ、ネットやSNSを通して流布・拡散し、その様態がさらに「ニュース」として拡大再生産されるパターンを示していることである。そして、「魔女狩り」のような非難暴走に曝された本人は、日常生活ができなくなるほど窮地に追い込まれ、「ネット利用上のマナー」という別の問題も生み出した。

　そしてここでより重要なのは、問題を起こした当事者に若い女性が多いという点である。若い男性のマナーの悪さが度々「○○男」として流行るが、その寿命は短く、話題に上るのもほんの一瞬に過ぎない。このように特定個人の行為が非難され、公憤を呼び起こすものの、過度な社会的「処罰」が下されるのはおおむね「若い女性」の場合であり、そこでの特徴は「伝統的な」上下関係、いわゆる「長幼有序」概念から逸脱した場合である。その際、「悖倫」などの表現が用いられ、「人間失格」というイメージが加えられる。また「伝統的な」男女関係からなるいわゆる「良妻賢母」像から離れた場合であり、この際男性の経済力や身体（外貌）を問題にすることは決して許されるべきではない態度として非難される。

（2）　エスカレートする女性嫌悪

　上記のような若い女性の特定の言動だけでなく、既婚の女性のいわゆる「おばさん（アジュンマ）」への非難や卑下も絶えない。2006年頃からネット上で、車の運転が苦手な女性運転者は「金女史（キムヨサ）」と呼ばれ、からかわれてきた。結婚した女性への尊敬語である女史と、韓国で20％以上を占める一番多い名字である金氏を結合した造語である。最初は主に運転が下手な既婚女性を指していたが、次第に女性運転者全体に拡大使用され、その事故映像が「金女史シリーズ」として拡散した。しかし、実際の交通事故誘発とその回数に関係なく、女性が卑下の対象

になっているのが現実である[6]。さらに、過去には子女の学校生活に積極的に関与する母親を「スカートの風（チマッパラム）」、不動産投資に熱心な女性を「福婦人」、そしてナルシスト的な女性を「公主病」と呼んだ。同様の行為をする男性を指す言葉は登場していない。

　このような呼び方が未婚・既婚を問わず、女性に対する否定的なイメージを拡大・再生産してきたことは間違いない。すでに「味噌女」という呼称に言及したが、最近では女性卑下を超え女性への嫌悪感をいっそう露わにした言葉として、「キムチ女」が頻繁に用いられるようになっている。この造語は男性ユーザーが多数を占めるインターネットコミュニティーで使用され始めたものであり、先に述べたある特定の言動から一部の女性を非難するための造語とは異なり、「韓国の女子は〜である」という、より一般的なイメージを通じて韓国の女性全体を嫌悪し、なお人種主義的な意味までを内包しているのでなおさら深刻である[7]。こうした女性卑下や女性嫌悪はネット上のみならず、日常生活に溢れている。たとえば、政治家による女性卑下発言は、ニュースに頻繁に登場する。党を問わず政治家、大学教授、小説家、宗教人など有力者の女性卑下発言が問題になったのは、昨日や今日のことではない。「女性は監視の対象」[8]、「女は刺身」[9]、そして進歩勢力を自称する「ナコムス」の「鼻血事件」[10]など、各界各層から日常茶飯事のように、女性の存在に対する侮辱的な発言が繰り返されている。女性は男性に従属する存在として認識され、女性の身体的特徴と性が嘲笑や商品化の対象になっていることが、それらの発言からも分かる。

　こうした女性卑下・女性嫌悪は不正確な噂によって、その否定的なイメージが強化されやすい。2012年総選挙の際、「20代女性の投票率は8％」という噂がSNSを通じて広まり、特に女子大生が「ものごとを考えない女」というイメージのもとで非難の対象となった。しかし実際の20代女子の投票率は40％近くであり、同年代の男子の投票率43％とさほど違いはない[11]。

　女性に対する否定的な社会的視線や認識が強い理由は、言うまでもなく圧倒的に男性優位の社会であるためだが、その中で女性は個々の主体としてではなく、性的な対象として、男性に従属的な存在として決め付けられる。韓国が人口比で美容整形手術が世界で最も多い国であるのもそのためであると思われる[12]。先に述べた○○女というような「ジェンダー呼称（gender interpellation）」が社会内で有効に

作用する理由もそこにある。そして、そのような女性のイメージは TV ドラマや広告、映画などを通してより強化される。「清純可憐」な女子主人公は長い間 TV ドラマを支配してきた代表的なイメージであり、2010 年公開の映画『猟奇的な彼女』が空前のヒットを記録して以来、女子主人公の性格に変化は見られるものの、依然として「キャンディー型」女子主人公が王子のような男性に出会うシンデレラ・ストーリーの基本構造に変わりはない。一方、こうした固定化したイメージは女性だけでなく、男性も同じである。その男性像とは、受動的な女性とは反対に積極的で（経済的な）能力のある家長としてのイメージである。

　しかし、こうした男性像とは異なって、経済不安が顕著な現実の中で、次第に男性もその相手に経済力を求めるようになっている。経済的に男に頼りたがる女性は「味噌女」として卑下される。また以下で述べるように、経済力のある女性は、結婚後にはさらに良妻賢母になるべきという負担を背負わされるようにもなる。

2. 2014 年現在、韓国で女性として生きること

（1）指標からみる女性の生

　これまで韓国社会における特定の言動を背景に発生した諸事件と、それに伴う女性卑下・女性嫌悪に彩られた蔑称を見てきた。また、政治的性格を問わず男性中心的思考から出発する女性性に対する認識、名誉男性として分類されたい心理を持つ女性が行う女性卑下についても考察してきた。以下では、各種の指標を通して韓国社会の動向と、そのなかに生きる女性の生を考えることにしたい。ここで引用する指標と数値は、統計庁からネット上に公開された『韓国の社会動向 2012』（2013 年 1 月 30 日）、『韓国の社会動向 2013』（2013 年 12 月 19 日）、『e －くにの指標』、『2013 年統計にみる女性の生』（2013 年 6 月）をベースにしている。

　2002 年「ダイナミック・コリア」というスローガンが政府から出されたとおり、韓国社会の変化は確かにダイナミックといってよい。

　韓国社会は過去 20 年間で単身世帯の比率が 1990 年の 9.0% から 2010 年の 23.9% に増加した。20 ～ 40 歳代では男性の比率が高く、50 代以上では女性の比率が徐々に高くなり、70 歳以上の単身世帯の 82.2% が女性である。これは女性の平均寿命が 84.5 歳で、男性より 6.8 年長いのがその理由として考えられる。これ

に関連して、1998年から2012年までの10年余りの間、親のみで暮らす比率が45.3%から66.1%まで増加し、息子との同居比率は50.3%から25.6%に大きく減少した反面、娘との同居は4.1%から6%にやや上昇した。特に長男による扶養は減少した。こうした家族形態の変化は伝統的な「男児選好思想」が衰退傾向にあり、女性（娘）が将来的に親と同居するのが好ましいとするメディアの報道[13]と軌を一にし、近年流行している「娘バカ」という造語もこうした現実を反映しているのかもしれない。長男による親扶養の比率減少や娘との同居が好まれるような錯視現象は、一面「儒教の国」のイメージから遠く感じられるが、これは上野千鶴子が指摘するように1980年代初期の日本でも同様に見られた現象である。すなわち、育児に対する不安の増大、教育費負担の増加、高齢化社会に対する負担、そして老後をケアする娘への期待が高くなったためである[14]。つまり「男児選好思想」の衰退というより、面倒な仕事を任せるに手頃な対象として、娘が好まれていると解釈する方がより的確であろう。

ところで、近年男女ともに晩婚化が進んでいる。2012年のソウルにおける年間婚姻件数は20年間で30%以上減少し、また全国的にも年々減少傾向にある。平均初婚年齢は男子が32.1歳、女子が29.4歳というように、10年前と比較し、男女ともに2.4歳上昇した数値である。初婚の年齢が遅くなることは、出産率低下と関連が深い。合計出産率（女性一人が生涯に産む子どもの数）は1991年度の1.71人から2013年の1.19人と毎年低くなっており、2012年基準のOECD加盟国（34カ国）の平均出生率1.74人と比較すると、韓国は過去10年間にわたりOECD加盟国内で最下位を占めている。

韓国女性の経済活動参加率は、2012年に49.9%で男性の経済活動参加率73.3%と比べると非常に低い割合となっている。また女性の年齢別経済活動参加率を見ると、25〜29歳が71.6%で最も高く、2000年に比べて15.7ポイント増加した。しかし、結婚や育児などを理由として、30〜39歳は56%程度の水準にまで大幅下落するが、40歳代前半から再び労働市場に進出する女性人口が増加している。50〜54歳の女性の経済活動参加率は62.5%であり、2000年比で7.2ポイント増えた。女性の就業者の学歴別分布を見ると、高卒が37.9%で最も多く、大卒以上が36.8%であったのに対し、男性の就業者は2009年以降から大卒以上の就業者の割合が首位を占めた。一方、大卒以上の女性の経済活動参加率は63.9%で、

2000年に比べて3ポイント増加したが、大卒以上の男性の経済活動参加率89.5%よりも依然として非常に低い数値であることが分かる。また、女性就業者の賃金労働者の割合は74%であり、賃金労働者の内、臨時職や日雇いの割合は男性より高い。そして、男女の賃金格差も、2000年に比べて減少したものの、女性の平均賃金は男性の68%水準に止まっている。

　既婚者のうち、共働き夫婦世帯比率は43.5%であり、年代別比率を見ると40歳代52.1%、50歳代49.8%、30歳代で41.1%という順になっている。結婚、妊娠や出産などで職を辞めた、いわゆる「経歴断絶女性」は既婚女性の内の20.3%を占めており、その理由は結婚（46.9%）、育児（24.9%）、妊娠・出産（24.2%）の順である。このことから、結婚を境に家族関係の変化が女性の就職に最も深刻な影響を与えていると分かる。言い換えれば、韓国社会での結婚と出産による子育ての負担が女性に集中している現実を物語り、より積極的な保育政策が切実な課題であると言えよう。

　さて、韓国社会で既婚者の場合、共働きとそうでない夫婦の家事を分担する時間を見ると、夫の余暇および家事時間（家庭管理時間）は共働きかどうかに関係なく同一であるが、共働き女性の場合、最も余暇時間が少ない。また、家事分担において女性が「主にする」や「全面的に責任を負う」という割合は、2010年に共働き夫婦では85.9%、夫のみ働いている夫婦は89.1%というように大きな差がなく、1998年に比べて夫婦が「公平に分担する」割合はそれぞれ4.4ポイント、5.8ポイント増加したのみで、変化の程度はさほど大きくない。このような状況もあって、配偶者の満足割合は1998年の58.8%から2012年の65.6%と増加傾向にはあるが、男性の配偶者への満足割合は女性より高く、特に「大変満足」の割合では男性が36.9%、女性24%で大きな差が認められる。なお、配偶者満足度は年齢が上昇するにつれて減少するが、これは「熟年離婚」の増加傾向からも確認できる。1990年以降、離婚件数の中で婚姻期間が短い夫婦の割合は減少している反面、その期間が20年以上の夫婦の割合は同じ期間内に約5倍に増加した。

　以上の数値から見ても、韓国社会における厳しい女性の生は、ストレス認知率でもそのまま表れている。韓国社会は全般的にストレス指数が高い社会であるが、女性は特に深刻なストレスを抱えている。2012年統計の学校別では、高校生のストレス認知率（ここ2週間での日常生活で全般的にストレスを「感じる方だ」また

は「とても感じた」と回答した割合）が 69.6% で最も高く、次いで大学生以上が 69.2%、中学生が 62.7% の順になっている。特に大学生の場合、2008 年の 46.1% から 2012 年の 69.2% へと急激に増加し、女子学生のストレス認知率は 75.7% で、男子学生のそれよりも高く、また 2010 〜 12 年には男子学生は減少したものの、女子学生は上昇傾向を辿り、男女差が増加した。そして、男性の場合は所得水準に応じた憂鬱症を経験した割合の差はほとんどなく、ストレス認知率が所得の最も多い集団で最も高い反面、女性の場合はストレスと鬱病ともに所得が低い集団で最も高い。

　女性の高いストレス指数については、社会安全度にもその発生原因を見出すことができる。たとえば、2012 年に統計が取られた全般的な社会安全度において、女性は 11.2% だけが安全であると回答したほどである。殺人、強盗、放火、強姦などの凶悪犯罪の被害者に占める女性の割合は 2011 年に 83.8% である。毎年上昇傾向にあるこうした現実は、女性の不安をさらに深刻化させていると考えられる。

　以上の数値を通して見える韓国女性の置かれた現実は、並大抵ではない。にもかかわらず、女性の「活動」は活発である。たとえば、2009 年以降から女子学生の大学進学率は男子学生を追い抜き、2012 年の大学進学率は 74.3% で、男子学生の 68.6% より高い。圧倒的に男性的分野として認識されていた医療分野では、1980 年に 13.6% に過ぎなかった女性医師の割合は 2011 年には 23% に増加し、女性漢方医師の割合も 1980 年の 2.4% から 2011 年には 17.4% に増加した。大学（院）の専任講師以上の教員の内、女性の割合は 22.4% であり、依然として低いと考えられるが、年々増加傾向にある。

　また政治分野を見ると、2000 年に 5.9 に過ぎなかった女性国会議員の比率は 2012 年には 15.7% へと大幅に増加し、2010 年における地方議会議員の内、女性の割合は 20.3% であり、1995 年の 2.3% に比べて大幅に増加したことも分かる。2011 年女性の公務員の割合は 41.8% で増加傾向にあるが、一般職国家公務員を基準に 4 級以上の公務員に占める女性の割合は 7.3% というように、持続的に増加しているものの、依然として低い水準である。しかし、国家試験合格者の女性比率を見ると、2012 年の行政考試では 43.8%（2000 年は 25.1%）、司法試験では 41.7%（2000 年 18.9%）であり、外交官試験の場合はその比率が 53.1%（2000 年 20%）であり、過去に比べて女性の圧倒的な進出が目立っている。こうした現象は冒頭で

述べたように「女風」とか「女性上位時代」とかの言葉で飾られやすいが、これは言い換えれば、公正な試験を通じて競争する分野でないところでの女性の活躍が、それだけ難しいという現実を、逆に反映するものとして見ることもできる。

　しかし、このような影響力の高い分野での女性の活躍が増えているとはいえ、依然として雇用現場での男女平等は理想にほど遠いのが現実である。元民主党（現新政治民主連合）の韓貞愛議員室が 2013 年 5 月に公開した「2012 年積極的雇用改善措置基準に達していない事業場の現況」を見ると、その積極的雇用改善措置対象企業でも女性雇用の割合は 35.24% であり、中でも女性管理者の割合は 16.62% に過ぎない。女性管理者が一人もいない企業数も全体で 1674 の内 366 に達している。また、2010 年に女性家族部の依頼で韓国女性政策研究院が発表した「女性管理者パネル調査」によると、女性たちの直属上司は 80.1% が男性であり、職級が高くなるほど女性上司はさらに少ない[15]。また、昨年の売上高基準で大手 30 企業の社外理事役 150 人の内、女性はわずか 2 人（1.5%）であり、女性管理職がいる 248 社の企業理事会の社内理事は平均 5.7 人中、女性は 0.3 人とほとんどいないに等しいのが現状である。米国の企業分析機関 GMI レーティングスが韓国の 106 社を対象に調査した結果、女性役員の割合は 1.9% であり、調査対象 45 カ国中 43 番目であった[16]。このような調査結果を見るだけでも、韓国女性の GEM（女性権限尺度）が極めて低いことが分かる。なお、UNDP が 2010 年から新たに導入した性不平等指数である GII では、2012 年に韓国は計 148 カ国のうち 27 位で、2011 年に比べて 16 位も下落した。

（2）統計数値が語る現実

　以上で示した統計数値には落とし穴があるとしても、韓国社会で生き抜く女性たちの人生の断面を少なからず示していることに間違いなかろう。ここで今一度、数値に基づく韓国女性の生を整理してみれば、まず男女ともに結婚は次第に晩婚化し、出産率は極度に低い水準にあり続けている。また、女性の経済活動参加率は、男性と比べて著しく低いだけでなく、賃金もまた男性にはるかに及ばない。そして結婚と妊娠、出産などの理由で、女性の経済活動に大きな空白期間が生じ、職場の経歴が断絶しやすい。結婚が女性にとって足かせになっていることは、既婚女性の「労働時間」がさらに増えることからも分かる。さらに出生率低下と相まって、妊娠と

出産がさまざまなメディアを通じて女性だけが享受しうる「美しい権利」として美化され、女性の本能としての母性愛が強調される。しかし、結婚後の女性の生活が質的に育児労働によりどれほど低下するかという矛盾自体は隠蔽されている。他方、雇用現場では経済活動の主体としての進歩を妨げられている女性労働者は、冷遇される現状を改善しようと努力しているが、その声は依然として無視され、女性の経済自立度はいっこうに進展していない。そして、全般的に犯罪に対する不安が増大する社会的状況の中で、女性の不安感は強まっているものの、韓国社会では一顧だにされていない現状がある。

　グローバル・リサーチが安全行政部の依頼で調査した結果、韓国女性の三分の二が「性暴行を受けないかと不安である」と述べており[17]、国家人権委員会に陳情されたセクハラ件数を見るだけでも、職場内セクハラがますます増えている現実[18]が分かる。最高検察庁から毎年刊行される『犯罪分析』を見ると、2000年に約1万件だった強姦、強制わいせつなど性暴力犯罪発生件数は、2010年には1万9939件と10年間で約2倍に増えている。しかし、性暴力犯罪の申告率が7〜10％前後という点を考え併せると、実際の犯罪件数はそれよりはるかに多いものと推定される。2008年の女性家族部による「性暴力実態調査」では、10万人当たりの性暴力被害率は公式統計の8倍に相当する467.7人となっていた[19]。このような性暴力犯罪が頻発する理由は、女性を男性と同等な人格体として認めるのではなく、「征服の対象」として見なす認識が根底にあるためである。また「男はもともと本能を制御できない」とか、「あらかじめ気をつけていない女が悪い」というような認識も、犯罪の被害女性を窮地に追い込む主な要因である[20]。

　韓国女性を苦しめる主要原因は以上の数値からも分かるように、女性に強いられる役割が極めて男性の視点から測られ、その女性像が固定化されていることである。固定化した女性像とは、性的対象として受動的なものであり、また「犠牲」に基づく母親像が核心にある。これは韓国が「儒教の国」であるという事実とは関係なく、儒教的伝統が保たれるべきとされる社会的雰囲気が自然に受容され、変化する社会経済的現実と照応しながらその上辺を取り繕うのみとなっている。

3. 「卵」を破って新しい世界へ踏み出す女性たち

　筆者が中学生のときに読んだヘルマン・ヘッセの小説『デミアン』には、「鳥は卵の中から抜け出ようと戦う。卵は世界だ。生まれようと欲するものは、一つの世界を破壊しなければならない」という一節があり、それがとても印象深く、記憶に残っている。そして、この一節は抑制された女性・男性像を打ち破っていくことにも通底するように思える。

　1999年5月に初めて開かれた「アンチ・ミスコリア」大会は、その点で意味のある第一歩であった。定型化された女性性で美人を選び、その姿をTVで生放送してきた「ミス・コリア」大会に反発し、フェミニスト・ジャーナル『if』が新しい女性像を提示するために開催したものである。10歳の女の子から89歳の従軍慰安婦のおばあさんまで多様な参加者たちが集い、女性の身体に対する社会の抑圧的な視線を拒否し、自由で愉快な場となった[21]。その後も回を重ねる度に、さまざまなアイデアが盛り込まれ、大会の内容は豊かとなった。

　同様に、「スラットウォーク・コリア」の愉快・痛快・爽快な行事も取り上げねばならない。2011年4月にカナダで始まり、全世界に広まったスラットウォーク（Slut Walk）は、女性の露出度の多い服装や遅い帰宅などを強姦の原因として指摘し、性犯罪を女性自身の責任に帰すような男性中心的な世論の一部に反旗を翻す反性暴力運動である。韓国では高麗大学の医学部学生による性暴力事件[20]をきっかけに始まった。スラットウォーク・コリアは、「雑女（ふしだらな女）」という韓国で女性卑下の悪口として使われる言葉を意識し、「雑女行動」と命名し、さまざまなパフォーマンスを通じて「好きなままに服を着る権利」、つまり「身体の自由」を主張した。パフォーマンスに参加した女性の中には、上衣を脱いだり、ブラを裂く行動をしたりする人もいたが、これは「性的自己決定権」が女性自身にあることを強く主張するものであった。しかし、この行動は女性だけでなく、男性、性的少数者、障害者など、誰もが「自由に自分の身体を表現する権利がある」ことを主張するものであり、女性だけの問題ではなかった。にもかかわらず、「派手な」パフォーマンスだけが浮き彫りにされ、抗議運動の本来の意図よりも、それを認めない社会で、女性が再び性的対象と位置づけられる逆説的状況も生み出した[22]。　しかしそ

れ以降、家父長制の枠組みの中で女性の抑圧された身体と労働に対する議論が活発化したという点で肯定的に評価される側面もある。

　このようなパフォーマンスは、たとえ少数とはいえ、意義深い運動として高く評価したい。社会的マイノリティ（弱者）の力が結合し、当然視されてきた過去からの「流れ」、すなわち不平等な構造を変革しようとする可能性がそこには認められるからである。そして、女性たちの根強い問題提起によって1989年12月の家族法改正案の可決以来、女性の闘争はさらに活発化しており、1997年の「韓国女性大会」で宣言された「親性ともに使う運動」[23]などを通じて戸主制に対する問題提起を続けた結果、2005年3月にはついに家族法の最後の差別条項と言われた戸主制と同姓同本禁婚制（姓と本貫を同じくする者どうしの婚姻禁止）の廃止を骨子とする民法改正案が国会を通過した。

　しかし、依然として性差別という男女不平等の構造に対する問題提起がジェンダー対立として表面化しながら、相対的な剥奪感を感じる男性たちは不安を増幅させている。たとえば、その点は女性家族部廃止を主張してきた「男性連帯」の代表が2013年7月26日、漢江で投身するパフォーマンスを通じて結局死亡した事件に、女性嫌悪と表裏一体の男性性の去勢への不安を読み取ることもできる。また、最近いわゆる「三放世代」[24]と呼ばれる青年層の中で、女性に比べて経済不安を強く感じ、恋愛と結婚を放棄したい（あるいは放棄を強要されていると感じている）、男性が増加傾向にあるとの指摘もある。そのため、経済的に男性に頼ろうとする女性への嫌悪がさらに拡大しながらも、共働きの女性に対しては家事や育児をも完璧に遂行できる伝統的な女性像を求めるという、二重の姿勢を捨てきれずにあるのが現状である。

　このような状況から、女性たちは結婚より自己啓発にさらに力を注ぐようになる。筆者がインタビューしたソウルにある大学の女子学生Aさんは、彼氏の必要性をあまり感じないと言い、自分の趣味であるサッカーに熱中し、スポーツエージェントとしての夢を叶えるために頑張っているという。また、一人っ子のBさんも彼氏がいないことに寂しさを感じたことはなく、将来の留学のための準備をすることで忙しく、また楽しいと話した。

　さらに、女性たちの意識の変化に追いつけない社会の問題としては、最近の空軍士官学校の卒業式で4年間首席を占め続けたがゆえに、大統領賞を受けるはずだっ

た女子学生に代えて、男子学生を選出しようとした学校側の動きに明確に表われている[25]。そして、22歳の男性の李某氏は男性だけに賦課される兵役義務は差別的な措置だとし、「人生の重要な時期に就職の準備ができずに不利益が大きい。女性の身体能力も軍の職務を実行できないほどではない」と憲法訴願を提起したが、2014年3月11日に憲法裁判所は全員一致で合憲の判決を下し、その訴えを退けた[26]。問題となったのは判決文の中で、裁判所は「男性が戦闘にも適合した身体的能力を備えており、身体的能力が優れているからといって、女性には生理的特性や妊娠・出産などで訓練と戦闘関連業務に障害があり得る」という理由を挙げたことである。

　ここには女性に対する男性優位を容認する見方がうかがえると同時に、多くの女性軍人の存在を無視した姿勢さえ読み取れる。にもかかわらず、このような訴えや判決が肯定的に捉えられる一つの理由は、男女平等に対して「男なら軍隊に行くべし」と、一面男性の特権として認められてきた兵役問題について、男性側からも問題提起が始まったものとしても解釈できるからである。また、2009年11月に国防部が女性の志願兵問題についての検討を明らかにして以来、女性の間でも「いよいよ論議を始める時が来た」として、国防部の両性平等的アプローチについて賛同する見解が表明された。これは2005年度に同様の問題で論議が沸き起こった際、女性団体が反発したことを踏まえれば、さらに前進したものと見られる[27]。

　このように、固定化された女性像だけでなく、同じく固定化された男性像にも亀裂が見え始めた。伝統的な性役割から脱しない思考は、男性にも足かせとして作用してきたが、それはTV番組からも確認できる。近年、父親と子どもの旅行を主な内容とするバラエティー番組や、母親に代わって子どもを世話する父親の奮闘ぶりを記録した番組が高い人気を集めていることは、従来の韓国社会における家族関係を省みる契機となった。そして、多数の男性だけで構成されるトークショーの「洪水」は、「男は寡黙」といった男性像がもうその生命力を終え、これ以上消費され得ないほどに衰退しつつある実例でもあろう。また、その内容も「強い男性」像や「男らしい男性」像とはほど遠いものとなっている。これは「今の男は弱い」ということではなく、従来の「男性像」に男性らも疲労を感じ始めていることを物語っているのかもしれない。

おわりに

　これまで考察してきた女性嫌悪の裏面にある男性の不安は、男性と女性の間のジェンダー葛藤や「女の敵は女」という旧態依然の葛藤構造でもなく、男女双方を拘束する装置として作用してきた家父長的仕組みや秩序を壊したいと思う時、はじめて解消されるのではないだろうか。極端な女性嫌悪を表出するインターネットコミュニティサイトですら、悩み相談の掲示板には本人の条件が、女性にアピールできるものかどうかを尋ねる書き込みが非常に多いことは、逆説的だが、なお象徴的でもある[28]。つまり、女性に向かって卑下や嫌悪を発散する方法ではなく、これまで社会が強制してきた枠組みを破ろうとするところから、新しい進歩が始まるに違いない。慣れた枠組みから脱するには、自覚と刺激が必要である。女性自らが男性の性的主体化のために消費される性的客体化された「女性」ではなく、自分自身が人生の主人公として「自分」を探し出すことを決して恐れてはならない。そのためには何よりも精神的な独立、なおそれに大きくかかわる経済的自立は、ヴァージニア・ウルフの『自分だけの部屋』で述べた言葉を借りるまでもなく極めて重要である。社会内で頭角を顕す「アルファ・ガール」と呼ばれる一部の女性の社会進出がGEMを高めることよりは、女性が社会内で一定の声が出せるほどの影響力を確保した時、真の社会変化が始まると思われる。

　男性もまた、家父長的な構造から発生する矛盾が画一的な男性像を強化してきたことを理解し、その剥製化した枠組みを拒否しなければならないだろう。日本の皇太子が結婚のプロポーズの際に語ったと言われる、「ぼくが一生全力でお守りします」という言葉は、男性にも女性にも示唆するところが大きい。「お守り」という言葉に含まれる意味に違和感を覚える理由は、成熟した愛は自立した二つの平等な「主体」同士の間でのみ可能であると思われるためである。

　ここで最後に一つ述べておきたいことがある。

　自己のあるいは他者のアイデンティティを把握するのに、国籍と性別はもっとも想起しやすく、また依存しやすい装置だが、筆者が日本の留学生活で出会った方々に最も感謝することは、そのような常套的な、そして時にはさらに暴力的な国籍や性別という枠組みではなく、研究者として「私」を呼び出してくれたことにある。

これは非常に新鮮な経験であり、その後、自分は自由感をいつとはなしに享受する喜びを得た。
　しかし、「韓国女性」として韓国社会における韓国女性の問題を日本語で書く作業は思ったより容易ではなかった。なぜなら今まで研究者としての自分に加え、「韓国人」として、また「女性」としての自分の二重のアイデンティティを「日本人読者」にさらけ出すことになるからである。さらに、ここでの執筆作業は、韓国社会が強要してきたさまざまな、しかし画一的な女性像を冷徹な眼で視る観察者としてではなく、その中で40年余りを生きてきた女性として自分の人生を再構成する過程で、「分裂する自我」を経験することを余儀なくされたからでもある。
　老婆心かもしれないが懸念することは、「女性問題」が女性だけの「問題」ではなく、男性の問題でもあり、社会の少数者の問題でもありながら、なお韓国と日本という、過去の植民地期に「女性的な朝鮮」と「男性的な日本」として優劣の関係に還元され位置づけられた歴史の記憶を思い起こすと、社会学や女性学の専門家でもない筆者による本論の内容を通じて、「韓国」の「女性」が二重の束縛や卑下に置かれるようになるのではないかという点にある[29]。にもかかわらず、勇気を出すことができたのは、沖縄の米軍基地反対運動の過程で現れた韓日（市民の）連帯の逞しさと美しさを、女性問題を通しても発見できるに違いないと信じたためである。画一的で二分法的な、だからこそ暴力的でもある「区別づけ」でなく、脱権威主義的で自由、それゆえに幸せな「複合的アイデンティティ」が容認される社会を夢見ながら、本編を執筆したことをここに記しておきたい。

注

1）「BBC NEWS ASIA」http://www.bbc.co.uk/news/world-asia-20780282、2013年8月5日アクセス。
2）「アルファ・ガール」は、学校生活において成績のみならず、スポーツや交友関係などで頭角を顕す女子学生のことであり、ハーバード大学のダン・キンドロン（Dan Kindlon）教授が2006年に著した本の中で初めて使用された。こうした学生らが成長し、社会人として能力を発揮し、高い地位や年収を得ている未婚の女性を指してＳＷＡＮＳ（Strong Woman Achiever, No Spouse）と呼ぶのだが、これを韓国英語（konglish）では「ゴールド・ミス」となった。韓国においては年収4000〜5000万ウォン以上、マンションを所有するか

8000万ウォン以上の個人資産を所有している未婚女性を指す。李ヨンジャ「結婚市場とジェンダー」(『韓国女性学』24巻2号、2008年、6月)、54頁。
3)『ネイル新聞』2010年3月8日。
4)金ギラン・崔ギホ『大衆文化事典』現実文化研究、ソウル、2009年(オンライン版)。
5)技術標準院「韓国人の人体値数測定調査」(『アジア経済』2012年12月16日)。
6)韓国警察庁の統計によると、2011年現在で総計2725万1153人の運転免許保有者のうち、男性が1647万4240人(60.5%)、女性が1077万6913人(39.5%)である。2011年中に発生した交通事故の内、第1当事者(事故責任が最も大きな運転者)は男性が女性の5倍以上を占める。にもかかわらず、「金女史」は交通事故の「誘発者」として卑下される現状である。
7)「ネット上の卑下掲示文、憂慮水準」(『聯合ニュース』2013年7月26日)。
8)2012年3月21日の梨花女子大学の講演会における小説家卜鉅一の発言。『ハンギョレ新聞』2012年3月28日。
9)この発言は2007年8月18日になされたものであったが、彼は2010年12月27日に出演したTV番組でも再び謝罪した。『TVレポート』2010年12月28日。
10)2011年に李明博政府に対して毒舌と風刺を用いながら辛辣な批判を加え、大人気を博したインターネット・ラジオ放送「ナコムス」の司会者の一人でもある国会議員の鄭鳳柱が収監された際、彼を支持する女性が自分のビキニを着た写真を送り、「ナコムス」メンバーが熱烈に反応した。そのマッチョ的な反応に不快感を示したある女性の抗議から論争が始まった。ナヨン「性暴力を食べて育つ政治と政治が吐き出した性暴力—反省暴力の議題の再構成のための悩み」(『女/性理論』26号、2012年6月)、14-20頁参照。この事件は進歩勢力の女性卑下問題への批判が隠蔽されやすいという点で、より深刻であることを如実に示した。
11)「第19代総選挙における性別・年齢別投票率」(『中央選挙管理委員会報道資料』2012.6.19)
12)イギリスの経済週刊誌『エコノミスト』と日刊紙『デイリー・メール』は、国際美容外科学会(ISAPS)の報告書を引用し、2011年の人口比による形成手術回数の比較で韓国が人口千人当たりの手術回数が13件を超え、世界一となったと報じた。特に19—49歳の都市居住の韓国女性は5人のうち1人

の割合で手術を受けていると集計されている。『コリア・ヘラルド』2013 年 2 月 1 日。
13) 『ソウル新聞』2013 年 12 月 19 日によると、文化体育観光部の世論調査を引用して国民 10 人のうち 7 人が息子より娘を好むという。
14) 上野千鶴子著、ナイルドン訳『女性嫌悪を嫌悪する』銀杏ナム、2012 年、160-174 頁。
15) 『京郷新聞』2013 年 5 月 13 日。
16) 『ソウル新聞』2013 年 7 月 29 日。
17) 『聯合ニュース』2013 年 8 月 2 日。
18) 『文化日報』2013 年 7 月 18 日。
19) 『ノーカットニュース』2012 年 9 月 29 日。
20) 2011 年 5 月、有名私立大学である高麗大学医学部在学中の女子学生が男子学生 3 人を性的暴行で告訴して以来、学校側では被害学生を保護するよりも、「前途有望」な男子学生の懲戒をめぐって苦渋するなど、この過程では被害女子学生に対する人身攻撃といじめが起こるなど、二次被害が発生した。
21) 『ハンギョレ新聞』1999 年 5 月 14 日。
22) 『韓国日報』2012 年 5 月 18 日。
23) 韓国では出生時から死亡時まで父親の姓に従い、個人は父親を中心とする家族関係の中で一生を過ごす。この運動は「父親だけが親ではない」という趣旨で、父の姓と母の姓を併記することを提案した。法律的には認められていないが、筆名などには使われる場合が多い。
24) 2011 年 5 月 8 日から 7 月 6 日まで 15 回連載された『京郷新聞』の「福祉国家を語る」というシリーズで初めて使用された新造語。就職難、不安定な雇用、急騰する住宅価格、物価上昇などの社会的圧迫によって恋愛と結婚、出産を放棄した青年層世代をいう。これ以降、各種メディアなどを通じて社会的に拡散し、現在韓国社会の当面の課題を示す象徴的な用語として使用されている。
25) 『聯合ニュース』2014 年 2 月 19 日。この問題は世論の非難が高まり、国会でも大きな議論になった。
26) 『韓国日報』2014 年 3 月 11 日。この判決は 2010 年、2011 年に次ぐ三番目の合憲判決である。
27) 『週刊京郷』2005 年 9 月 16 日。『京郷新聞』2009 年 11 月 13 日。

28) 『チャム世相』2013 年 12 月 19 日。
29) 本章の執筆中に知人から得た多くの批判の一つは、私の文章が日本の読者に韓国社会に対するもう一つの偏見を植えつけることになるのではないか、というものであった。こうした懸念に私も十分に共感するのは、日本で一部の韓国人や韓国における生活経験を持つ日本人が行う韓国社会への中傷がいかに消費されるか知っているからである。しかし、そのような言説は個人の経験値による印象論で、しかも特定の文法により韓国社会に対する誤解や偏見を撒き散らすものに過ぎない。その点で、筆者の論述とは明らかにその目的と方法を異にしており、読者諸賢にはこの点に気づいてもらえると確信している。

参考文献

＜新聞ほか＞
『アジア経済』『アジア・トゥデイ』『韓国日報』『京郷新聞』『コリア・ヘロルド』『週刊京郷』『女性新聞』『ソウル新聞』『チャム世相』『TV レポート』『ノーカットニュース』『ハンギョレ新聞』『プレシアン』『マネートゥデイ』『文化日報』『ネイル新聞』『聯合ニュース』

統計庁『韓国の社会動向 2012』統計庁、ソウル、2013 年 1 月。
統計庁『韓国の社会動向 2013』統計庁、ソウル、2013 年 12 月。
統計庁・女性家族部『統計から見る韓国女性』統計庁、ソウル、2013 年 6 月。

＜論文・寄稿文＞
李ヨンジャ「結婚市場とジェンダー」(『韓国女性学』24 巻 2 号、韓国女性学会、2008 年 6 月)、39-71 頁。
韓檜辰・ジョミンス「インターネットにおける舌禍ニュース生産の拡散に対する研究」(『韓国 HCI 学会学術大会資料集』、韓国 HCI 学会、2010 年 1 月)、681-685 頁。
ナヨン「性暴力を食べて育つ政治と政治が吐き出した性暴力—反省暴力の議題の再構成のための悩み」(『女/性理論』26 号、女性文化理論研究所、2012 年 6 月)、12-31 頁。
金恵慶・李順美「個人化と危険－経済危機以降青年層『成人期移行』の不確実性と女性内部の階層化」(『フェミニズム研究』12 巻 1 号、韓国女性研究所、

2012年4月)、35-72頁。
秋周希「30代既婚女性の性愛化された『労働』の意味と遂行にたいする研究」(『フェミニズム研究』12巻1号、韓国女性研究所、2012年4月) 119-156頁。
李美淑「40代男性死亡率－社会的関連要因にたいする探索」(『韓国社会学』35輯4号、韓国社会学会、2001年8月)、189-212頁。
朴惠暻「経済危機における家族主義談論の再構成と性平等談論の限界」(『韓国女性学』27巻3号、韓国女性学会、2011年9月)、71-106頁。
朴ヘギョン「整形記述の『身体』決定要因」(『社会科学研究』22巻3号、忠南大学校社会科学研究所、2011年7月)、137-167頁。
金ジョンベ・厳インスク「国際結婚にたいする大学生の認識調査」(『福祉行政論叢』21巻1号、韓国福祉行政学会、2011年6月)、51-73頁。
権赫範「私たちはひょっとしたら女性嫌悪患者ではないだろうか」(『月間マル』民主言論運動協議会、2003年5月)、170-171頁。
林在海「民俗文化の女性性と民俗学の女性主義的問題意識」(『比較民俗学』45号、比較民俗学会、2011年8月)、11-58頁。
元美恵「女性の性位階と『娼女』烙印－交差的作用を中心に」(『アジア女性研究』50巻2号、淑明女子大学校アジア女性研究所、2011年11月)、45-84頁。
閔ムスク「女性博士の労働市場内地位にたいする女性主義的解釈と対応」(『韓国女性学』18巻1号、韓国女性学会、2002年6月)、173-201頁。
李淑仁「朝鮮初期儒学の女性認識－女性範疇の制度化を中心に」(『精神文化研究』31巻2号、韓国中央研究院、2008年6月)、193-221頁。
李娜栄・鄭ミンウ「韓国社会学(科)で『女性学を研究する』とは－フェミニスト学問後続世代の経験を中心に」(『韓国社会学』44輯5号、韓国社会学会、2010年10月)、176-223頁。
ハン・ユンヒョン「なぜ韓国男性は韓国女性に憤怒するか－女性嫌悪、韓国社会のもつある特殊性」(『文化科学』76号、文化科学社、2013年冬)、185-201頁。

<単行本>
上野千鶴子著、ナイルドン訳『女性嫌悪を嫌悪する』イチョウナム、ソウル、2012年。
金ギラン・崔ギホ『大衆文化事典』現実文化研究、ソウル、2009年。
金ジョンヒョン『父親』黄金ムルコギ、ソウル、1996年。

金玟廷他『ジェンダー政治学』図書出版ハンウル、ソウル、2011年。
金炅一『近代の家族・近代の結婚』プルン歴史、ソウル、2012年。
康俊晩『韓国生活文化事典』人物と思想社、ソウル、2006年。
康俊晩『母親受難史』人物と思想社、ソウル、2009年。
高麗大学校石苟編集委員会『石苟』41号、高麗大学校、ソウル、2013年。
ジョチャンイン『トゲウオ』バルグン世相、ソウル、2007年。
宋虎根『彼らは声を出して泣かない』イワウ、ソウル、2013年。
鄭ヒジン『フェミニズムの挑戦』教養人、ソウル、2005年。
鄭ヘギョン『セクシズム－男に囲まれた女子』ヒューマニスト、ソウル、2003年。
韓銀慶・李ドンフ編『メディアの性と像』ナナム出版、ソウル、2003年。
漢陽大学校校誌編集委員会『漢陽』84号、漢陽大学校、オウル、2013年3月。
朴銀河『広告のなかの性差別』疎通、ソウル、2009年。
朴喜貞『君、そんなに気難しくて職場生活できるのか』キルチャッキ、ソウル、2012年。
ユンダンウ・ウィソノ『結婚スト－30代女性が結婚しない理由』モユシャ、ソウル、2010年。

第17章

現代日本の女性に課せられたくびき
―― 夫婦介護の現場から

中尾　治子　　布川　弘

はじめに

　2014年6月13日、日本政府の経済財政諮問会議は、「経済運営と改革の基本方針」の素案を決定した。それによれば、女性が外で働くことを求めながら、50年後の人口を1億人に保つため、出産と子育ての環境整備を同時に盛り込んでいる。陰りゆく日本の運命を、女性の労働と出産・育児に委ねようとしているように見える。職場で働く男性の育児機会を増やすなどの基本的な施策については全く言及がなく、そもそも経済財政諮問会議に、女性の委員は一人もいない。振り返ってみれば、近世以来、イエを維持・再生産するために[1]、日本の女性は社会的労働と出産・家事・育児を担ってきたが、社会的な地位の向上は極度に抑えられてきた。さらに現在は、出産・家事・育児に加えて、実態を抜きにして介護の仕事を期待する傾向が強まっている。

　図1に産業別の労働者人口とその増減を示したが、全体において女性の雇用は増加している。だが個別に見ると、女性の製造業の人口の減少と介護・福祉の増加が目立つ形となっており、福祉の体制は整ってきているように見える。しかし、低賃金や介護疲れによるストレスから介護従事者が施設入居者などの虐待や殺人に至るケースもまれに見られる。そして、そうした介護が原因となる事件で主となるのは家族内での殺傷事件である。図2に示すように、家庭での介護を望む人は多い。また図3から分かるように、実際の介護を担っているのは、血縁関係の者である。アンペイド・ワークという言葉で表されるように、家族による介護とは賃金の支払われない労働である。日本の高齢社会は、上の雇用契約によってはっきりと可視化された介護従事者とともに、雇用契約でなく、続柄で介護に携わる、相当数の可視化

されていない介護従事者によって支えられているのである。

図1　就業者数の産業別の変化（男女別、平成15年→25年）

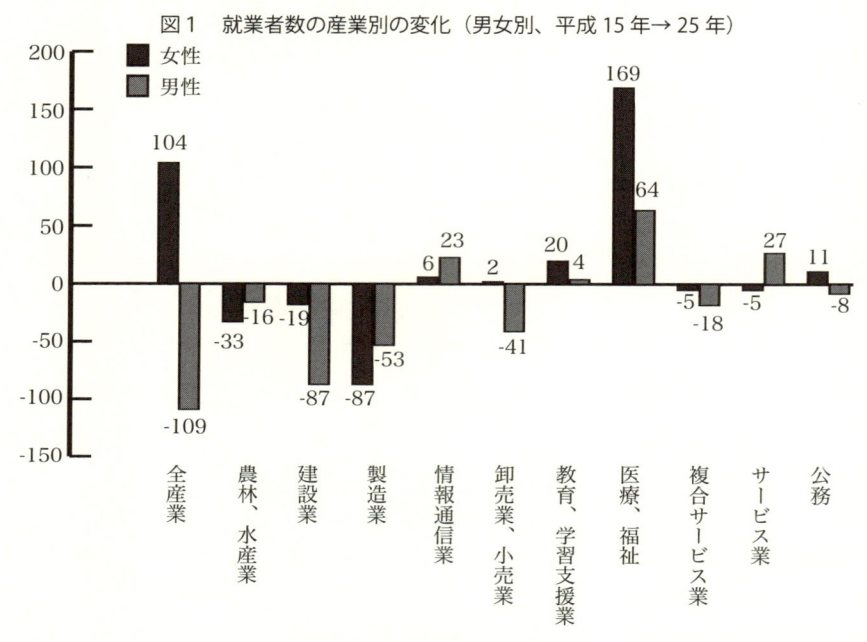

産業	女性	男性
全産業	104	-109
農林、水産業	-16	-33
建設業	-19	-87
製造業	-87	-53
情報通信業	6	23
卸売業、小売業	2	-41
教育、学習支援業	20	4
医療、福祉	169	64
複合サービス業	-5	-18
サービス業	27	-5
公務	11	-8

【出典】内閣府男女共同参画局　男女共同参画白書（平成26年）

図2　介護を受けたい場所
※対象は60歳以上の男女

場所	男性	女性
自宅	42.2	30.2
子どもの家	1.3	8.6
親族の家	0.4	0.8
老人福祉施設	18.3	19.1
老人保健施設	11.3	11.2
病院	16.7	23.1
老人ホーム	2.3	3.0
その他	1.0	0.5
不明	6.6	8.6

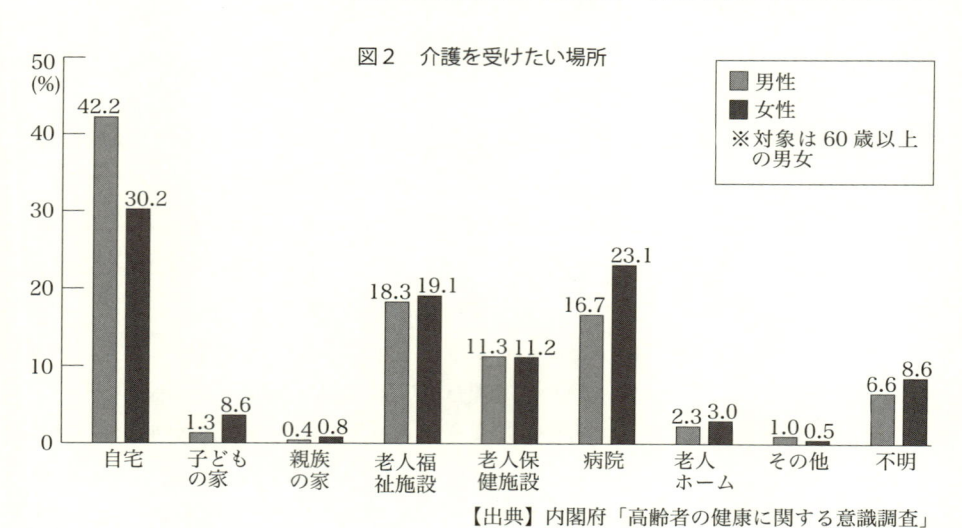

【出典】内閣府「高齢者の健康に関する意識調査」

◆　348――現代アジアの女性たち

近年まで日本に次ぐ高齢化社会であったドイツ（2013年の統計では改善され、イタリア、サンマリノに譲る形となった）においては介護手当が制定され、在宅で家族の介護に携わる者は現金給付や介護サービスの援助を受けることができる。介護者は保険料の負担なしで年金加入ができ、介護中の傷病には労災が認定されるなど、介護の労働としての側面が評価されている。日本においては、介護保険は要介護の認定を受けたものに補助金が支払われるのみであり、介護者を援助する仕組みはいまだ整っていない。

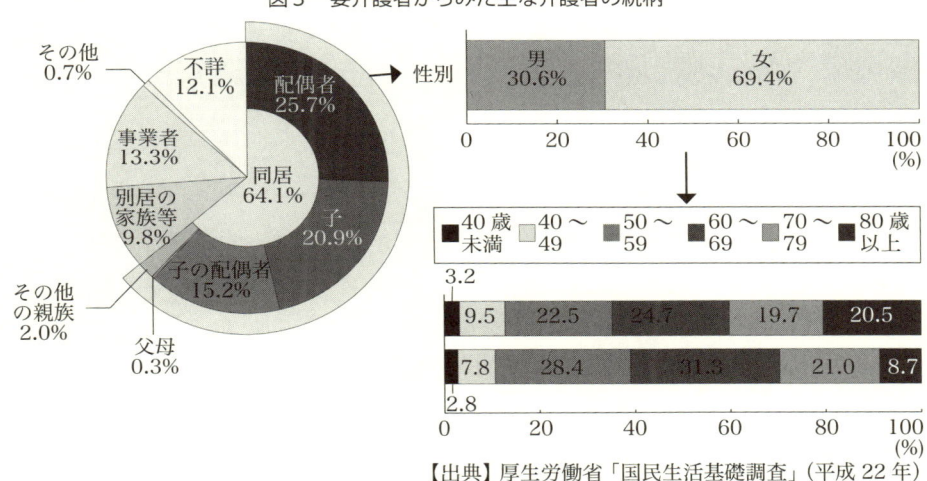

図3　要介護者からみた主な介護者の続柄

【出典】厚生労働省「国民生活基礎調査」（平成22年）

　現代世界は物質的な生産労働に代わって、情動などを生み出す認知労働が主流となり、ネットワーク型の労働の男女を越えた協同性がさらに求められている。そうした事態に対応するため、人間の生活そのものが権力作用の対象となり、権力もネットワーク型の生権力に変貌せざるを得ない[2]。現代における福祉、なかんずく介護労働は、生の喜びの生産に関わるという点で認知労働の典型である。多種多様な人々がネットワークを形成し、緩やかな結合体として生産に関わらなければ、生の喜びを実現することができないが、グローバル化した資本主義がそうした動きに対峙し、そこに権力と緩やかな結合体のせめぎ合いも見られるようになる。そうした生々しい展開の最も悲惨な帰結が、介護殺人の多発であると考えられる。現代日本の介護の現場では、権力と緩やかな結合体のせめぎ合いが、性別役割分担の問題を

中心にしながら展開し、特に女性に大きな負荷がかかっている[3]。そして、男女の性別役割分担の構造や規範を解体できるか否かが問題の焦点となっている。介護殺人事件のいくつかの事例を検討しながら、性別役割分担という視点からそのせめぎ合いの一端を示すことが本論の主たる狙いである。

　本稿は、新聞報道とともに裁判記録を資料として用い、介護殺人の実態をより具体的に明らかにしていきたい。鈴木玉緒によれば、現在の介護殺人の分析は主として新聞記事を用いて行われており、裁判についてはそれを傍聴した新聞記者の記事を通じて間接的に利用されているに過ぎない[4]。それに対して、本論では公判記録のみならず、実際の裁判の傍聴、被告へのインタヴューや手紙のやり取りなど、事件に関わった当事者の「肉声」にできるだけ触れるように心がけた。

1.介護殺人事例の概要

　最初に介護殺人事件の形態について、大まかに把握してみたい。本稿では、1989（平成1）年8月から2007（平成19）年7月までの期間に、朝日新聞、毎日新聞、読売新聞各紙に報道された介護殺人事件140例を抽出した[5]。もちろん、全国的な事例分析にはならないが、典型的な事例として位置づけることは可能であると考える。ケースにより家族メンバーが複数名関与したケースや家族メンバー複数名が被害に遭ったケースもあり、総数は加害者143名、被害者142名である。因みに、これまでに行われた統計的な調査としては、加藤悦子の調査があり、介護が原因の殺人および心中事件は、1998（平成10）年〜2005（平成17）年までに、258件発生していると報告されている[6]。したがって、これと比較しても、今回報道から取り上げた事例が、それほど少ない事例ではないということが分かる。

　さらに本論文では、弁護士をはじめ裁判に関わった方々の協力を得て、介護殺人に関わる裁判記録を、介護殺人の分析のために用いることができた。また、筆者（中尾）は2005（平成17）年4月〜2007（平成19）年10月までの事件30例を実際に傍聴した[7]。これらの事例については、裁判記録の番号を用いて、〔裁判事例656号〕のごとく表記して個別化している。裁判事例の中では、一つの事件に対して被告人（加害者）が2名の場合が一例あったので、裁判事例30件に対して被告人（加害者）が31名、被害者が30名となっている。

(1) 加害者と被害者の性別

　被告人（加害者）は夫と息子の割合、つまり男性が報道事例では6割以上を占め、裁判事例にいたっては8割近くに及んでおり、男性の加害者が圧倒的に多いことが分かった。一方で、女性が加害者となる割合は少なかった。被害者は妻と母親、つまり女性が70％という高い割合を占めており、被害者の圧倒的多数が女性である。このことから、介護殺人の構造を考える際に、性別役割分担と、それに付随する女性に対する暴力の問題が極めて重要な問題であることも分かる。

(2) 家族構成

　図4に見るように、報道事例、裁判事例ともに夫婦のみ世帯が一番多く、報道事例では64件で全体の45％、裁判事例では9件で全体の30％であった。次いで母親と息子あるいは息子夫婦世帯で、報道事例は30件で全体の21％、裁判事例は8件で全体の26％となっている。

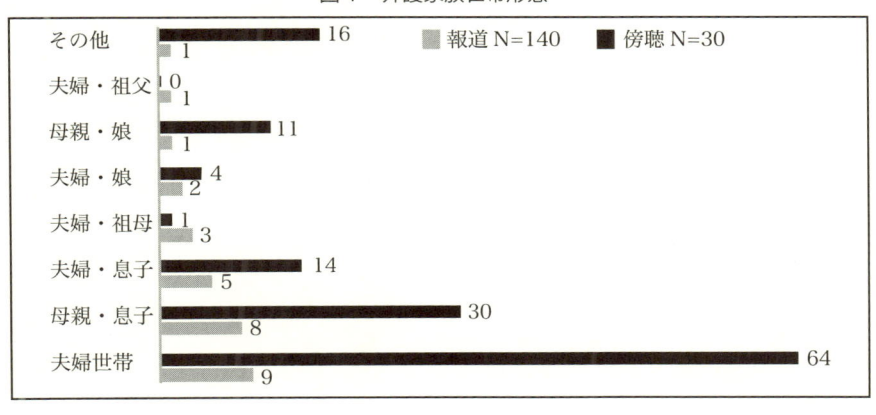

図4　介護家族世帯形態

世帯形態	報道 N=140	傍聴 N=30
その他	1	16
夫婦・祖父	1	0
母親・娘	1	11
夫婦・娘	2	4
夫婦・祖母	3	1
夫婦・息子	5	14
母親・息子	8	30
夫婦世帯	9	64

(3) 被害者の死因

　図5に見るように、報道事例で見ると、被害者の死因の第1位は絞殺で87件、全体の62パーセントを占めている。2位以下の順位に関しては刺殺・ネグレクト・

暴力など、ばらつきがある。

図5　要介護者の死因（報道事例）

[円グラフ: 絞殺 62%、刺殺 11%、暴力 10%、ネグレクト 9%、3%、1%、1%]

（4）就労状況

　図6に見るように、被告人（加害者）のうち有職者は、報道事例においては17人で、全体の12%に過ぎず、106人、つまり76%の被告人が無職である。裁判事例においても24人、77%が無職という結果であり、報道事例とほぼ同じ割合になっている。無職の割合が高いということと関わって、傍聴した家族の経済状況は、月3〜5万円程度の年金暮らしの世帯が多かった。

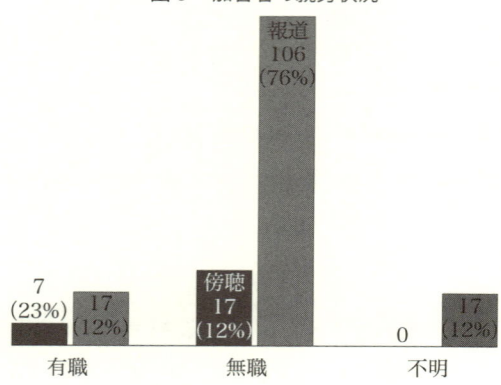

図6　加害者の就労状況

[棒グラフ: 有職 傍聴7(23%)、報道17(12%)／無職 傍聴17(12%)、報道106(76%)／不明 傍聴0、報道17(12%)]

◆　352──現代アジアの女性たち

介護殺人を引き起こした世帯形態をみると、介護家族は夫婦世帯、あるいは母親と息子世帯、および母親と息子夫婦の世帯を合計すると、報道事例・裁判事例ともに6割程度になり、多数を占めていることが分かる。これは要するに、夫と妻、母親と息子という男女の人間関係を基礎に成立している世帯ということであり、夫の妻に対する暴力、息子の母親に対する暴力の問題として、介護殺人を捉えることが可能である。この問題も性別役割分担の問題に関わると考えられる。とりわけ、夫婦世帯、つまり夫の妻に対する暴力という側面が強い点は注目すべきであろう。一方で、母親と娘の世帯、母親と娘夫婦の世帯では、介護殺人は起こりにくいという結果になる。女性の暴力という側面が皆無ではないが、少数であると判断して間違いなかろう。

　次に被告人の就労状況を見ると、報道事例・裁判事例のいずれも8割近くが就労していないことが分かった。結果的に配偶者や親の年金に依存して生活する世帯が圧倒的に多いことも分かる。このことは、介護殺人を考える際に、経済的な基盤の問題が重要な問題であることを予想させる。

2. 夫婦間の介護と殺人事件

　前節では報道事例と裁判事例から、介護殺人事件の概要を見てきた。この節からは、そうした事例の中でとりわけ特徴的な事例を取り上げ、事件の事実関係や、事件に関連する社会的な関係などを再構成してみたい。本論では、介護殺人の構造に迫ることを意図しているが、その前提としてできるだけ事実関係を明らかにし、事件の特徴を洗い出すことによって、構造分析のための素材をしっかりと確認しておきたい。

　事件にはさまざまな主体が関わっている。それらの主体はそれぞれのライフヒストリーをもち、社会構造に規定されて生活している。法的、あるいは実践的な次元では、個々の主体の行為がいかなる責任を有していたかということが問題となるが、本論文はそうした問題を考察することを目的としていない。それらの主体がどのような構造に規定されてそのような行為に立ち至ったのか、その問題を明らかにすることが目的である。その際、ひと口に構造といっても単一ではない。さまざまな次元でさまざまな構造が複雑に絡み合っている。

(1) 娘夫婦の援助がないまま認知症の妻を殺害

2006（平成 18）年 4 月に H 県 I 市で、ある男性 A さんが認知症の妻 B さんを殺したと自首してきた。（裁判事例 1163 号）

A さんは当時 70 歳で、要介護者である妻の B さんも 70 歳であり、娘が 2 人いた。1994（平成 6）年に A さんは脳内出血で入院した。後遺障害として、右半身にしびれと感覚異常が残った。この疾患をきっかけに、2000（平成 12）年に A さんは居宅を二世帯住宅に建て替え、長女夫婦と同居するようになった。その後、2002（平成 14）年頃から B さんに認知症の症状が現れはじめ、2005（平成 17）年に正式に認知症と診断された。その頃 B さんは料理や衣服の着脱を忘れることもあり、A さんが家事をするようになった。

そのような状態にもかかわらず、B さんはデイサービスの利用を拒否した。さらに、夫婦の年金はそれぞれ 1 カ月 3 万円で、預金は B さんが 500 万円、A さんが 170 万円ほどであり、家計は苦しかった。そのため、A さんはショートステイを利用すると大きな負担になると考え、B さんを預けなかった。そのうえ、娘 2 人は父親である A さんに介護を任せていたので、A さんに介護の負担のすべてがのしかかってきた。

この事例が物語る介護環境についてみると、加害者・被告人となった A さんにすべての介護負担がのしかかっていたところに特徴がある。とりわけ、B さんの介護を念頭において長女夫婦と同居していたにもかかわらず、長女夫婦が介護にまったく関与していなかった点は興味深い。家族・親戚・近隣という関係を考えたとき、おそらく、A さんとしては長女による介護を第一に考え、そのための条件整備も行ったにもかかわらず、それがかなわなかったのである。デイサービスは認知症の B さんが拒否し、ショートステイは経済的な理由から利用していなかったということであるが、加害者 A さんとしては、肉親である長女夫婦が介護に関与していない環境で、外部の支援を乞うことはできない相談であった。

この場合、夫 A さんが妻 B さんを殺害したこと自体、男性の女性に対する暴力と捉えられるが、A さんが長女、つまり女性による B さんの介護を期待して、それがかなっていない状態に注目する必要がある。A さんには、本来妻や娘といった女性が介護に関わるのが当たり前でありながら、それが実現できないことが問題だというベクトルでの権力作用があることが予想され、それが、外部の支援を拒み、介護

を支えるネットワークの形成を許さない原因となっている。

（2）肉体的、精神的暴力に耐えられなかった妻

次に取り上げるのは、2005（平成17）年にG県T市で起きた事件で、ある女性Cさんが介護していた夫Dさんを殺害した事例である[8]。（裁判事例481号）

Cさんの供述調書によると、事件当時夫であるDさんは77歳、Cさんは58歳であった。Cさんは高校を卒業後、「精神薄弱」施設の保母として就職し、4年間勤務した。その後、将来性を考え介護士として県立リハビリテーションセンターに就職した。介護士として仕事をしているときに、絵画クラブでDさんと知り合い3年の交際後結婚した。知り合った当時、Cさんは28歳、Dさんは46歳であった。

Dさんからはお茶やドライブの誘いがあり、友だち感覚で交際していたが、Dさん自身のことは何も話してもらえず、何も分からないまま付き合いを続けていた。しばらくして聞いたところ、Dさんは「デザインの仕事をしており、結婚をしていて子ども1人がいて、自宅で母親と一緒に住んでいる」と話してくれた。つまり、二人は不倫の交際をしていたことになる。その後、Dさんから「正式に離婚し、母親が亡くなったら一緒になろう」とプロポーズされた。その時Cさんは30歳を過ぎていた。Cさんの眼には、Dさんが性格的に温厚でまじめで、明るく親切で、Cさんを大事にしてくれる人のように見えた。しかし、CさんはDさんの自宅には一度も行ったことがなかった。

1978（昭和53）年、Cさんが31歳の時にDさんの母親が死亡し、一周忌が終わった直後の1979（昭和54）年6月に二人は入籍した。Cさんは、婚姻届の記載で初めてDさんと18歳差であることを知り躊躇したが、実姉に相談し、説得される形で結婚に踏み切った。結婚後もDさんの両親の名前や仕事も知らされず、そしてDさんの兄弟姉妹のこともあまり分からない状態であったが、Dさんが6人兄弟姉妹の末っ子の四男で、当時は兄が一人だけ健在であることだけは分かった。2002（平成14）年にDさんと前妻との子どもである長男（45歳）が、ビルから飛び降り自殺している。Dさんは死亡した長男とは何度も会っていたが、自殺した原因ははっきりしない。

Dさんは筆耕業で、表彰状やチラシ、そしてカレンダーやタオルの原画作りの仕事をしており、仕事にプライドを持っているので、仕事中に妻が話しかけたりする

と、怒って怒鳴ったりした。Dさんは、午前中の3時間だけ仕事をして、午後は集中力がなくなり、時間を間違えることが多いからと午後は仕事をせず、遊びに出かけることが多かった。パチンコや競輪、競馬、オートレースなどのギャンブルが好きで、結婚当初1カ月8万円の小遣いを渡していたが、なくなると引き出しからお金を出して、好きなだけ使っていた。多いときは1カ月10万円以上遊びに使っていた。Dさんは収入もあったことから、自分でやりたいように自由に遊んでいた人で、Cさんからは幸せな人に見えた。第三者から見ると、いわゆる「亭主関白」で、男性本位の夫婦関係であり、妻のCさんもそう認識していた。

Cさんが36歳の時、卵巣嚢腫で卵巣摘出手術を受け、子どもが産めない身体になったが、Dさんからは子どもが欲しいとは言われず、夫婦仲が悪くなることはなかった。

Dさんは戦前生まれで、Cさんは戦後生まれのために、ものの考え方の違いが少しあったとCさんはいう。たとえば、家の両隣が税務署とクリーニング店であったが、Cさんはクリーニング店の車が家の前に路上駐車することに激怒し、警察に110番し、クリーニング店に怒鳴り込み、やめさせようとした。しかしDさんは、路上駐車の何が悪いと妻を怒鳴り散らした。また、Dさんは普段、温厚で優しい性格だが、間違ったことが嫌いで、一度頭に血がのぼると収まりがつかなくなる性格であるが、相手が事前に挨拶に来たりすると機嫌が良く、何の文句も言わない。ただ、隣近所の人が来て、他の近所の人の噂話をしていると、その人に対して、「俺は、近所の人の噂話など嫌いだ」、「そういう話を、家に来て話さないでくれ」などと怒鳴るようなこともあった。Dさんが近所の人にも怒鳴ったりするので、こちらから近所付き合いをすることがなくなった。近所の行事には参加したが、親しく近所付き合いをするような家はできなかった。Dさんは、食事について、「まずい、味が薄い、手抜き料理だ」などと、ずけずけと気に触るようなことをいう人であったので、親戚の家に行くときは、Cさんが夫の弁当を作って持って行ったりしていた。概して、近隣や親戚との付き合いはうまくいっていなかった。

Cさんは結婚後12年間ほど自宅で夫の仕事の手伝いをしていたが、1991（平成3）年から、友人の紹介でヘルパーとして勤務し、ヘルパー1級の資格も取得した。しかし、15年間ほど勤めたヘルパーの仕事を、体力が続かないことを理由に退職した。2004（平成16）年の年収は220万円くらいになり、翌年の2005（平

成17）年には、Dさんが脳梗塞で倒れたため、Dさんの世話で極端に仕事が減り、1カ月7万円位の収入しかなくなった。しかし、年金とDさんの収入だけで生活ができ、貯金を下ろすことはなかったという。

　自宅の建物はDさん名義で、土地は借地である。年間22万円の地代を毎年6月に一括で支払っていた。預金は5,000万円位あったという。Cさんによれば、Dさんの死亡時に350万円が支払われる生命保険に加入しているだけで、自分の資産は何もないとのことであった[9]。資産のほとんどが夫に帰属しているということと、夫本位の生活という事実を合わせると、極めて家父長的な夫の姿が浮かび上がってくるが、それとともにCさん自身も夫の戦前の考え方に強く影響されていたということもうなずける。

　2005（平成17）年8月にDさんが脳梗塞を発症し、左半身麻痺で要介護度2の判定を受けた。Cさんは当初、Dさんが元気で、多少左手の動きが鈍かったが、右手はしっかり動いたので脳梗塞の後遺症は、さほどでもないと思っていた。しかし、その後次第に今までの元気がなくなってきたので、Dさんが高齢であったこともあり、もう今までみたいに元気にならないかもしれないと思い出したという。しばらくの入院の後、医師から脳梗塞の治療も終わったということで、リハビリのための転院を勧められた。Cさんはその点について、以下のように供述している。

　私は、夫の脳梗塞の後遺症があるということは、先生から説明を受けておらず、夫も後遺症があるなどと話したことはなく、夫のリハビリの状態などを見ていなかったので、夫に、どの程度の後遺症があるのか分からなかったのです。そのため、少しの後遺症ならリハビリをすれば、どうにか一人で歩けるようになるだろうと簡単に考え、リハビリ施設のある病院に転院することにしたのです[10]。

　しかしCさんは、2005（平成17）年9月に転院先の病院で、医師の診察に付き添い、Dさんが自分で立つこともできず、その場に座り込んでしまった姿を見て、Dさんの後遺症の重さに驚愕した。しかし、リハビリのための入院であるため、いずれ元気になって自宅に帰ってくると思っていた。ところが、転院して約1カ月後の2005（平成17）年10月上旬の早朝に、Dさんから電話で、「この病院は、もうけ主義で入院させておくんだから、早く退院させた方がいいぞ。俺の看病をする

のが、そんなに嫌なのか」と言われた。早速Cさんが病院に行き、電話の内容について確認すると、Dさんは電話をしたことすら忘れていた。Cさんは認知症が始まったと考え、刺激を与えれば気持ちも晴れ認知症の症状も出ず、リハビリも順調に進んで歩けるようになると思ったと供述している。それゆえ、見舞いに行くたびに車いすに乗せ外に連れ出した。その頃Dさんは以前と同様の文字が書けるようになっており、食事も自分ですることができた。トイレも連れて行けば自分で排泄行動が取れ、介助すればシャワー入浴もできるまでに回復していた。歩行器を使って100メートル位まで歩行できた。しかし、足がもつれたりする場面を見たCさんは、高齢のため足の筋力が衰え、いくらリハビリをしてもこれ以上歩けないかもしれないと思い始めた。

その頃、Dさんのリハビリ施設の入所期間は3カ月が目処となっていたが、Cさんは、自分はヘルパー1級の資格があり、以前、何年も老人介護の仕事をやってきており、自宅でDさんを介護していく自信があった。そして、Dさんも早く家に帰りたいだろうと思ったので、医師にDさんを退院させ自宅で介護することを考えていると話した。それに対して医師からは、Dさんが要介護2であり、歩行・トイレ・入浴などすべてに介助が必要で、移動には車いすが必要と説明されたため、Dさんの介護は思ったより大変だと分かった。しかし、Cさんは、配偶者である自分が自宅でDさんを介護しなくてはならないと思い、頑張ってDさんの面倒を見ていこうと決意した[11]。

2005（平成17）年10月26日にDさんは退院し、Cさんによる介護が始まった。介護を始めた当初の状況についてCさんは次のように述べている。

　　食事は、一緒に居間のこたつで食べることができ、食事の時は、左手に茶碗を持つことができなかったのですが、右手に箸を持って置いた茶碗のご飯を自分で食べられました。トイレは、尿や便を催すと私が介助してトイレに連れて行くと、自分でズボンを下ろして、用を足すことができました。家の中の移動は、自分で立ち上がることができ、4点杖を使って、歩くことができたのですが、倒れやすいため、歩く際は、私が後ろについて、ずっと腰を押さえている状態でした。入浴は、浴室まで連れて行くと、上手に浴槽に入れたので、身体を洗ってやり、入浴することもできる状態でした。しかし、今まで何年も介護の仕事をしてきたのですが、夫ほど、

障害の酷い人はいなかったので、本当に夫の介護が大変なことが初めて分かったのです[12]。

　2005（平成17）年11月15日から、Ｄさんはケアセンターに通いリハビリを行っていた。左手はほとんど使える状態ではなかった。状態に波があり、回復するかどうか、徐々に自信がなくなってきていた。そして、さらに病状が進行し、ついに歩けなくなった。2006（平成18）年正月から食欲の減少、不眠やからだの機能低下に悩まされ、忘れっぽくなり、始終よだれを垂らすようになっていた。この段階でＤさんは要介護度4に認定され、全介助が必要な状態となったが、骨格がしっかりしていて体重があったので、小柄で力のないＣさんにとってＤさんの介護は大変であった。しかも、Ｄさんはオムツを嫌がり、夜中に何度も妻を起こしトイレまで介助させた。
　Ｄさんは病態失認があり、自分ができないことが今までどおりできると思い込み、それゆえ思うように行動できないことが精神的なダメージとなって、うつ病になっている可能性があった。同時に暴言・暴力があり、これらもＣさんの介護負担を重くする要因となっていた。
　Ｃさんは夜間何度も起こされることで睡眠がとれず、常時睡眠不足で、肉体的な疲労だけではなく、精神的なダメージが重なるようになり、自分もうつ病で薬を服用するようになった。年齢と体格の違う夫の介護はＣさんにとっては重労働といえるし、依存傾向にあるＤさんの言うように行動しようとすることが、より介護を辛いものにしていた。Ｃさんは休養のために、ショートステイに3泊4日の予定でＤさんを入所させたが、ＤさんはＣさん以外の介護を受け付けず、帰宅願望が強く、介護職員に対して暴行し、強制退所になった。そして、帰宅後ＤさんはＣさんを責め、身体が痛いときは「死にたい」という訴えが続いた。
　家の前の工事が予定され、Ｃさんはその工事が始まれば夫が通所介護に行くことができなくなると思い込み、介護支援専門員に施設入所を相談した。しかし、介護支援専門員からは、強制退所のことがあるため無理と言われたので、結局自分一人で介護しなければならないと思い、将来を悲観した。そしてついに、通所介護から帰宅後夫を殺害したのである。

（3）社会からの暴力と性別役割分担に押し潰される

次に、内縁の妻EさんがFさんを殺害したO市のケース[13]を考えてみよう。（裁判事例302号）

Fさんは脳梗塞と認知症を患っていた。

EさんはFさん以外頼れる人はいなかった。小学校・中学校といじめに遭い、助けてくれる人もなく、小さくなって生きてきた。そして、売春行為など法律に抵触する生活を続けていくしか、生きていく術を知らなかった。ここには周囲のいじめという暴力、そして構造的な強制売春という社会的暴力がEさんに折り重なって作用していたことが見逃せない。そうしたEさんを妻として、生計を共にしてくれたFさんに対して、Eさんはできることは何でもしようと思った。

Fさんは妻であるEさん以外の介護を望まなかったし、Eさん以外の介護者を認めなかったため、排泄介助も入浴も施設職員にはさせなかった。デイサービスに行ってもケアを拒否するため、自宅で介護せざるを得ない状況であった。前述の裁判事例481号と同様に、ここでも自分の欲望に忠実な夫の姿が見える。そうした夫の性向は、認知症によってさらに強まった可能性が高い。一方で、やはりそうした夫に忠実に従おうとする妻の存在がある。社会的な暴力からの解放を実現してくれたFさんが、今度は性別役割分担に基づく介護の負担を背負わせるという形で、Eさんに強烈な圧力をかけてきたのである。

（4）長女に援助を求めなかった母

次に紹介する事件は、2001（平成13）年5月8日にS県T市で、ある女性Gさん（当時71歳）が、介護していた夫Hさん（当時71歳）を殺害した事件である[14]。（裁判事例189号）

2001（平成13）年1月頃、Hさんが重い言語障害にかかるとともに足も不自由となり、寝たきり状態となったため、GさんがHさんを介護するようになった。同年4月、Hさんは介護保険で最も重度の要介護度5の認定を受ける。一方、Gさんも腹部腫瘍のため手術を受け、さらに翌5月には腹部腫瘍の再手術のために再入院が必要となった。そのためGさんは、自分が入院中にHさんの介護をする人がいないこと、そして、自分自身も回復する見込みがないので、Hさんの今後の介護に悩んでいた。そこで、再入院の数日前、Gさんは、自分の入院期間中は老人

◆ 360——現代アジアの女性たち

介護施設へ入所するようHさんに勧めたが、「嫌だ」と拒絶された。Hさんには脳血管性の認知症も予測され、そのために現在の状況把握が困難だったとも考えられる。Gさんは、Hさんに施設入所を拒絶されたが、手術時の入院で子どもたちに迷惑を掛けたことを考えると、身内の者にHさんの世話を依頼することにも気が引け、Hさんを殺し自分も自殺するしかないと思い悩んだ。Gさんの再入院の当日である2001（平成13）年5月8日、午前8時に就寝中のHさんを殺害し、茫然としているところを、隣に住む長女に発見された。
　裁判所は被告人Gさんに対して、懲役3年、執行猶予5年の判決を言い渡した。裁判所は判決理由として、以下の点をあげている。
　1　犯行に及ぶまで身内の者と十分に相談したり、介護保険制度を利用したりするなど他の手段を試みていない点で短絡的と見られる。
　2　犯行に至る経緯には同情すべき事情が十分に認められる。
　3　妻は老齢、病弱であり、本件による勾留の執行停止中に長男と長女が今後の生活の支援を確約していることなどの事情もある。
　裁判所は、被告人が周囲の人々と相談せず、短絡的な判断で犯行に及んだと理解している。ここで介護殺人の構造を明らかにするためには、やはりなぜ周囲に相談できなかったのかを考察しなければならない。この事件においては、長女が隣に住んでいた。しかし、Cさんは自分が入院した際に迷惑をかけたことを気に病み、子どもたちに介護を頼まなかった。裁判事例1163号と同様、実の娘が介護していない状況で、他人にはなおさら頼めなかったのであろうことが推測される。
　被害者であるHさんは、以前から足が不自由で2001（平成13）年1月から寝たきりの状態になり、Gさんが介護していた。2000（平成12）年10月に要介護度1であった状態が、2001（平成13）年4月には要介護度5という介護度が最も重いランクになった。そして事件は5月8日に起こっている。認定後わずか1カ月も経たない間に起きた事件である。Hさんは、介護サービスのショートステイを数回利用したことがあった。しかし、居宅介護支援事業所が在宅で継続的な介護サービスを受けるよういくら勧めても、Gさんが希望しなかったという。居宅介護支援事業所によると、「介護保険によるサービスを受ける権利はあっても、住民の中にはまだ、近所の眼を気にしたり、他人に家に入ってほしくないという意識もあったりするのではないか」と話している。Gさんは自分の入院という事態に追い込ま

れても、他者のみならず、肉親である長女にすら助けを求めず、夫を殺害して自分も自殺することを選択した。

Hさんは、Gさんの入院中に老人介護施設に入所することを拒否しているが、認知症によって自分の欲望を赤裸々に訴える夫の姿が浮かび上がっている。隣家に住んでいる長女が介護に関わらない理由がここではよく理解できないが、介護者である妻が入院の必要があり、入院期間中に老人介護施設への入所を夫に頼んだものの、拒絶されたことが決定的であった。

3. 夫婦間の介護殺人を規定する要因

これまで、夫婦間で介護が行われていたケースで発生した殺人事件を、わずか4例であるが具体的に紹介した。夫婦関係においては、統計的に加害者が夫であるケースが多いにもかかわらず、3例は妻が加害者となった事件を紹介することになった。殺人の主体は女性であり、その点では男性の暴力と無縁に見える事例ではあるが、殺人に至るプロセスにおいてさまざまな男性の暴力にさいなまれる事例だったことに注目したい。すなわち、夫婦関係によって介護が行われる場合には、加害者がどちらであれ性別役割分担にもとづく男性の暴力が重要な点になっていると結論付けられるからである。

国民生活基礎調査でも明らかなように[15]、介護者は女性配偶者が多くなっている。しかし、介護殺人事件に絞ってみると、今回調査した報道事例140件における介護者は男性が多くなっており、男性が加害者となっている。妻が介護者の場合と夫が介護者の場合に違いがあるのか。山田昌弘によれば、妻が夫を介護する場合と、夫が妻を介護する場合とでは、心理的に受ける影響とその行為がもつ意味が変わってくるという[16]。妻が夫を介護する場合、渡辺俊之は夫婦間に特別な葛藤がない限り、夫は妻に対して無意識的に母親イメージを投影し、妻は夫に対して子どもイメージを投影することが多いとし、また、妻が夫を介護するとき、そこには依存関係が形成されるという[17]。

先に紹介した（3）の裁判事例302号で考えてみよう。夫は脳梗塞と認知症を患っていた。この女性は夫以外に頼れる人はいなかった。彼女は小学校・中学校でいじめに遭い、助けてくれる人もなく、小さくなって生きてきた。そして、売春行為など法律に抵触する生活を続けていくしか、生きていく術を知らない人であった。ここには周囲のい

じめという暴力、そして、構造的な強制売春という社会的暴力が、この女性に折り重なって精神的に作用していたことが見逃せない。そうした女性を妻として、生計を共にしてくれた夫に対して、できることは何でもしようと思うことは、夫に対する感謝の気持ちとして無理からぬことであろう。しかし、どんなことでも妻に過度に依存してしまうと、妻への負担が大きくなり過ぎる。また、可能性としては、前述したように、彼女の体に刻み込まれた折り重なった暴力の記憶が、連鎖的に夫に向けられたと見ることができないであろうか。

次に、（2）の妻による夫殺しの介護殺人481号事例をもう一度振り返ってみたい。夫77歳、妻58歳の夫婦である。この場合、男性が加害者であることが圧倒的に多い介護殺人においては、加害者が妻であることから例外と言えるかもしれない。また、夫は脳梗塞によって左半身不随となっており、肉体的な暴力を加えることが不可能であった。しかし、言葉による暴力が非常に激しかった様子がうかがえる。それが介護者である妻を精神的に追い詰めていったことは間違いない。

夫は脳梗塞と認知症を発症し、以後妻以外の介護援助を拒否していた。オムツを嫌がり夜中でも妻を起こしてトイレに誘導させた。妻がすぐ起きないと蹴飛ばしたり物を投げたりしていた。また、通所介護やショートステイの利用も嫌がり、帰宅願望が強く毎日妻に迎えに来るよう電話があった。そして、帰宅後は暴言の連続であった。

渡辺俊之によれば、夫の自己愛が強過ぎる場合、夫は妻を自分の道具のようにみなし、妻が思い通りに行動しないと癇癪を起こしたりする。夫からの感謝の言葉や妻を思いやる言葉などがない場合、介護者である妻は疲労感を募らせていくという解釈になる[18]。しかし、481号事例の場合、前述したように自分の欲望には忠実であったが、夫の自己愛が強過ぎると解釈できるであろうか。481号事例で見られるような夫の妻に対する態度は多く見られる事例であり、必ずしもこの夫の自己愛が強かったとは思えない。一方で、夫は妻を気遣う言葉を繰り返しかけていたと言われている。したがって、この481号事例に関しては、自己愛で片付けると問題があると言わざるを得ない。むしろ、妻に配慮しつつも、無意識のうちに性別役割分担に基づいた暴力が発動されていること、無意識の発動の中に、性別役割分担という構造が見えることこそが重要ではないかと考える。

一方、夫が介護者の場合は、妻が排泄などの介護行為をする夫に対して羞恥心や当惑を抱く。渡辺はこの気持ちが罪悪感に転化すると述べている[19]。したがって、女性は最後まで無理をしてしまうことがある。あるケースでは、若年性認知症の妻は、発症当初

は「夫は家事など何もできない」と批判的に夫を見ているが、経過とともに「夫がいないと私は何もできない」と変化する。

夫は慣れない家事をし、女性である妻の排泄・入浴介助をしている。決して抵抗なく排泄介助や入浴、あるいは清拭をしているわけではなかった。実際に「京都男性介護者を支える会」での男性介護者の話からも、特に両親に対して抵抗があることが理解できる。

排泄は至極プライベートな行為であり、生理的欲求であるために障害の別なく誰もが逃れることができない行為でもある。そして、排泄は羞恥心を伴い当事者の尊厳に関わる内容でもあるため、個別性の違いにも大きな差があるとされる。したがって、個人の価値観や信念を尊重したケアには細心の配慮を必要とするにもかかわらず、医療においては社会的にタブー視されてきたように、本人から問題の表出もしにくいため現状の把握もできていなかった。排泄障害は認知症や重度脳障害による認知障害でも起こり、心理的な問題、経済的問題や社会資源の活用問題など複雑に重なり合っている。

さらにここで検討しなければならないのは、排泄などに見られる介護者と要介護者の振る舞いや心理が、個人的な問題として解消されてしまう傾向である。とりわけ「人間の尊厳に関わる心理社会的な影響」があるとする見方は、非常に興味深い。確かに、大方の介護者・被介護者の心の持ちように即して考えるならば、こうした見方はごく自然であるが、この見方自体が、性別役割分担を基本とした社会規範のなせるものである。つまり、こうした見方がある限り、妻としての女性による夫や親への介護、母としての女性による子どもへの介護（育児）が理想形となり、それ以外の介護の形態は例外と見なされ、できれば避けるべきものという視線を浴びることになる。くしくも、医療や福祉に携わる人々自体が、社会的性別役割分担を前提として、それに縛られて行為している点に注目すべきである。

介護殺人の当事者に男性介護者が多いことが、女性と同様に性別役割分担に基づく困難さがある。その困難さがより介護を不自由にしている面もある。その介護者の日常のストレスが介護における事件へと繋がる可能性をはらんでいる。介護経験者が中心となり、介護真最中の介護者をも巻き込んで、気軽に話し合える組織作りが取り組まれている。それは、緩やかな結合体のためのネットワーク形成の一歩となるであろう。その時、差し当たっては自ら行動できない介護者をどのように把握し、支援に結びつけていくことができるのかが課題である。ただ、それはあくまでも差し迫った実践的な課題であっ

て、介護殺人の構造を問題にする場合、ことはそれほど簡単ではなく、現代社会において、介護殺人事件に見られるような介護の破綻という状況の中で、当面の実践的な対処療法を提起するだけにとどまっていればよいとはとうてい思えない。

　一方、経済基盤に目を向けると、要介護者の場合、高齢者として年金を支給されているケースが多い。この場合の状況はどうであろうか。夫婦世帯で「配偶者一人を残しておけない」、「子どもたちに迷惑をかけたくない」という夫婦の家族への思いやりから発生したケースと、介護者自身が疾患を患っていることから起こったケースなど、状況はさまざまであるが、共通していることは、夫婦が月5、6万円の年金で生活していることに見られたように、介護世帯の「貧困」である。つまり、要介護者が年金を支給されていたとしても、介護殺人に至るケースにおいては、必ずしも十分な年金を支給されていないことが問題となる。これもネットワーク形成を阻む重要な要因である。

おわりに

　男性の女性に対する暴力は、支配の一形態としてしばしば発動されるが、そこでの支配は保護－被保護の関係と表裏一体の関係にある。そして、支配者は保護の代償として服従を求め、被支配者もそうした関係を是認し、服従を受け入れる。これまで見てきた介護殺人の事件において、夫婦関係によって介護がなされていた場合、こうした支配関係が基本的な構造として確認でき、その基本構造こそが社会的な性別役割分担である。それは、加害者が男性か女性かという問題を超えて、全体的にあてはまると考えられる。

　また、そうした暴力が発動されやすくなっている条件として、夫婦間の介護殺人事件において、介護が全面的に配偶者の責任となってしまっていることも明らかになっている。それは、殺人事件の当事者が周囲に頼みたくない、あるいは頼めない事例がほとんどであったことから判断できる。近隣のみならず、親族の援助すら期待できない状況の中で、自立自助の原則が厳然として確立してきていることが分かるのである。自立自助のみの原則のもとで介護が遂行されれば、夫婦関係にのみ焦点が当てられる。性別役割分担の構造や規範、過去の虐待の記憶が発動されるのは、まさにこうした自立自助の社会規範が内面化されているからであると理解できる。

　介護労働という認知的な労働を通じて生の喜びを感じるためには、肉親や親戚・近隣のみならず、介護専門職員、デイケア・サーヴィス、病院など多様な人々と施

設が繋がる、緩やかな結合体が形成されなければならない。しかし、自立自助の規範が内面化され、妻や娘としての女性が担うべき役割として、性別役割分担の観点から介護が捉えられることは、明確な権力作用である。それは緩やかな結合体に対抗しながら、性別役割分担の規範を動員して規範のネットワークを形成し、そうした緩やかな結合体を破壊しようとする。そして、それが徹底的に破壊されたケースこそが介護殺人なのである。

注

1) 布川弘『近代日本社会史研究序説』(広島大学出版会、2009年)。
2) 布川弘「ネットワーク論の可能性―ネグリ、ハート『マルチチュード』に学ぶ」(『新しい歴史学のために』276号、2010年5月)。
3) 上野千鶴子「日本のゆるやかな結合体」、アントニオ・ネグリほか『ネグリ、日本と向き合う』(NHK出版、2014年)。
4) 鈴木玉緒「家族介護のもとでの高齢者の殺人・心中事件」(『広島法学』31巻2号、2007年)。
5) 当該各新聞社のオンラインサービスと縮刷版より収集・分析した。
6) 加藤悦子『介護殺人―司法福祉の視点から』(クレス出版、2005年)、pp.42-45。
7) 筆者(中尾)が傍聴した裁判事例は、地方別で言うと北海道・四国・九州・沖縄の事例を含んでいない。
8) 平成18年(わ)第481号殺人。
9) 2006(平成18)年7月の供述調書。
10) 同上。
11) 同上。
12) 同上。
13) 平成18年(わ)第302号殺人。
14) 平成13年(わ)第189号殺人。
15) 厚生労働省『平成22年 国民生活基礎調査の概況』(2011年)、p.31
16) 山田昌弘「福祉とジェンダー」(家族問題研究学会編『家族研究年報』通号17巻、1992年)。
17) 渡辺俊之『介護者と家族の心のケア 介護家族カウンセリングの理論と実践』(金剛出版、2009年)、p.32。渡辺は精神科の医師で、介護における家族や要介

> 護者の心理状況、介入方法などについて研究している。筆者が調査した平成18年（わ）第481号殺人において、被告人である妻の書いた「リハビリ日誌」を鑑定し、妻がうつ状態であったと証言している。

18）同上。
19）同上。

あとがき

　序論において述べたとおり、1970年代末以降、あるいは国や地域によってひとつのターニングポイントとなる時期以降を念頭に置きながら、また世界大でのさまざまな変化と影響を及ぼすグローバル化を意識し、偏見と差別にさらされてきたアジアの女性たちの現実を考察することが、本書の主たる狙いである。その目的がわずかであれ、達成されたかどうかは賢明な読者の判断に委ねるしかないが、加えて本書の特徴を付言すれば、学問的アプローチの仕方はさまざまであるものの、いずれの執筆者も対象地域での一定期間のフィールド調査の経験や学術的業績を有し、その知見に立脚した理解のもとで、それぞれに独自の議論を展開していることにある。それは17の論考がそれぞれに示してきたように、現代アジアの女性たちの多様な姿は無論のこと、その多様性を生み出しているそれぞれの国家の内在的論理や諸課題が浮き彫りになっていることから明らかであろう。その意味で本書は、女性たちが逢着する社会・生活の場の変化や諸問題の対応を通じて、アジアが直面する現在のあり様を洞察してきたものと言える。そしてやや手前味噌ながら、かかる本書の利点があるのは、刊行に至る経緯と密接に関係する。

　そもそも、本書刊行に向けた取り組みは、5年ほど前に遡る。それ以前から、本書の編者二人（吉村、福原）は大学の夏季休業中に院生指導をもっぱら目的にした研究合宿（「東西アジア連携研究会」）を毎年開催し、その一環として都合8名の研究者の協力を得て、3.11（福島第1原発事故）の約2年前に、『核拡散問題とアジア―核抑止論を超えて―』（国際書院、2009年）を刊行した。例年のごとく、その夏にも開催した東西アジア連携研究会において、吉村が同様のメンバーを中心に生活実践の場でのアジアの女性たちを取り囲む政治・経済・社会の多様な環境と彼女らの躍動ぶりを多角的に検討できないだろうかと、提案したことがそもそもの始まりであった。

　その後、取り上げるべき国や地域、それらを研究対象とする執筆者の人選について、本書の目指すべき方向性や構成といった基本的な枠組みが模索された。その過程では、類書がほぼ皆無に等しい状況から、平易だが専門的知見を踏まえた内容であることが望ましいとの共通認識のもとで作業は継続した。そして、2012年より

2年連続で、東西アジア連携研究会を利用した執筆者会議を催し、構想の発表と議論を行う機会を設けた。そうした準備を経て、2014年に各執筆者が原稿を仕上げ、年内刊行を目指すことも合意された。正直、すべてが順調に進んだわけではないが、これら二度の執筆者会議と執筆者間での相互のやり取りの積み重ねが本書に反映されているものと考えている。

　ともあれ、一連の共同作業により、予定よりやや遅れたものの、本書を刊行することができたのは、わがままな編者の意図に応じてくれた執筆者各位の熱意と、それに裏打ちされた積極的な取り組みがあったればこそである。また、高度入門書とはいえ、学術的な書籍が世に出にくいという昨今の出版事情の中で、当初より本企画の意義を十分理解し、出版までに適切かつ暖かなご助言を与えて下さった新水社社主の村上克江氏をはじめ、同社で編集業務に関わってくださった方々のお陰である。新水社との出会いは、中村平治監修、クマーリ・ジャヤワルダネ著『近代アジアのフェミニズムとナショナリズム』（2006年）の訳出作業を吉村が手伝わせていただいたのが始まりである。ともあれ、このたびの同社のご協力に心より御礼を申し上げたい。

　20世紀は、「民族の時代」、「戦争の世紀」、そして「アメリカの世紀」、「市民の世紀」、さらに欧米中心の「極端な時代」（エリック・ホブズボーム）とも言い表せるに違いない。いまだ十数年しか経過していない21世紀が人類にとっていかなる時代となるかは予測もつかないが、真にこの世紀を「私たちの時代」と呼べるようにするためには、言うまでもなくアジアとそこで暮らす女性たちへの政治社会的構造と差別・偏見をすべからく否定していく必要がある。その意味で、また本書の出版にご支援をいただいた方々へのご恩に報いるためにも、執筆者一同は変転目まぐるしい現代アジアで逞しく生き抜く女性たちへの理解がいっそう広く進むように、今後もさまざまな機会を通じて発信する努力を重ねていきたいと考えている。

編者

2014年9月16日

【執筆者紹介】（50音順）

飯塚央子（いいづか・ひさこ）：第 13 章担当
慶應義塾大学大学院博士課程修了、中国政治研究。主な著作・論文に、「科学技術をめぐる国際関係」（国分良成編『中国政治と東アジア』、慶應義塾大学出版会、2003 年）、「中国の『核』―原爆実験成功と原子力の平和利用再考」（高橋伸夫編『アジアの「核」と私たち―フクシマを見つめながら』、慶應義塾大学出版会、2014 年）など。

宇野昌樹（うの・まさき）：第 2 章担当
広島市立大学国際学部教授。主な著作・論文に、「ドルーズ派―イスラームと非イスラームの境界に生きる人びと」（『シリア・レバノンを知るための 64 章』黒木英充編著、明石書店、2013 年）、「アラブの春とイスラエルの核」（高橋伸夫編『アジアの「核」と私たち―フクシマをみつめながら』、慶應義塾大学出版会、2014 年）など。

金仙熙（きむ・そんひ）：第 16 章担当
韓国東国大学校非常勤講師。主な著作・論文に、「近代王仁伝承の変容様相に対する考察」（東亜細亜日本学会『日本文化研究』41 集、2012 年）、「韓国における『負の遺産』の解体／再生と新たなコミュニケーションの可能性―群山を事例として」（山本浄邦編『韓流・日流―東アジア文化交流の時代』勉誠出版、2014 年）など。

栗原浩英（くりはら・ひろひで）：第 11 章担当
東京外国語大学アジア・アフリカ言語文化研究所教授。主な著作・論文に、『コミンテルン・システムとインドシナ共産党』（東京大学出版会、2005 年）、『ニクソン訪中と冷戦構造の変容』（共著、慶応義塾大学出版会、2006 年）など。

黒田賢治（くろだ・けんじ）：第 5 章担当
日本学術振興会特別研究員（PD）。主な著作・論文に、『イランにおける宗教と国家―現代シーア派の実相』（ナカニシヤ出版、2014 年）など。

近藤高史（こんどう・たかふみ）：第 9 章担当
近畿大学非常勤講師。主な著作・論文に、「『ムハージル民族』への視角―エスニシティの『統合』をめぐって」（大阪外国語大学アジア太平洋研究会『アジア太平洋論叢』第 15 号、2005 年）、「パキスタンにおける核開発の展開と行方」（高橋伸夫編『アジアの「核」と私たち―フクシマを見つめながら』、慶應義塾大学出版会、2014 年）など。

徐幼恩（じょ・ようおん）：第 14 章担当
桃山学院大学博士課程修了、桃山学院大学特別研究員。主な著作・論文に、『台湾のアジア花嫁―高雄市における生活適応を中心として』（博士論文）など。

関恒樹（せき・こうき）：第 12 章担当
広島大学大学院国際協力研究科准教授。主な著作・論文に、『海域世界の民族誌―フィリピン島嶼部における移動・生計・アイデンティティ』（世界思想社、2007 年）、「越境する子どものアイデンティティと『家族』の表象―アメリカ合衆国におけるフィリピン系 1.5 世代移民の事例から」（『文化人類学』第 78 巻第 3 号、2013 年）など。

宗野ふもと（そうの・ふもと）：第 6 章担当
国立民族学博物館外来研究員。主な著作・論文に、「合い間の仕事としての手織り物生産―ウズベキスタンにおける社会変容と女性」（『アジア・アフリカ地域研究』第 13 号第 2 巻、2014 年）、「ウズベキスタンにおけるバザールと生計戦略：カシュカダリヤ州北部、手織り物売買の事例から」（『文化人類学』第 79 号 1 巻、2014 年）など。

辰己佳寿子（たつみ・かずこ）：第 8 章担当
福岡大学経済学部教授。主な著作・論文に、『「女性の力」で地域をつくる―山口県の「生活改善」の現場から』（農村文化運動 No.194、農山漁村文化協会、2009 年）、『グローカルなむらづくりにおける農家女性の役割―生活改善における「考える農民」再考』（農政調査委員会、2013 年）など。

中尾治子（なかお・はるこ）：第 17 章担当
広島大学大学院総合科学研究科。主な著作・論文に、「裁判事例にみる医療・福祉・司法の連携の必要―介護殺人事件を素材として」（『法政論叢』第 43 巻 2 号、2007 年 5 月）、「わが国における老いと認知症に関する認識―『官刻孝義録』からみた江戸期の高齢者介護」（『花園大学人権教育研究紀要』第 19 号、2011 年 3 月）など。

錦田愛子（にしきだ・あいこ）：第 3 章担当
東京外国語大学アジア・アフリカ言語文化研究所准教授。主な著作・論文に、『ディアスポラのパレスチナ人』（有信堂、2010 年）、「パレスチナ／イスラエル 一国家案の再考～国家像をめぐる議論の展開とシティズンシップ～」（『経済志林』第 79 巻第 4 号、2012 年）など。

貫井万里（ぬきい・まり）：第 4 章担当
（公財）日本国際問題研究所研究員。主な著作・論文に、「イラン近現代史を彩るテヘランのバーザール商人の世界」（『歴史と地理―世界史の研究』山川出版社、630 号、2009 年）、"Protest Events in the Tehran Bazaar During the Oil Nationalization Movement of Iran,"（『日本中東学会年報』第 28-1 号、2012 年 7 月）など。

布川弘（ぬのかわ・ひろし）：第 17 章担当
広島大学大学院総合科学研究科教授。主な著作・論文に、『神戸における都市「下層社会」の形成と構造』（兵庫部落問題研究所、1993 年）、『近代日本社会史研究序説』（広島大学出版会、2009 年）など。

福原裕二（ふくはら・ゆうじ）：序論・第 15 章・あとがき担当
島根県立大学総合政策学部准教授。主な著作・論文に、『たけしまに暮らした日本人たち』（風響社、2013 年）、「通底する『朝鮮半島問題』の論理」（湯山トミ子／宇野重昭編著『アジアからの世界史像の構築』東方書店、2014 年）など。

藤本透子（ふじもと・とうこ）：第 7 章担当
国立民族学博物館民族文化研究部助教。主な著作・論文に、『カザフの子育て―草原と都市のイスラーム文化復興を生きる』（ブックレット≪アジアを学ぼう≫⑲）（風響社、2010 年）、『よみがえる死者儀礼―現代カザフのイスラーム復興』（風響社、2011 年）など。

丸山英樹（まるやま・ひでき）：第 1 章担当
文部科学省国立教育政策研究所・総括研究官。主な著作・論文に、『ノンフォーマル教育の可能性：リアルな生活に根ざす教育へ』（共編著、新評論、2013 年）、Rights to Education: Sustainable Security for Lifelong Learners and Societies. *Journal of International Cooperation in Education*, 15(4)（Center for the Study of International Cooperation in Education、2014 年）など。

南出和余（みなみで・かずよ）：第 10 章担当
桃山学院大学国際教養学部准教授。主な著作・論文に、『フィールドワークと映像実践―研究のためのビデオ撮影入門―』（秋谷直矩共著、ハーベスト社、2013 年）、『「子ども域」の人類学―バングラデシュ農村社会の子どもたち―』（昭和堂、2014 年）など。

森田豊子（もりた・とよこ）：第 4 章担当
鹿児島大学・大阪大学非常勤講師。主な著作・論文に、「現代イランにおける家族保護法の展開―成立・廃止・新法案」（日本比較政治学会編『日本比較政治学会年報 第 13 号　ジェンダーと比較政治学』ミネルヴァ書房、2011 年）、「イスラームと世界」（初瀬龍平編著『国際関係論―思考の作法』法律文化社、2012 年）など。

吉村慎太郎（よしむら・しんたろう）：序論・あとがき担当
広島大学大学院総合科学研究科教授。主な著作・論文に、『レザー・シャー独裁と国際関係―転換期イランの政治史的研究―』（広島大学出版会、2007 年）、『イラン現代史―従属と抵抗の 100 年』（有志舎、2011 年）など。

現代アジアの女性たち	グローバル化社会を生きる

2014年10月20日 第1刷

編　者	福原裕二　吉村慎太郎
発行者	村上克江
発行所	株式会社 新水社
	東京都千代田区神田神保町2-20
	Tel. 03(3261)8794　Fax. 03(3261)8903
	振替 00150-7-36898
	http:// www.shinsui.co.jp
印刷所	モリモト印刷株式会社
製本所	ナショナル製本協同組合

©2014 Yuuji Fukuhara, Shintarou Yoshimura, Printed in Japan

JCOPY　＜(社)出版者著作権管理機構　委託出版物＞

本書の無断複写は著作権法上での例外を除き禁じられています。複写される場合は、そのつど事前に、(社) 出版者著作権管理機構（電話 03-3513-6969、FAX 03-3513-6979、e-mail: info@jcopy.or.jp) の許諾を得てください。

落丁・乱丁本はおとりかえします。

本書のコピー、スキャン、デジタル化の無断複製は著作権法上での例外を除き禁じられています。本書を代行業者等の第三者に依頼してスキャンやデジタル化することは、たとえ個人や家庭内での利用でも著作権法違反です。

新水社の本 ＊ 好評発売中

近代アジアのフェミニズムとナショナリズム

クマーリ・ジャヤワルダネ［著］
中村平治［監修］
本体：2800 円

近代アジアで「歴史から隠されて」きた女性解放運動に光を当てる待望の書。スリランカ女性歴史家の手になる渾身の一作！

インド女性学入門

鳥居 千代香［著］
本体：1900 円

今なおサリーを手放さない女たち、神に捧げられる少女たち、宗教のはざまで苦しむ女たち…。ここには、さまざまなインド女性が息づいている。多様性の中で生きる女たちを通して見る、インドの社会と文化。

イギリス労働者教育協会 WEA の女性たち

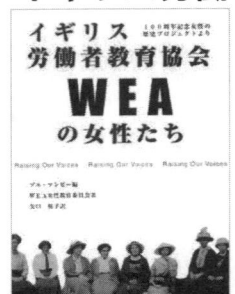

ゾエ・マンビー［著］
矢口 悦子［訳］　本体：2800 円

1903 年、労働者階級出身の若者によって、「労働者のための高等教育推進協会（WEA）」がロンドンに設立された。これらの活動の中心をになった人びとの行動や思いをつづる。労働党が確固たる基板を作る過程にも思いをはせることができる。

＊本体価格はすべて税別です。